JN223404

序　文

　国立社会保障・人口問題研究所の人口移動調査は、居住地の移動について、その理由、生涯の移動歴、今後の移動見通しなどを詳細に分析するために行われるもので、1976 年に第 1 回が行われた後、1986 年に第 2 回が、その後は 5 年毎に、社会保障・人口問題基本調査の一環として定期的に行われ、2016 年に第 8 回人口移動調査を実施した。

　本格的な人口減少が続く中、人口移動は地域人口を決定する大きな要因であり、生涯を通じた人々の移動の状況を明らかにすることが求められている。そのような中、第 8 回人口移動調査はまち・ひと・しごと創生総合戦略を始めとする関連諸施策の検討及び地域別将来推計人口作成のための基礎資料を提供することを目的とし、都道府県別に表章できるよう大幅に調査区数を増やして実施した。また、増加する国際人口移動に対応し、国籍の質問項目を設け、日本語以外の言語による調査の記入例をつくるなど、日本に居住する多様な国籍の人々にも答えていただけるよう工夫した。さらに社会保障・人口問題基本調査としてはじめて、オンライン回答も併用して実施した。

　熊本地震により熊本県および大分県由布市の調査区で調査を中止することとなったが、調査に応じていただいた方々、厚生労働省、総務省、都道府県、政令指定都市、中核市、保健所ならびに調査員の方々といった調査関係者・諸機関に、深く感謝の意を表す次第である。

　本調査プロジェクトは、林玲子（国際関係部長）、千年よしみ（同第 1 室長）、中川雅貴（同主任研究官）、小島克久（情報調査分析部長）、清水昌人（企画部第 4 室長）、小池司朗（人口構造研究部第 2 室長）、貴志匡博（同主任研究官）によるプロジェクトチームにより実施された。

平成 30 年 3 月

国立社会保障・人口問題研究所長

遠藤　久夫

目　　次

I. 調査の概要

（小島克久、千年よしみ、貴志匡博）

1. 第8回人口移動調査について

人口移動調査は、生涯を通じた人口移動の動向を明らかにし、将来の移動可能性を見通すための基礎データを得ることを目的として、これまでに7回実施されてきた（1976年、1986年、1991年、1996年、2001年、2006年、2011年）。第8回人口移動調査は、平成28（2016）年7月1日に、国立社会保障・人口問題研究所が厚生労働省政策統括官（統計・情報政策担当）、都道府県、保健所を設置する市・特別区および保健所の協力を得て実施した。ただし、熊本地震の影響により、熊本県および大分県由布市では調査を中止した。調査項目は他の公的統計では把握することのできないライフイベントごとの居住地、移動理由や5年後の移動可能性、別の世帯にいる家族の居住地等である。第8回人口移動調査は、まち・ひと・しごと創生総合戦略を始めとする諸施策や地域別将来人口推計の基礎資料として、都道府県別の指標を提供するために調査区数を拡大し、国籍に関する調査項目を新たに設けるなど、第7回から変更を行った。

2. 調査方法および回収状況

本調査は、平成28年国民生活基礎調査で設定された調査地区より、都道府県別層化抽出を行い、各都道府県から無作為に調査対象地区を選定した。抽出された1,300調査区のうち、熊本地震の影響で調査を中止した熊本県および大分県由布市の調査区を除く1,274地区の全ての世帯の世帯主および世帯員を調査の客体としている。調査票の配布・回収は調査員が行い、調査票への記入は原則として世帯主に依頼した。

調査への回答方法として、従来の紙に印刷された調査票に回答する方法に加えて、インターネットで回答する方法も導入した。インターネットでの回答は、この調査の回答のための特設サイトで行うこととし、調査専用のID等を配布した。この特設サイトはセキュリティが確保され、サイトの開設期間中であればいつでも回答できるようにした。なお本調査では、紙の調査票とインターネット回答のためのIDなどを同時に配布し、回答方法を選択できるようにした。

また、近年の外国人の増加を背景に、外国語（英語、中国語、韓国語、ポルトガル語）での記入例を作成するなど、外国人からの調査協力を得られるように努めた。

対象世帯数は67,098、調査票配布世帯数は57,661、調査票回収世帯数は49,315であった。この中から記入の全くない票、重要な情報が抜けている票を無効票とした結果、最終的に48,477票が有効票として分析の対象となった。よって、対象世帯数に対する回収率は73.4%、有効回収率は72.2%である。第7回の有効回収率73.5%からは若干減少した。

表 I-1　都道府県別有効回収率

都道府県	第8回					第7回		
	対象世帯数	配付世帯数	回収世帯数	有効世帯数	有効回収率	対象世帯数	有効世帯数	有効回収率
北海道	1,787	1,560	1,228	1,211	67.8%	710	548	77.2%
青森	1,343	1,240	1,161	1,139	84.8%	153	129	84.3%
岩手	1,358	1,227	1,126	1,115	82.1%			
宮城	1,453	1,352	1,107	1,087	74.8%			
秋田	1,206	1,122	1,068	1,051	87.1%	101	91	90.1%
山形	1,046	931	858	846	80.9%	90	86	95.6%
福島	1,248	1,060	972	956	76.6%			
茨城	1,413	1,337	1,144	1,130	80.0%	339	277	81.7%
栃木	1,285	1,134	955	944	73.5%	184	167	90.8%
群馬	1,443	1,265	1,098	1,082	75.0%	275	218	79.3%
埼玉	1,641	1,282	1,046	1,034	63.0%	879	656	74.6%
千葉	1,445	1,297	1,093	1,083	74.9%	758	606	79.9%
東京都	3,118	2,123	1,366	1,348	43.2%	2,042	1,032	50.5%
神奈川	2,006	1,653	1,256	1,241	61.9%	1,131	776	68.6%
新潟	998	900	873	861	86.3%	259	231	89.2%
富山	1,134	1,038	950	940	82.9%	108	99	91.7%
石川	1,504	1,193	1,066	1,054	70.1%	113	93	82.3%
福井	1,105	1,064	944	926	83.8%	127	121	95.3%
山梨	1,274	1,091	752	742	58.2%	126	120	95.2%
長野	1,132	1,093	915	884	78.1%	242	215	88.8%
岐阜	1,118	1,011	919	899	80.4%	248	209	84.3%
静岡	1,435	1,231	1,124	1,106	77.1%	403	346	85.9%
愛知	1,709	1,425	1,134	1,119	65.5%	1,107	788	71.2%
三重	1,240	970	869	841	67.8%	234	214	91.5%
滋賀	1,343	1,173	1,051	1,031	76.8%	186	160	86.0%
京都府	2,141	1,732	1,290	1,267	59.2%	391	273	69.8%
大阪府	2,185	1,685	1,312	1,286	58.9%	1,118	687	61.4%
兵庫	1,705	1,347	1,174	1,153	67.6%	604	472	78.1%
奈良	1,197	836	759	732	61.2%	150	121	80.7%
和歌山	1,353	1,154	1,003	987	72.9%	91	61	67.0%
鳥取	1,064	1,013	944	912	85.7%	43	39	90.7%
島根	1,208	1,144	1,060	1,049	86.8%	95	91	95.8%
岡山	1,675	1,449	1,299	1,281	76.5%	303	198	65.3%
広島	1,610	1,363	1,221	1,207	75.0%	413	323	78.2%
山口	1,730	1,470	1,280	1,238	71.6%	146	125	85.6%
徳島	1,549	1,230	1,073	1,050	67.8%	88	76	86.4%
香川	1,682	1,555	1,382	1,362	81.0%	122	87	71.3%
愛媛	1,494	1,417	1,172	1,146	76.7%	134	106	79.1%
高知	1,383	1,181	1,075	1,056	76.4%	93	79	84.9%
福岡	1,491	1,378	1,047	1,019	68.3%	690	520	75.4%
佐賀	1,100	1,077	995	980	89.1%	104	88	84.6%
長崎	1,220	1,117	1,061	1,045	85.7%	97	95	97.9%
熊本						209	180	86.1%
大分	1,353	1,294	1,160	1,144	84.6%	188	80	42.6%
宮崎	1,363	1,287	1,084	1,070	78.5%	161	142	88.2%
鹿児島	1,342	1,058	997	982	73.2%	252	209	82.9%
沖縄	1,469	1,102	852	841	57.2%	142	119	83.8%
全国	67,098	57,661	49,315	48,477	72.2%	15,449	11,353	73.5%

表 I-1 に全国及び都道府県別の有効回収率を示す。回収率が最も高かったのは佐賀県で、有効回収率は 89.1%であった。次いで秋田県（87.1%）、島根県（86.8%）が続く。最も低かったのは東京都で、有効回収率は 43.2%にとどまった。次いで沖縄県（57.2%）、山梨県（58.2%）が続く。

　調査結果は、都道府県別にウエイトを付与して集計した。本調査の調査対象地区は、親調査である国民生活基礎調査と同様、国勢調査における調査区のうち、後置番号 1（一般の調査区）および 8（寄宿舎・寮等の区域）のみから抽出しているため、基準とする人口を、平成 28 年 7 月における後置番号 1 および 8 の人口とし、総務省統計局「平成 27 年国勢調査」「平成 22 年国勢調査」「平成 28（2016）年 10 月 1 日現在人口」を用いて推計し、都道府県別のウエイトを算出した。

表 I-2　年齢別分布

	本調査 (2016.7)*		推計人口 (2016.7)**		割合の差
	千人	%***	千人	%	%
総数	122,851		126,995		-
0-4 歳	4,612	3.9	4,982	3.9	-0.0
5-9 歳	5,118	4.3	5,318	4.2	0.1
10-14 歳	5,566	4.7	5,548	4.4	0.3
15-19 歳	5,939	5.0	6,062	4.8	0.2
20-24 歳	4,933	4.1	6,141	4.8	-0.7
25-29 歳	4,794	4.0	6,427	5.1	-1.1
30-34 歳	5,935	5.0	7,298	5.7	-0.7
35-39 歳	6,875	5.8	8,188	6.4	-0.6
40-44 歳	9,040	7.6	9,761	7.7	-0.1
45-49 歳	8,641	7.2	9,108	7.2	0.0
50-54 歳	7,837	6.6	7,945	6.3	0.3
55-59 歳	7,734	6.5	7,547	5.9	0.6
60-64 歳	8,240	6.9	8,234	6.5	0.4
65-69 歳	10,713	9.0	10,272	8.1	0.9
70-71 歳	7,768	6.5	7,409	5.8	0.7
75-79 歳	6,917	5.8	6,447	5.1	0.7
80-84 歳	4,867	4.1	5,153	4.1	0.0
85 歳以上	4,035	3.4	5,153	4.1	-0.7
不詳	3,287	-			

*都道府県別に設定したウエイト付きの集計結果で熊本県、大分県由布市を除く。

** 総務省統計局：各月 1 日現在人口（平成 28 年 7 月・確定値）

*** 不詳を除く割合

　本調査と総務省統計局「平成 28 年 7 月 1 日推計人口」の年齢 5 歳階級別分布をみると、20 代から 40 代前半にかけて本調査の割合の方が低く、特に 20 代前半から 30 代前半で顕著であるが、この世代の回収率が低いことに起因していると考えられる。また 85 歳以上に

おいても本調査の割合の方が低いが、これは後置番号4（社会施設・大きな病院のある区域）が調査対象地区に含まれていないことに起因していると考えられる。こうしたことから、本調査から推計される近年の移動動向は、実際よりも若干幅がある可能性に留意する必要がある。

　なお、本概要においては地域ブロックを次のように定義した。

北海道：北海道

東北：青森県、岩手県、宮城県、秋田県、山形県、福島県

北関東：茨城県、栃木県、群馬県

東京圏：埼玉県、千葉県、東京都、神奈川県

中部・北陸：新潟県、富山県、石川県、福井県、山梨県、長野県、静岡県

中京圏：岐阜県、愛知県、三重県

大阪圏：京都府、大阪府、兵庫県

京阪周辺：滋賀県、奈良県、和歌山県

中国：鳥取県、島根県、岡山県、広島県、山口県

四国：徳島県、香川県、愛媛県、高知県

九州・沖縄：福岡県、佐賀県、長崎県、熊本県、大分県、宮崎県、鹿児島県、沖縄県

3. 熊本地震への対応

　平成28年は、熊本地震が起きた年であり、熊本県および大分県の一部で大きな被害をもたらしたほか、全国的な影響を社会・経済的な面で及ぼした。本調査もその例外ではなく、調査実施について、この地震への対応を要した。地震発生から本調査実施までの経緯をまとめると次のとおりである。

　地震前日の平成28年4月13日までの本調査の準備状況であるが、2月16日に統計法に基づく「一般統計」として正式に承認され、3月には都道府県・政令指定都市などの厚生労働統計の担当者を対象にした全国会議が行われた。本調査の担当者もこれに参加し、調査に関する説明を行った。その後は、本調査の調査票などの関係書類の最終的な準備などを進めていた。地震はその中でおきた出来事であった。

　地震発生の翌日より、厚生労働省の対処方針に関する情報収集を開始し、本調査の親調査である厚生労働省「国民生活基礎調査」の動向の把握などを行った。その結果、「国民生活基礎調査」が熊本県全域での中止の決定、大分県内での調査地区差し替えの対応を受け、所内で検討した結果、本調査は「熊本県全域、大分県由布市」で中止し、そのほかの地域では予定通り行うこととした。

　なお統計法では、統計調査の調査対象地域、調査時期などを一部変更する場合は、統計調査としての変更手続きが必要である。しかし、今回は大規模災害という事情があるため、「軽微な変更」として「事務連絡」による届け出で対応を完了させることが可能であった。そのため、調査実施地域の変更は総務省への「事務連絡」により行った。

　本調査の全国集計値は、熊本県および大分県由布市を含まないものであり、また比較に用

いた第7回人口移動調査結果は、東日本大震災の影響により岩手県、宮城県、福島県を除いた値であることから、注意を要する。

4. 欠票状況

ここでは欠票状況（未配布・未回収・無効票の総数）について、みていくこととする。表 I-3 に、第8回人口移動調査の未配布・未回収、及び無効票の状況を示す。

表 I-3　未配布・未回収・無効票の状況

	対象世帯	有効	無効	配布	未配布	回収	未回収	欠票	割合（%）			
									欠票	未配布	未回収	無効
	A	B	C	D	E	F	G	H	H/A	E/A	G/D	C/F
第8回	67,098	48,477	838	57,661	9,437	49,315	8,346	18,621	27.8	14.1	14.5	1.7
第7回	15,449	11,353	193	12,884	2,565	11,546	1,338	4,096	26.5	16.6	10.4	1.7
第6回	16,997	12,262	313	14,062	2,935	12,575	1,487	4,735	27.9	17.3	10.6	2.5

第8回調査で、未配布・未回収、及び無効となった欠票数は合計 18,621 票であり、全対象世帯の 27.8%を占める。全対象世帯に占める未配布の割合は 14.1%、配布出来た世帯に対する未回収の割合は 14.5%、回収出来た世帯に対する無効票の割合は 1.7%であった。第6回の欠票割合は 27.9%、第7回は 26.5%であるから、欠票割合はほぼ同水準で推移している。未配布割合は、第6回が 17.3%、第7回が 16.6%、第8回が 14.1%であるので、減少傾向にある。一方、未回収割合は、第6回・第7回は 10%台であったが、第8回では、14.5%に上昇した。無効の割合は、第6回では 2.5%であったが、第7回・第8回では 1.7%に低下した。

5. 未配布・未回収の理由

表 I-4 と表 I-5 は、未配布、及び未回収の理由について整理したものである。配布や回収が出来なかった場合、調査員はその理由を世帯名簿に記入することになっている。理由のうち「拒否」は、対象世帯に接触できたが、個人情報が漏れることへの不安等の理由で、調査票を受け取ることを拒否した、又は、受け取ったが提出を拒否したケースである。「調査票記入不能」は、対象者に接触出来たものの、「外国人」、「病気」、「障害」、「介護」、「育児」、「高齢」といった理由で、調査票を記入出来ないか、記入する時間が無いために、配布・回収が出来なかったケースである。「不在」は、一時的にいないか、又は、入院や施設入所といった理由で長期不在状態のため、調査票を配布・回収出来なかったケースである。「その他」は、「マンション管理会社が非協力的」、「（対象者が）ネットで回答と言っていたが、実際はネットでも紙でも提出されていない」等の理由が含まれる。「理由不明」は、世帯名簿に「配布不能」や「回収不能」と記入されていたものの、なぜ配布（回収）出来なかったか、理由について具体的に明記されていないケースである。「備考欄記入なし」は、未配布・未回収の理由について、調査員による記入が一切されていなかったケースである。

未配布理由についてみると、未配布となった 9,437 世帯のうち、最も多かったのは「不在」の 39.1%、次いで「拒否」が 35.8%、「理由不明」が 13.4%、「備考欄記入無し」が 9.8%、「調査票記入不能」が 1.4%、「その他」が 0.6%であった。未回収理由についてみると、未回収となった 8,346 世帯のうち、最も多かったのは「不在」の 40.8%、続いて「理由不明」の 29.6%、「拒否」が 14.9%、「備考欄記入無し」が 7.5%、「その他」が 6.5%、そして「調査票記入不能」が 0.7%であった。「その他」の 6.5%には、ネットで回答すると調査員には伝えていたが、実際にはネットでも紙でも回収されなかった 5.5%が含まれる。未配布理由と未回収理由を比べると、未配布では「拒否」と「調査票記入不能」の割合が高く、未回収では「その他」の割合が高くなっている。

表 I-4　配布できなかった理由

| 総数 | 未配布理由 （%） | | | | | | |
	拒否	調査票記入不能	不在	その他	理由不明	備考欄記入無し	合計
9,437	35.8	1.4	39.1	0.6	13.4	9.8	100.0

表 I-5　回収できなかった理由

| 総数 | 理由 （%） | | | | | | | |
	拒否	調査票記入不能	不在	その他	ネット予定で未回収	理由不明	備考欄記入無し	合計
8,346	14.9	0.7	40.8	6.5	5.5	29.6	7.5	100.0

6. 調査票の回収媒体

　　今回の調査では、紙とインターネットの二種類の回答方法を用意し、どちらか回答しやすい方で提出してもらった。回収された調査票データを媒体別にみると、(1)紙のみ、(2)ネットのみ、(3)紙とネット両方、(4)白票など、の 4 形態に整理できる。

　　表 I-7 に、回収された調査票情報の回収媒体の構成割合を示す。回収媒体の割合は、それぞれが回収数に占める割合である。紙のみで提出したのは 81.2%、ネットのみが 17.3%、紙とネット両方が 0.4%、回収されたが白票であったなどのケースが 1.0%であった。ここでの集計は、あくまでも回収時の媒体に関する集計である。紙とネット両方で回収された場合、どちらが有効票としてカウントされたかは、考慮していない。

表 I-7　回収された調査票媒体の構成割合

| 回収 | 回収媒体(%) | | | | |
	紙のみ	ネットのみ	紙とネット	白票など	合計
49,315	81.2	17.3	0.4	1.0	100.0

7. オンライン回答状況

　本調査より初となるインターネットによるオンライン回答を導入した。オンライン回答は、調査対象世帯において世帯の代表者が紙の調査票かオンライン回答のどちらかを選択する調査方法により行った。この結果、有効回答においてオンライン回答は 8,530 世帯で有効回答した 48,477 世帯の 17.6%がオンラインで回答している。

　人口移動調査では調査票への記入は世帯の代表者が記入することとしているが、回答した世帯においてどの世帯員が回答したかは調査票の設計上わからない。オンライン回答も紙の設問形式を変えないこととしたので、オンライン回答した世帯においてどの世帯員が回答したかは特定できない。そこで両方の回答方式から得られる世帯員のそれぞれの年齢分布を確認し、得られたデータに偏りが生じていないかどうかの確認を行った。傾向としてオンライン回答は紙による回答に比べて、60 歳未満の世帯員のデータが大きな割合を占め、60 歳以上の高年齢層では紙の回答に比べ割合が小さくなっている。65 歳以上人口割合（年齢不詳を除く）を比較すると、オンライン回答は 12.8%、紙による回答は 33.0%であった。年齢階級別では 40-44 歳や 65-69 歳以降の年齢階級で紙による回答と、オンライン回答との年齢分布に差がみられる。このように、オンライン回答と紙による回答は年齢分布に大きな違いがあり、オンライン回答のデータには若い世帯員が多くを占める結果となっている。しかし、オンライン回答と紙による回答を合わせた全回答では、年齢分布の差異は小さくなっている。紙による回答と全回答の 5 歳階級別の年齢分布の違いは、最大でも 65-69 歳、70-74 歳の 1 ポイントである。さらに、全回答における 65 歳以上人口割合（年齢不詳を除く）は 28.7%であり、全回答の方が実際の 65 歳以上人口割合に近い年齢分布となっている。オンライン回答と紙の回答を合わせて全回答として分析するのあれば、オンライン回答のみのデータのように若い世帯員に偏ったデータではなく、より実際の年齢分布に近いデータであると判断できる。これらを踏まえ、本調査ではオンライン回答と紙の回答をそのまま一体的に扱うこととした。

　ただし、将来の調査において、オンライン回答が全回答に占める割合が今回の調査以上に大きくなる場合や、紙による回答を廃しオンライン回答のみとする場合は、時系列でデータ比較を行う際に注意を要する。

図 I -1　オンライン回答、紙による回答別世帯員年齢分布およびオンライン回答率

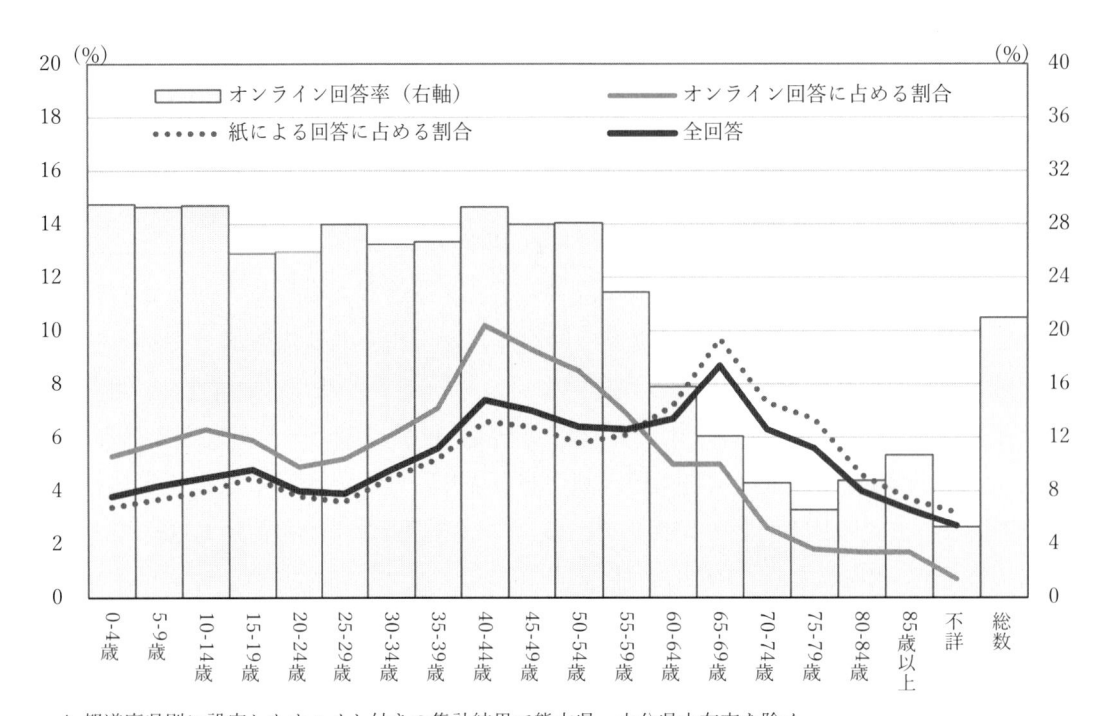

* 都道府県別に設定したウエイト付きの集計結果で熊本県、大分県由布市を除く。

付表

図 I-1　オンライン回答、紙による回答別世帯員年齢分布およびオンライン回答率　データ

(%)

年齢	各年齢階級に占める世帯員割合			オンライン回答率
	全回答	紙による回答	オンラインによる回答	
0-4 歳	3.8	3.4	5.3	29.5
5-9 歳	4.2	3.7	5.8	29.3
10-14 歳	4.5	4.0	6.3	29.4
15-19 歳	4.8	4.5	5.9	25.8
20-24 歳	4.0	3.8	4.9	25.9
25-29 歳	3.9	3.6	5.2	28.0
30-34 歳	4.8	4.5	6.1	26.5
35-39 歳	5.6	5.2	7.1	26.7
40-44 歳	7.4	6.6	10.2	29.3
45-49 歳	7.0	6.4	9.3	28.0
50-54 歳	6.4	5.8	8.5	28.1
55-59 歳	6.3	6.1	6.9	22.9
60-64 歳	6.7	7.2	5.0	15.8
65-69 歳	8.7	9.7	5.0	12.1
70-74 歳	6.3	7.3	2.6	8.6
75-79 歳	5.6	6.7	1.8	6.6
80-84 歳	4.0	4.6	1.7	8.8
85 歳以上	3.3	3.7	1.7	10.7
不詳	2.7	3.2	0.7	5.3
総数	100.0	100.0	100.0	21.0

II. 移動の概況

（小島克久、林玲子）

1. 5年前居住地と現住地

5年前の居住地が現住地（調査時点の居住地）と異なる5歳以上の人の割合は22.4%で、第7回調査（2011年）の24.7%、第6回調査（2006年）の27.7%よりも低く、ここ10年間は低下の傾向にある。比較可能な第3回調査（1991年）からみると、低下、上昇を反復しているが、この変化は都道府県内の移動によるもので、5年前の居住地が「他の都道府県」であった人の割合は、ほぼ一様に低下している。

表 II-1　5年前居住地が現住地と異なる人の割合（5歳以上、%）

| | 居住地が異なる人の割合（5年前居住地別、%） | | | | | |
| | 計 | 現在と同じ都道府県内 | | | 他の都道府県 | 国外 |
			同じ区市町村	他の区市町村		
第3回（1991年）	26.7	18.5	11.0	7.5	8.0	0.2
第4回（1996年）	22.1	15.1	8.6	6.5	6.8	0.3
第5回（2001年）	24.4	18.2	11.2	7.0	5.9	0.3
第6回（2006年）	27.7	21.3	14.4	6.9	6.1	0.3
第7回（2011年）	24.7	18.2	11.8	6.4	6.0	0.5
第8回（2016年）	22.4	16.9	11.1	5.8	5.0	0.5
(参考) 国勢調査(2015年)	21.7	15.9	11.1	4.8	5.4	0.4

* 調査時の年齢0-4歳、年齢不詳、および5年前居住地が明らかでない人は除く。

* 第8回は都道府県別に設定したウエイト付きの集計結果で熊本県、大分県由布市を除く。第7回は岩手県、宮城県、福島県を除く。

2. 男女別移動割合

男女別に5年前の居住地が現住地（調査時点の居住地）と異なる5歳以上の人の割合をみると、男性が22.8%、女性が21.9%であり、男性の方が1%ほど高い。特に、5年前の居住地が「他の都道府県」の場合で、男性の方が0.7%高くなっている。国勢調査と比較すると、「移動割合」は本調査の方が男性で0.6%、女性で0.7%高い。

表 II-2　男女別にみた5年前居住地が現住地と異なる人の割合（5歳以上、%）

| | | 居住地が異なる人の割合（5年前居住地別、%） | | | | | |
| | | 計 | 現在と同じ都道府県内 | | | 他の都道府県 | 国外 |
				同じ区市町村	他の区市町村		
第8回	男性	22.8	17.0	11.1	6.0	5.3	0.5
	女性	21.9	16.8	11.0	5.7	4.7	0.4
(参考) 国勢調査	男性	22.2	15.6	10.7	4.8	6.1	0.5
(2015年)	女性	21.2	16.1	11.4	4.7	4.7	0.4

3. 年齢別移動割合

　5 年前の居住地が現住地と異なる人の割合を年齢別にみると、割合が低下している年齢層が見られるが、30 歳代後半から 60 歳代前半などでは、割合の変化はわずかである。国勢調査と比較すると、50 歳代以上では本調査の方で割合が高くなるが、85 歳以上では国勢調査の方が高い。

図 II-1 年齢別、5 年前居住地が現住地と異なる人の割合（%）

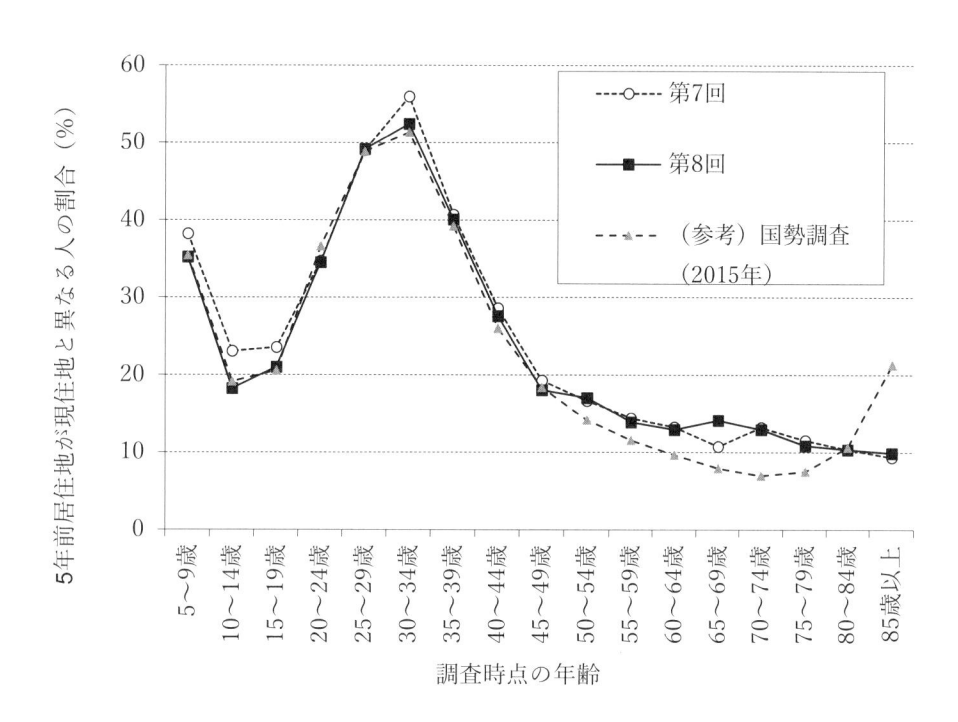

*5 年前居住地が明らかでない人は除く。

* 第 8 回は都道府県別に設定したウエイト付きの集計結果で熊本県、大分県由布市を除く。

* 第 7 回は岩手県、宮城県、福島県を除く。

4. 都道府県別の移動の状況

　5 年前の居住地が現住地と異なる人の割合を都道府県別にみると、全国（22.4%）を最も大きく上回るのは北海道（28.9%）であり、以下、東京都（28.3%）、京都府（28.2%）、沖縄県（27.9%）が続く。一方、全国を最も大きく下回るのは、和歌山県（13.4%）であり、以下、秋田県（13.5%）、奈良県（14.2%）、新潟県（14.9%）となっている。また本調査と国勢調査との差は-4.8%から 7.5%の間で存在する。

　平均引っ越し回数を都道府県別にみると、全国（3.04 回）を最も大幅に上回るのは、北海道（4.30 回）であり、以下、東京都（3.73 回）、神奈川県（3.63 回）、宮崎県（3.53 回）等

が続く。一方、全国を最も大きく下回るのは、福井県（1.89 回）であり、以下、新潟県（1.92回）、山形県（2.00 回）、岐阜県（2.04 回）などとなっている。

表 II-3　都道府県別にみた 5 年前居住地が現住地と異なる人の割合（5 歳以上、%）、平均引っ越し回数

	5 年前居住地が現住地と異なる人の割合		平均引っ越し回数		5 年前居住地が現住地と異なる人の割合		平均引っ越し回数
	第 8 回	(参考)国勢調査(2015 年)			第 8 回	(参考)国勢調査(2015 年)	
北海道	28.9	24.6	4.30	滋賀県	17.4	18.8	2.36
青森県	22.0	18.2	2.51	京都府	28.2	20.7	3.15
岩手県	20.0	21.3	2.57	大阪府	25.1	21.8	3.19
宮城県	25.6	25.7	2.78	兵庫県	21.2	20.2	3.17
秋田県	13.5	15.0	2.08	奈良県	14.2	17.2	2.60
山形県	16.8	16.8	2.00	和歌山県	13.4	16.9	2.16
福島県	17.2	20.7	2.26	鳥取県	15.1	18.8	2.43
茨城県	19.0	18.8	2.48	島根県	20.6	19.4	2.92
栃木県	23.7	19.1	2.37	岡山県	21.9	20.6	2.81
群馬県	23.1	19.1	2.69	広島県	17.9	22.7	3.21
埼玉県	21.7	20.4	2.99	山口県	23.3	21.6	3.37
千葉県	21.6	20.9	3.13	徳島県	23.4	18.2	2.53
東京都	28.3	27.3	3.71	香川県	20.3	19.9	2.63
神奈川県	23.0	23.2	3.63	愛媛県	23.5	20.5	3.36
新潟県	14.9	17.0	1.92	高知県	18.6	19.9	2.88
富山県	16.0	16.2	2.33	福岡県	21.7	25.5	3.34
石川県	22.3	19.4	2.65	佐賀県	20.5	20.4	2.37
福井県	18.4	16.1	1.89	長崎県	26.7	22.2	3.04
山梨県	22.2	18.5	2.35	熊本県	-	22.6	-
長野県	19.8	18.9	2.33	大分県	23.9	22.5	3.14
岐阜県	15.8	17.1	2.04	宮崎県	23.6	23.8	3.53
静岡県	23.1	20.7	2.83	鹿児島県	26.7	25.4	3.32
愛知県	17.8	22.3	2.57	沖縄県	27.9	27.2	3.09
三重県	18.0	18.0	2.52	全国	22.4	21.7	3.04

*全国値は都道府県別に設定したウエイト付きの集計結果で熊本県、大分県由布市を除く。

5. 1年前居住地と現住地

　1年前の居住地が現住地（調査時点の居住地）と異なる人の割合は、8.5%で、第7回調査（2011年）の値（9.4%）よりも低くなった。さらに都道府県間移動に絞り、1年前の居住地が他の都道府県もしくは国外であった人の割合をみると 1.61%であり、第 7 回調査の1.73%よりも低くなった。総務省統計局による住民基本台帳人口移動報告によると、2016年の都道府県間移動者の割合は1.92%であり、第8回人口移動調査よりも高い水準である。

　都道府県間移動について年齢別にみると（図 II-2）、第8回調査では第7回調査よりも20歳代の若者で 1 年移動率が上がっているが、その他の年代、特に 45～59 歳、85～89 歳で下がっている。住民基本台帳人口移動報告による 1 年移動率は、第 8 回人口移動調査よりも 15～19 歳で低く、20～40 歳代で高くなっているが、この理由としては学生が転居届を出さないこと、移動が多い若い世代で 1 年に複数の転居届が出されていることなどが考えられる。

図 II-2　年齢別都道府県間 1 年移動率

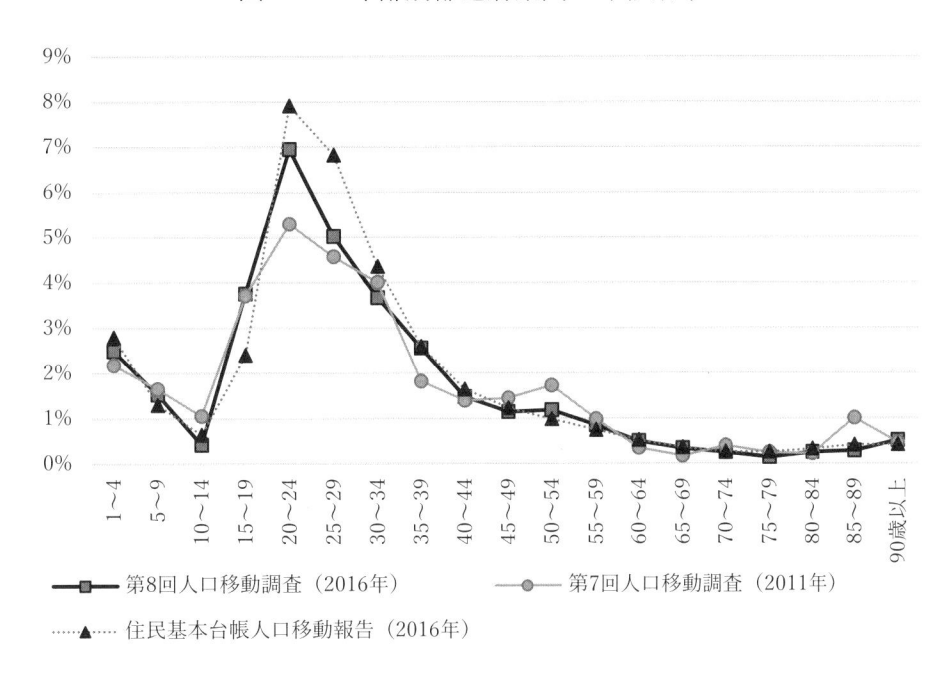

*1年前居住地不詳を除く。第8回は都道府県別に設定したウエイト付きの集計結果で熊本県、大分県由布市を除く。第 7 回は岩手県、宮城県、福島県を除く。住民基本台帳人口移動報告による 1 年移動率は都道府県間移動者数（外国人含む）を住民基本台帳による 2016 年 1 月 1 日人口と 2017 年 1 月 1 日人口の平均値（2016 年央人口）で割った値。

6. 平均引っ越し回数

　現在までの引っ越し回数の平均は、3.04 回であり、男性が 3.06 回、女性が 3.03 回である。1996 年実施の第 4 回調査でも類似の設問（「平均移動回数」として結果は公表）があり、男女総数で 3.12 回、男性が 3.21 回、女性が 3.03 回となっており、20 年の間で引っ越しの回数は男性で少なくなっている。

　年齢階級別にみると、0～4 歳の 0.31 回から年齢が上がるにしたがって平均引っ越し回数は増加し、50～54 歳で 4.23 回と最も多くなる。55 歳以上ではこれが低下し、85 歳以上では 2.71 回である。男女別に見ても同様の傾向があり、50～54 歳で平均引っ越し回数は最も多い（男性：4.28 回、女性：4.17 回）。

表 II-4　平均引っ越し回数

	総数	男性	女性
第 8 回（2016 年）	3.04	3.06	3.03
第 4 回（1996 年）	3.12	3.21	3.03

　*　第 8 回は都道府県別に設定したウエイト付きの集計結果で熊本県、大分県由布市を除く。
　　第 4 回は「平均移動回数」として結果を公表。年齢不詳を除く。総数には男女不詳を含む

図 II-3　年齢別平均引っ越し回数

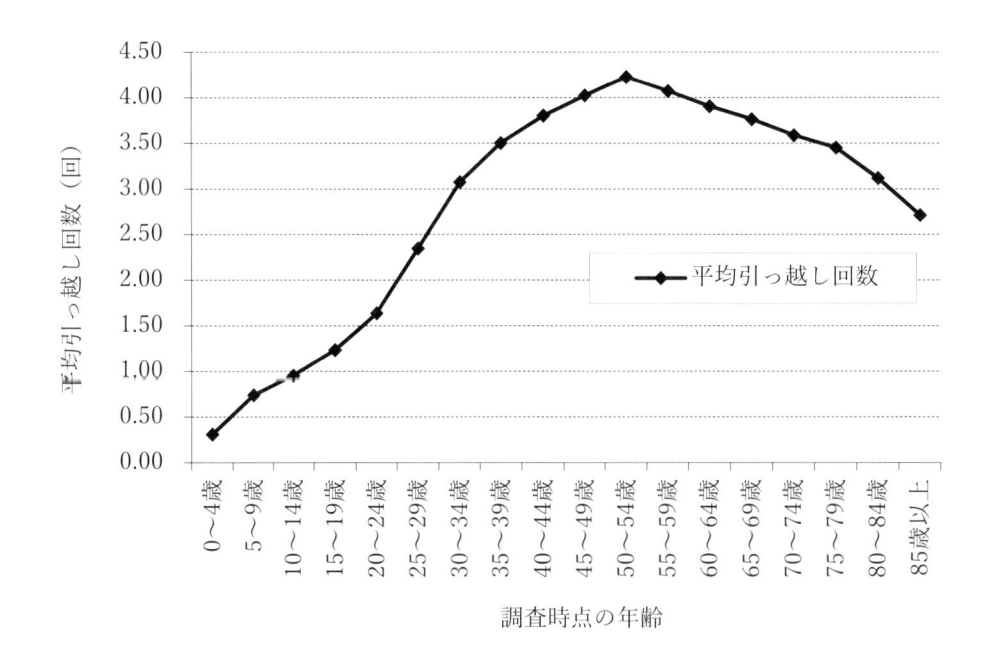

　* 都道府県別に設定したウエイト付きの集計結果で熊本県、大分県由布市を除く。

付表

図 II-1 年齢別、5 年前居住地が現住地と異なる人の割合（%）データ

年齢	第 8 回人口移動調査 （2016 年）	第 7 回人口移動調査 （2011 年）	（参考）国勢調査 （2015 年）
5〜9 歳	35.3%	38.2%	35.5%
10〜14 歳	18.3%	23.1%	19.2%
15〜19 歳	21.0%	23.6%	20.6%
20〜24 歳	34.6%	34.7%	36.7%
25〜29 歳	49.2%	49.0%	48.9%
30〜34 歳	52.4%	56.0%	51.3%
35〜39 歳	40.1%	40.7%	39.2%
40〜44 歳	27.6%	28.6%	26.0%
45〜49 歳	18.1%	19.3%	18.4%
50〜54 歳	17.0%	16.7%	14.2%
55〜59 歳	13.9%	14.4%	11.5%
60〜64 歳	12.9%	13.2%	9.7%
65〜69 歳	14.1%	10.7%	7.9%
70〜74 歳	12.9%	13.2%	7.0%
75〜79 歳	10.8%	11.5%	7.5%
80〜84 歳	10.3%	10.4%	10.6%
85 歳以上	9.9%	9.3%	21.3%

図 II-2　年齢別都道府県間 1 年移動率　データ

年齢	第 8 回人口移動調査 （2016 年）	第 7 回人口移動調査 （2011 年）	住民基本台帳 人口移動報告 （総務省統計局，2016 年）
1〜4	2.5%	2.2%	2.8%
5〜9	1.5%	1.6%	1.3%
10〜14	0.4%	1.1%	0.6%
15〜19	3.8%	3.7%	2.4%
20〜24	6.9%	5.3%	7.9%
25〜29	5.0%	4.6%	6.8%
30〜34	3.7%	4.0%	4.4%
35〜39	2.6%	1.8%	2.6%
40〜44	1.5%	1.4%	1.6%

45〜49	1.1%	1.4%	1.2%
50〜54	1.2%	1.7%	1.0%
55〜59	0.8%	1.0%	0.7%
60〜64	0.5%	0.3%	0.5%
65〜69	0.3%	0.2%	0.4%
70〜74	0.2%	0.4%	0.3%
75〜79	0.1%	0.2%	0.3%
80〜84	0.2%	0.2%	0.3%
85〜89	0.3%	1.0%	0.4%
90 歳以上	0.5%	0.5%	0.4%

図 II-3　年齢別平均引っ越し回数　データ

年齢	平均ひっこし回数 （第 8 回人口移動調査 （2016 年））
0〜4 歳	0.31
5〜9 歳	0.74
10〜14 歳	0.95
15〜19 歳	1.23
20〜24 歳	1.64
25〜29 歳	2.35
30〜34 歳	3.08
35〜39 歳	3.50
40〜44 歳	3.80
45〜49 歳	4.02
50〜54 歳	4.23
55〜59 歳	4.07
60〜64 歳	3.90
65〜69 歳	3.76
70〜74 歳	3.59
75〜79 歳	3.45
80〜84 歳	3.12
85 歳以上	2.71

III.現住地への移動理由

（千年よしみ）

1. 過去 5 年間における現住地への移動理由

移動調査では現住地への移動理由について 19 の選択肢から 1 つ選ぶ形式をとっている。ここでは 19 の選択肢を 7 つの項目に分類して集計を行う。表 III-1 に、項目と選択肢の対応を示す。

表 III-1　現住地への移動理由と分類項目

分類項目	選択肢
1. 入学・進学	入学・進学
2. 職業上の理由	就職、転職、転勤、家業継承、定年退職
3. 住宅を主とする理由	住宅事情、生活環境上の理由、通勤通学の便
4. 親や子との同居・近居	親と同居、親と近居、子と同居、子と近居
5. 家族の移動に伴って	家族の移動に伴って
6. 結婚・離婚	結婚、離婚
7. その他	子育て環境上の理由、健康上の理由、その他

表 III-2　過去 5 年間における現住地への移動理由（％）

	過去 5年の移動者割合(%)	入学・進学	職業上の理由	住宅を主とする理由	親や子との同居・近居	家族の移動に伴って	結婚・離婚	その他	不詳	(%)
第 3 回（1991 年）	20.1	4.1	13.7	33.4	3.6	16.6	14.0	9.5	5.1	100.0
第 4 回（1996 年）	22.8	2.7	13.7	17.9	3.5	43.2	13.4	3.3	2.2	100.0
第 5 回（2001 年）	19.7	3.1	13.0	35.7	7.4	11.0	15.7	8.8	5.3	100.0
第 6 回（2006 年）	21.7	4.6	12.8	35.4	6.7	12.2	12.6	10.8	3.9	100.0
第 7 回（2011 年）	20.4	5.4	14.1	35.0	6.4	10.9	13.5	11.8	2.9	100.0
第 8 回（2016 年）	18.2	5.3	12.7	35.4	7.0	10.8	12.0	13.8	3.1	100.0

*第 4 回の移動理由で、移動理由の割合が他の調査と比べて大きく異なる部分があるのは、クリーニング方式の違いによる。また第 4 回の「過去 5 年の移動者」の定義は、6 回・7 回・8 回と異なる。移動年が調査 5 年前でも移動月が不詳の場合、他の回ではそれを「過去 5 年の移動者」とみなしていないが、第 4 回ではそのようなケースも「過去 5 年の移動者」として含めている。
*第 7 回は岩手県、宮城県、福島県を除く。第 8 回は都道府県別に設定したウエイト付きの集計結果で熊本県、大分県由布市を除く。

　過去 5 年間における現住地への移動理由は、「住宅を主とする理由」が 35.4％で最も高い。続いて「その他」、「職業上の理由」、「結婚・離婚」、「家族の移動に伴って」となっている。第 7 回からの変化をみると、「職業上の理由」が 14.1％から 12.7％へ、「結婚・離婚」が 13.5％から 12.0％へと減少した。その一方、「親や子との同居・近居」が 6.4％から 7.0％へ、「その他」が 11.8％から 13.8％へ上昇した。しかし第 3 回（1991 年）から第 8 回（2016 年）までの一様な傾向は見出しにくい。

2. 男女別にみた移動理由

　男女別では、「入学・進学」、「家族の移動に伴って」、「結婚・離婚」による理由は女性の方が高い。一方、「職業上の理由」は男性が 18.8％、女性が 6.3％であり、男性で高い。

図 III-1 男女別、過去 5 年間における現住地への移動理由（%）

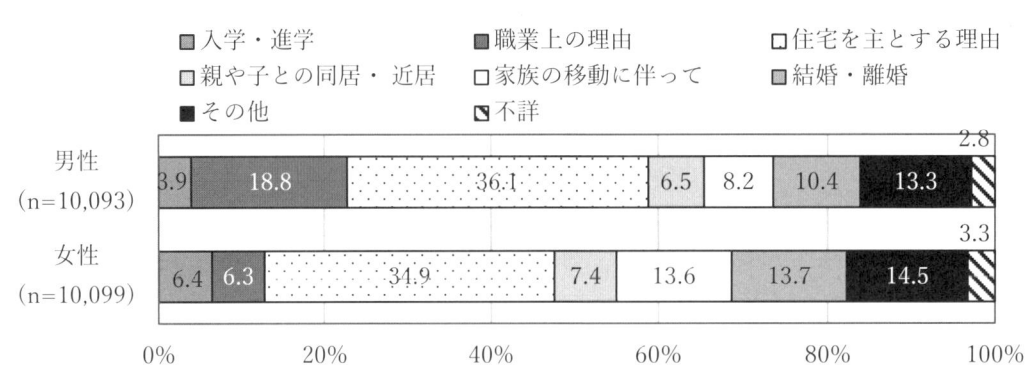

*第8回は都道府県別に設定したウエイト付きの集計結果で熊本県、大分県由布市を除く。

3. 年齢階層別にみた移動理由

　年齢を 15〜29 歳、30〜39 歳、40〜49 歳、50〜64 歳そして 65 歳以上の高齢者に分けて移動理由を示したのが図 III-2 である。全ての年齢層で「住宅を主とする理由」が最も多い。15〜29 歳では、次いで「入学・進学」、「職業上の理由」という順番になっている。30〜39 歳では「結婚・離婚」、「その他」となっている。40〜49 歳、50〜64 歳では、「職業上の理由」、「その他」が続く。65 歳以上をみると、「その他」、「親や子との同居・近居」となっている。

図 III-2 年齢階層別、過去 5 年間における現住地への移動理由（%）

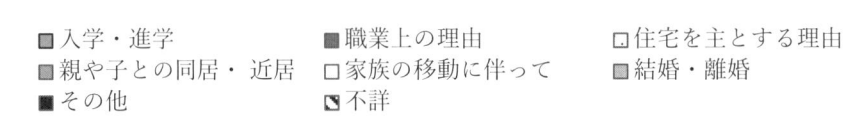

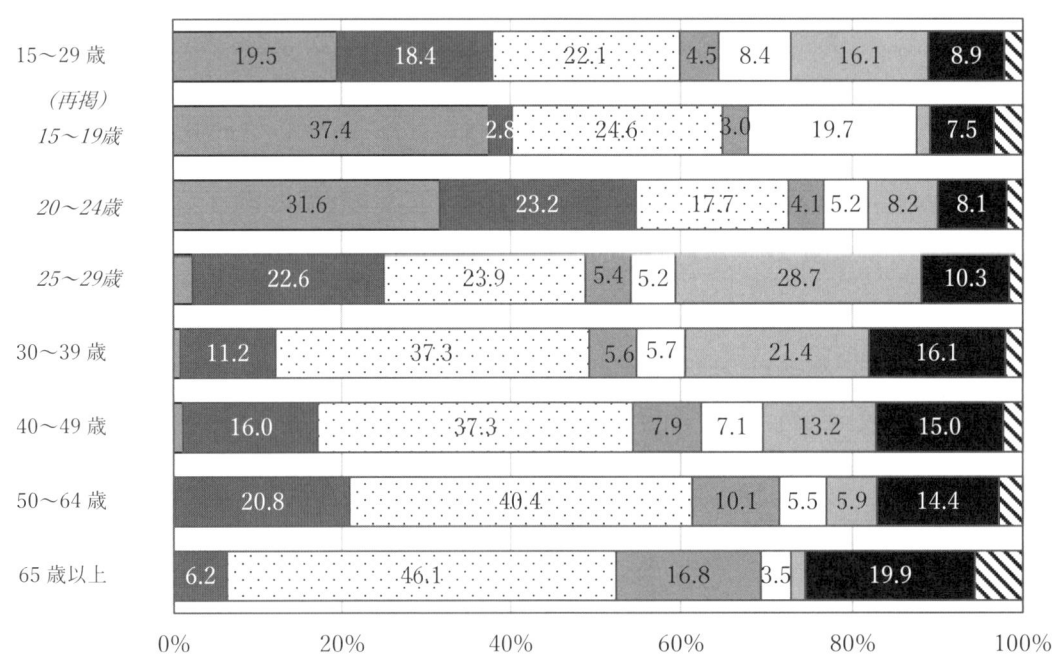

*第8回は都道府県別に設定したウエイト付きの集計結果で熊本県、大分県由布市を除く。

—18—

移動理由を分類項目ではなく選択肢のままで集計し、多い順に上位 5 位を示したのが表 III-3 である。15-29 歳を除く全ての年齢層で「住宅事情」が最も多い移動理由である。15-29 歳では「入学・進学」の 19.5％が最も高く、次いで「結婚」、「住宅事情」、「就職」となっている。30-39 歳をみると、「住宅事情」が 27.8％と大幅に上昇し、「結婚」、「その他」、「子育て環境上の理由」、「生活環境上の理由」が続く。40-49 歳でも「住宅事情」は、27.0％で高い割合を示しており、次いで、「転勤」、「結婚」、「生活環境上の理由」、「子育て環境上の理由」が続く。50-64 歳では、「住宅事情」に続き、「転勤」、「その他」、「生活環境上の理由」、「親と同居」となっている。65 歳以上では、「住宅事情」が 31.3％に上昇し、次いで「生活環境上の理由」、「その他」、「子と同居」、「健康上の理由」が上位を占める。

表 III-3　年齢階層別、過去 5 年間における現住地への移動理由上位 5 位（%）

年齢	過去 5 年の移動者割合(%)	1 位	2 位	3 位	4 位	5 位	上位5 位合計
15-29 歳	30.8 (100.0)	入学・進学 (19.5)	結婚 (15.0)	住宅事情 (13.1)	就職 (10.7)	家族の移動に伴って (8.4)	(66.8)
（再掲） 15-19 歳	18.2 (100.0)	入学・進学 (37.4)	家族の移動に伴って (19.7)	住宅事情 (19.2)	その他 (5.5)	生活環境 (3.4)	(85.2)
20-24 歳	31.2 (100.0)	入学・進学 (31.6)	就職 (18.3)	住宅事情 (8.1)	結婚 (7.4)	その他 (7.1)	(72.4)
25-29 歳	46.1 (100.0)	結婚 (27.6)	住宅事情 (13.7)	就職 (9.9)	その他 (6.4)	転職 (6.3)	(63.8)
30-39 歳	42.5 (100.0)	住宅事情 (27.8)	結婚 (19.0)	その他 (8.0)	子育て環境上の理由 (7.8)	生活環境上の理由 (7.3)	(69.9)
40-49 歳	20.3 (100.0)	住宅事情 (27.0)	転勤 (11.3)	結婚 (10.0)	生活環境上の理由 (8.2)	子育て環境上の理由 (7.5)	(64.0)
50-64 歳	10.8 (100.0)	住宅事情 (28.1)	転勤 (14.6)	その他 (11.7)	生活環境上の理由 (10.3)	親と同居 (6.9)	(71.6)
65 歳以上	5.5 (100.0)	住宅事情 (31.3)	生活環境上の理由 (14.4)	その他 (14.1)	子と同居 (9.8)	健康上の理由 (5.3)	(74.9)
総数	18.2 (100.0)	住宅事情 (25.5)	家族の移動に伴って (10.8)	結婚 (9.9)	その他 (8.4)	生活環境上の理由 (7.7)	(60.2)

*総数には、0 歳-14 歳、及び年齢不詳を含む
*順位の対象から「不詳」を除く
*第 8 回は都道府県別に設定したウエイト付きの集計結果で熊本県、大分県由布市を除く。

4. 現住都道府県別にみた移動理由

　過去 5 年間における現住地への移動理由を、分類項目ではなく選択肢のままで集計し都道府県別に表したのが表 III-4 である。全ての都道府県において、「住宅事情」が最も高い移動理由となっている。2 位・3 位では「家族随伴」と「結婚」が多数を占める。4 位以下では、「結婚」や「生活環境上の理由」などが多くなっている。

　過去 5 年間における現住地への移動理由の割合を、移動しなかった人も含めた総数を分母として都道府県別に表したのが図 III-3 である。「入学・進学」の割合は鹿児島県が 3.5%

で最も高く、東京都、京都府が続く。「職業上の理由」では、北海道が 6.2％で最も高く、長崎県、島根県の順番になっている。「住宅を主とする理由」では、京都府が 9.2％で最も高く、東京都、千葉県が続く。「親や子との同居・近居」は、沖縄県で 2.4％と高く山梨県と愛媛県がその後に並ぶ。「家族の移動に伴って」は、北海道が 3.9％で最も高く、宮城県と長崎県が続く。「結婚・離婚」では、山梨県が 3.3％で最も高く、栃木県と京都府が続く。

表 III-4　現住都道府県別、過去 5 年間における現住地への移動理由上位 5 位（％）

都道府県	過去 5 年の移動者割合	1 位	2 位	3 位	4 位	5 位	上位5 位合計
北海道	24.5 (100.0)	住宅事情 (20.4)	家族随伴 (15.9)	転勤 (15.3)	その他 (7.3)	生活環境 (6.4)	(51.6)
青森県	16.7 (100.0)	住宅事情 (30.1)	その他 (10.1)	家族随伴 (9.3)	結婚 (7.7)	親と同居 (6.1)	(63.3)
岩手県	15.3 (100.0)	住宅事情 (20.6)	転勤 (13.4)	家族随伴 (11.4)	その他 (10.3)	結婚 (7.7)	(63.4)
宮城県	19.4 (100.0)	住宅事情 (23.0)	家族随伴 (14.8)	その他 (12.5)	結婚 (10.6)	生活環境 (7.6)	(68.5)
秋田県	9.9 (100.0)	住宅事情 (18.5)	家族随伴 (14.0)	親と同居 (10.9)	結婚 (8.7)	生活環境 (7.2)	(59.3)
山形県	13.1 (100.0)	住宅事情 (24.4)	結婚 (12.0)	家族随伴 (10.4)	入学進学 (9.2)	転勤	(65.2)
福島県	12.4 (100.0)	住宅事情 (22.6)	その他 (12.2)	家族随伴 (11.0)	親と同居 (8.1)	結婚	(62.0)
茨城県	14.8 (100.0)	住宅事情 (23.8)	家族随伴 (11.9)	結婚 (9.9)	その他 (9.0)	転勤 (6.3)	(60.9)
栃木県	20.1 (100.0)	住宅事情 (21.3)	結婚 (12.8)	家族随伴 (10.8)	転勤 (10.2)	生活環境 (7.7)	(62.8)
群馬県	18.6 (100.0)	住宅事情 (21.9)	転勤 (11.9)	生活環境	結婚 (10.4)	家族随伴 (6.8)	(62.9)
埼玉県	18.9 (100.0)	住宅事情 (22.9)	生活環境 (11.4)	結婚 (11.2)	家族随伴 (9.7)	その他 (8.5)	(63.7)
千葉県	19.3 (100.0)	住宅事情 (32.7)	生活環境 (10.3)	結婚 (10.1)	その他 (9.5)	家族随伴 (7.6)	(70.2)
東京都	24.5 (100.0)	住宅事情 (24.3)	入学進学 (12.4)	家族随伴 (10.2)	結婚 (10.1)	生活環境 (9.1)	(66.1)
神奈川県	19.2 (100.0)	住宅事情 (30.1)	結婚 (11.3)	家族随伴 (10.2)	その他 (9.0)	生活環境 (7.5)	(68.1)
新潟県	12.0 (100.0)	住宅事情 (28.2)	家族随伴 (11.3)	生活環境 (7.8)	その他 (7.4)	結婚 (7.0)	(61.7)
富山県	13.7 (100.0)	住宅事情 (20.6)	家族随伴 (14.7)	結婚 (13.3)	転勤 (9.0)	就職 (8.8)	(66.4)
石川県	19.1 (100.0)	住宅事情 (29.4)	家族随伴 (13.8)	結婚 (9.7)	その他 (8.4)	転勤 (6.4)	(67.7)
福井県	14.9 (100.0)	住宅事情 (27.1)	結婚 (12.8)	家族随伴 (10.2)	その他 (7.5)	子育て (7.3)	(64.9)
山梨県	17.1 (100.0)	住宅事情 (17.5)	結婚 (16.8)	家族随伴 (11.0)	その他 (8.4)	生活環境 (7.8)	(61.5)
長野県	17.1 (100.0)	住宅事情 (20.6)	結婚 (12.6)	家族随伴 (10.2)	入学進学 (7.5)	親と同居	(58.4)
岐阜県	12.7 (100.0)	住宅事情 (26.5)	結婚 (8.7)	家族随伴 (8.4)	生活環境 (7.8)	親と同居	(59.2)
静岡県	18.9 (100.0)	住宅事情 (32.7)	結婚 (10.0)	家族随伴 (9.6)	生活環境 (9.0)	その他 (7.6)	(68.9)
愛知県	14.8 (100.0)	住宅事情 (28.5)	結婚 (11.6)	生活環境 (10.0)	家族随伴 (9.6)	その他	(69.3)

三重県	13.6 (100.0)	住宅事情 (20.3)	家族随伴 (15.3)	その他 (12.2)	結婚 (11.9)	子育て (6.4)	(66.1)
滋賀県	14.2 (100.0)	住宅事情 (21.2)	就職 (15.5)	結婚 (10.1)	生活環境 (8.3)	家族随伴 (7.5)	(62.6)
京都府	23.3 (100.0)	住宅事情 (30.9)	入学進学 (11.6)	結婚 (11.5)	家族随伴 (9.4)	生活環境 (7.1)	(70.5)
大阪府	17.3 (100.0)	住宅事情 (26.5)	入学進学 結婚 (10.1)		その他 (8.5)	家族随伴 (7.1)	(62.3)
兵庫県	17.7 (100.0)	住宅事情 (27.2)	家族随伴 (13.2)	結婚 (12.9)	その他 (8.9)	転勤 (7.3)	(69.5)
奈良県	11.4 (100.0)	住宅事情 (31.2)	その他 (8.3)	家族随伴 (7.3)	結婚 (6.4)	親と同居 (6.0)	(59.2)
和歌山県	8.9 (100.0)	住宅事情 (27.8)	結婚 (11.1)	家族随伴 (7.9)	その他 (7.4)	生活環境 (6.0)	(60.2)
鳥取県	11.3 (100.0)	住宅事情 (18.3)	家族随伴 (10.5)	その他 (9.8)	結婚 (9.1)	生活環境 (6.7)	(54.4)
島根県	15.8 (100.0)	住宅事情 (19.8)	転勤 (17.5)	家族随伴 (11.2)	その他 (9.1)	生活環境 (7.6)	(65.2)
岡山県	18.4 (100.0)	住宅事情 (30.5)	家族随伴 (12.1)	結婚 (11.6)	その他 (7.2)	生活環境 (6.5)	(67.9)
広島県	14.7 (100.0)	住宅事情 (22.7)	家族随伴 (13.2)	生活環境 (9.3)	結婚 (9.1)	その他 (8.6)	(62.9)
山口県	18.2 (100.0)	住宅事情 (22.1)	その他 (11.3)	家族随伴 結婚 (10.5)		転勤 (7.6)	(62.0)
徳島県	18.1 (100.0)	住宅事情 (33.5)	家族随伴 (15.1)	結婚 (6.9)	転勤 (6.3)	生活環境 (5.8)	(67.6)
香川県	14.9 (100.0)	住宅事情 (24.8)	家族随伴 (13.5)	結婚 (10.2)	生活環境 (7.8)	その他 (7.2)	(63.5)
愛媛県	18.7 (100.0)	住宅事情 (24.1)	家族随伴 (13.9)	結婚 (9.3)	転勤 (8.9)	生活環境 (7.2)	(63.4)
高知県	13.5 (100.0)	住宅事情 (23.4)	結婚 (13.9)	生活環境 (10.8)	その他 (8.2)	親と同居 (6.7)	(63.0)
福岡県	17.0 (100.0)	住宅事情 (22.3)	家族随伴 (14.6)	その他 (12.2)	生活環境 (8.9)	転勤 (7.2)	(65.2)
佐賀県	16.4 (100.0)	住宅事情 (27.1)	結婚 (9.9)	家族随伴 (8.8)	生活環境 (8.2)	その他 (7.3)	(61.3)
長崎県	20.3 (100.0)	住宅事情 (19.6)	家族随伴 (14.1)	転勤 (13.5)	入学進学 (7.0)	その他 (6.1)	(60.3)
大分県	18.7 (100.0)	住宅事情 (22.8)	家族随伴 (11.5)	結婚 (10.0)	生活環境 (9.8)	その他 (8.3)	(62.4)
宮崎県	19.2 (100.0)	住宅事情 (24.6)	家族随伴 (11.3)	結婚 (10.1)	転勤 (9.7)	その他 (5.3)	(61.0)
鹿児島県	19.9 (100.0)	住宅事情 (17.9)	入学進学 (17.6)	家族随伴 (10.1)	結婚 (6.8)	その他 (6.6)	(59.0)
沖縄県	21.3 (100.0)	住宅事情 (26.8)	家族随伴 (9.3)	生活環境 (7.3)	親と同居 (6.9)	転勤 その他 (6.6)	(56.9)
全国	18.2 (100.0)	住宅事情 (25.5)	家族随伴 (10.8)	結婚 (9.9)	その他 (8.4)	生活環境 (7.7)	(60.2)

*順位の対象から「不詳」を除く。「家族の移動に伴って」は「家族随伴」、「生活環境上の理由」は「生活環境」、「子育て環境上の理由」は「子育て」とした。

付表

図 III-1 男女別、過去 5 年間における現住地への移動理由（%）データ

	過去 5 年の移動者（人）	入学・進学	職業上の理由	住宅を主とする理由	親や子との同居・近居	家族の移動に伴って	結婚・離婚	その他	不詳	(%)
男性（8 回）(n=10,093)	10,093	3.9	18.8	36.1	6.5	8.2	10.4	13.3	2.8	100.0
女性（8 回）(n=10,099)	10,099	6.4	6.3	34.9	7.4	13.6	13.7	14.5	3.3	100.0

*第 8 回は都道府県別に設定したウエイト付きの集計結果で熊本県、大分県由布市を除く。

図 III-2 年齢階層別、過去 5 年間における現住地への移動理由（%）データ

年齢	入学・進学	職業上の理由	住宅を主とする理由	親や子との同居・近居	家族の移動に伴って	結婚・離婚	その他	不詳	(%)
15〜29 歳	19.5	18.4	22.1	4.5	8.4	16.1	8.9	2.2	100.0
（再掲）15〜19 歳	37.4	2.8	24.6	3.0	19.7	1.6	7.5	3.5	100.0
20〜24 歳	31.6	23.2	17.7	4.1	5.2	8.2	8.1	1.9	100.0
25〜29 歳	2.3	22.6	23.9	5.4	5.2	28.7	10.3	1.7	100.0
30〜39 歳	0.8	11.2	37.3	5.6	5.7	21.4	16.1	2.0	100.0
40〜49 歳	1.1	16.0	37.3	7.9	7.1	13.2	15.0	2.3	100.0
50〜64 歳	0.1	20.8	40.4	10.1	5.5	5.9	14.4	2.8	100.0
65 歳以上	0.0	6.2	46.1	16.8	3.5	1.7	19.9	5.6	100.0

*第 8 回は都道府県別に設定したウエイト付きの集計結果で熊本県、大分県由布市を除く。

付図 1 過去 5 年間における現住都道府県別、移動理由（各都道府県の総人口に対する％）データ

都道府県	入学進学	職業上の理由	住宅を主とする理由	親や子との同居近居	家族の移動に伴って	結婚離婚	その他	不詳
北海道	0.5	6.2	7.1	1.4	3.9	1.9	2.7	0.7
青森県	0.8	2.3	6.1	1.2	1.6	1.7	2.6	0.5
岩手県	0.4	3.4	4.2	1.6	1.7	1.5	2.2	0.3
宮城県	0.6	2.6	6.1	0.8	2.9	2.4	3.5	0.6
秋田県	0.4	1.7	2.6	1.3	1.4	1.1	1.3	0.2
山形県	1.2	2.0	4.2	1.2	1.4	1.8	1.0	0.3
福島県	0.4	1.6	3.6	1.4	1.4	1.4	2.2	0.4
茨城県	0.8	1.9	4.8	1.2	1.8	1.7	2.3	0.5
栃木県	0.4	3.5	6.3	1.6	2.2	3.0	2.7	0.4
群馬県	0.2	3.7	6.5	1.2	1.3	2.5	2.7	0.5
埼玉県	0.5	2.6	6.9	1.7	1.8	2.5	2.2	0.8
千葉県	0.5	1.6	8.9	1.4	1.5	2.1	3.0	0.4
東京都	3.0	1.8	9.0	1.4	2.5	2.8	3.4	0.6
神奈川県	0.4	2.2	7.5	1.2	2.0	2.5	2.8	0.7
新潟県	0.3	1.7	4.5	1.1	1.4	1.1	1.4	0.5
富山県	0.3	3.0	3.5	1.2	2.0	2.1	1.6	0.1
石川県	0.6	2.6	7.1	1.2	2.6	2.1	2.4	0.5
福井県	0.6	1.3	5.1	1.3	1.5	2.2	2.3	0.7
山梨県	1.1	2.2	4.4	1.8	1.9	3.3	2.1	0.4
長野県	1.3	3.2	5.4	1.5	1.7	2.5	1.2	0.3
岐阜県	0.6	1.7	4.4	1.5	1.1	1.3	1.8	0.3
静岡県	0.3	1.6	8.2	1.7	1.8	2.3	2.6	0.3
愛知県	0.3	1.6	6.1	0.7	1.4	2.0	2.2	0.5
三重県	0.2	1.6	3.6	1.3	2.1	1.9	2.5	0.4
滋賀県	0.5	4.1	4.4	0.8	1.1	1.5	1.4	0.4
京都府	2.7	1.6	9.2	1.4	2.2	3.0	2.9	0.3
大阪府	1.8	1.5	5.8	1.1	1.2	2.3	2.8	0.9
兵庫県	0.4	2.2	6.0	0.8	2.3	2.6	2.5	0.8
奈良県	0.6	1.2	4.2	1.3	0.8	1.0	1.7	0.5
和歌山県	0.1	1.4	3.2	0.6	0.7	1.4	1.2	0.3
鳥取県	0.2	1.7	2.9	1.4	1.2	1.3	2.1	0.6
島根県	0.3	4.4	4.6	1.0	1.8	1.2	2.4	0.2
岡山県	0.7	1.6	7.1	1.2	2.2	2.5	2.4	0.7
広島県	0.8	1.4	5.2	0.9	1.9	1.9	2.0	0.6
山口県	1.2	2.6	5.6	1.7	1.9	2.3	2.6	0.3
徳島県	0.7	2.2	7.5	1.2	2.7	1.6	1.6	0.4
香川県	0.7	2.1	5.1	0.6	2.0	1.9	2.0	0.4
愛媛県	0.5	3.3	6.1	1.8	2.6	2.1	2.4	0.0
高知県	0.7	2.0	5.0	1.2	0.9	2.3	1.3	0.2
福岡県	0.4	2.4	5.5	1.4	2.5	1.3	2.8	0.7
佐賀県	0.7	2.1	6.0	1.3	1.5	2.1	1.9	0.9
長崎県	1.4	4.6	5.1	1.4	2.9	1.4	2.7	0.9
熊本県								
大分県	0.4	2.7	6.8	1.2	2.2	2.5	2.6	0.4
宮崎県	0.7	3.6	6.1	1.3	2.2	2.7	2.0	0.6
鹿児島県	3.5	3.1	5.2	1.4	2.0	1.8	2.7	0.3
沖縄県	1.1	2.5	7.7	2.4	2.0	1.6	2.7	1.3
全国	1.0	2.3	6.5	1.3	2.0	2.2	2.5	0.6

IV. 出生地と現住地

（清水　昌人）

　人口移動調査では、これまで調査対象者の出生地（出生時に親がふだん住んでいた場所）の調査結果を地域ブロックなどの単位で集計してきたが、今回の調査では調査規模の拡大にともない都道府県別の集計も試みている。出生地のデータを観察すると、ある地域で生まれた人が調査時点でどの地域にどの程度の割合住んでいるか、ある地域に住む人のうち、地元（同一地域）出生者や他地域出生者が各々どの程度の割合を占めるか、といったことが分かる。また、出生地と現住地を比較すると各時点での地域分布の違いが把握できるが、この違いは人口移動と密接に関係しているため、出生地と移動との地域的な関係を捉えることも可能になる。以下では、調査対象者の出生地と現住地の状況を都道府県（および国外）別、地域ブロック別、年齢別に観察する。なお、本章においては「大都市圏」を東京圏、中京圏および大阪圏、「非大都市圏」をそれ以外の地域としている（表IV-3 注参照）。また、人口移動分析における生涯移動の考え方に基づき、出生地と現住地が異なることを移動と表現する場合がある。図表の値は過去の調査結果と同様、すべて調査時に国外に住んでいる人を含まない値だが、今回の調査では熊本県および大分県由布市が調査に含まれていないため、関連する地域の値には注意が必要となる。

1.　出生地と現在の都道府県

　出生地の都道府県（および国外）別に、現在（調査時に）住んでいる地域を示した（表 IV-1、付図 9 参照）。表 IV-1 によれば、出生地と現住地の地理的な分布には地域ごとにかなりの差がある。出生時と同じ都道府県に住んでいる人の割合は60％台から80％台となっており、東北や中国、四国、九州のいくつかの県、また東京都や奈良県で割合が低い。沖縄県や愛知県、埼玉県、静岡県などでは割合が高かった。出生地と別の都道府県に住む割合では、全体に割合の地域差が小さいので留意が必要だが、おおむね東日本では東京都、さらに埼玉県や神奈川県の割合が高い。近畿以西では全体に大阪府に住む人が多いが、東京都や神奈川県、千葉県の割合も比較的高い。九州では福岡県の割合の高さが目立つ。国外で生まれた人については、東京都、神奈川県、大阪府などに住んでいる人が多かった。

　一般に非大都市圏では、教育や就業のため大都市圏に移動する人が多い。出生時とは別の地域に住んでいる人の割合が非大都市圏の道県で高い傾向があるのは、基本的にこうした人口移動の結果といえる。他方、東京都や奈良県に生まれた人でも他地域に住む割合は高いが、現在の居住地は主として隣接する府県であった。大都市圏内での住み替えなどにより、出生地域を離れた人が多いと考えられる。

表 IV-1 出生地別、現住地（都道府県・国外）

出生地	同一都道府県	他の都道府県（割合の高い順）								
北海道	79.4	東京都	4.7	神奈川県	4.0	埼玉県	2.6	千葉県	2.1	愛知県	1.3
青森県	69.4	東京都	8.1	埼玉県	3.8	神奈川県	3.3	北海道	3.1	宮城県	2.4
岩手県	67.7	東京都	9.1	埼玉県	5.0	宮城県	3.9	神奈川県	3.8	千葉県	2.7
宮城県	77.5	東京都	5.9	神奈川県	4.0	埼玉県	2.8	千葉県	1.9	福島県	1.2
秋田県	65.4	東京都	7.3	千葉県	4.1	埼玉県	3.7	神奈川県	3.2	宮城県	3.0
山形県	70.6	東京都	8.5	埼玉県	4.4	神奈川県	4.0	千葉県	2.4	宮城県	2.2
福島県	68.4	東京都	7.7	埼玉県	5.2	神奈川県	4.9	千葉県	3.0	宮城県	2.5
茨城県	79.7	東京都	5.7	千葉県	3.9	神奈川県	2.8	埼玉県	2.5	栃木県	1.4
栃木県	73.2	東京都	7.5	埼玉県	5.5	神奈川県	3.1	千葉県	2.7	茨城県	1.8
群馬県	78.2	東京都	5.1	埼玉県	4.7	千葉県	3.1	栃木県	2.7	神奈川県	2.3
埼玉県	80.6	東京都	6.8	神奈川県	2.7	千葉県	1.9	茨城県	1.2	群馬県	0.9
千葉県	76.8	東京都	7.9	神奈川県	4.0	埼玉県	4.0	茨城県	1.4	愛知県	0.5
東京都	65.1	神奈川県	9.7	埼玉県	8.6	千葉県	7.0	茨城県	1.1	愛知県	0.9
神奈川県	75.7	東京都	11.2	千葉県	2.5	埼玉県	1.9	静岡県	0.8	茨城県	0.7
新潟県	73.2	東京都	6.6	神奈川県	5.1	千葉県	4.2	埼玉県	3.6	愛知県	1.1
富山県	79.1	神奈川県	3.1	東京都	2.8	石川県	2.8	千葉県	1.8	愛知県	1.8
石川県	77.4	東京都	4.6	千葉県	2.7	大阪府	2.3	神奈川県	2.0	愛知県	1.9
福井県	75.1	大阪府	4.4	東京都	3.5	愛知県	2.8	神奈川県	2.3	京都府	2.1
山梨県	68.9	東京都	10.8	神奈川県	7.0	千葉県	3.6	埼玉県	3.5	静岡県	2.5
長野県	75.0	東京都	5.4	神奈川県	3.5	埼玉県	3.4	愛知県	3.3	千葉県	2.2
岐阜県	77.1	愛知県	12.8	大阪府	1.8	東京都	1.7	神奈川県	1.3	三重県	0.6
静岡県	80.6	神奈川県	4.1	東京都	3.4	愛知県	3.2	埼玉県	1.9	千葉県	1.3
愛知県	85.6	東京都	2.3	岐阜県	2.0	神奈川県	1.8	三重県	1.1	大阪府	1.1
三重県	76.1	愛知県	6.9	大阪府	4.5	東京都	3.8	神奈川県	1.0	奈良県	0.8
滋賀県	76.6	京都府	5.0	大阪府	4.5	愛知県	3.1	兵庫県	2.4	東京都	1.6
京都府	71.0	大阪府	7.0	滋賀県	4.1	東京都	2.8	愛知県	2.3	神奈川県	1.9
大阪府	71.5	兵庫県	6.1	奈良県	3.2	東京都	3.0	京都府	2.4	神奈川県	2.2
兵庫県	74.5	大阪府	8.2	東京都	3.6	京都府	2.0	愛知県	1.5	神奈川県	1.4
奈良県	66.9	大阪府	14.4	京都府	4.3	東京都	2.8	兵庫県	2.4	三重県	1.2
和歌山県	74.4	大阪府	12.2	兵庫県	2.8	滋賀県	1.1	埼玉県	1.1	奈良県	0.9
鳥取県	70.0	大阪府	6.9	東京都	5.4	兵庫県	4.4	神奈川県	2.2	広島県	1.7
島根県	62.2	大阪府	9.1	広島県	5.9	東京都	3.0	鳥取県	2.3	埼玉県	2.2
岡山県	74.2	兵庫県	6.0	大阪府	5.8	広島県	2.8	神奈川県	1.9	東京都	1.6
広島県	75.8	東京都	3.4	大阪府	3.3	神奈川県	2.5	千葉県	2.0	兵庫県	1.8
山口県	65.7	広島県	5.4	福岡県	4.6	大阪府	4.4	東京都	4.0	兵庫県	2.4
徳島県	69.5	大阪府	9.4	神奈川県	3.0	東京都	2.1	兵庫県	1.9	千葉県	1.8
香川県	68.1	大阪府	7.6	東京都	5.6	兵庫県	2.8	愛媛県	2.3	神奈川県	2.1
愛媛県	68.4	大阪府	7.9	兵庫県	3.4	広島県	2.9	東京都	2.8	神奈川県	2.0
高知県	70.7	大阪府	6.9	神奈川県	2.8	愛知県	2.4	愛媛県	2.2	東京都	2.1
福岡県	75.9	東京都	3.9	神奈川県	2.7	大阪府	2.3	千葉県	1.8	愛知県	1.5
佐賀県	62.7	福岡県	13.4	東京都	4.8	神奈川県	3.1	長崎県	2.8	大阪府	2.6
長崎県	62.2	福岡県	8.8	大阪府	4.7	東京都	4.1	神奈川県	3.0	兵庫県	2.6
熊本県	-	福岡県	18.9	東京都	11.7	大阪府	9.4	愛知県	9.1	千葉県	8.2
大分県	69.2	福岡県	7.8	愛知県	2.9	神奈川県	2.6	大阪府	2.3	千葉県	2.1
宮崎県	72.9	大阪府	4.4	福岡県	3.1	埼玉県	2.4	愛知県	2.4	神奈川県	2.2
鹿児島県	63.3	大阪府	7.0	東京都	4.2	神奈川県	3.6	福岡県	3.5	愛知県	2.8
沖縄県	88.0	東京都	2.6	神奈川県	1.9	兵庫県	1.2	大阪府	1.1	愛知県	0.9
国外	-	東京都	15.2	大阪府	13.4	埼玉県	7.3	神奈川県	6.9	愛知県	6.3

* 都道府県別に設定したウエイト付きの集計結果。現住地が熊本県、大分県由布市のケースを除く。出生地が熊本県の値は県外に住む熊本県出生者の分布を示すため、他地域の水準とは異なる。

表 IV-2 現住地別、出生地（都道府県・国外）

現住地	出生地（%）同一都道府県	他の都道府県・国外（割合の高い順）											他の都道府県（都道府県名不詳）	その他不詳
北海道	87.3	東京都	1.4	青森県	1.0	国外	0.9	秋田県	0.8	神奈川県	0.5			1.0	3.0
青森県	86.4	北海道	1.9	岩手県	1.4	秋田県	1.2	宮城県	0.9	東京都	0.7			0.3	4.0
岩手県	87.6	秋田県	1.3	宮城県	1.1	青森県	1.1	北海道	0.8	東京都	0.7			0.4	3.2
宮城県	73.4	岩手県	2.7	福島県	2.5	東京都	2.4	秋田県	1.7	青森県	1.7			1.0	5.0
秋田県	88.0	東京都	1.1	青森県	0.9	北海道	0.7	岩手県	0.7	山形県	0.7			0.5	4.1
山形県	84.4	東京都	1.7	宮城県	1.4	国外	0.9	北海道	0.8	秋田県	0.7			0.4	4.9
福島県	84.0	東京都	1.6	宮城県	1.4	神奈川県	1.0	茨城県	0.9	栃木県	0.8			0.8	4.6
茨城県	73.8	東京都	4.2	千葉県	2.1	埼玉県	1.9	福島県	1.6	神奈川県	1.5			0.6	4.2
栃木県	76.1	群馬県	2.7	東京都	2.6	茨城県	1.9	埼玉県	1.6	神奈川県	1.5			0.9	3.8
群馬県	76.6	東京都	3.8	埼玉県	2.1	栃木県	1.7	新潟県	1.0	国外	1.0			1.3	3.4
埼玉県	52.8	東京都	13.5	千葉県	2.3	北海道	2.0	福島県	1.6	神奈川県	1.6			2.4	3.6
千葉県	52.1	東京都	12.8	神奈川県	2.5	北海道	1.9	新潟県	1.8	茨城県	1.7			1.9	3.1
東京都	54.4	神奈川県	5.1	千葉県	2.5	埼玉県	2.4	北海道	2.0	大阪府	1.6	国外	1.6	2.3	3.7
神奈川県	51.8	東京都	12.0	北海道	2.5	千葉県	1.9	大阪府	1.8	静岡県	1.6			1.7	2.9
新潟県	88.0	東京都	0.8	国外	0.7	埼玉県	0.5	神奈川県	0.5	長野県	0.4			0.7	5.0
富山県	83.3	石川県	1.7	国外	1.3	東京都	1.2	新潟県	0.9	福井県	0.9			0.9	3.1
石川県	79.7	富山県	2.7	大阪府	1.5	福井県	1.4	国外	1.2	東京都	1.1			0.7	3.1
福井県	85.7	大阪府	1.1	石川県	1.0	京都府	0.9	国外	0.7	東京都	0.5			0.6	3.9
山梨県	79.7	東京都	3.6	神奈川県	1.2	長野県	1.2	静岡県	1.1	北海道	0.8			1.1	3.6
長野県	83.7	東京都	1.9	国外	1.5	神奈川県	0.8	新潟県	0.7	愛知県	0.7			0.7	4.2
岐阜県	78.4	愛知県	6.1	国外	1.1	滋賀県	0.8	大阪府	0.8	三重県	0.7			1.0	3.9
静岡県	78.7	東京都	2.0	愛知県	1.7	神奈川県	1.4	国外	1.0	北海道	0.9			1.1	3.2
愛知県	71.4	岐阜県	3.5	三重県	1.6	静岡県	1.5	東京都	1.4	大阪府	1.2			1.5	3.6
三重県	73.9	愛知県	3.9	大阪府	2.5	神奈川県	1.0	兵庫県	0.8	岐阜県	0.7	奈良県	0.7	1.4	4.3
滋賀県	62.0	京都府	6.6	大阪府	5.8	兵庫県	2.9	愛知県	1.5	鹿児島県	1.5			1.8	3.5
京都府	62.1	大阪府	6.8	兵庫県	3.8	滋賀県	2.2	奈良県	1.9	愛知県	1.1	国外	1.1	1.5	3.8
大阪府	59.1	兵庫県	4.6	国外	2.2	京都府	1.8	奈良県	1.8	鹿児島県	1.7			3.1	4.5
兵庫県	66.4	大阪府	8.1	岡山県	2.1	福岡県	1.1	鹿児島県	1.1	東京都	1.0	国外	1.0	1.4	3.9
奈良県	54.8	大阪府	17.0	兵庫県	3.6	京都府	2.0	国外	1.1	三重県	1.1			2.3	3.5
和歌山県	81.3	大阪府	4.7	兵庫県	0.9	京都府	0.7	国外	0.7	三重県	0.5			1.4	4.4
鳥取県	81.6	島根県	3.7	大阪府	1.8	岡山県	1.3	兵庫県	0.9	山口県	0.6			0.8	4.2
島根県	82.3	広島県	1.9	大阪府	1.8	山口県	1.4	国外	1.0	鳥取県	0.9			1.1	3.8
岡山県	77.0	広島県	2.6	大阪府	2.1	兵庫県	1.7	福岡県	1.1	山口県	1.0			1.2	3.9
広島県	74.8	山口県	3.0	岡山県	2.0	島根県	1.9	愛媛県	1.6	大阪府	1.3			1.7	2.7
山口県	75.1	広島県	3.1	福岡県	2.8	国外	2.3	熊本県	1.3	大阪府	1.1			1.4	3.7
徳島県	81.5	大阪府	2.5	兵庫県	1.1	国外	1.0	愛媛県	0.9	香川県	0.7			0.8	6.2
香川県	78.3	愛媛県	3.3	大阪府	1.7	徳島県	1.5	岡山県	1.4	高知県	1.1			0.7	3.6
愛媛県	81.2	香川県	1.9	大阪府	1.7	広島県	1.6	高知県	1.4	兵庫県	1.1			0.9	3.6
高知県	83.3	大阪府	1.4	愛媛県	0.9	徳島県	0.8	国外	0.7	兵庫県	0.6			0.5	5.6
福岡県	70.3	長崎県	3.0	佐賀県	2.7	熊本県	2.3	大分県	2.0	国外	1.7			1.7	5.0
佐賀県	78.5	福岡県	4.1	長崎県	3.6	国外	1.6	東京都	0.6	鹿児島県	0.4			1.3	5.9
長崎県	80.4	福岡県	2.7	佐賀県	2.1	国外	0.9	鹿児島県	0.8	熊本県	0.7			0.7	5.4
熊本県	-	-	-	-	-	-	-	-	-	-	-			-	-
大分県	82.2	福岡県	4.9	熊本県	1.2	長崎県	1.1	大阪府	0.9	宮崎県	0.8			0.7	2.9
宮崎県	79.7	鹿児島県	3.2	福岡県	2.0	大阪府	1.5	熊本県	1.3	東京都	0.8			1.1	3.0
鹿児島県	82.6	熊本県	1.6	宮崎県	1.6	福岡県	1.3	東京都	1.2	大阪府	1.2	兵庫県	1.2	0.7	4.5
沖縄県	83.9	国外	1.1	大阪府	0.8	福岡県	0.8	東京都	0.6	神奈川県	0.6	長崎県	0.6	0.7	6.5

* 現住地が熊本県、大分県由布市のケースを除く。割合の計算には出生地不詳（「他の都道府県（都道府県名不詳）」「その他不詳」）を含む。「他の都道府県・国外」で5番目が2地域ある場合は、6地域まで表示。同じ値の地域が複数ある場合は、全国地方公共団体コードの順（国外は最後）。「他の都道府県（都道府県名不詳）」は、出生地の都道府県が現住地とは別の都道府県だが、都道府県名が不詳の場合。順位の対象には「他の都道府県（都道府県名不詳）」「その他不詳」を含まない。

表 IV-2 に現在住んでいる都道府県ごとに出生地の割合を示した。現在の都道府県が出生時の都道府県と同じ人の割合は 50%台から 80%台であり、東京圏や近畿の都府県で割合が低くなっている。割合の高い地域は非大都市圏で多いが、全体的に東日本で割合が高い傾向がある。出生地が現在の都道府県と異なる人の割合では、相対的に割合の高い地域として隣接する都道府県や「国外」が多く挙がっている。ただし、全体に割合の低い場合が多いため、解釈には注意が必要となる。割合が比較的高いケースとしては、埼玉県や千葉県、神奈川県で東京都生まれの割合が高い。この 3 県では東京都と同様、現住者の 4 割以上が他地域の生まれだが、東京都生まれの割合だけで 1 割を超えていた。西日本では、奈良県における大阪府生まれの割合が目立った。

大都市圏の都府県で自地域出生者の割合が低いのは、一つには非大都市圏などからの転入者が多いためである。大都市圏ではまた、大都市圏内での移動が多い。一般にある地域の出生者が他地域へ転出すると、他地域の出生者が転入してきた場合と同様、当該地域における自地域出生者の比重は低下する。大都市圏内での移動の多さは、転入・転出の両側面において、圏内各地域における自地域出生者の割合を下げる方向に作用したと考えられる。

2. 出生ブロックと現住ブロック

都道府県を地域ブロックにまとめ、出生ブロックごとに現住地の分布を示した（表IV-3）。ブロックごとの集計では、都道府県間の細かな地域差は除かれるが、広域的な状況はより的確に把握できる。表の値は表IV-1、表IV-2 と同様、出生地不詳を分母に含めた割合であるが、この表によれば、どの出生ブロックでも出生時と現在の地域ブロックが同じ人の割合が最も高い。各ブロックの値を比べると、同一地域の割合はとくに大都市圏で高い。割合が最も高いのは東京圏（91.2%）で、以下、中京圏（88.2%）、大阪圏（81.6%）となっている。非大都市圏では全体に割合が低く、四国 72.1%、京阪周辺 73.8%、東北 74.6%、などとなっていた。

出生地と異なる地域ブロックの割合については、中部以東の出生者では東京圏に住む割合、京阪周辺と四国の出生者では大阪圏に住む割合がとくに高く、各々10%を超えている。東京圏に住む人の割合は全国的に高い。京阪周辺を除くと、この割合はどのブロックの出生者でも 5%以上となっている。大阪圏に住む人の割合は大阪圏以西の出生者で高い傾向にある。ただし、九州・沖縄出生者では東京圏に住む割合を下回る（東京圏 9.8%、大阪圏 6.1%）。中京圏に住む割合は、東京圏や大阪圏の場合と比べると全体に低く、国外出生者を除くと、最も割合が高いのは京阪周辺の出生者の 3.0%だった。

都道府県別の集計結果と同様、地域ブロックごとの割合には東日本から東京圏、近畿以西から大阪圏への移動の多さが反映されている。ただし都道府県別の集計に比べると、出生地域と同じ地域に住む割合は高く、他地域に住む割合は低い傾向がある。例えば都道府県の場合とは異なり、ブロック単位では他地域に住む出生者が 3 割をこえるところはない。このような差は、一般に小さな地域をより大きな地域単位にまとめることで生じる。都道府県ごとの割合をブロック単位の値から推測する場合には注意が必要と考えられる。

現住ブロックごとに出生地の分布をみると（表IV-4）、どの現住ブロックでも、現住地と同じブロックで生まれた人の割合が最も高い。現住地と出生地が同じブロックの割合は、表IV-3 の場合とは異なり、大都市圏やその周囲で低く、それ以外の非大都市圏で高い。割合が最も低いのは京阪周辺（65.4％）、最も高いのは東北（87.7％）だった。

表IV-3　出生ブロック別、現住ブロック

| 出生地 | 現住地（％） | | | | | | | | | | | | |
	北海道	東北	北関東	東京圏	中部	北陸	中京圏	大阪圏	京阪周辺	中国	四国	九州・沖縄	計
北海道	79.4	1.4	0.8	13.4	0.8	0.2	1.5	1.3	0.3	0.3	0.1	0.4	100
東北	1.3	74.6	2.1	18.4	1.1	0.2	0.7	0.8	0.1	0.2	0.1	0.4	100
北関東	0.2	1.1	79.9	16.2	0.6	0.1	0.5	0.6	0.1	0.2	0.1	0.4	100
東京圏	0.5	1.0	2.1	91.2	1.3	0.2	0.9	1.2	0.2	0.4	0.1	0.8	100
中部	0.3	0.6	1.0	15.6	77.3	0.4	2.8	1.3	0.2	0.3	0.1	0.3	100
北陸	0.2	0.2	0.3	8.8	0.8	80.0	2.8	4.8	0.9	0.4	0.2	0.5	100
中京圏	0.1	0.2	0.3	5.0	1.1	0.3	88.2	2.8	0.7	0.3	0.2	0.6	100
大阪圏	0.1	0.2	0.3	7.0	0.5	0.4	2.2	81.6	4.0	1.5	0.8	1.4	100
京阪周辺	0.2	0.1	0.5	3.8	0.5	0.3	3.0	16.2	73.8	0.6	0.4	0.7	100
中国	0.1	0.2	0.3	7.5	0.4	0.2	1.2	9.4	0.9	76.6	1.0	2.1	100
四国	0.1	0.2	0.4	7.8	0.5	0.1	1.6	11.7	1.4	2.8	72.1	1.3	100
九州・沖縄	0.2	0.2	0.5	9.8	0.8	0.2	2.7	6.1	0.9	1.8	0.5	76.3	100
国外	3.3	3.2	3.3	34.1	6.1	2.3	8.6	19.2	2.2	5.5	1.6	10.6	100
計	4.2	7.1	5.5	29.1	7.1	2.4	9.1	13.6	3.0	5.9	3.0	10.0	100

* 都道府県別に設定したウエイト付きの集計結果。現住地が熊本県、大分県由布市のケースを除く。出生地計には出生地不詳（「他の都道府県（都道府県名不詳）」「その他不詳」）を含む。出生地の都道府県が現住地とは別の都道府県だが、都道府県名が不詳の場合。地域ブロックの構成は、北海道：北海道、東北：青森県、岩手県、宮城県、秋田県、山形県、福島県、北関東：茨城県、栃木県、群馬県、東京圏：埼玉県、千葉県、東京都、神奈川県、中部：新潟県、山梨県、長野県、静岡県、北陸：富山県、石川県、福井県、中京圏：岐阜県、愛知県、三重県、大阪圏：京都府、大阪府、兵庫県、京阪周辺：滋賀県、奈良県、和歌山県、中国：鳥取県、島根県、岡山県、広島県、山口県、四国：徳島県、香川県、愛媛県、高知県、九州・沖縄：福岡県、佐賀県、長崎県、熊本県、大分県、宮崎県、鹿児島県、沖縄県。

表IV-4　現住ブロック別、出生ブロック

| 出生地 | 現住地（％） | | | | | | | | | | | | |
	北海道	東北	北関東	東京圏	中部	北陸	中京圏	大阪圏	京阪周辺	中国	四国	九州・沖縄	計
北海道	87.3	0.9	0.7	2.1	0.5	0.4	0.7	0.4	0.5	0.2	0.1	0.2	4.6
東北	2.6	87.7	3.1	5.3	1.3	0.7	0.6	0.5	0.4	0.4	0.2	0.3	8.4
北関東	0.3	0.9	77.9	3.0	0.4	0.2	0.3	0.2	0.2	0.2	0.2	0.2	5.3
東京圏	2.6	3.1	8.2	67.0	3.8	1.8	2.0	1.9	1.2	1.5	1.0	1.8	21.4
中部	0.6	0.7	1.4	4.1	03.0	1.1	2.4	0.7	0.5	0.4	0.2	0.2	**7.7**
北陸	0.1	0.1	0.2	0.8	0.3	85.4	0.8	0.9	0.8	0.2	0.2	0.1	2.6
中京圏	0.3	0.2	0.4	1.4	1.3	1.0	78.4	1.7	2.0	0.5	0.4	0.5	8.1
大阪圏	0.3	0.3	0.6	2.8	0.8	2.2	2.8	69.8	15.7	3.0	3.0	1.6	11.6
京阪周辺	0.1	0.0	0.3	0.3	0.2	0.3	0.9	3.2	65.4	0.3	0.3	0.2	2.6
中国	0.2	0.1	0.4	1.6	0.3	0.6	0.8	4.4	1.9	82.3	2.2	1.3	6.3
四国	0.1	0.1	0.2	1.0	0.2	0.2	0.6	3.1	1.6	1.7	84.6	0.4	3.5
九州・沖縄	0.6	0.4	1.1	3.8	1.2	0.8	3.4	5.1	3.4	3.5	1.7	85.9	11.3
国外	0.9	0.5	0.7	1.4	1.0	1.1	1.1	1.6	0.8	1.1	0.6	1.2	1.2
他の都道府県（都道府県名不詳）	1.0	0.6	0.9	2.1	0.9	0.8	1.4	2.3	1.9	1.4	0.7	1.2	1.6
その他不詳	3.0	4.4	3.8	3.4	4.0	3.3	3.8	4.2	3.7	3.4	4.5	4.8	3.8
計	100	100	100	100	100	100	100	100	100	100	100	100	100

* 都道府県別に設定したウエイト付きの集計結果。現住地が熊本県、大分県由布市のケースを除く。地域ブロックの構成は表IV-3参照。「他の都道府県（都道府県名不詳）」は、出生地の都道府県が現住地とは別の都道府県だが、都道府県名が不詳の場合。

現住地と異なる地域ブロックについては、全体に割合が低いため地域差がはっきりしない場合が多い。割合が相対的に高いケースを見ると、東京圏では中部以東の出生者の割合が、大阪圏では近畿以西の出生者の割合が高い。また、東北から中部においては東京圏出生者が、京阪周辺から四国にかけては大阪圏出生者がある程度の割合を占めている。とくに北関東（東京圏出生者 8.2%）と京阪周辺（大阪圏出生者 15.7%）での割合は高い。その他では、東京圏、および中京圏から中国までの各ブロックで、九州・沖縄出生者の割合が比較的高かった。

　ブロック別集計では、非大都市圏ブロックに住む他地域出生者は少ないが、一方でその多くは大都市圏出生者であることが示唆されている。大都市圏から非大都市圏への移動傾向は、いわゆる U ターン移動を除けば、逆方向の移動に比べて弱いと考えられる。そのため、非大都市圏ブロックに住む大都市圏出生者については、かなりの部分が親などの U ターンに伴って非大都市圏に流入した人たちと推測することもできる。ただし、大都市圏出生者は一般に人口規模が大きい。このため、非大都市圏への移動傾向が相対的に弱い状態でも、移動者数としてみれば、U ターンの随伴者以外の人たちも一定の数になる可能性はある。なお、こうした人口規模の影響は基本的にどの割合にも及んでいる。上述の九州・沖縄出生者の割合の高さも、ある程度までは出生人口の規模の大きさを反映したものといえる。

　今回の調査ではサンプル数が増えたため、前回までの報告と異なり、ブロック別の表では中部と北陸を分けて集計している。また、割合の計算には出生地不詳（表IV-1 の注参照）を含めている。これらの表は前回以前の報告書掲載表とは直接比較ができない。そこで参考として、今回と同一の方法で過去の調査データを再集計した結果を示した（表IV-5、表IV-6）。今回の結果と各回の表を比較すると、全体としては各回の調査を通じて同程度の割合を示す地域が多い。値が変化しているケースについては、震災による調査対象地域の違い（第 7 回、第 8 回）を別にすると、社会経済状況の推移とそれに伴う人口移動パターンの変化に影響を受けた可能性が考えられるが、同時に調査にともなうデータの誤差などを考慮する必要もある。本調査のように調査区単位で調査を行う場合は、対象となった地区の特性によっては、地域単位の集計への影響が大きくなることがある。とくにサンプル数が少ない地域などでは、複数回の調査結果を参照することが有用と考えられる。

表IV-5 出生ブロック別、現住ブロック（第6回、第7回）

(1)第6回調査（2006年）

出生地	総数（人）	現住地（%）												計
		北海道	東北	北関東	東京圏	中部	北陸	中京圏	大阪圏	京阪周辺	中国	四国	九州・沖縄	
北海道	1,498	84.6	1.4	1.1	9.1	0.5	0.1	0.9	1.1	0.0	0.3	0.1	0.8	100
東北	2,544	1.5	77.6	1.8	15.3	1.5	0.0	0.6	0.7	0.0	0.4	0.0	0.6	100
北関東	1,708	0.4	0.7	80.4	15.7	1.1	0.0	0.5	0.5	0.1	0.2	0.2	0.2	100
東京圏	6,328	0.4	0.8	3.6	89.1	2.4	0.2	0.8	1.2	0.0	0.4	0.1	0.9	100
中部	2,803	0.2	0.8	1.2	12.7	80.7	0.3	2.4	1.1	0.0	0.2	0.1	0.2	100
北陸	858	0.0	0.5	0.7	6.3	1.3	83.3	2.6	3.6	0.9	0.3	0.1	0.3	100
中京圏	2,414	0.1	0.3	0.2	4.0	1.3	0.3	89.5	2.7	0.3	0.5	0.1	0.7	100
大阪圏	3,124	0.1	0.3	0.7	6.4	1.1	0.7	2.1	82.3	2.5	1.6	0.8	1.5	100
京阪周辺	822	0.0	0.1	0.1	3.6	0.5	0.6	3.0	12.8	77.9	0.4	0.1	0.9	100
中国	1,864	0.8	0.2	0.6	6.4	0.6	0.4	1.1	7.6	0.2	79.8	0.6	1.7	100
四国	1,228	0.2	0.0	0.2	5.1	0.2	0.0	0.9	9.0	0.7	2.9	79.9	1.1	100
九州・沖縄	4,350	0.4	0.2	0.9	6.0	0.5	0.3	2.7	4.6	0.4	1.7	0.3	82.2	100
国外	354	7.3	3.4	11.6	25.4	10.2	1.1	6.2	10.5	1.7	3.7	1.4	17.5	100
計	32,205	4.8	7.1	6.1	25.9	8.6	2.6	8.6	11.6	2.6	5.8	3.6	12.7	100

(2)第7回調査（2011年）

出生地	総数（人）	現住地（%）												計
		北海道	東北	北関東	東京圏	中部	北陸	中京圏	大阪圏	京阪周辺	中国	四国	九州・沖縄	
北海道	1,310	81.1	0.7	0.9	11.2	1.8	0.5	1.8	0.6	0.0	0.2	0.2	1.0	100
東北	1,407	2.0	58.0	3.7	30.4	2.1	0.4	1.1	1.1	0.3	0.2	0.1	0.6	100
北関東	1,675	0.2	0.1	81.3	15.1	0.8	0.1	0.8	0.6	0.3	0.2	0.0	0.4	100
東京圏	5,337	0.4	0.1	2.7	90.4	1.5	0.2	1.3	1.5	0.4	0.6	0.1	0.9	100
中部	2,674	0.3	0.0	1.5	13.3	80.0	0.3	2.7	1.1	0.2	0.3	0.0	0.2	100
北陸	952	0.0	0.0	0.1	7.5	0.4	84.7	3.5	2.2	0.7	0.5	0.1	0.3	100
中京圏	2,680	0.0	0.0	0.3	5.0	1.2	0.3	89.9	1.5	0.7	0.3	0.1	0.8	100
大阪圏	3,461	0.1	0.0	0.1	5.9	0.6	0.6	2.4	79.9	6.8	1.4	0.5	1.5	100
京阪周辺	822	0.0	0.1	0.0	4.1	0.6	0.2	1.9	10.9	80.4	0.9	0.0	0.7	100
中国	2,037	0.1	0.1	0.1	6.8	0.7	0.0	1.9	7.0	0.7	79.7	0.6	2.1	100
四国	995	0.0	0.1	0.4	6.4	0.6	0.2	1.8	9.8	1.2	2.6	75.8	1.0	100
九州・沖縄	3,895	0.2	0.0	0.4	8.1	0.7	0.2	2.6	4.2	0.7	1.7	0.3	80.8	100
国外	316	7.9	0.3	4.1	35.4	7.3	1.3	7.9	8.9	1.9	7.9	0.9	16.1	100
計	29,320	4.1	3.1	6.0	25.9	8.7	3.1	10.4	12.8	3.7	6.7	2.9	12.4	100

* 地域ブロックは表IV-3参照。今回の報告書用に再集計したため、前回以前の報告書の数字とは一致しない場合がある。第7回調査では岩手県、宮城県、福島県で調査を実施していない。出生地計には出生地不詳（「他の都道府県（都道府県名不詳）」「その他不詳」）を含む。「他の都道府県（都道府県名不詳）」は、出生地の都道府県が現住地とは別の都道府県だが、都道府県名が不詳の場合。

表IV-6 現住ブロック別、出生ブロック（第6回、第7回）

(1)第6回調査（2006年）

出生地	現住地（%）												
	北海道	東北	北関東	東京圏	中部	北陸	中京圏	大阪圏	京阪周辺	中国	四国	九州・沖縄	計
総数（人）	1,530	2,284	1,963	8,341	2,777	835	2,763	3,735	840	1,881	1,154	4,102	32,205
北海道	82.8	0.9	0.9	1.6	0.3	0.2	0.5	0.4	0.0	0.2	0.1	0.3	4.7
東北	2.4	86.5	2.4	4.7	1.4	0.1	0.5	0.5	0.0	0.5	0.0	0.4	7.9
北関東	0.5	0.5	70.0	3.2	0.6	0.0	0.3	0.2	0.1	0.2	0.3	0.1	5.3
東京圏	1.6	2.3	11.6	67.6	5.4	1.8	1.8	2.1	0.2	1.4	0.6	1.4	19.6
中部	0.4	1.0	1.8	4.3	81.5	1.1	2.4	0.9	0.1	0.3	0.3	0.1	8.7
北陸	0.0	0.2	0.3	0.6	0.4	85.6	0.8	0.8	1.0	0.2	0.1	0.1	2.7
中京圏	0.1	0.4	0.2	1.2	1.2	0.8	78.2	1.7	0.8	0.7	0.3	0.4	7.5
大阪圏	0.3	0.4	1.1	2.4	1.2	2.5	2.4	68.8	9.3	2.6	2.2	1.1	9.7
京阪周辺	0.0	0.0	0.1	0.4	0.1	0.6	0.9	2.8	76.2	0.2	0.1	0.2	2.6
中国	1.0	0.1	0.6	1.4	0.4	0.8	0.8	3.8	0.4	79.1	1.0	0.8	5.8
四国	0.1	0.0	0.1	0.8	0.1	0.0	0.4	2.9	1.0	1.9	85.0	0.3	3.8
九州・沖縄	1.1	0.4	1.9	3.2	0.7	1.4	4.2	5.3	2.0	3.9	1.0	87.2	13.5
国外	1.7	0.5	2.1	1.1	1.3	0.5	0.8	1.0	0.7	0.7	0.4	1.5	1.1
他の都道府県（都道府県名不詳）	1.5	0.9	1.1	2.3	0.4	0.7	1.4	2.5	1.1	1.5	1.0	0.8	1.5
その他不詳	6.5	6.0	5.9	5.3	5.1	3.7	4.6	6.3	7.1	6.8	7.6	5.3	5.7
計	100	100	100	100	100	100	100	100	100	100	100	100	100

(2)第7回調査（2011年）

出生地	現住地（%）												
	北海道	東北	北関東	東京圏	中部	北陸	中京圏	大阪圏	京阪周辺	中国	四国	九州・沖縄	計
総数（人）	1,215	902	1,769	7,583	2,563	922	3,056	3,766	1,082	1,970	853	3,639	29,320
北海道	87.5	1.0	0.7	1.9	0.9	0.7	0.8	0.2	0.0	0.2	0.4	0.4	4.5
東北	2.3	90.5	2.9	5.6	1.1	0.5	0.5	0.4	0.4	0.2	0.1	0.2	4.8
北関東	0.2	0.2	77.0	3.3	0.5	0.2	0.5	0.3	0.5	0.2	0.0	0.2	5.7
東京圏	1.6	0.8	8.1	63.6	3.1	1.1	2.2	2.1	2.1	1.6	0.5	1.3	18.2
中部	0.7	0.1	2.3	4.7	83.5	1.0	2.3	0.8	0.6	0.4	0.0	0.2	9.1
北陸	0.0	0.0	0.1	0.9	0.2	87.4	1.1	0.6	0.6	0.3	0.1	0.1	3.2
中京圏	0.1	0.0	0.5	1.8	1.2	0.9	78.8	1.0	1.8	0.4	0.4	0.6	9.1
大阪圏	0.2	0.1	0.3	2.7	0.9	2.4	2.7	73.4	21.8	2.5	2.0	1.4	11.8
京阪周辺	0.0	0.1	0.0	0.4	0.2	0.2	0.5	2.4	61.1	0.4	0.0	0.2	2.8
中国	0.2	0.2	0.2	1.8	0.5	0.1	1.3	3.8	1.4	82.4	1.5	1.2	6.9
四国	0.0	0.1	0.2	0.8	0.2	0.2	0.6	2.6	1.1	1.3	88.4	0.3	3.4
九州・沖縄	0.6	0.1	0.9	4.2	1.1	0.7	3.4	4.4	2.7	3.4	1.4	86.5	13.3
国外	2.1	0.1	0.7	1.5	0.9	0.4	0.8	0.7	0.6	1.3	0.4	1.4	1.1
他の都道府県（都道府県名不詳）	0.3	0.1	1.5	2.7	1.1	0.8	1.3	2.7	1.3	1.1	0.7	0.8	1.6
その他不詳	4.0	6.5	4.7	3.9	4.6	3.5	3.2	4.6	4.2	4.5	4.2	5.4	4.4
計	100	100	100	100	100	100	100	100	100	100	100	100	100

* 地域ブロックは表IV-3、データについては表IV-5参照。

3. 年齢別、同じ地域ブロックで出まれた人の割合

　同じ地域ブロックで生まれた人の割合（出生ブロック別、現住ブロック別）を年齢別に示した（図IV-1、図IV-2）。図では5歳階級ごとの割合を用いているが、これは人口移動が盛

んな 10 歳代後半、20 歳代前半、20 歳代後半などにおいて、移動の傾向がそれぞれ異なることによる。サンプル数が小さくなると誤差は大きくなるため、以下ではおおまかな傾向のみ指摘する。北海道に関しては、とくにサンプル数が小さいので注意を要する。

図IV-1 に、出生ブロックと現住ブロックが同じ人の割合を出生ブロックごとに示した。同一地域出生者の割合は、大部分のブロックでは 0-9 歳から 20 歳代にかけて下がっている。ただし、全体的な割合の水準や 20 歳代以降の特徴には地域差がある。大都市圏のなかでは東京圏の割合が高い（図IV-1(1)）。30 歳代から 40 歳代、および 70 歳代の割合はやや低いが、他の年齢ではすべて 90％を超えている。また東京圏では、20 歳代にかけて割合が下がる傾向は顕著ではなかった。中京圏では、全体的に東京圏より割合が低い。20 歳代前半以降の割合は、ほとんどの年齢で 80％台だった。大阪圏では全体に他の 2 ブロックよりも割合が低く、40 歳代から 70 歳代ではすべて 70％台だった。

非大都市圏では東京圏や中京圏よりも全体に割合が低い（図IV-1(2)(3)）。東北、中国、四国、九州・沖縄では、非大都市圏のなかでも相対的に割合が低い。いくつかの地域では、30 歳代後半から 50 歳代前半にかけて割合が低下している。北関東、中部、北陸では比較的割合が高いが、年齢ごとの変動が目立つ。京阪周辺では割合が 10 歳代から 30 歳代まで下がり、その後 50 歳代まで上昇していた。その他の特徴としては、全体に前後の年齢に比べ 70 歳代の割合が低い地域ブロックが多かった。

同一地域出生者の割合が 10 歳代から 20 歳代にかけて下がるのは、とくに長距離の移動が 10 歳代後半から 20 歳代で盛んになることと関係がある。東京圏出生者でこうした変化が小さいのは、教育や就業の機会が自地域内に多く、長距離を移動する必要性が相対的に低いためと考えられる。また、ここで観察している割合は、過去の移動経験にも強く影響されている。70 歳代の割合の低さは、その人たちが 10 歳代から 20 歳代だった時代（高度経済成長期）に大都市圏へ大量に移動したことの結果でもある。一般に、年齢別の割合は最近の状況や加齢による変化だけでなく、世代の特徴（コーホート効果）をも反映している。年齢別割合の解釈には、その地域ブロックにおける大都市圏・非大都市圏間移動の長期的な推移も考慮する必要がある。

図IV-2 に、自地域で生まれた人の割合を現住ブロックごとに示した。大都市圏においては、おおまかには高年齢ほど割合が低いパターンが見られる。ただし 10 歳代前半までを除くと、地域差は大きい（図IV-2(1)）。東京圏では全体的に割合が低い。図の割合は 0-9 歳の 90％台から 20 歳代の 70％台前半まで低下したあと、横ばい、ないし微減となり、50 歳代から 70 歳代まで再び低下する。70 歳代の割合は 50％程度だった。中京圏では 10 歳代以降、一貫して東京圏よりも割合が高く、20 歳代後半から 50 歳代前半では 80％前後、その後 70 歳代までは 70％程度だった。大阪圏では東京圏と中京圏の中間的なパターンが見られる。図の割合は 30 歳代前半までは東京圏、30 歳代後半から 50 歳代は中京圏、60 歳代以降は再び東京圏に近い値となっている。

非大都市圏では北関東と京阪周辺で年齢差が大きい。とくに 20 歳代から 40 歳代にかけての変化は大都市圏と似ている。その他の地域では大都市圏よりもおおむね値が高く、また

図 IV-1　出生ブロック別、同じ圏域で
生まれた人の割合

(1)出生地：大都市圏

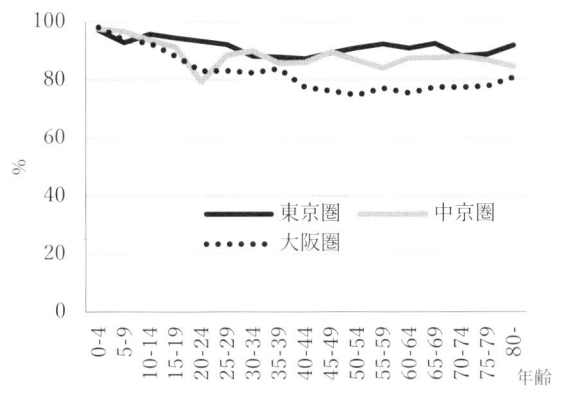

(2)出生地：非大都市圏（北海道〜中部）

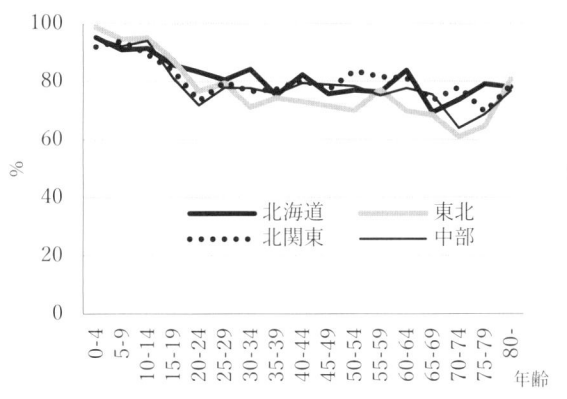

(3)出生地：非大都市圏（北陸〜九州・沖縄）

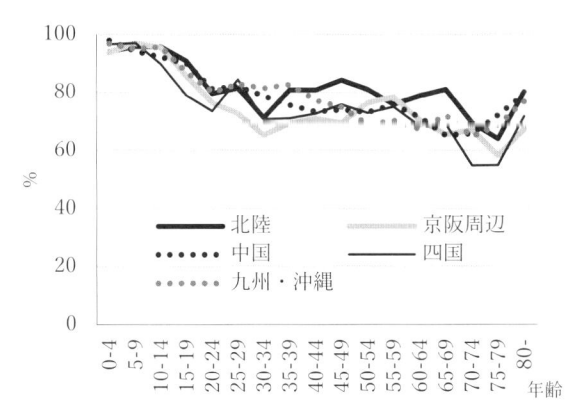

図 IV-2　現住ブロック別、同じ圏域で
生まれた人の割合

(1)現住地：大都市圏

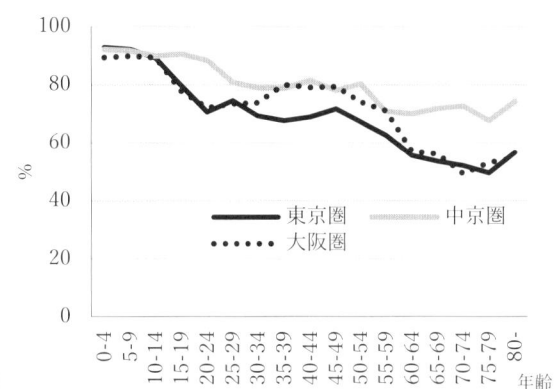

(2) 現住地：非大都市圏（北海道〜中部）

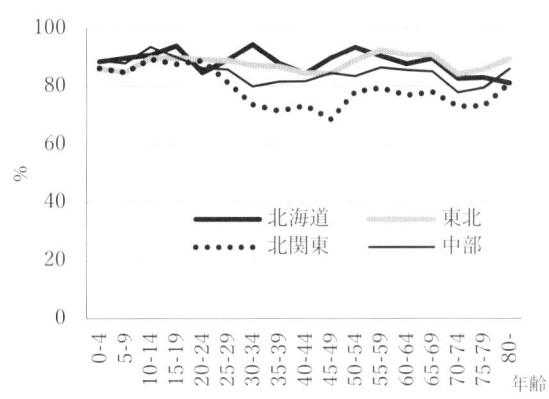

(3) 現住地：非大都市圏（北陸〜九州・沖縄）

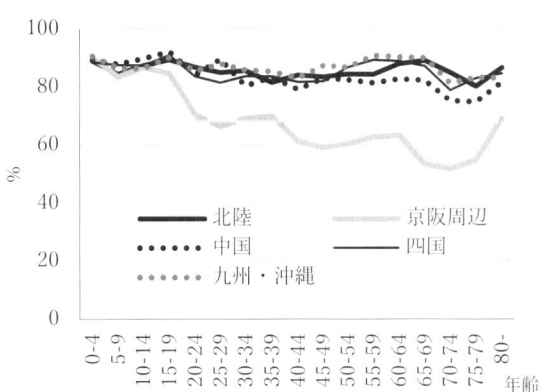

* データ、地域ブロックは表IV-3 参照。分母には出生地
不詳（「他の都道府県（都道府県名不詳）」「その他不詳」）
を含む。

* データ、地域ブロックは表IV-3 参照。分母には出生地
不詳（「他の都道府県（都道府県名不詳）」「その他不詳」）
を含む。

年齢差は小さい。70 歳代では割合が低い地域が多いが、この特徴は北関東でも観察される。

　大都市圏においては、高度経済成長期における転入超過が非常に大きかったことが知られている。高年齢における自地域出生者の割合の低さは、こうした過去の状況などに影響を受けたものといえる。他方、高度成長期に流入、定着した人たちの多くは、大都市圏で子どもを持ったため、その人たちの子ども世代では大都市圏生まれが増加した。30 歳代、40 歳代での割合が 60 歳代以降よりも高いのは、1970 年代以降に移動傾向が変化したことに加え、自地域出生者の数が増えたことなどが原因と考えられる。

　非大都市圏の割合については全体的な高さと年齢差の小ささが特徴だが、これは基本的にどの年齢でも他地域出生者の流入が多くないことを示唆している。ただし、大都市圏に隣接する北関東、京阪周辺に関しては、30 歳代、40 歳代などで住宅取得等を目的に大都市圏から流入する人が多いことなどにより、自地域出生者の割合の差が大きくなったと考えられる。割合の年齢差にはまた、自地域出生者の流出も影響を及ぼしている。70 歳代では高度経済成長期の影響が大きいことは上述のとおりだが、その影響は図IV-2 の非大都市圏のグラフでも観察できる。

　上の図IV-2 で大阪圏が東京圏と中京圏の中間的なパターンを示した理由を検討するため、出生地別、現住地別の出生者数を組み合わせた図を作成した（図IV-3）。ここでは各圏域で生まれた人の数を 100 として、①当該圏域で生まれて現在そこに住む人、②他地域で生まれて現在は当該圏域に住む人、③当該圏域で生まれて現在は他地域に住む人の比率を年齢別に示した。グラフでは出生地不詳も掲載し、他地域に住む人の比率はマイナスで表示した。この図によれば、東京圏と中京圏の違いは、おおむね他地域出生者の大きさの違いで説明できるようだが、大阪圏については他地域出生者と同時に、他地域に住む大阪圏出生者の規模も重要になるようである。

　20 歳代から 40 歳代の比率を検討すると、まず東京圏では他地域出生者の比率が大きいが、20 歳代前半と 30 歳代、40 歳代での大きさはあまり変わらない。また、他地域に住む東京圏出生者の比率の絶対値は、他地域出生者に比べると小さい。中京圏では 20-24 歳で誤差が大きくなっている可能性があるが、20 歳代後半から 40 歳代では他地域出生者の比率の年齢差は小さい。また他地域に住む中京圏出生者の比率の絶対値は東京圏に近い値になっている。他方、大阪圏では、30 歳代後半から 40 歳代における他地域出生者の比率は、20 歳代前半に比べてかなり低い。また他地域に住む大阪圏出生者の比率の絶対値は大きく、40 歳代では他地域出生者の値を上回っていた。現住地における自地域出生者の割合、すなわち図IV-2 の割合は、一般に図IV-3 の他地域出生者の比率が低くなると上昇する。また、他地域に住む自地域出生者の増加に伴い、自地域に住む自地域出生者の比率が低くなると低下する。20 歳代と比べた場合、大阪圏では 30 歳代から 40 歳代の図IV-2 の割合に上向きと下向きの両方の力が働いていたことになる。ただ、他地域出生者の比率と大阪圏に住む自地域出生者の比率を比べると、前者のほうが年齢間の相対的な違いが大きかった。このため、図IV-2 の自地域出生者の割合が 30 歳代、40 歳代で高くなったといえる。

　大阪圏の 30 歳代、40 歳代で他地域出生者の比率が低くなったことには、他地域出生者

図Ⅳ-3　出生地と現住地の分布（各地域ブロック出生者数＝100）

(1)東京圏

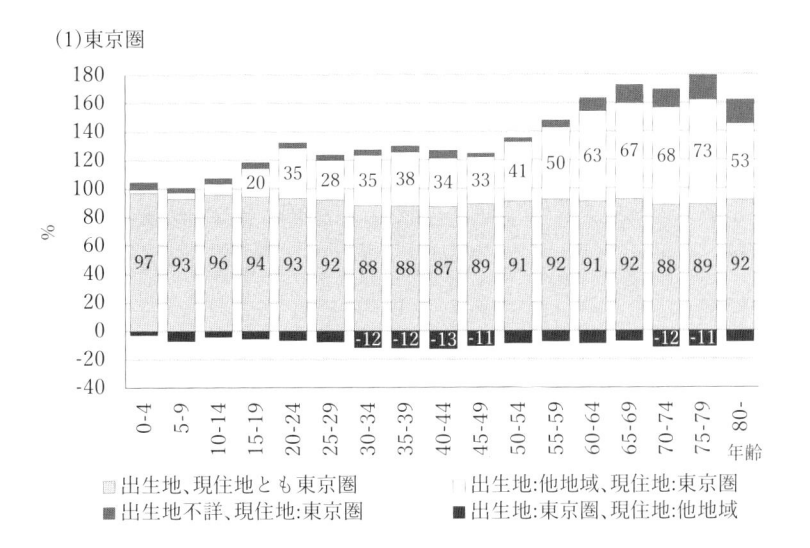

□出生地、現住地とも東京圏　　　□出生地:他地域、現住地:東京圏
■出生地不詳、現住地:東京圏　　　■出生地:東京圏、現住地:他地域

(2)中京圏

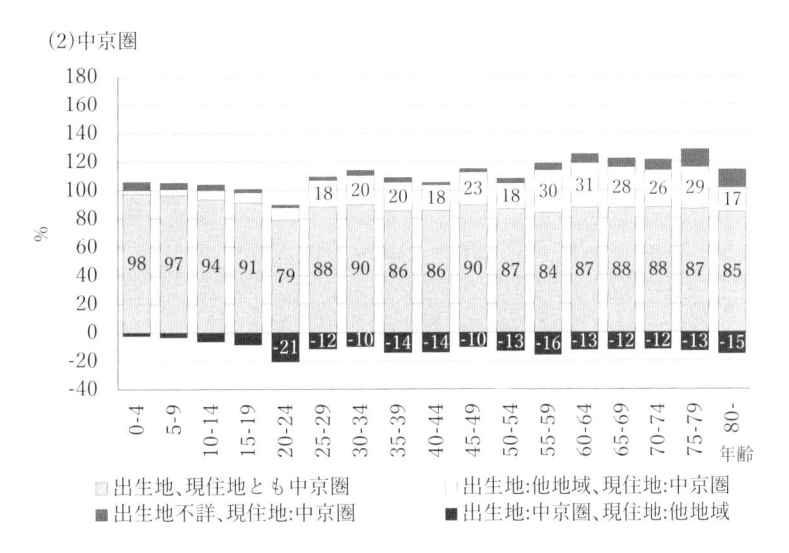

□出生地、現住地とも中京圏　　　□出生地:他地域、現住地:中京圏
■出生地不詳、現住地:中京圏　　　■出生地:中京圏、現住地:他地域

(3)大阪圏

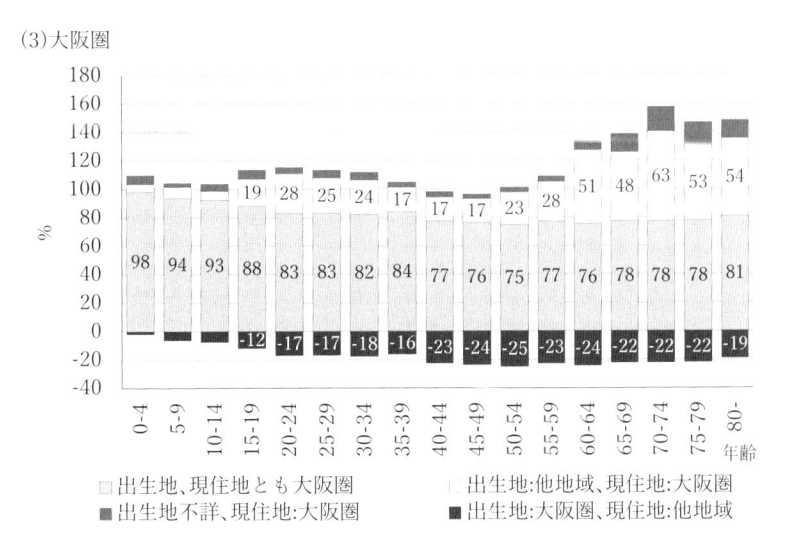

□出生地、現住地とも大阪圏　　　□出生地:他地域、現住地:大阪圏
■出生地不詳、現住地:大阪圏　　　■出生地:大阪圏、現住地:他地域

＊ データ、地域ブロックは表Ⅳ-3 参照。出生地：各ブロック、現住地：他地域については、作図の都合上マイナスで表示している。「出生地不詳」は「他の都道府県（都道府県名不詳）」と「その他不詳」の計。

比率のコーホートごとの推移（例えば10〜20年前の20歳代での比率）や、20歳代以降に他地域出生者が大阪圏から転出する傾向などが関わっている可能性がある。とくに他地域との関係では、京阪周辺との移動がかなりの役割を果たしていると考えられる。そこで、京阪周辺の影響を見るため、大阪圏と京阪周辺を1つの地域（「近畿」）に組み直し、両ブロック間の移動を除いた図を作成した（図IV-4）。この図によれば、他地域出生者の比率、他地域に住む自地域出生者の比率とも大阪圏より低い。図IV-3の大阪圏の値には、京阪周辺との移動の多さが関係しているといえる。ただし、他地域出生者の比率が30歳代、40歳代で相対的に低くなる傾向は、図IV-3と図IV-4で共通していた。このことからは、近畿以外で生まれた人の影響もかなり大きいことが示唆される。サンプル数の問題があるため今回の結果にも一定の留保は要るが、大阪圏の移動を検討するにあたっては、例えば一旦大阪圏に来た人が就職等で東京圏に行くことなどの影響を考慮する必要がある、とはいえる。

図IV-4　近畿における出生地と現住地の分布（近畿ブロック出生者＝100）

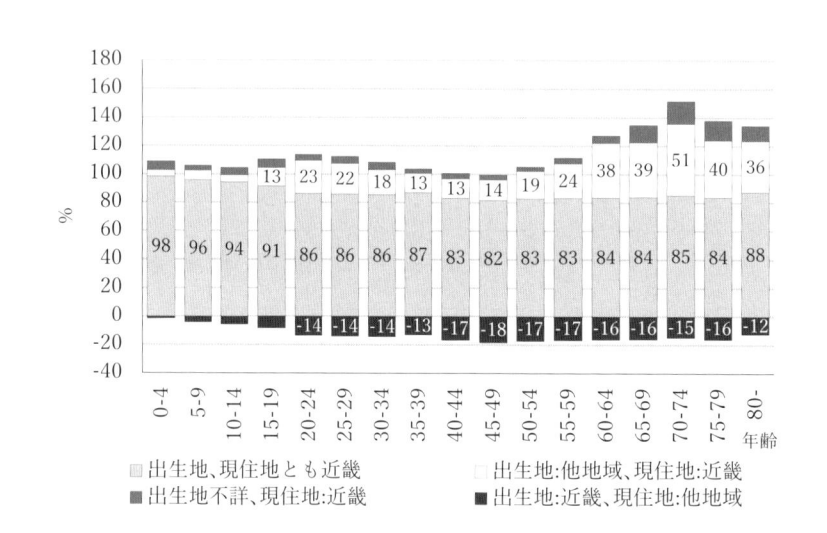

* データ、地域ブロックは表IV-3参照。出生地：各ブロック、現住地：他地域については、作図の都合上マイナスで表示している。「出生地不詳」は「他の都道府県（都道府県名不詳）」と「その他不詳」の計。近畿の範囲は大阪圏と京阪周辺。

付表

図IV-1　出生ブロック別、同じ圏域で生まれた人の割合　データ

年齢	大都市圏			非大都市圏								
	東京圏	中京圏	大阪圏	北海道	東北	北関東	中部	北陸	京阪周辺	中国	四国	九州・沖縄
0-4	97.1	97.6	98.1	95.3	98.8	92.0	95.2	94.1	93.8	97.9	96.6	96.8
5-9	92.8	96.6	93.7	90.9	94.6	94.0	92.2	95.8	97.0	94.2	97.0	95.0
10-14	95.7	93.6	92.6	91.3	95.1	89.3	94.1	95.7	95.4	92.2	89.7	95.7
15-19	94.4	91.3	88.1	85.6	87.4	83.7	81.2	90.8	85.7	90.0	78.9	87.0
20-24	93.3	79.3	83.0	83.2	76.7	73.4	71.8	79.6	76.4	81.3	73.5	80.1
25-29	92.1	88.4	83.2	80.5	79.3	79.6	77.8	81.5	72.7	82.1	84.4	82.9
30-34	88.1	90.0	82.4	84.1	71.2	76.6	77.7	71.2	65.2	78.7	70.7	81.5
35-39	87.8	85.6	83.9	75.2	74.2	77.3	75.7	80.8	69.3	75.6	71.0	82.7
40-44	87.2	85.9	77.5	82.3	73.1	80.4	79.4	80.8	70.9	73.3	72.6	77.2
45-49	89.3	89.6	76.2	75.7	71.6	77.1	78.9	84.2	69.4	73.9	75.8	74.9
50-54	91.0	86.7	74.8	76.9	70.0	83.6	78.4	81.0	76.3	73.1	72.8	68.8
55-59	92.3	84.0	77.1	76.4	77.0	81.6	75.2	75.7	78.4	75.7	74.9	70.3
60-64	90.9	87.5	75.5	83.8	69.8	81.2	77.7	78.7	70.3	71.4	68.3	67.2
65-69	92.4	87.6	77.5	69.4	68.4	73.5	75.5	80.9	65.4	65.0	69.0	72.0
70-74	88.2	88.0	77.5	73.7	61.0	78.0	63.9	69.4	66.9	65.7	54.7	64.7
75-79	88.7	86.7	77.8	79.0	64.5	69.5	68.7	63.9	58.2	72.1	54.8	68.6
80-	91.9	84.6	80.9	78.1	80.7	78.6	76.7	80.1	67.2	79.3	71.7	76.8

図IV-2　現住ブロック別、同じ圏域で生まれた人の割合　データ

年齢	大都市圏			非大都市圏									(参考)
	東京圏	中京圏	大阪圏	北海道	東北	北関東	中部	北陸	京阪周辺	中国	四国	九州・沖縄	東京圏（不詳除く）
0-4	92.8	92.0	89.4	88.4	85.9	86.1	88.8	89.0	90.2	89.3	88.5	90.6	97.6
5-9	92.1	91.6	89.8	89.6	84.8	84.7	87.9	84.4	83.4	87.9	87.6	86.5	95.5
10-14	89.2	89.8	89.3	90.6	89.5	89.2	93.6	87.4	86.8	89.8	87.4	86.5	92.6
15-19	79.6	90.5	77.7	93.9	89.6	87.5	89.9	89.4	84.7	92.2	91.0	90.2	82.6
20-24	70.6	88.3	72.0	84.5	89.1	88.7	86.2	86.8	70.4	84.2	83.7	85.6	72.7
25-29	74.5	80.8	73.4	89.0	88.7	81.2	85.7	85.0	66.2	89.6	81.5	88.0	77.0
30-34	69.3	78.9	73.8	94.4	87.1	73.6	79.9	85.7	69.2	80.5	83.7	85.9	71.5
35-39	67.6	78.7	80.0	87.8	86.6	71.4	81.5	81.6	69.8	83.4	83.7	85.4	70.0
40-44	68.8	81.5	79.0	84.3	84.3	73.2	81.6	84.1	61.2	79.2	81.8	83.1	72.0
45-49	71.6	77.9	79.3	89.6	84.4	68.6	84.4	83.5	59.0	83.1	82.0	87.4	73.2
50-54	67.2	80.2	74.1	93.4	88.8	78.0	83.4	84.5	60.4	82.5	86.8	86.8	68.7
55-59	62.5	70.8	71.0	90.4	92.5	79.3	86.4	84.3	62.6	81.4	89.3	90.8	64.8
60-64	55.6	69.9	57.1	87.6	90.8	76.8	85.5	87.9	63.3	82.8	88.9	90.3	58.9
65-69	53.5	71.8	56.1	89.5	90.9	77.9	85.0	89.2	53.3	82.3	87.2	90.1	57.9
70-74	52.0	72.6	49.2	82.5	84.2	73.0	77.8	85.0	51.8	75.2	78.9	81.3	56.3
75-79	49.5	67.6	53.2	82.9	85.8	73.2	79.4	80.3	54.8	74.8	83.0	83.4	54.7
80-	56.6	74.2	54.7	81.1	89.4	81.0	85.9	86.7	68.9	81.7	84.7	83.0	63.3

* 「東京圏（不詳除く）」は前回と同様に出生地不詳（「他の都道府県（都道府県名不詳）」「その他不詳」）を除いて計算した割合（図には非掲載）。

図IV-3　出生地と現住地の分布（各地域ブロック出生者数＝100）　データ

年齢	出生地、現住地とも東京圏	出生地:他地域、現住地:東京圏	出生地不詳,現住地:東京圏	出生地:東京圏、現住地:他地域	出生地、現住地とも中京圏	出生地:他地域、現住地:中京圏	出生地不詳,現住地:中京圏	出生地:中京圏、現住地:他地域	出生地、現住地とも大阪圏	出生地:他地域、現住地:大阪圏	出生地不詳,現住地:大阪圏	出生地:大阪圏、現住地:他地域
0-4	97.1	2.4	5.1	-2.9	97.6	2.5	6.0	-2.4	98.1	5.5	6.2	-1.9
5-9	92.8	4.4	3.6	-7.2	96.6	4.1	4.8	-3.4	93.7	7.8	2.8	-6.3
10-14	95.7	7.7	3.9	-4.3	93.6	6.3	4.3	-6.4	92.6	6.1	5.0	-7.4
15-19	94.4	19.9	4.3	-5.6	91.3	7.0	2.6	-8.7	88.1	18.9	6.4	-11.9
20-24	93.3	35.1	3.8	-6.7	79.3	8.4	2.1	-20.7	83.0	27.7	4.5	-17.0
25-29	92.1	27.6	4.0	7.9	88.4	18.5	2.6	-11.6	83.2	24.6	5.6	-16.8
30-34	88.1	35.0	4.0	-11.9	90.0	20.2	3.9	-10.0	82.4	23.9	5.4	-17.6
35-39	87.8	37.7	4.4	-12.2	85.6	19.8	3.5	-14.4	83.9	17.2	3.8	-16.1
40-44	87.2	33.9	5.6	-12.8	85.9	17.6	1.9	-14.1	77.5	16.6	4.0	-22.5
45-49	89.3	32.6	2.7	-10.7	89.6	22.8	2.6	-10.4	76.2	16.7	3.3	-23.8
50-54	91.0	41.4	2.9	-9.0	86.7	17.9	3.5	-13.3	74.8	22.7	3.5	-25.2
55-59	92.3	50.2	5.1	-7.7	84.0	29.7	4.9	-16.0	77.1	27.7	3.9	-22.9
60-64	90.9	63.3	9.3	-9.1	87.5	31.1	6.5	-12.5	75.5	51.4	5.4	-24.5
65-69	92.4	67.3	12.9	-7.6	87.6	28.2	6.2	-12.4	77.5	47.9	12.8	-22.5
70-74	88.2	68.3	12.9	-11.8	88.0	25.6	7.6	-12.0	77.5	62.5	17.3	-22.5
75-79	88.7	73.4	17.2	-11.3	86.7	29.1	12.5	-13.3	77.8	52.6	16.0	-22.2
80-	91.9	53.3	17.0	-8.1	84.6	16.7	12.8	-15.4	80.9	54.2	12.7	-19.1

図IV-4　近畿における出生地と現住地の分布（近畿ブロック出生者＝100）データ

年齢	出生地、現住地とも近畿	出生地:他地域、現住地:近畿	出生地不詳,現住地:近畿	出生地:近畿、現住地:他地域
0-4	98.4	4.3	6.3	-1.6
5-9	95.6	6.9	3.5	-4.4
10-14	94.1	5.0	5.5	-5.9
15-19	91.5	13.1	6.2	-8.5
20-24	86.3	23.3	4.2	-13.7
25-29	85.9	21.7	5.0	-14.1
30-34	85.5	17.6	5.4	-14.5
35-39	87.0	13.4	3.6	-13.0
40-44	83.2	13.4	3.9	-16.8
45-49	81.6	14.4	3.4	-18.4
50-54	82.7	19.3	3.4	-17.3
55-59	83.2	24.4	4.1	-16.8
60-64	83.6	38.3	5.5	-16.4
65-69	83.9	38.6	12.3	-16.1
70-74	85.2	50.5	15.9	-14.8
75-79	83.8	40.2	14.0	-16.2
80-	87.5	36.1	10.7	-12.5

V. ライフイベントからみた移動

（林　玲子）

1.　ライフイベント間の都道府県間移動

　就学・進学、就職、結婚というライフイベントは、移動を伴いやすい。人口移動調査では、出生時、中学校卒業時、最終学校卒業時、初職時、初婚前後の居住地をきいており、それらの違いを、ライフイベントによる移動とみなすことができる。ここでは都道府県を超える移動に注目し、ライフイベント時の居住都道府県が違う人の割合をみる（表 V-1）。出生都道府県と中学校卒業時の居住都道府県が違う人の割合は 10.0%であるが、出生都道府県と最終学校卒業時の居住都道府県が違う人の割合は 20.9%、初職時の居住都道府県が違う人の割合は27.5%であり、生まれてから中学進学、最終学校進学、就職という順にライフイベントが起こり、それにより生じた移動で、人々は都道府県をまたいで移動していく傾向が示される。しかしながら、出生時都道府県と最終学校卒業時都道府県が違う人の割合20.9%は、出生時都道府県と初職時の居住都道府県が違う人の割合27.5%へと 6.6%増加するのみであるが、最終学校卒業時と初職時の居住都道府県が違う人の割合は 21.4%と大きい。これは割合の算定に就職しない人は含まれていないことも影響しているが、最終学校を卒業してから出生都道府県に U ターンし就職する人も少なくないことを示唆している。また 4 人に 1 人（26.5%）は出生都道府県と異なる都道府県で初婚するが、さらに初婚前から初婚後にかけて 9.9%の人が都道府県を超えて移動する。これらのライフイベント時の組み合わせの中では、出生都道府県と初婚後の居住都道府県が違う人の割合が一番高く、出生都道府県と中学校卒業時居住都道府県が違う人の割合が一番少ない。

表 V-1　各ライフイベント時の居住都道府県が違う人の割合

	中学校卒業時	最終学校卒業時	初職時	初婚前	初婚後
出生時	10.0%	20.9%	27.5%	26.5%	31.9%
中学校卒業時		13.9%	21.9%	22.1%	28.6%
最終学校卒業時			21.4%	24.4%	30.9%
初職時				18.3%	24.9%
初婚前					9.9%

注：不詳・非該当・国外、熊本県現住者は除く。

2.　進学・就職による移動

　どのライフイベント時の居住地を取るかで、進学、就職による移動は、複数定義できるが、ここでは、出生都道府県と最終学校卒業時の居住都道府県が異なる人、中学校卒業時と最終学校卒業時の居住都道府県が違う人を進学により移動した人、出生都道府県と初職時の居

住都道府県が違う人、最終学校卒業時と初職時の居住都道府県が違う人を就職により移動した人とし、それぞれの時点の居住都道府県からみた割合を算出した（表 V-2）。

表 V-2　進学、就職による移動（都道府県別）

ライフイベント	進学				就職			
	出生時→最終学校卒業時		中学校卒業時→最終学校卒業時		出生時→初職時		最終学校卒業時→初職時	
分母都道府県	出生時	最終学校卒業時	中学校卒業時	最終学校卒業時	出生時	初職時	最終学校卒業時	初職時
	OUT	IN	OUT	IN	OUT	IN	OUT	IN
北海道	12.5%	6.7%	8.1%	3.5%	18.7%	6.2%	13.2%	5.9%
青森県	22.5%	8.8%	19.4%	6.8%	36.6%	8.5%	27.9%	12.6%
岩手県	26.2%	9.1%	22.2%	6.7%	40.8%	7.6%	30.4%	12.9%
宮城県	15.2%	22.4%	13.1%	17.3%	25.4%	18.7%	26.4%	13.0%
秋田県	24.5%	6.1%	19.7%	4.1%	41.8%	5.1%	31.1%	10.9%
山形県	21.1%	9.3%	18.9%	5.9%	36.8%	6.9%	30.5%	11.7%
福島県	21.3%	9.8%	16.0%	4.4%	38.2%	11.3%	29.7%	12.7%
茨城県	18.6%	16.4%	14.9%	7.8%	25.3%	18.6%	20.9%	16.6%
栃木県	21.2%	12.6%	17.2%	7.3%	27.6%	13.8%	21.5%	16.0%
群馬県	22.8%	13.6%	19.1%	7.6%	25.8%	15.0%	17.4%	16.1%
埼玉県	13.1%	26.7%	7.3%	11.8%	19.3%	34.0%	16.5%	18.8%
千葉県	16.0%	29.0%	9.8%	12.7%	24.6%	35.1%	19.7%	17.8%
東京都	23.7%	41.6%	6.6%	35.1%	24.7%	51.5%	20.9%	32.6%
神奈川県	18.2%	31.5%	6.8%	17.2%	20.2%	43.7%	15.4%	28.1%
新潟県	22.1%	7.6%	17.7%	4.2%	32.2%	5.9%	24.8%	12.4%
富山県	26.7%	11.0%	24.0%	5.4%	24.5%	10.1%	17.2%	18.1%
石川県	24.1%	21.9%	19.2%	17.1%	24.1%	13.3%	24.1%	15.4%
福井県	24.8%	8.0%	22.0%	4.9%	27.1%	6.9%	18.2%	15.5%
山梨県	26.3%	14.3%	20.1%	8.4%	33.9%	12.9%	27.1%	16.7%
長野県	26.6%	8.1%	23.6%	4.9%	29.9%	9.6%	20.6%	19.2%
岐阜県	19.3%	13.7%	16.4%	8.6%	26.6%	15.1%	20.0%	13.7%
静岡県	24.3%	10.5%	21.1%	5.5%	22.1%	16.4%	13.4%	22.2%
愛知県	13.0%	18.2%	7.9%	12.3%	13.2%	30.1%	11.1%	23.6%
三重県	19.9%	13.2%	15.5%	5.2%	26.0%	17.1%	18.5%	17.0%
滋賀県	18.2%	17.3%	13.8%	9.1%	27.5%	29.9%	23.6%	27.6%
京都府	19.3%	36.3%	11.1%	31.8%	24.6%	31.7%	32.2%	22.3%
大阪府	18.6%	24.8%	6.8%	17.2%	20.4%	40.1%	14.1%	29.6%
兵庫県	24.1%	20.3%	15.2%	11.1%	26.7%	28.2%	17.3%	23.1%
奈良県	18.5%	28.5%	13.2%	16.9%	30.3%	30.0%	25.0%	14.0%
和歌山県	23.3%	10.8%	17.5%	4.3%	32.1%	12.8%	25.7%	17.8%
鳥取県	26.0%	10.6%	20.0%	6.0%	36.4%	10.8%	27.0%	17.0%
島根県	28.9%	11.2%	24.4%	6.1%	49.2%	9.5%	41.1%	16.7%
岡山県	23.5%	21.3%	18.9%	14.6%	29.6%	20.4%	25.1%	10.0%
広島県	26.5%	18.5%	20.4%	12.7%	26.5%	22.6%	19.9%	23.6%
山口県	31.1%	16.2%	23.2%	10.1%	36.8%	20.6%	26.3%	23.1%
徳島県	24.0%	13.4%	19.4%	10.2%	39.1%	9.5%	36.3%	17.6%
香川県	28.2%	10.9%	24.2%	6.3%	32.7%	13.3%	23.0%	20.4%
愛媛県	27.1%	12.3%	23.1%	6.1%	35.8%	12.9%	27.7%	19.7%
高知県	24.8%	11.1%	19.6%	6.9%	38.2%	8.0%	33.3%	16.6%
福岡県	17.3%	20.4%	9.9%	15.0%	25.7%	21.9%	22.2%	15.1%
佐賀県	25.7%	11.8%	19.8%	6.2%	39.9%	12.7%	29.1%	14.8%
長崎県	28.2%	10.9%	19.3%	6.6%	46.6%	12.0%	34.9%	14.4%
大分県	27.7%	11.8%	23.8%	7.0%	38.4%	11.0%	30.9%	18.7%
宮崎県	23.7%	11.9%	19.4%	6.5%	39.7%	11.6%	35.1%	18.0%
鹿児島県	21.5%	9.8%	15.0%	4.6%	52.2%	10.2%	46.7%	13.1%
沖縄県	14.8%	6.4%	13.3%	3.3%	20.7%	5.0%	17.1%	9.6%
全国	20.9%	20.9%	13.9%	13.9%	27.5%	27.5%	21.4%	21.4%

注：不詳・非該当・国外、熊本県現住者は除く。

進学についてそれぞれの値の最大値をみると、山口県で生まれた人のうち 31.1%は最終学校卒業時に他の都道府県に居住しており、東京都は最終学校卒業時の居住人口の 41.6%が他の都道府県で生まれた人である。同様に、島根県の中学校を卒業した人のうち 24.4%は最終学校卒業時に他の都道府県に居住しており、東京都は最終学校卒業時の居住人口の35.1%が他の都道府県の中学校を卒業した人である。就職についてそれぞれの値の最大値をみると、鹿児島県で生まれた人のうち 52.2%は初職時に他の都道府県に居住しており、東京都は初職時の居住人口の 51.5%が他の都道府県で生まれた人である。同様に、鹿児島県の最終学校を卒業した人のうち 46.7%は初職時に他の都道府県に居住しており、東京都は初職時の居住人口の 32.6%が他の都道府県で最終学校を卒業した人である。東京都を中心とした大都市圏は、進学、就職で多くの人を県外から受け入れ、非大都市圏は県外へ送り出しているのが一般的な傾向であるが、都道府県により受け入れ、送り出しの程度はさまざまである。例えば愛知県は就職では多く受け入れるが進学ではそれほど受け入れず、また送り出しも少ない。それと対照的なのは宮城県で、進学では多く受け入れるが就職での受け入れはそれほど多くない。北海道は送り出しも受け入れも少なくなっている。東京は圧倒的に受け入れ側ではあるものの、出生時からみた進学のための送り出しは全国平均よりも多く、就職のための送り出しもある程度の水準である。

3.　男女別のライフイベント移動

　男女別にライフイベント時の居住都道府県が異なる人の割合をみると（表 V-3）、多くのライフイベント時の組み合わせで、男性の居住都道府県が違う人の割合が大きい。出生都道府県と最終学校卒業時の居住都道府県が違う人の割合、つまり進学で都道府県を超えた移動をした人の割合は男性では 23.8%に上るが、女性は 18.4%にとどまり、その差は 5.4%である。出生都道府県と初職時の居住都道府県が違う人の割合は男性では 31.4%に上るが、女性は 23.8%にとどまり、その差は 7.6%である。男女差が一番大きいのは最終学校卒業時から初職時にかけて都道府県を超えた移動をした人の割合で、男性 26.4%のところ、女性は16.6%でその差は 9.8%である。同様に最終学校卒業時から初婚前に移動した人の割合の男女差も大きい。　一方、初婚前と初婚後の居住都道府県が違う人の割合は女性の方が 8.2%高く、また、出生都道府県と初婚後の居住都道府県が違う人の割合の男女差は 0.8%と非常に小さくなっている。男性では出生都道府県と初職時の居住都道府県が違う人の割合が 31.4%で、出生都道府県と初婚後の居住都道府県が違う人の割合は 32.4%とわずかな増加であるが、女性ではそれぞれの割合は 23.8%から 31.6%と大きく増加している。就職や結婚をしたことがない人を分母に含むかどうかという違いがあるため、さらに分母をそろえた比較が必要ではあるものの、これらの数字は男性の方が進学、就職を通じて都道府県を超えて移動するが、移動した男性に追随して女性が結婚のために移動する、ということを示唆するものであるといえよう。

表 V-3　各ライフイベント時の居住都道府県が違う人の割合（男女別）

	中学校 卒業時	最終学校 卒業時	初職時	初婚前	初婚後
男性					
出生時	10.0%	23.8%	31.4%	30.8%	32.4%
中学校卒業時		17.4%	26.4%	26.6%	28.8%
最終学校卒業時			26.4%	29.7%	32.3%
初職時				20.5%	23.8%
初婚前					5.6%
女性					
出生時	10.1%	18.4%	23.8%	22.9%	31.6%
中学校卒業時		10.8%	17.5%	18.1%	28.4%
最終学校卒業時			16.6%	19.9%	29.8%
初職時				16.3%	26.1%
初婚前					13.8%
男女差（男性－女性）					
出生時	-0.1%	5.4%	7.6%	7.9%	0.8%
中学校卒業時		6.5%	8.9%	8.5%	0.4%
最終学校卒業時			9.8%	9.8%	2.5%
初職時				4.2%	-2.3%
初婚前					-8.2%

注：不詳・非該当・国外、熊本県現住者は除く。

　さらに、初婚というライフイベントによる移動に注目し、出生都道府県と初婚前後の居住都道府県が違う人の割合を都道府県別に示したものが表 V-4 である。これをみると、初婚前と初婚後の居住都道府県が違う人の初婚前の居住都道府県に対する割合、つまり、初婚前から初婚後にかけて都道府県外に出た人の割合は、男性では東京都で一番高く 13.4%、次いで奈良県（12.6%）、神奈川県（9.4%）であり、女性では京都府（24.1%）、奈良県（23.8%）、佐賀県（20.8%）の順である。一方、初婚後に他の都道府県から入ってきた人の割合は男性では奈良県（17.8%）、千葉県（15.0%）、埼玉県（13.8%）、女性では千葉県（24.6%）、神奈川県 24.2%、奈良県（23.1%）の順で多い。これら上位の都道府県をみると、いずれも大都市圏の都府県であり、結婚による都市圏内の動きが多いことを示している。おおむね大都市圏は非大都市圏と比べて初婚前後の移動は多いが、例外的に愛知県の割合は小さい。また沖縄県は初婚前から初婚後に県外に出た人の割合は男女とも全国で一番低く、出生から初婚後にかけて出た人の割合も同様に男女とも全国で一番低い。これは沖縄県では通婚圏が県内である割合が高い、もしくは女性の結婚のための追随県外移動が少ない、といった理由が考えられよう。

表 V-4　出生、初婚前、初婚後の移動（男女別、都道府県別）

| 分母
都道府県 | 初婚前→初婚後 | | | | 出生時→初婚後 | | | |
| | 初婚前（OUT） | | 初婚後（IN） | | 出生時（OUT） | | 初婚後（IN） | |
性別	男性	女性	男性	女性	男性	女性	男性	女性
北海道	1.3%	5.3%	0.6%	3.2%	25.2%	18.4%	9.3%	8.6%
青森県	0.9%	7.6%	1.7%	4.1%	34.6%	30.3%	11.0%	11.5%
岩手県	1.2%	5.3%	2.8%	6.3%	37.1%	31.4%	11.5%	10.1%
宮城県	3.7%	8.1%	1.7%	8.2%	26.9%	27.3%	23.9%	19.1%
秋田県	2.6%	8.1%	3.5%	6.1%	37.8%	36.1%	7.6%	8.9%
山形県	0.9%	9.7%	2.6%	5.5%	36.3%	35.0%	8.1%	9.4%
福島県	1.7%	8.2%	2.2%	6.0%	31.1%	37.8%	14.1%	11.6%
茨城県	4.5%	10.9%	3.3%	9.9%	25.9%	26.5%	26.8%	23.7%
栃木県	2.1%	12.5%	3.5%	10.3%	25.8%	30.5%	19.3%	19.4%
群馬県	4.1%	12.9%	3.0%	8.1%	29.6%	28.5%	19.2%	18.2%
埼玉県	7.4%	17.7%	13.8%	22.7%	25.9%	28.8%	50.9%	48.9%
千葉県	8.3%	17.0%	15.0%	24.6%	27.0%	32.3%	50.3%	49.1%
東京都	13.4%	20.1%	7.0%	19.6%	39.1%	38.6%	54.8%	53.1%
神奈川県	9.4%	15.5%	12.1%	24.2%	30.6%	32.9%	57.6%	55.1%
新潟県	0.6%	8.9%	0.9%	3.7%	30.7%	31.6%	6.8%	8.4%
富山県	1.8%	14.7%	1.3%	7.7%	29.6%	25.7%	11.7%	13.0%
石川県	2.0%	15.3%	2.0%	6.8%	31.1%	27.9%	16.8%	15.8%
福井県	2.4%	9.8%	2.1%	6.3%	26.4%	28.3%	10.9%	10.1%
山梨県	1.5%	12.6%	2.4%	11.2%	34.3%	34.4%	17.2%	19.6%
長野県	1.5%	10.9%	1.7%	5.3%	28.9%	30.7%	9.9%	10.8%
岐阜県	5.8%	19.0%	4.8%	10.6%	30.1%	30.7%	15.9%	18.7%
静岡県	1.9%	9.8%	2.0%	7.5%	24.6%	21.0%	19.8%	19.4%
愛知県	2.0%	8.1%	2.9%	13.4%	17.9%	16.4%	33.8%	33.0%
三重県	2.0%	12.6%	1.7%	11.2%	25.2%	27.4%	22.6%	21.5%
滋賀県	3.3%	12.1%	6.0%	16.9%	36.4%	32.0%	36.9%	31.7%
京都府	8.6%	24.1%	6.5%	17.1%	35.4%	39.1%	33.2%	40.6%
大阪府	7.9%	13.6%	6.9%	18.5%	32.7%	31.2%	44.5%	48.3%
兵庫県	6.6%	17.3%	8.1%	17.3%	34.3%	32.3%	37.9%	37.6%
奈良県	12.6%	23.8%	17.8%	23.1%	39.1%	41.8%	40.8%	43.0%
和歌山県	7.1%	11.4%	2.3%	10.0%	31.2%	31.0%	12.5%	14.5%
鳥取県	0.7%	13.6%	1.7%	14.0%	33.9%	35.4%	13.1%	22.0%
島根県	3.1%	13.7%	2.0%	7.3%	48.9%	42.4%	14.4%	14.0%
岡山県	2.8%	19.2%	2.4%	10.5%	36.4%	35.0%	20.6%	21.6%
広島県	1.6%	11.4%	1.6%	12.1%	29.5%	28.7%	27.3%	27.5%
山口県	4.0%	16.2%	3.6%	10.9%	42.1%	41.4%	25.5%	18.6%
徳島県	0.6%	13.5%	3.8%	6.6%	34.8%	35.7%	11.4%	13.8%
香川県	1.1%	11.6%	1.8%	10.0%	39.2%	31.6%	21.3%	20.7%
愛媛県	1.9%	13.7%	1.4%	5.6%	38.8%	36.7%	16.7%	14.6%
高知県	2.7%	9.4%	0.8%	7.4%	33.0%	35.4%	15.3%	12.8%
福岡県	2.0%	10.8%	2.0%	9.1%	32.8%	27.0%	26.6%	25.4%
佐賀県	3.5%	20.8%	3.4%	10.1%	49.5%	39.7%	14.8%	14.7%
長崎県	2.7%	11.1%	1.8%	10.2%	45.1%	42.6%	12.8%	18.5%
大分県	1.8%	16.3%	2.7%	6.6%	39.2%	39.6%	10.5%	12.2%
宮崎県	2.2%	13.3%	2.6%	7.2%	34.9%	39.9%	14.2%	16.8%
鹿児島県	1.3%	10.3%	1.7%	6.5%	47.9%	42.6%	12.3%	13.0%
沖縄県	0.3%	2.0%	1.5%	1.5%	14.7%	15.7%	8.7%	6.4%
全国	5.6%	13.8%	5.6%	13.8%	32.4%	31.6%	32.4%	31.6%

注：不詳・非該当・国外、熊本県現住者は除く。

　そこで世帯主と世帯主の配偶者の出生県が同じ割合を算出すると（表 V-5）、全国では
58.6%であるが、現住県別にみると一番高いのは北海道の 86.5%、次いで新潟県（87.6%）、
沖縄県（86.2%）となっており、沖縄県では通婚圏が県内である割合が高いことが、初婚後

の県外への移動が少ないことの理由であることは確認できる。

表 V-5　世帯主と世帯主の配偶者の出生都道府県が同じ世帯の割合

	現住都道府県別	世帯主の出生都道府県別	世帯主の配偶者の出生都道府県別
北海道	86.5%	74.8%	78.8%
青森県	84.2%	65.1%	64.3%
岩手県	85.0%	64.4%	64.2%
宮城県	68.5%	65.3%	60.2%
秋田県	84.9%	59.2%	62.9%
山形県	84.8%	64.1%	63.4%
福島県	78.8%	65.5%	60.0%
茨城県	64.5%	68.0%	64.8%
栃木県	67.9%	64.1%	56.4%
群馬県	67.0%	63.5%	62.9%
埼玉県	40.3%	51.5%	47.0%
千葉県	43.3%	50.4%	44.9%
東京都	36.5%	45.7%	44.3%
神奈川県	34.4%	45.0%	40.7%
新潟県	87.6%	68.0%	66.9%
富山県	81.7%	68.2%	71.7%
石川県	72.9%	65.7%	66.6%
福井県	80.5%	72.6%	62.5%
山梨県	75.8%	60.6%	60.3%
長野県	81.6%	71.0%	68.9%
岐阜県	71.2%	65.1%	68.4%
静岡県	71.8%	67.5%	70.1%
愛知県	56.1%	63.5%	65.4%
三重県	68.6%	69.0%	65.1%
滋賀県	53.8%	52.5%	55.4%
京都府	51.4%	51.9%	53.1%
大阪府	44.9%	47.1%	52.4%
兵庫県	54.3%	55.1%	56.1%
奈良県	47.1%	45.2%	43.7%
和歌山県	76.0%	65.4%	70.6%
鳥取県	75.7%	61.3%	62.0%
島根県	75.5%	52.5%	57.4%
岡山県	67.9%	60.5%	64.4%
広島県	61.9%	61.2%	62.9%
山口県	67.6%	56.4%	52.9%
徳島県	75.6%	60.4%	61.3%
香川県	72.1%	58.9%	65.9%
愛媛県	76.1%	63.4%	65.8%
高知県	78.9%	63.8%	60.5%
福岡県	65.4%	60.3%	63.9%
佐賀県	74.4%	49.3%	59.5%
長崎県	78.8%	54.2%	58.4%
大分県	76.9%	62.6%	62.0%
宮崎県	73.2%	65.9%	62.6%
鹿児島県	78.6%	57.1%	59.6%
沖縄県	86.2%	81.3%	78.0%
全国	58.6%	58.6%	58.6%

注：不詳・非該当・国外、熊本県現住者は除く。割合は、世帯主と世帯主の配偶者が同じ世帯数を、世帯主と世帯主の配偶者が同じ/違う世帯数で割ったもので、世帯主、世帯主の配偶者がいない世帯、いずれかが国外生まれおよび出生都道府県不詳の世帯は分母に含まれていない。

4. 東京圏への移動

　東京圏への移動者を出生都道府県別にみると、一番多いのは北海道、次いで新潟県、大阪府、国外（一つの県とみなした場合）、福島県、福岡県の順となる。出生地域ブロック別にみると、東北、中部・北陸、九州・沖縄、北関東、大阪圏、北海道の順となる。

　ライフイベントが、出生→中学校卒業→最終学校卒業→初職→初婚直前→初婚直後の順番に訪れると仮定して、東京圏以外で生まれ、調査時に東京圏に住んでいた人が、どのライフイベントまでに東京圏に来たかをみると（図 V-1）、初職時までに東京圏に来た人が24.2%で一番多く、次いで最終学校卒業時までで22.0%である。この割合は、出生地域ブロック別に差が大きい。また年代別にみると55歳未満では最終学校卒業時までに東京圏に来た人が一番多いが、65歳以上では初職時までに東京圏に来た人が一番多くなっている。

図 V-1　東京圏に移動したタイミング（ライフイベント別）

出生地域ブロック別

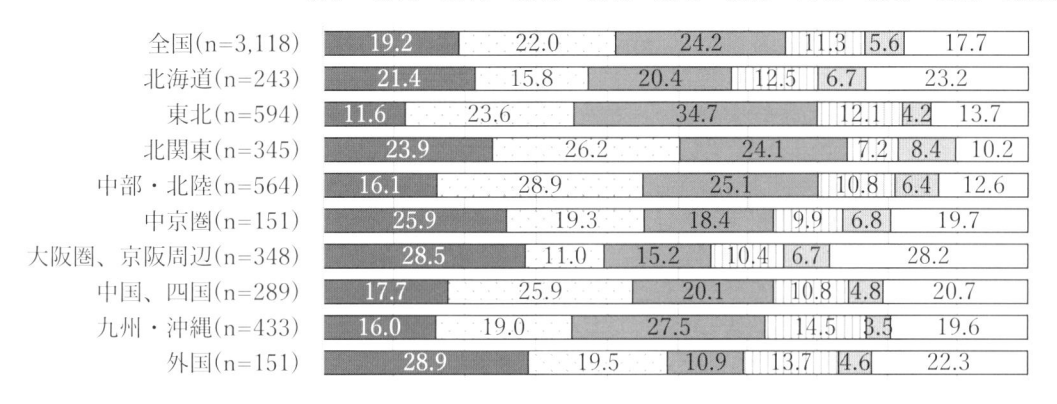

年代別

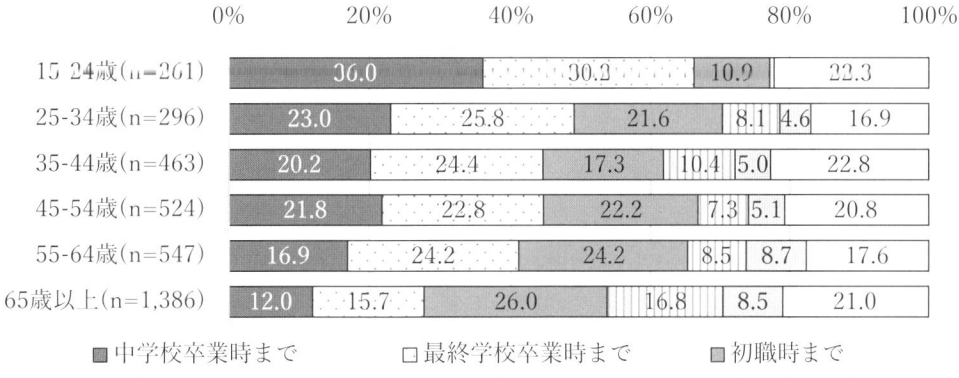

* 東京圏に現住し東京圏以外で出生した人が最初に東京圏に居住したライフイベントをカウントしたもの。初婚が初職よりも早い人もいるが、その割合は全体の 1.6%である。出生地域ブロックは、一定以上のサンプル数が得られるように適宜まとめている。都道府県別に設定したウエイト付きの集計結果で熊本県、大分県由布市を除く。

付表

図 V-1　東京圏に移動したタイミング（ライフイベント別）　データ

出生地域ブロック別

	中学校卒業時まで	最終学校卒業時まで	初職時まで	初婚直前まで	初婚直後まで	その他・不詳
全国(n=3,118)	19.2	22.0	24.2	11.3	5.6	17.7
北海道(n=243)	21.4	15.8	20.4	12.5	6.7	23.2
東北(n=594)	11.6	23.6	34.7	12.1	4.2	13.7
北関東(n=345)	23.9	26.2	24.1	7.2	8.4	10.2
中部・北陸(n=564)	16.1	28.9	25.1	10.8	6.4	12.6
中京圏(n=151)	25.9	19.3	18.4	9.9	6.8	19.7
大阪圏、京阪周辺(n=348)	28.5	11.0	15.2	10.4	6.7	28.2
中国、四国(n=289)	17.7	25.9	20.1	10.8	4.8	20.7
九州・沖縄(n=433)	16.0	19.0	27.5	14.5	3.5	19.6
外国(n=151)	28.9	19.5	10.9	13.7	4.6	22.3

年代別

	中学校卒業時まで	最終学校卒業時まで	初職時まで	初婚直前まで	初婚直後まで	その他・不詳
15-24 歳(n=261)	36.0	30.2	10.9	0.6	0.0	22.3
25-34 歳(n=296)	23.0	25.8	21.6	8.1	4.6	16.9
35-44 歳(n=463)	20.2	24.4	17.3	10.4	5.0	22.8
45-54 歳(n=524)	21.8	22.8	22.2	7.3	5.1	20.8
55-64 歳(n=547)	16.9	24.2	24.2	8.5	8.7	17.6
65 歳以上(n=1,386)	12.0	15.7	26.0	16.8	8.5	21.0

＊ 東京圏に現住し東京圏以外で出生した人が最初に東京圏に居住したライフイベントをカウントしたもの。初婚が初職よりも早い人もいるが、その割合は全体の 1.6%である。出生地域ブロックは、一定以上のサンプル数が得られるように適宜まとめている。都道府県別に設定したウエイト付きの集計結果で熊本県、大分県由布市を除く。

VI. Uターン移動

（中川　雅貴）

1. 男女・年齢別Uターン

　出生都道府県から県外に移動したのち、再び出生都道府県に戻った人（「Uターン者」とする）の割合は全体の20.4%であり、第7回調査の20.5%、第6回調査の19.9%と比較して、ほぼ同水準である。年齢別にみると、15～29歳におけるUターン者割合が低下している一方で、60歳以上のUターン者割合は前回調査とほぼ同水準である。

表 VI-1　男女・年齢別Uターン者割合

	第8回（2016年）			第7回（2011年）			第6回（2006年）		
	男女	男	女	男女	男	女	男女	男	女
総数 *	20.4%	23.0%	17.8%	20.5%	23.0%	18.2%	19.9%	22.9%	17.1%
15歳未満	2.9%	2.8%	3.1%	3.7%	3.2%	4.2%	2.9%	3.3%	2.6%
15-29歳	11.8%	12.8%	10.9%	14.4%	15.2%	13.8%	14.5%	15.8%	13.4%
30-39歳	24.8%	26.3%	23.4%	23.6%	27.2%	19.9%	24.5%	28.0%	21.1%
40-49歳	24.9%	28.6%	21.3%	25.5%	28.5%	22.5%	26.0%	29.6%	22.3%
50-59歳	27.2%	30.8%	23.6%	28.6%	32.7%	24.9%	28.3%	33.9%	23.2%
60-69歳	28.2%	33.2%	23.2%	28.0%	31.1%	24.6%	23.9%	27.3%	20.6%
70歳以上	20.7%	24.4%	17.4%	20.2%	24.2%	17.4%	20.5%	25.1%	17.0%

* 総数には年齢不詳を含む。第8回調査の集計結果は、都道府県別に設定したウエイト付きの集計結果で熊本県、大分県由布市を除く。第7回の集計結果は、同様に、震災の影響により調査を中止した東北被災3県（岩手県・宮城県・福島県）の出生者を除く。また、第7回・第6回のUターンに関する集計結果は、第8回調査公表時の集計方法に従って再集計したために、それぞれの調査の公表時および報告書に掲載された値と異なる。

　第7回調査と比較した場合の15～29歳におけるUターン者割合の低下は、男女ともにみられるが、女性においてその減少幅が大きい（第7回：13.8% → 第8回:10.9%）。ただし、女性においては、30～39歳の女性のUターン者割合が上昇しており（第7回：19.9% → 第8回：23.4%）、これは男性には見られない傾向である。男性のUターン者割合は、50～59歳において低下傾向がみられる一方で、60歳以降のUターン者割合が上昇している。

2. 都道府県別Uターン

　出生都道府県別にみると（付図2）、県外に移動した経験のある人の割合が最も高いのは、島根県生まれの66.2%で、つづいて鹿児島県生まれの65.4%となっている。各都道府県出生者全体に占めるUターン者の割合は、宮崎県、沖縄県、鹿児島県で高くなっており、とくに沖縄県生まれの人では、県外移動経験者の70.9%がUターン者となっている。

　一方、県外移動歴のない人の割合は、愛知県出生者で59.0%と最も高くなっており、つづ

いて北海道出生者の 53.0%となっている。また、埼玉県や神奈川県・千葉県といった東京都の隣接県の出生者において、県外移動歴のない人の割合が高くなる傾向がみられる。

　出生都道府県別の県外移動経験者の割合を男女で比較すると（付図 3）、全国では男性 48.7%、女性 44.6%と男性の割合がやや高く、都道府県別でみても、東京都、千葉県、奈良県を除く道府県で、女性よりも男性のほうが高くなっている。とくに、北海道、香川県、愛媛県の出生者において、女性よりも男性の県外移動経験者の割合が 10 ポイント以上高くなっている。また、青森県、岩手県、秋田県、山形県といった東北地域において、女性よりも男性の割合が高い傾向が確認される。一方、同様に出生者に占める県外移動経験者の割合が高い県でも、島根県、山口県、高知県、そして九州の長崎県、宮崎県、鹿児島県といった西日本地域では、県外移動経験者割合の男女差が相対的に小さいという特徴がみられる。

　同様に、付図 3 から、県外移動経験者のうち再び県内に戻った U ターン者の割合を比較すると、全国では男性 47.2%、女性 40.0%と男性のほうが高く、その差は県外移動経験者の割合における差よりもやや拡大している。都道府県別にみると、東京都以外のすべての道府県で、県外移動権者に占める U ターン者の割合は、女性よりも男性において高くなっている。前述のとおり、U ターン者の割合に関して特徴的なのは沖縄県であり、県出生者に占める県外移動経験者の割合は男性 44%、女性 38%といずれも全国値よりも低いものの、県外移動経験者に占める U ターン者の割合は男女ともに 7 割に上り、他の都道府県と比較して顕著に高い値となっている。その他、富山県、静岡県、愛知県で、男女ともに高い値が確認される。一方、県外移動者に占める U ターン者割合の男女差が大きいのは、宮城県、福島県、栃木県、山梨県であり、いずれも男性のほうが女性よりも 10 ポイント以上高くなっている。なお、県外移動経験者割合の男女差が比較的小さかった長崎県、宮崎県、鹿児島県といった九州の県をみると、U ターン者割合の男女差が宮崎県では 13 ポイントであるのにたいし、長崎県では 6 ポイント、鹿児島県では男女差がほとんどなく、U ターンの男女差については異なる傾向がみられる。

　現住都道府県別の県外移動歴をみると（付図 4）、神奈川県・千葉県・埼玉県・東京都・奈良県で県外出生者の割合が 40%を超えている。現住者に占める県内出生者の割合は、新潟県で最も高く、つづいて秋田県、岩手県、北海道の順で高くなっている。このうち、新潟県と北海道では、県外移動歴のない県内出生者が全体の 50%以上を占めるのにたいし、秋田県や岩手県では、県外に移動したのちに出生県に戻った U ターン者の割合が比較的高いのが特徴である。

　出生県に戻った U ターン者と県外出生者（国外出生者を含む）を転入者とし、そのうち U ターン者が占める割合を男女・都道府県別にみると（付図 5）、東北（宮城県を除く）、中部・北陸、和歌山県、鳥取県、島根県、四国、九州で、男女ともにその割合が高くなっており、こうした非大都市圏の地域における転入の大部分が、U ターン者によるものであることが確認できる。とくに秋田県や新潟県では、男性の転入者の 85%以上が U ターン者によって占められている。対照的に、首都圏や、愛知県、京阪神およびその周辺では、その割合が総じて低い。転入者に占める U ターン者の割合は、東京都を除くすべての道府県で女性よ

りも男性のほうが高いが、とくに鳥取県（19 ポイント差）、岐阜県（18 ポイント差）、山梨県（16 ポイント差）、新潟県（15 ポイント差）で、男女差が大きくなっている。

3. 出生県外移動者の U ターン

出生都道府県から県外に移動した経験のある人のうち出生都道府県に戻った人の割合は43.7%になり、第 7 回調査の 44.8%、第 6 回調査の 45.2%から、やや低下傾向にある。この割合を男女・年齢別にみると（図 VI-1）、男性では 60 歳代で U ターン者の割合が比較的高くなるのにたいして、女性では 30 歳代で U ターン者の割合が最も高くなっている。過去の調査結果と比較すると、女性の U ターン者の割合は 15〜29 歳で低下し 30〜39 歳で上昇しており、U ターンの先送りが生じていると考えられる。また、70 歳以上では、男女ともにU ターン者割合が低下している。

図 VI-1　男女別、年齢別出生都道府県外移動経験者に占める U ターン者割合

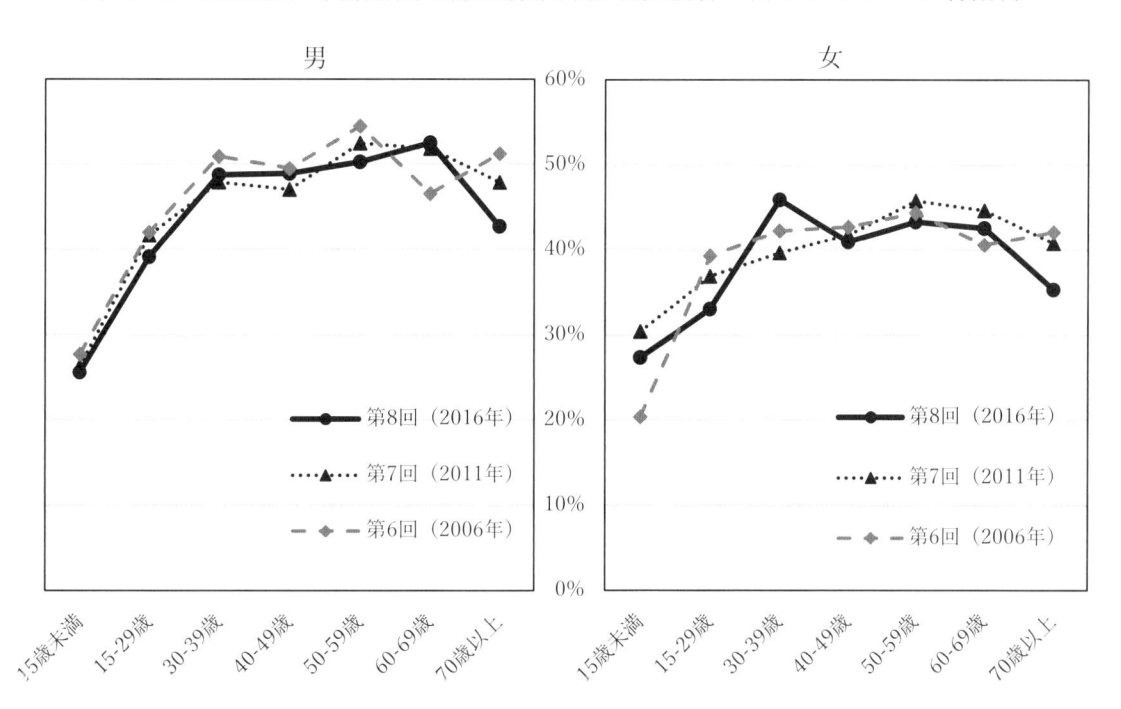

* 第 8 回調査の集計結果は、都道府県別に設定したウエイト付きの集計結果で熊本県、大分県由布市を除く。第 7 回の集計結果は、同様に、震災の影響により調査を中止した東北被災 3 県（岩手県・宮城県・福島県）の出生者を除く。また、第 7 回・第 6 回の U ターンに関する集計結果は、第 8 回調査公表時の集計方法に従って再集計したために、それぞれの調査の公表時および報告書に掲載された値と異なる。

U ターン者のうち、5 年前の居住地が県外（国外を含む）であった人を「過去 5 年以内に出生県に U ターン移動した人」とみなし、U ターン者に占める割合を図 VI-2 に示した。U ターン者のうち、過去 5 年以内に出生都道府県に戻った人の割合は、男女ともに 30歳未満で最も高く、以降、中高年期まで低下を続け、60 歳以上では 5%未満になる。すなわち、出生県への U ターン移動は、20 歳代から 30 歳代の若年期において最も活発に観察

される移動形態であることが確認できる。

図 VI-2　男女別、年齢別Ｕターン者に占める過去5年以内のＵターン者割合

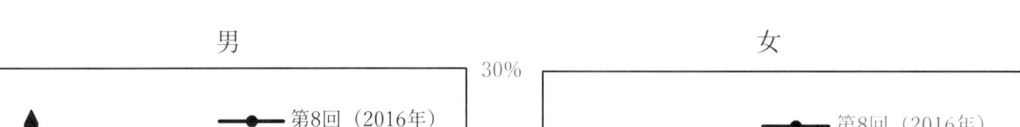
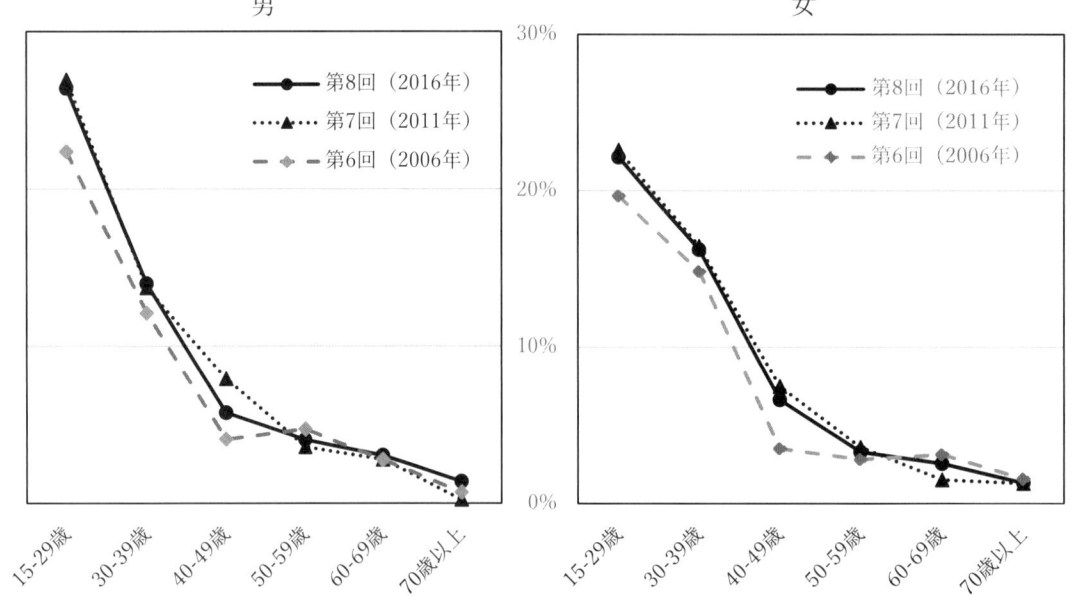

*5年前の居住地が県内か県外かを特定できないケースを除く割合。第8回調査の集計結果は、都道府県別に設定したウェイト付きの集計結果で熊本県、大分県由布市を除く。第7回の集計結果は、同様に、震災の影響により調査を中止した東北被災3県（岩手県・宮城県・福島県）の出生者を除く。また、第7回・第6回のＵターンに関する集計結果は、第8回調査公表時の集計方法に従って再集計したために、それぞれの調査の公表時および報告書に掲載された値と異なる。

　なお、男女ともに、20歳未満から40歳代のＵターン者に占める過去5年以内のＵターン者割合は、第6回調査（2006年）から第7回調査（2011）かけて上昇し、こうした若壮年期におけるＵターン移動の拡大がうみられた。ただし、第8回調査年では、第7回調査の水準からほとんど変化がなく、40代の男性においては、その割合が低下している。一方、50歳以上の男性のＵター ン者に占める過去5年以内のＵターン者割合は、いずれの年齢階級においても第7回調査から第8回にかけて若干ではあるが上昇しており、とくに70歳以上の男性では0.4%から1.4%になっている。

4.　基本属性でみたＵターン者の特徴
　表 VI-2 は、Ｕターン移動が最も多く観察される20代から30代の男女を対象に、配偶関係、きょうだい数、教育水準、就業状態といった基本属性について、Ｕターン移動を含む県外移動歴別に示したものである。まず、配偶関係については、男女ともに、県外移動歴なしのグループと比較して、県外移動歴のあるグループで有配偶者割合が高くなっており、なかでも、非Ｕターンのグループで有配偶者割合が高い。県外移動歴のあるグループでは、

Ｕターン移動をする人ほど未婚率が高くなっており、この傾向は男女に共通してみられる。なお、女性では、非Ｕターン者と比較して、Ｕターン者における離死別割合がやや高くなるという特徴がみられ、離死別を背景としたＵターン移動の発生が示唆される。

表 VI-2　出生県外移動歴およびＵターン別の基本属性、20～39歳

	男				女			
	総数	県外移動歴なし	県外移動↓Ｕターン	県外移動↓非Ｕターン	総数	県外移動歴なし	県外移動↓Ｕターン	県外移動↓非Ｕターン
配偶関係								
未婚	57.5%	63.1%	52.4%	48.3%	48.8%	54.2%	44.9%	40.1%
有配偶	40.3%	34.6%	45.0%	50.2%	47.4%	41.9%	50.7%	57.6%
離死別	1.9%	2.1%	2.2%	1.4%	3.4%	3.7%	4.1%	2.0%
不詳	0.4%	0.2%	0.3%	0.1%	0.4%	0.3%	0.3%	0.3%
計	100.0%	100.0%	100.0%	100.0%	100.0%	100.0%	100.0%	100.0%
生存きょうだい数								
0人	8.6%	8.9%	7.5%	8.6%	8.0%	8.2%	7.7%	7.5%
1人	45.4%	46.0%	45.2%	45.3%	46.6%	46.1%	47.8%	47.5%
2人	31.7%	30.5%	33.9%	32.0%	31.5%	31.7%	31.0%	31.5%
3人以上	6.5%	7.2%	5.7%	5.8%	7.3%	7.3%	7.3%	7.4%
不詳	7.9%	7.3%	7.6%	8.2%	6.6%	6.7%	6.1%	6.0%
計	100.0%	100.0%	100.0%	100.0%	100.0%	100.0%	100.0%	100.0%
教育								
高校卒業未満	5.5%	7.5%	3.0%	3.8%	4.2%	4.7%	2.3%	4.1%
高校卒業	26.3%	34.5%	19.7%	16.8%	21.9%	27.1%	16.0%	14.6%
専修学校・短大	20.3%	22.7%	21.2%	14.1%	34.5%	36.6%	34.7%	31.1%
大学・大学院	43.5%	31.2%	52.3%	62.0%	35.7%	27.8%	44.5%	47.5%
不詳	4.3%	4.1%	3.7%	3.4%	3.7%	3.9%	2.5%	2.8%
計	100.0%	100.0%	100.0%	100.0%	100.0%	100.0%	100.0%	100.0%
就業形態：初職								
正社員	69.1%	65.4%	72.2%	75.9%	67.2%	65.2%	67.5%	72.7%
パートなど	23.1%	25.8%	22.0%	18.3%	26.4%	28.3%	27.3%	21.8%
無職	4.9%	5.8%	3.9%	3.7%	4.3%	4.6%	3.4%	4.0%
不詳	2.9%	2.9%	1.9%	2.0%	2.1%	1.9%	1.8%	1.5%
計	100.0%	100.0%	100.0%	100.0%	100.0%	100.0%	100.0%	100.0%
就業形態：現在								
正社員	64.4%	62.0%	67.4%	69.7%	36.8%	38.8%	37.7%	32.2%
パートなど	19.2%	21.3%	19.5%	13.9%	33.2%	33.8%	35.5%	30.8%
無職	7.2%	7.9%	6.1%	6.8%	21.5%	18.8%	20.1%	29.2%
不詳	9.2%	8.8%	7.1%	9.5%	8.5%	8.6%	6.7%	7.9%
計	100.0%	100.0%	100.0%	100.0%	100.0%	100.0%	100.0%	100.0%

* 「専修学校・短大」は「高専」を含む。「正社員」は「役員」を含む。「パートなど」は「派遣・嘱託・契約社員」および「自営・家族従業者・内職」を含む。第8回調査の集計結果は、都道府県別に設定したウエイト付きの集計結果で熊本県、大分県由布市を除く。

生存するきょうだい数をみると、「0人」の割合は男女ともに県外移動歴のないグループで高くなっており、きょうだい数が少ない場合に、出生県外への移動といった長距離移動が抑制される可能性が示唆される。県外移動歴のあるグループについてみると、きょうだいがいない人の割合が、Uターン移動をしない男性で若干高くなるものの、きょうだい数とUターン移動と明確な関連はみられない。

　出生県外移動歴およびUターン別の教育水準（最後に行った学校）をみると、県外移動経験者で「大学・大学院」の割合が高く、高等教育機関への進学と出生県外への移動の関連がうかがえる。「大学・大学院」の割合は、とくに非Uターン者で高くなっており、男性においてこの傾向が顕著にみられる。最後の学校卒業直後の仕事（初職）の形態についても、県外移動歴のあるグループで「正社員」の割合が高くなっており、教育水準と同様に、社会経済的属性と長距離移動との関連が示唆される。県外移動経験者のうち、Uターン者と非Uターン者を比較すると、男女ともに、パートや派遣といった非正規就業の割合がUターン者で高くなっている。すなわち、「県外移動歴なし」のグループ、「県外移動歴→Uターン者」、「県外移動歴→非Uターン者」それぞれの社会経済的属性については、教育水準でみた場合と同様の傾向が、初職における正規就業者割合という雇用の安定性に関する指標でみた場合でも確認される。ただし、こうしたUターン移動を含む移動歴と、教育や初職の順序は必ずしも明確ではなく、複数のパターンが考えられる点には留意が必要である。男性については、現在の仕事における就業形態に関しても、初職と同様の傾向が確認できる。なお、女性についてはいずれのグループでも、現在「無職」の割合が高くなっているが、これは、集計対象が「20〜39歳」であることから、結婚および育児に伴う離職によるものであると考えられる。

付表

図VI-1　男女別、年齢別出生都道府県外移動経験者に占める U ターン者割合　　データ

男　　(%)

年齢	第 8 回 (2016 年)	第 7 回 (2011 年)	第 6 回 (2006 年)
15 歳未満	25.6	26.3	27.7
15 29 歳	39.1	41.7	42.0
30-39 歳	48.8	47.9	50.9
40-49 歳	48.9	47.1	49.5
50-59 歳	50.3	52.5	54.5
60-69 歳	52.5	51.9	46.6
70 歳以上	42.7	47.9	51.3

女　　(%)

年齢	第 8 回 (2016 年)	第 7 回 (2011 年)	第 6 回 (2006 年)
15 歳未満	27.4	30.4	20.4
15-29 歳	33.1	36.9	39.3
30-39 歳	45.9	39.6	42.3
40-49 歳	41.0	41.8	42.7
50-59 歳	43.3	45.8	44.4
60-69 歳	42.6	44.6	40.6
70 歳以上	35.3	40.8	42.1

* 第 8 回調査の集計結果は、都道府県別に設定したウエイト付きの集計結果で熊本県、大分県由布市を除く。第 7 回の集計結果は、同様に、震災の影響により調査を中止した東北被災 3 県（岩手県・宮城県・福島県）の出生者を除く。また、第 7 回・第 6 回の U ターンに関する集計結果は、第 8 回調査公表時の集計方法に従って再集計したために、それぞれの調査の公表時および報告書に掲載された値と異なる。

図VI-2　男女別、年齢別 U ターン者に占める過去 5 年以内の U ターン者割合　　データ

男 (%)

	第 8 回 (2016 年)	第 7 回 (2011 年)	第 6 回 (2006 年)
年齢			
15-29 歳	26.4	26.9	22.4
30-39 歳	14.0	13.7	12.1
40-49 歳	5.7	7.9	4.1
50-59 歳	4.0	3.6	4.7
60-69 歳	3.0	2.8	2.8
70 歳以上	1.4	0.2	0.7

女 (%)

	第 8 回 (2016 年)	第 7 回 (2011 年)	第 6 回 (2006 年)
年齢			
15-29 歳	22.1	22.6	19.7
30-39 歳	16.2	16.4	14.8
40-49 歳	6.6	7.5	3.5
50-59 歳	3.3	3.6	2.8
60-69 歳	2.5	1.5	3.1
70 歳以上	1.3	1.3	1.6

＊5 年前の居住地が県内か県外かを特定できないケースを除く割合。第 8 回調査の集計結果は、都道府県別に設定したウェイト付きの集計結果で熊本県、大分県由布市を除く。第 7 回の集計結果は、同様に、震災の影響により調査を中止した東北被災 3 県（岩手県・宮城県・福島県）の出生者を除く。また、第 7 回・第 6 回の U ターンに関する集計結果は、第 8 回調査公表時の集計方法に従って再集計したために、それぞれの調査の公表時および報告書に掲載された値と異なる。

付図 2　出生都道府県別県外移動歴：男女　　データ

(%)

	県外移動歴				県外移動経験者に占めるＵターン者の割合
	県外移動歴あり → Ｕターン	県外移動歴あり → 非Ｕターン	県外移動歴なし	県外移動歴不詳	
北海道	15.2	20.6	53.0	11.2	42.4
青森県	24.0	30.6	35.6	9.8	43.9
岩手県	22.6	32.3	36.8	8.3	41.2
宮城県	19.2	22.5	46.7	11.5	46.0
秋田県	25.9	34.6	31.3	8.3	42.8
山形県	22.6	29.4	36.9	11.2	43.5
福島県	20.6	31.6	37.4	10.4	39.5
茨城県	21.1	20.3	46.6	12.0	50.9
栃木県	17.6	26.8	44.6	11.0	39.7
群馬県	21.5	21.8	46.5	10.1	49.6
埼玉県	18.4	19.4	51.1	11.0	48.7
千葉県	17.4	23.2	48.3	11.0	42.9
東京都	19.7	34.9	38.4	7.0	36.1
神奈川県	17.1	24.3	51.0	7.6	41.2
新潟県	21.4	26.8	42.9	9.0	44.5
富山県	25.9	20.9	44.8	8.4	55.3
石川県	22.1	22.6	45.5	9.8	49.4
福井県	21.7	24.9	41.6	11.9	46.6
山梨県	22.8	31.1	37.0	9.1	42.3
長野県	23.8	25.0	41.2	9.9	48.7
岐阜県	19.8	22.9	47.3	10.0	46.4
静岡県	23.4	19.4	47.4	9.7	54.6
愛知県	15.4	14.4	59.0	11.2	51.6
三重県	21.9	23.9	45.0	9.2	47.8
滋賀県	20.0	23.4	47.4	9.2	46.2
京都府	19.2	29.0	43.4	8.3	39.8
大阪府	16.6	28.5	45.1	9.8	36.9
兵庫県	18.3	25.5	47.6	8.6	41.8
奈良県	16.5	33.1	43.0	7.3	33.2
和歌山県	25.1	25.6	40.7	8.6	49.5
鳥取県	25.2	30.0	36.4	8.4	45.6
島根県	28.5	37.8	26.9	6.9	43.0
岡山県	20.7	25.8	44.6	8.9	44.5
広島県	22.8	24.2	44.3	8.7	48.5
山口県	22.9	34.3	33.8	9.0	40.0
徳島県	23.8	30.5	35.8	9.8	43.9
香川県	23.5	31.9	36.6	8.0	42.4
愛媛県	25.8	31.6	35.8	6.9	45.0
高知県	27.5	29.3	33.6	9.6	48.4
福岡県	20.2	24.1	44.8	10.9	45.5
佐賀県	21.7	37.3	33.2	7.8	36.8
長崎県	23.8	37.8	30.5	8.0	38.6
大分県	25.9	30.8	34.3	9.0	45.6
宮崎県	30.0	27.1	34.1	8.8	52.6
鹿児島県	28.8	36.7	28.2	6.3	44.0
沖縄県	29.3	12.0	45.0	13.6	70.9
全国	20.4	26.2	44.0	9.4	43.7

* 国外出生者および出生都道府県不詳を除く。熊本県出生者は集計の対象外。都道府県別に設定したウエイト付きの集計結果で熊本県、大分県由布市を除く。

付図3　男女・出生都道府県別県外移動歴：男　　データ

(%)

	県外移動歴				県外移動経験者に占めるUターン者の割合
	県外移動歴あり → Uターン	県外移動歴あり → 非Uターン	県外移動歴なし	県外移動歴不詳	
北海道	18.5	22.5	49.6	9.4	45.0
青森県	28.4	31.0	33.0	7.7	47.8
岩手県	26.1	31.9	34.6	7.4	45.0
宮城県	24.1	21.1	45.4	9.4	53.3
秋田県	30.8	34.0	29.2	6.0	47.5
山形県	26.3	30.2	34.4	9.1	46.6
福島県	25.6	26.4	39.1	8.9	49.2
茨城県	23.9	18.7	47.0	10.4	56.1
栃木県	21.6	23.4	44.5	10.5	48.0
群馬県	25.9	22.1	42.8	9.2	54.0
埼玉県	19.4	19.6	50.0	11.0	49.8
千葉県	19.3	20.3	49.0	11.5	48.7
東京都	18.2	34.4	41.2	6.2	34.6
神奈川県	18.3	25.1	50.3	6.3	42.1
新潟県	26.0	24.8	41.8	7.5	51.2
富山県	31.3	20.7	41.4	6.6	60.2
石川県	26.6	21.5	43.5	8.4	55.2
福井県	26.2	21.7	41.4	10.7	54.7
山梨県	29.4	29.3	33.3	8.0	50.1
長野県	27.9	22.4	40.9	8.8	55.4
岐阜県	24.0	22.4	44.9	8.7	51.7
静岡県	26.5	20.3	45.5	7.7	56.7
愛知県	18.8	14.7	56.6	10.0	56.1
三重県	26.7	22.1	43.3	7.8	54.7
滋賀県	23.5	23.9	43.9	8.7	49.5
京都府	22.5	27.5	42.8	7.1	45.0
大阪府	18.1	28.2	44.9	8.7	39.0
兵庫県	21.3	24.9	45.9	8.0	46.1
奈良県	17.6	30.2	46.1	6.1	36.8
和歌山県	27.8	25.9	38.5	7.8	51.8
鳥取県	30.5	28.4	34.9	6.1	51.8
島根県	29.1	38.4	26.0	6.5	43.1
岡山県	24.8	24.7	42.9	7.6	50.1
広島県	27.4	24.2	41.2	7.1	53.1
山口県	26.1	32.4	33.0	8.6	44.6
徳島県	28.7	29.9	32.8	8.6	49.0
香川県	26.7	34.0	33.2	6.1	44.0
愛媛県	30.5	32.0	32.3	5.3	48.8
高知県	30.5	27.2	34.0	8.3	52.9
福岡県	23.1	25.8	42.7	8.5	47.3
佐賀県	23.3	38.2	32.5	6.0	37.9
長崎県	26.6	36.9	29.3	7.2	41.9
大分県	30.1	29.9	32.3	7.6	50.2
宮崎県	35.1	24.5	31.6	8.8	58.9
鹿児島県	29.4	37.3	27.0	6.3	44.1
沖縄県	31.3	13.0	43.1	12.6	70.5
全国	23.0	25.7	43.1	8.3	47.2

* 国外出生者および出生都道府県不詳を除く。熊本県出生者は集計の対象外。都道府県別に設定したウエイト付きの集計結果で熊本県、大分県由布市を除く。

付図 3　男女・出生都道府県別県外移動歴：女　　データ

(%)

	県外移動歴				県外移動経験者に占めるUターン者の割合
	県外移動歴あり → Uターン	県外移動歴あり → 非Uターン	県外移動歴なし	県外移動歴不詳	
北海道	11.4	19.0	56.7	12.9	37.6
青森県	20.5	30.8	37.3	11.4	40.0
岩手県	18.9	32.7	39.3	9.1	36.7
宮城県	14.7	23.9	48.1	13.3	38.0
秋田県	21.4	35.3	33.4	10.0	37.7
山形県	19.0	28.8	39.5	12.7	39.8
福島県	16.8	34.4	37.3	11.5	32.9
茨城県	18.3	22.0	46.7	13.0	45.4
栃木県	14.0	29.5	45.0	11.5	32.2
群馬県	17.5	21.4	50.6	10.5	44.9
埼玉県	17.5	18.8	52.9	10.8	48.1
千葉県	15.2	26.1	48.1	10.7	36.8
東京都	20.9	35.8	36.2	7.1	36.8
神奈川県	15.8	23.9	52.0	8.3	39.7
新潟県	17.6	28.3	44.1	10.0	38.4
富山県	20.9	21.4	48.2	9.5	49.4
石川県	18.0	23.9	47.0	11.1	43.0
福井県	18.1	27.0	42.2	12.6	40.1
山梨県	16.8	32.6	40.7	9.9	34.1
長野県	19.9	27.5	42.1	10.5	42.0
岐阜県	16.0	23.8	49.3	10.8	40.2
静岡県	20.3	19.0	49.6	11.2	51.7
愛知県	12.3	14.5	62.2	11.0	46.1
三重県	17.8	25.2	47.0	10.0	41.4
滋賀県	17.0	22.5	51.1	9.4	43.1
京都府	16.5	30.4	44.1	9.0	35.1
大阪府	14.7	29.2	45.8	10.3	33.4
兵庫県	15.7	26.1	49.8	8.5	37.5
奈良県	15.3	34.7	41.3	8.7	30.5
和歌山県	22.5	25.2	43.0	9.4	47.2
鳥取県	20.4	31.3	38.4	9.9	39.5
島根県	28.1	37.8	27.1	7.0	42.7
岡山県	17.2	26.7	46.4	9.8	39.1
広島県	18.6	23.9	48.1	9.4	43.8
山口県	20.5	35.2	35.1	9.2	36.8
徳島県	19.5	30.0	39.8	10.6	39.4
香川県	20.4	29.5	40.5	9.5	40.9
愛媛県	21.6	30.8	39.4	8.3	41.2
高知県	24.3	31.7	33.5	10.6	43.4
福岡県	17.4	22.9	47.2	12.5	43.1
佐賀県	19.7	36.2	34.9	9.2	35.3
長崎県	21.6	38.6	31.5	8.3	35.8
大分県	21.9	32.2	36.3	9.5	40.4
宮崎県	25.8	30.3	35.3	8.6	46.0
鹿児島県	27.5	36.2	29.8	6.5	43.2
沖縄県	26.8	11.5	47.2	14.5	69.9
全国	17.8	26.8	45.3	10.1	40.0

* 国外出生者および出生都道府県不詳を除く。熊本県出生者は集計の対象外。都道府県別に設定したウエイト付きの集計結果で熊本県、大分県由布市を除く。

付図 4 現住都道府県別県外移動歴：男女　　データ

(%)

	県外移動歴					転入者に占める Uターン者の割合
	県内出生 → Uターン	県外出生	県内出生→県外移動歴なし	県外移動歴不詳	出生県不詳	
北海道	16.7	9.6	58.3	12.3	3.0	63.4
青森県	29.9	9.6	44.3	12.2	4.0	75.7
岩手県	29.2	9.2	47.6	10.8	3.2	76.1
宮城県	18.2	21.6	44.3	10.9	5.0	45.7
秋田県	34.8	8.0	42.1	11.1	4.1	81.3
山形県	27.0	10.7	44.0	13.4	4.9	71.6
福島県	25.3	11.5	45.9	12.7	4.6	68.8
茨城県	19.5	22.1	43.1	11.1	4.2	46.9
栃木県	18.3	20.0	46.4	11.5	3.8	47.8
群馬県	21.1	20.0	45.6	9.9	3.4	51.4
埼玉県	12.1	43.6	33.5	7.2	3.6	21.7
千葉県	11.8	44.8	32.8	7.5	3.1	20.9
東京都	16.5	41.9	32.1	5.8	3.7	28.2
神奈川県	11.7	45.3	34.9	5.2	2.9	20.5
新潟県	25.8	6.9	51.5	10.8	5.0	78.8
富山県	27.3	13.6	47.2	8.9	3.1	66.7
石川県	22.7	17.2	46.9	10.1	3.1	56.9
福井県	24.8	10.4	47.4	13.5	3.9	70.5
山梨県	26.4	16.7	42.8	10.6	3.6	61.3
長野県	26.5	12.1	46.0	11.1	4.2	68.7
岐阜県	20.1	17.7	48.1	10.2	3.9	53.2
静岡県	22.9	18.0	46.3	9.5	3.2	55.9
愛知県	12.8	24.9	49.2	9.3	3.6	34.0
三重県	21.3	21.9	43.7	8.9	4.3	49.3
滋賀県	16.2	34.5	38.4	7.4	3.5	32.0
京都府	16.8	34.0	38.0	7.3	3.8	33.0
大阪府	13.7	36.4	37.3	8.1	4.5	27.4
兵庫県	16.4	29.6	42.4	7.6	3.9	35.6
奈良県	13.5	41.6	35.3	6.0	3.5	24.5
和歌山県	27.4	14.3	44.5	9.4	4.4	65.6
鳥取県	29.3	14.2	42.4	9.8	4.2	67.4
島根県	37.6	13.9	35.5	9.2	3.8	73.1
岡山県	21.5	19.1	46.3	9.3	3.9	53.0
広島県	22.5	22.5	43.7	8.6	2.7	50.0
山口県	26.1	21.2	38.7	10.3	3.7	55.3
徳島県	28.0	12.3	42.0	11.5	6.2	69.4
香川県	27.0	18.1	42.1	9.2	3.6	59.9
愛媛県	30.6	15.3	42.4	8.1	3.6	66.7
高知県	32.4	11.1	39.6	11.3	5.6	74.5
福岡県	18.7	24.7	41.5	10.1	5.0	43.0
佐賀県	27.1	15.6	41.6	9.8	5.9	63.4
長崎県	30.7	14.2	39.3	10.3	5.4	68.3
大分県	30.7	14.9	40.8	10.6	2.9	67.3
宮崎県	32.8	17.4	37.3	9.6	3.0	65.4
鹿児島県	37.5	12.9	36.8	8.3	4.5	74.4
沖縄県	28.0	9.5	42.9	13.0	6.5	74.6
全国	18.9	27.6	40.9	8.8	3.8	40.7

* 「県外出生」には国外出生者を含む。「転入者に占めるUターン者の割合」は、「県内出生→Uターン」／（「県内出生→Uターン」＋「県外出生」）によって算出した。全国値は都道府県別に設定したウエイト付きの集計結果で熊本県、大分県由布市を除く。

付図 5 現住都道府県別県外移動歴：男 データ

(%)

	県外移動歴					転入者に占めるUターン者の割合
	県内出生 →Uターン	県外出生	県内出生→県外移動歴なし	県外移動歴不詳	出生県不詳	
北海道	21.0	9.9	56.3	10.7	2.1	67.9
青森県	35.4	9.9	41.1	9.6	4.1	78.1
岩手県	33.7	9.3	44.8	9.5	2.7	78.4
宮城県	22.5	22.5	42.3	8.8	4.0	49.9
秋田県	42.0	6.5	39.9	8.1	3.5	86.6
山形県	31.8	11.1	41.5	11.0	4.6	74.2
福島県	29.6	11.2	45.2	10.2	3.8	72.5
茨城県	21.5	22.7	42.3	9.4	4.1	48.7
栃木県	21.5	20.3	44.3	10.4	3.5	51.4
群馬県	25.3	21.4	41.7	8.9	2.6	54.1
埼玉県	13.1	43.3	33.6	7.4	2.7	23.2
千葉県	13.1	43.2	33.4	7.8	2.5	23.3
東京都	15.4	41.4	35.1	5.3	2.8	27.2
神奈川県	12.7	45.7	35.0	4.4	2.2	21.7
新潟県	31.2	5.2	50.2	9.0	4.5	85.8
富山県	33.4	13.2	44.2	7.1	2.1	71.6
石川県	27.4	16.2	45.0	8.7	2.7	62.8
福井県	29.2	9.6	46.2	12.0	3.0	75.3
山梨県	34.1	15.3	38.6	9.2	2.8	69.1
長野県	30.4	11.3	44.7	9.6	4.0	72.9
岐阜県	25.2	15.5	47.2	9.2	2.9	61.9
静岡県	26.2	18.8	45.0	7.6	2.4	58.3
愛知県	16.0	24.3	48.3	8.5	2.9	39.7
三重県	25.6	22.0	41.5	7.5	3.5	53.7
滋賀県	18.7	36.6	34.9	6.9	3.0	33.8
京都府	20.5	31.3	39.0	6.5	2.7	39.6
大阪府	15.5	34.4	38.6	7.5	3.9	31.1
兵庫県	19.1	28.7	41.2	7.2	3.8	39.9
奈良県	14.6	39.6	38.1	5.0	2.7	26.9
和歌山県	31.5	12.4	43.6	8.8	3.7	71.7
鳥取県	36.4	11.4	41.5	7.3	3.4	76.2
島根県	39.6	12.8	35.4	8.8	3.4	75.5
岡山県	25.8	18.2	44.7	7.9	3.4	58.6
広島県	27.6	21.3	41.5	7.2	2.5	56.4
山口県	29.1	20.9	36.9	9.6	3.4	58.2
徳島県	33.7	12.7	38.5	10.1	4.9	72.6
香川県	32.4	17.2	40.4	7.4	2.6	65.3
愛媛県	36.5	15.5	38.7	6.3	3.0	70.3
高知県	35.5	10.5	39.5	9.7	4.7	77.2
福岡県	22.2	24.4	41.1	8.1	4.1	47.6
佐賀県	30.6	14.1	42.6	7.8	4.9	68.5
長崎県	34.3	14.3	37.8	9.3	4.4	70.6
大分県	35.8	14.0	38.4	9.0	2.8	71.9
宮崎県	37.1	17.8	33.4	9.2	2.5	67.6
鹿児島県	39.4	11.6	36.1	8.4	4.6	77.2
沖縄県	30.3	9.7	41.8	12.2	5.9	75.7
全国	21.6	27.1	40.4	7.8	3.2	44.3

* 「県外出生」には国外出生者を含む。「転入者に占めるUターン者の割合」は、「県内出生→Uターン」／（「県内出生→Uターン」＋「県外出生」）によって算出した。全国値は都道府県別に設定したウエイト付きの集計結果で熊本県、大分県由布市を除く。

付図5　現住都道府県別県外移動歴：女　　データ

(%)

	県外移動歴					転入者に占めるUターン者の割合
	県内出生 →Uターン	県外出生	県内出生→県外移動歴なし	県外移動歴不詳	出生県不詳	
北海道	12.4	9.4	61.6	14.0	2.6	56.8
青森県	25.8	9.6	47.0	14.4	3.3	73.0
岩手県	24.7	9.3	51.3	11.9	2.8	72.7
宮城県	14.4	20.9	47.1	13.0	4.6	40.7
秋田県	28.6	9.5	44.7	13.4	3.8	75.1
山形県	22.8	10.3	47.3	15.3	4.4	68.9
福島県	21.4	11.7	47.5	14.7	4.7	64.7
茨城県	17.5	21.7	44.7	12.4	3.8	44.7
栃木県	15.2	20.0	49.1	12.6	3.2	43.3
群馬県	17.2	18.8	49.9	10.4	3.8	47.8
埼玉県	11.2	44.6	33.9	6.9	3.4	20.1
千葉県	10.4	45.9	33.0	7.4	3.3	18.5
東京都	17.5	42.4	30.3	5.9	3.8	29.2
神奈川県	10.7	45.6	35.1	5.6	3.0	18.9
新潟県	21.2	8.7	53.2	12.1	4.7	70.9
富山県	22.0	14.2	50.6	10.0	3.2	60.7
石川県	18.7	18.2	48.8	11.5	2.7	50.8
福井県	21.0	11.2	49.0	14.7	4.2	65.4
山梨県	19.8	17.5	48.0	11.7	3.0	53.1
長野県	23.0	13.2	48.5	12.1	3.1	63.4
岐阜県	15.9	20.0	49.1	10.8	4.1	44.3
静岡県	19.9	17.4	48.6	10.9	3.3	53.3
愛知県	10.2	26.2	51.5	9.1	3.1	28.0
三重県	17.7	21.8	46.9	9.9	3.6	44.8
滋賀県	14.1	32.5	42.3	7.8	3.3	30.2
京都府	14.0	36.6	37.4	7.6	4.4	27.7
大阪府	12.1	37.7	37.9	8.5	3.8	24.3
兵庫県	13.9	30.8	44.1	7.6	3.7	31.1
奈良県	12.4	44.0	33.5	7.0	3.2	21.9
和歌山県	24.0	16.2	45.7	10.0	4.2	59.7
鳥取県	23.4	17.2	44.0	11.3	4.1	57.6
島根県	36.7	15.3	35.3	9.1	3.6	70.6
岡山県	17.9	20.1	48.5	10.2	3.2	47.1
広島県	18.2	23.6	47.1	9.2	2.0	43.6
山口県	24.1	20.9	41.3	10.8	2.8	53.5
徳島県	22.9	12.6	46.7	12.5	5.3	64.5
香川県	22.3	19.0	44.3	10.4	3.9	51.0
愛媛県	25.3	15.2	46.3	9.7	3.4	62.4
高知県	29.6	11.7	40.8	12.9	4.9	71.6
福岡県	15.8	25.6	42.8	11.4	4.5	38.1
佐賀県	23.7	17.4	42.0	11.1	5.8	57.7
長崎県	28.1	14.4	41.1	10.9	5.4	66.1
大分県	26.3	16.0	43.8	11.5	2.5	62.3
宮崎県	29.7	17.3	40.6	9.9	2.5	63.1
鹿児島県	35.3	14.5	38.2	8.4	3.7	70.8
沖縄県	25.4	9.5	44.8	13.8	6.5	72.9
全国	16.6	28.3	42.2	9.4	3.6	37.0

* 「県外出生」には国外出生者を含む。「転入者に占めるUターン者の割合」は、「県内出生→Uターン」／（「県内出生→Uターン」＋「県外出生」）によって算出した。全国値は都道府県別に設定したウエイト付きの集計結果で熊本県、大分県由布市を除く。

VII. 5年後の移動可能性

（貴志　匡博）

5年後の移動性可能性は以下の特徴が見い出された。
・人口移動調査における総人口の5年後の移動可能性は低下傾向にある。
・年齢別にみた5年後の移動可能性は、人口移動率が高いとされる10歳代後半から30歳代前半で高くなっており、これまでの人口移動の傾向と比べ大きな傾向の変化はない。
・地域別に見た5年後の移動可能性は大都市圏に所在する都道府県と北海道で移動可能性が高く、非大都市圏に所在する県で移動可能性が低い。
・5年後の移動先は現住都道府県や現住地域ブロックが多くなっており、これらの地域以外への移動先は東京都をはじめとする一部の大都市圏となっている。

1.　5年後の移動可能性の概況

5年後の移動可能性が「大いにある」、「ある程度ある」と回答した人を「5年後に移動可能性のある人」とすると、その総数に対する割合は 17.3%となり、第7回調査（2011 年）の 20.1%、第6回調査（2006 年）の 20.6%より低下している（図 VII-1）。

図　VII-1　5年後の移動可能性

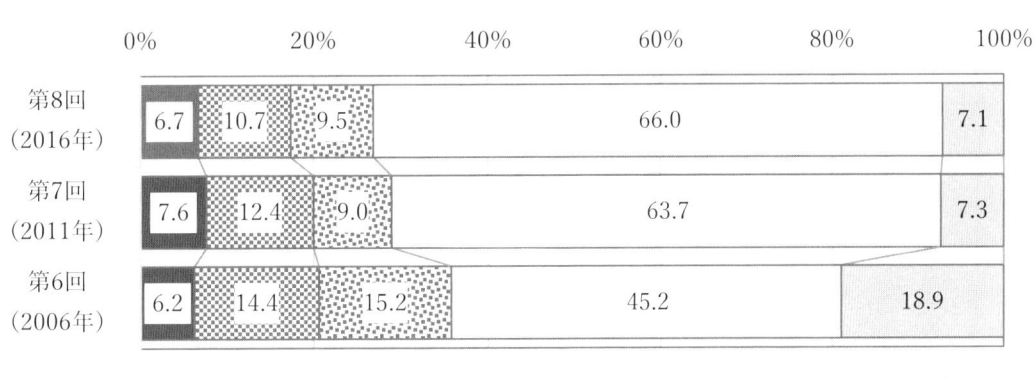

5年後に移動可能性のある人の割合を年齢別にみると（図VII-2）、10歳代後半から急激に高くなり20歳代前半にピークとなり、20歳代後半以降では移動可能性が低下している。また、65歳以上の年齢階層では若年層ほど移動可能性は高くないといった傾向にある。

この傾向はこれまでに観測された他の人口移動統計からも確認されるものである。このことから、5年後の移動可能性が、これまでの年齢別の人口移動傾向と大きく変化しないことを示している。

図Ⅶ-2　年齢別、5年後に移動可能性がある人の割合（%）

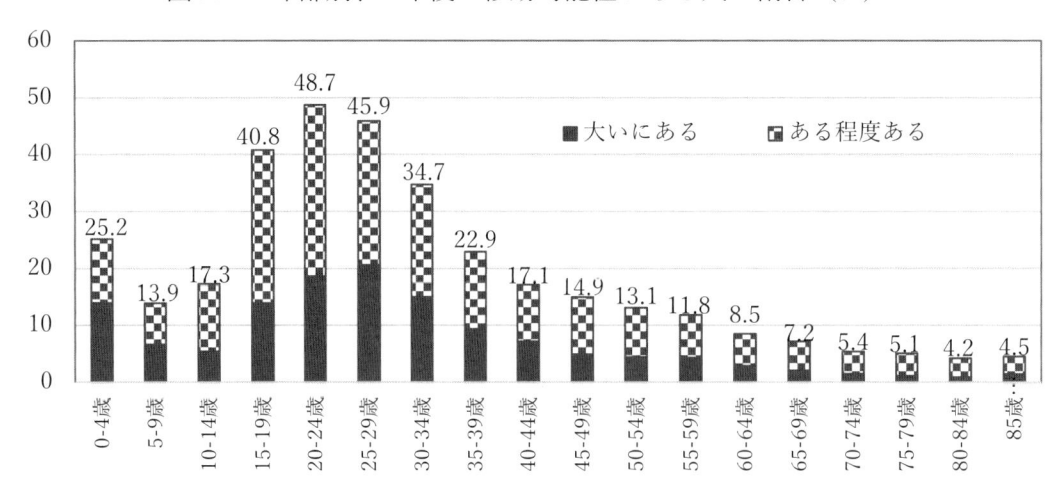

　さらに、5年後に移動可能性のある人の割合を現住都道府県別にみると（表Ⅶ-1）大都市圏に所在する都道府県と北海道で移動可能性が高く、非大都市圏に所在する県で移動可能性が低い傾向にある。

表VII-1 現住都道府県別、5年後の移動可能性

現住都道府県	5年後の移動可能性別割合（%）						
	少しでもある				あまりない	まったくない	不詳
		ある					
			大いにある	ある程度ある			
北海道	31.5	23.0	12.1	10.9	8.5	62.4	6.1
青森県	19.0	12.5	5.3	7.3	6.5	72.8	8.2
岩手県	20.2	13.8	5.9	8.0	6.4	74.3	5.5
宮城県	25.2	18.6	7.9	10.7	6.6	64.8	10.1
秋田県	16.1	9.3	3.5	5.8	6.8	74.6	9.3
山形県	18.4	12.5	6.2	6.3	5.9	71.9	9.7
福島県	19.1	12.1	4.4	7.7	6.9	72.6	8.4
茨城県	21.5	13.3	5.2	8.1	8.1	70.2	8.3
栃木県	23.1	15.9	6.1	9.9	7.2	71.0	5.9
群馬県	22.6	14.9	6.7	8.2	7.7	69.5	7.9
埼玉県	28.5	18.5	7.6	11.0	10.0	65.2	6.3
千葉県	26.2	16.0	5.5	10.5	10.2	67.4	6.4
東京都	36.7	24.2	9.0	15.2	12.5	56.6	6.7
神奈川県	34.4	21.1	7.1	14.0	13.3	60.4	5.1
新潟県	16.8	9.8	2.8	7.0	6.9	75.0	8.2
富山県	18.2	12.1	4.1	8.0	6.2	76.1	5.7
石川県	23.8	15.7	6.1	9.7	8.0	69.6	6.6
福井県	15.2	9.5	3.5	6.1	5.7	77.2	7.6
山梨県	23.6	18.1	8.3	9.7	5.5	69.8	6.6
長野県	21.1	14.0	6.3	7.7	7.1	70.7	8.3
岐阜県	18.8	11.9	3.9	7.9	7.0	72.7	8.4
静岡県	23.7	16.2	5.5	10.8	7.5	70.4	6.0
愛知県	25.9	15.5	5.4	10.1	10.5	67.9	6.2
三重県	18.7	11.7	4.2	7.5	7.1	73.7	7.6
滋賀県	26.3	15.7	5.4	10.3	10.5	67.8	6.0
京都府	32.2	19.7	8.0	11.7	12.5	61.1	6.7
大阪府	27.7	15.8	5.7	10.1	11.9	63.8	8.5
兵庫県	30.9	19.6	7.1	12.4	11.3	63.4	5.7
奈良県	22.2	12.6	3.6	9.0	9.6	72.5	5.3
和歌山県	17.6	10.8	3.5	7.3	6.9	73.3	9.1
鳥取県	17.7	12.7	3.9	8.7	5.0	74.0	8.3
島根県	25.4	18.1	8.7	9.4	7.2	68.0	6.6
岡山県	23.5	14.9	5.5	9.4	8.6	68.8	7.7
広島県	24.3	15.3	4.6	10.7	9.0	68.6	7.2
山口県	23.4	15.1	6.5	8.6	8.3	68.4	8.2
徳島県	18.6	12.3	5.0	7.3	6.3	72.5	8.9
香川県	21.1	14.0	5.1	8.9	7.1	72.3	6.7
愛媛県	22.6	14.9	7.3	7.6	7.7	71.1	6.3
高知県	20.7	14.1	5.9	8.2	6.6	69.2	10.1
福岡県	28.3	20.0	7.5	12.5	8.3	64.0	7.7
佐賀県	19.7	12.7	5.2	7.4	7.0	69.6	10.7
長崎県	24.7	17.5	9.3	8.2	7.2	66.1	9.1
熊本県	-	-	-	-	-	-	-
大分県	23.8	16.1	6.6	9.5	7.7	68.4	7.7
宮崎県	22.3	15.7	5.9	9.8	6.6	70.1	7.7
鹿児島県	22.1	15.8	7.1	8.7	6.3	69.1	8.8
沖縄県	26.0	19.3	9.5	9.8	6.7	62.8	11.1
全国	26.9	17.3	6.7	10.7	9.5	66.0	7.1

*全国値は都道府県別に設定したウエイト付きの集計結果で熊本県、大分県由布市を除く。

2. 5年後の移動先

5年後の移動可能性が「大いにある」、「ある程度ある」、「あまりない」と回答した人を「5年後に移動可能性が少しでもある人」として、年齢階層別に5年後の移動先となる都道府県上位5県を並べてみると（表Ⅶ-2）、どの年齢階層でも移動先都道府県は東京都が1位となっている。15〜29歳、30〜39歳、40〜49歳では北海道を除き、東京都、神奈川県、大阪府が上位を占めているが、50〜64歳、65歳以上では福岡県が並ぶ。

現住都道府県別に5年後の移動先都道府県を多い順に5県を並べてみると（表Ⅶ-3）、すべての都道府県で現住都道府県が移動先の1位となり、2位以下は東京都や愛知県、大阪府などの大都市圏に所在する都道府県、現住都道府県の近隣都道府県が並ぶ。全国では東京都への移動可能性が最も高い。

次に、この傾向を現住地域ブロック単位でみると（表Ⅶ-4）、現住地域ブロック内への移動が大部分を占めている。北海道は北海道内での移動傾向が極めて強く、次いで高いのが、九州・沖縄、東京圏となっている。このように、移動可能性の高い地域は現住都道府県や、現住地域ブロックといった現住地の近隣都道府県か、東京都をはじめとする大都市圏の大部分が占めている。

続いて、5年後の移動先の地域を、地域類型によって確認する。「5年後に移動可能性が少しでもある人」について（表Ⅶ-5）、現住都道府県別に地域類型を見ると、現住都府県が大都市圏であると「大都市部」を移動先とする人の割合が高く、現住道県が非大都市圏であると「中小都市部」を移動先とする人の割合が高い。「農山漁村地域」を移動先とする人の割合が高いのは、山梨県、大分県、高知県など一部の非大都市圏の県である。

表Ⅶ-2　年齢別、5年後の移動先都道府県

年齢	移動可能性が少しでもある人の割合（%）	移動先都道府県				
		1位	2位	3位	4位	5位
総数	26.9	東京都	神奈川県	大阪府	北海道	埼玉県
15-29歳	58.5	東京都	神奈川県	大阪府	北海道	埼玉県
（再掲）						
15-19歳	55.4	東京都	大阪府	神奈川県	北海道	埼玉県
20-24歳	62.3	東京都	神奈川県	大阪府	愛知県	千葉県
25-29歳	58.5	東京都	神奈川県	大阪府	埼玉県	愛知県
30-39歳	39.6	東京都	神奈川県	埼玉県	大阪府	北海道
40-49歳	27.7	東京都	神奈川県	大阪府	北海道	埼玉県
50-64歳	20.9	東京都	大阪府	北海道	神奈川県	福岡県
65歳以上	11.3	東京都	大阪府	神奈川県	北海道	福岡県

* 総数には年齢不詳を含む。順位の対象から「わからない」「不詳」を除く。都道府県別に設定したウエイト付きの集計結果で熊本県、大分県由布市を除く。

表Ⅶ-3 現住都道府県別、5年後の移動先都道府県

現住都道府県	移動可能性が少しでもある人の割合（％）	移動先都道府県				
		1位	2位	3位	4位	5位
北海道	31.5	北海道	東京都	神奈川県	千葉県	埼玉県
青森県	19.0	青森県	東京都	岩手県	宮城県	秋田県
岩手県	20.2	岩手県	宮城県	東京都	秋田県、福島県	
宮城県	25.2	宮城県	東京都	神奈川県	福島県	岩手県
秋田県	16.1	秋田県	東京都	宮城県	岩手県	青森県
山形県	18.4	山形県	東京都	宮城県	神奈川県	北海道
福島県	19.1	福島県	東京都	神奈川県	宮城県	外国
茨城県	21.5	茨城県	東京都	千葉県	埼玉県	神奈川県
栃木県	23.1	栃木県	東京都	埼玉県	茨城県	群馬県
群馬県	22.6	群馬県	東京都	埼玉県	神奈川県	長野県
埼玉県	28.5	埼玉県	東京都	神奈川県	千葉県	福岡県
千葉県	26.2	千葉県	東京都	神奈川県	埼玉県	福岡県
東京都	36.7	東京都	神奈川県	千葉県	埼玉県	大阪府
神奈川県	34.4	神奈川県	東京都	千葉県	外国	茨城県
新潟県	16.8	新潟県	東京都	神奈川県	埼玉県、長野県	
富山県	18.2	富山県	東京都	石川県	外国	大阪府
石川県	23.8	石川県	東京都	大阪府	富山県	外国
福井県	15.2	福井県	東京都	京都府	大阪府	愛知県
山梨県	23.6	山梨県	東京都	神奈川県	長野県	埼玉県
長野県	21.1	長野県	東京都	神奈川県	外国	埼玉県
岐阜県	18.8	岐阜県	愛知県	東京都	三重県	静岡県
静岡県	23.7	静岡県	東京都	神奈川県	愛知県	山梨県
愛知県	25.9	愛知県	東京都	大阪府	岐阜県	神奈川県
三重県	18.7	三重県	愛知県	大阪府	東京都	兵庫県
滋賀県	26.3	滋賀県	京都府	大阪府	東京都	神奈川県
京都府	32.2	京都府	大阪府	兵庫県	東京都	滋賀県
大阪府	27.7	大阪府	東京都	兵庫県	京都府	外国
兵庫県	30.9	兵庫県	大阪府	東京都	京都府	外国
奈良県	22.2	奈良県	大阪府	京都府	兵庫県	東京都
和歌山県	17.6	和歌山県	大阪府	東京都	兵庫県	京都府
鳥取県	17.7	鳥取県	大阪府	東京都	島根県	兵庫県
島根県	25.4	島根県	広島県	東京都	大阪府	鳥取県
岡山県	23.5	岡山県	広島県	東京都	大阪府	兵庫県
広島県	24.3	広島県	東京都	福岡県	山口県	大阪府
山口県	23.4	山口県	東京都、広島県		福岡県	外国
徳島県	18.6	徳島県	大阪府	東京都、香川県		愛媛県
香川県	21.1	香川県	大阪府	愛媛県	東京都	兵庫県
愛媛県	22.6	愛媛県	香川県	高知県	徳島県	広島県
高知県	20.7	高知県	大阪府	香川県	東京都、愛媛県	
福岡県	28.3	福岡県	東京都	大阪府	神奈川県	鹿児島県
佐賀県	19.7	佐賀県	福岡県	東京都	長崎県	大阪府
長崎県	24.7	長崎県	福岡県	東京都	神奈川県	沖縄県
熊本県	-	-	-	-	-	-
大分県	23.8	大分県	福岡県	熊本県	長崎県	東京都
宮崎県	22.3	宮崎県	福岡県	東京都、大阪府		鹿児島県
鹿児島県	22.1	鹿児島県	福岡県	東京都	京都府	熊本県
沖縄県	26.0	沖縄県	東京都	大阪府	福岡県	長崎県
全国	26.9	東京都	神奈川県	大阪府	北海道	埼玉県

* 順位の対象から「わからない」「不詳」を除く。同じ順位の場合は都道府県コード順に同じ枠内に記載。全国値は都道府県別に設定したウエイト付きの集計結果で熊本県、大分県由布市を除く。

表VII-4 現住都道府県別、5年後の移動先地域ブロック

(%)

		5年後の移動可能のある地域ブロック												
		北海道	東 北	北関東	東京圏	中部・北陸	中京圏	大阪圏	京阪周辺	中 国	四 国	九州・沖縄	外 国	わからない	合 計
現住地域ブロック	全 国	4.7	3.7	3.0	23.3	5.5	4.4	9.6	1.2	3.4	1.7	7.6	1.6	30.2	100.0
	北海道	70.0	1.9	0.8	7.0	0.8	0.5	0.3	0.0	0.5	0.0	0.3	0.8	17.3	100.0
	東 北	2.0	45.3	2.5	12.7	2.6	0.6	1.0	0.1	0.3	0.2	0.8	0.8	31.3	100.0
	北関東	0.4	2.8	39.9	17.8	3.2	0.9	0.9	0.0	1.1	0.0	1.5	1.3	30.2	100.0
	東京圏	1.4	1.7	2.1	50.1	3.0	1.1	2.3	0.4	0.7	0.6	3.3	1.6	31.6	100.0
	中部・北陸	0.7	1.0	0.9	12.9	47.3	2.4	2.5	0.2	0.8	0.1	1.8	1.7	27.6	100.0
	中京圏	0.7	0.8	0.4	7.2	2.4	42.2	5.6	0.3	1.2	0.3	2.5	1.2	35.1	100.0
	大阪圏	0.7	0.4	0.3	7.3	0.9	1.2	49.5	2.1	2.1	1.4	2.4	2.5	29.1	100.0
	京阪周辺	0.7	0.3	0.3	5.6	2.0	2.1	16.2	29.3	0.5	1.4	2.3	2.5	36.8	100.0
	中 国	0.2	0.6	0.4	5.9	0.8	1.0	5.1	0.4	48.5	1.6	2.6	1.8	31.0	100.0
	四 国	0.2	0.5	0.2	4.7	0.6	1.1	6.9	0.3	4.0	46.4	1.7	1.3	32.2	100.0
	九州・沖縄	0.3	0.4	0.3	6.7	0.6	1.7	4.3	0.3	1.0	0.6	53.6	1.3	28.8	100.0

* 第8回人口移動調査では5年後の移動先を複数回答可能としており、全回答に占める割合を集計している。転居予定先不詳を除く。地域ブロックは次の区分。北海道：北海道、東北：青森県、岩手県、宮城県、秋田県、山形県、福島県、北関東：茨城県、栃木県、群馬県、東京圏：埼玉県、千葉県、東京都、神奈川県、中部：新潟県、山梨県、長野県、静岡県、北陸：富山県、石川県、福井県、中京圏：岐阜県、愛知県、三重県、大阪圏：京都府、大阪府、兵庫県、京阪周辺：滋賀県、奈良県、和歌山県、中国：鳥取県、島根県、岡山県、広島県、山口県、四国：徳島県、香川県、愛媛県、高知県、九州・沖縄：福岡県、佐賀県、長崎県、熊本県、大分県、宮崎県、鹿児島県、沖縄県。

表VII-5　現住都道府県別、5年後の移動先地域類型

現住都道府県	移動先地域類型（重複回答）（%）				
	大都市部	中小都市部	農山漁村地域	その他	わからない
北海道	23.8	22.5	4.0	1.7	48.0
青森県	11.8	28.3	2.8	2.4	54.7
岩手県	13.4	30.3	5.4	3.2	47.7
宮城県	22.4	23.0	3.7	3.3	47.5
秋田県	10.4	26.2	7.4	1.9	54.2
山形県	12.3	25.9	5.9	3.2	52.6
福島県	10.5	23.9	4.9	5.3	55.3
茨城県	15.0	24.7	3.9	2.0	54.3
栃木県	13.2	30.9	4.3	3.2	48.4
群馬県	14.4	22.9	3.9	3.2	55.6
埼玉県	24.4	26.0	2.2	1.7	45.7
千葉県	19.8	21.8	2.3	3.2	52.8
東京都	36.5	19.9	2.1	0.9	40.6
神奈川県	30.3	18.2	4.6	1.4	45.5
新潟県	13.1	19.1	3.5	6.0	58.3
富山県	12.8	24.4	2.9	2.9	57.0
石川県	14.5	21.3	2.9	2.7	58.6
福井県	10.9	19.9	3.1	1.3	64.8
山梨県	12.3	22.4	12.8	6.6	45.9
長野県	13.7	26.7	7.0	4.8	47.8
岐阜県	10.3	24.4	1.4	1.8	62.1
静岡県	10.8	28.1	6.8	3.6	50.7
愛知県	17.2	23.3	2.0	1.5	56.0
三重県	16.3	19.2	2.1	3.4	58.9
滋賀県	13.6	19.8	5.0	2.3	59.3
京都府	25.0	23.5	3.1	1.5	46.9
大阪府	26.4	22.1	2.7	1.0	47.8
兵庫県	23.9	20.0	3.1	2.5	50.5
奈良県	12.0	25.3	5.1	3.7	54.0
和歌山県	13.4	18.0	5.7	2.8	60.2
鳥取県	9.2	22.9	5.7	4.2	57.9
島根県	8.2	23.3	6.5	5.3	56.7
岡山県	13.1	27.9	4.9	1.9	52.2
広島県	12.2	25.7	2.8	1.3	57.9
山口県	10.9	27.7	2.9	2.7	55.8
徳島県	10.2	23.8	7.2	6.2	52.7
香川県	11.0	22.2	3.9	3.5	59.3
愛媛県	14.3	31.2	5.2	2.1	47.2
高知県	7.1	22.7	9.2	2.6	58.3
福岡県	23.1	25.6	2.0	2.0	47.3
佐賀県	7.0	27.1	4.6	3.8	57.6
長崎県	13.0	24.3	8.3	3.5	50.9
熊本県	-	-	-	-	-
大分県	8.6	25.4	10.5	2.4	53.0
宮崎県	13.1	27.4	4.4	2.1	53.0
鹿児島県	14.0	27.3	7.8	5.5	45.5
沖縄県	11.5	29.0	1.5	4.4	53.6
全国	22.4	22.8	3.5	2.1	49.1

＊　全国値は都道府県別に設定したウエイト付きの集計結果で熊本県、大分県由布市を除く。本調査では、大都市部は「人口が非常に多い都市及びその近郊」、中小都市部は「大都市部に当てはまらない都市で、地域の中心的な都市や小規模の都市およびその近郊」、農山漁村地域は「大都市部、中小都市部に当てはまらない地域で、農林水産業が盛んな地域」、その他は「大都市部、中小都市部、農山漁村地域に当てはまらない地域で、たとえば、観光業が盛んな小さな町や村など」、わからないは「まだ具体的な地域を決めていない場合など」としている。

3. 5年後の移動理由

　「5 年後に移動可能性が少しでもある人」の移動理由をみると（図Ⅶ-3）、全国では「職業上の理由」が 22.0%と最も多く、2 番目に「住宅を主とする理由」が 20.8%、3 番目が「その他」となっている。移動理由は現住地への移動理由と分類項目（表 Ⅲ-1）と同じように分類しているが、5 年後の移動理由では「離婚」を選択肢として設けていないのでこれを含まない。

　男女別にみると「家族の移動に伴って」、「結婚」を理由とする移動は男性よりも女性のほうで高く、「職業上の理由」では女性が男性と比べ非常に少ない。一方、「入学・進学」を理由とする移動の割合は男女の差が小さい。

　年齢別に移動理由の割合をみると「入学・進学」は、15～29 歳と若い年齢層のみに偏った移動理由であり、「職業上の理由」とする移動は 30 歳代を除いた年齢階層で最も多くなっている。「住宅を主とする理由」とする移動も 30 歳代以降の年齢階層で多く、「結婚」は30 歳代までの年齢階層で高くなっている。65 歳以上の高齢者層では「その他」や「住宅を主とする理由」、「親や子との同居・近居」で約 70%を占めている。

　現住都道府県別に 5 年後の移動可能性が少しでもある人の移動理由をみると（図Ⅶ-3）、すべての都道府県で「職業上の理由」、「住宅を主とする理由」がかなりの部分を占める。大都市圏に所在する都道府県ではこれらの理由が多いが、非大都市圏の県では「入学・進学」を理由とする割合が大都市圏に所在する都道府県に比べ高い傾向にある。

図Ⅶ-3　男女、年齢階層別、5 年後の移動理由

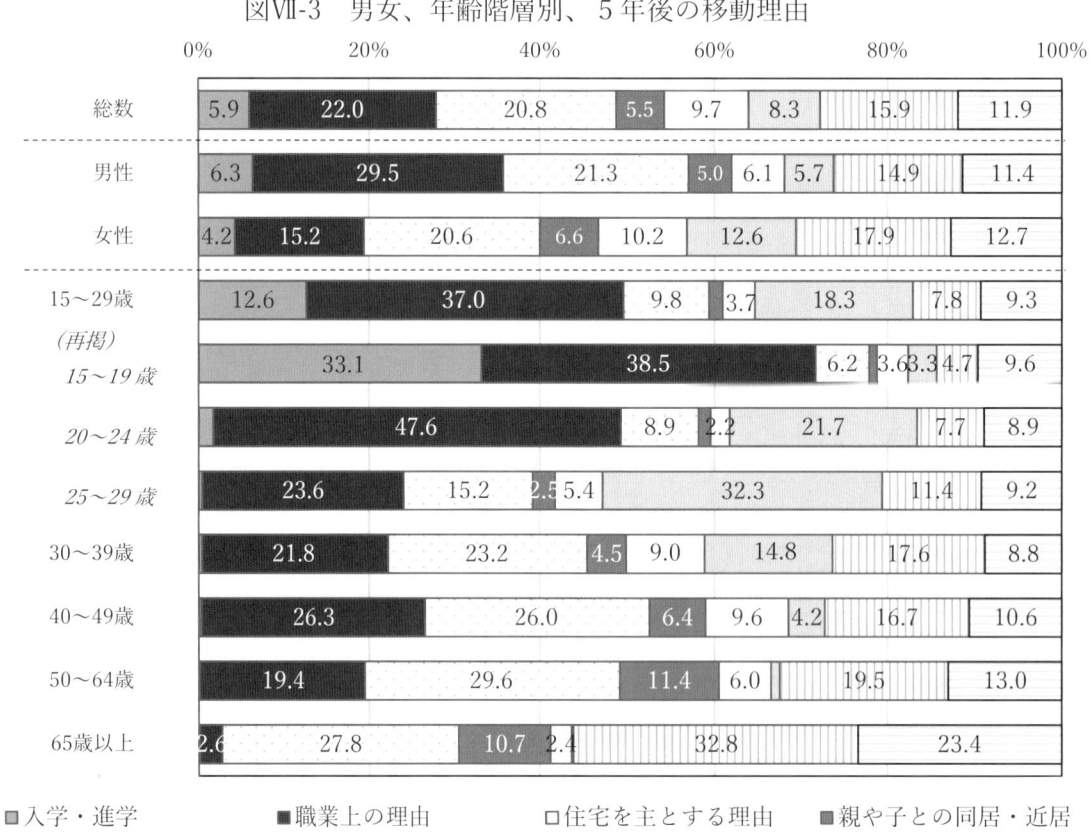

付表

図VII-1 5年後の移動可能性（%） データ

調査回	5年後の移動可能性別割合（%）					
	大いにある	ある程度ある	あまりない	まったくない	不詳	合計
第8回 （2016年）	6.7	10.7	9.5	66.0	7.1	100.0
第7回 （2011年）	7.6	12.4	9.0	63.7	7.3	100.0
第6回 （2006年）	6.2	14.4	15.2	45.2	18.9	100.0

図VII-2 年齢別、5年後に移動可能性がある人の割合（%） データ

年齢	5年後の移動可能性別割合（%）					
	ある	大いにある	ある程度ある	あまりない	まったくない	不詳
0-4歳	25.2	13.9	11.3	9.4	57.6	7.8
5-9歳	13.9	6.7	7.2	9.7	69.8	6.6
10-14歳	17.3	5.4	11.8	11.7	64.5	6.6
15-19歳	40.8	13.9	26.9	14.6	39.0	5.6
20-24歳	48.7	18.6	30.1	13.5	32.6	5.2
25-29歳	45.9	20.6	25.3	12.6	36.7	4.8
30-34歳	34.7	15.0	19.8	11.2	48.8	5.2
35-39歳	22.9	9.3	13.6	11.1	61.1	4.9
40-44歳	17.1	7.2	9.9	11.7	66.0	5.2
45-49歳	14.9	4.9	10.0	11.6	69.0	4.5
50-54歳	13.1	4.4	8.7	12.9	70.0	4.0
55-59歳	11.8	4.3	7.5	9.4	74.4	4.3
60-64歳	8.5	2.9	5.6	7.4	78.1	6.0
65-69歳	7.2	2.1	5.1	6.8	79.5	6.5
70-74歳	5.4	1.5	3.9	5.7	80.4	8.5
75-79歳	5.1	1.1	4.0	5.0	79.5	10.4
80-84歳	4.2	0.9	3.3	5.2	79.0	11.6
85歳以上	4.5	1.4	3.1	4.2	80.8	10.4

図Ⅶ-3　男女、年齢階層別、5年後の移動理由　データ

(%)

年齢・性別	入学・進学	職業上の理由	住宅を主とする理由	親や子との同居・近居	家族の移動に伴って	結婚	その他	不詳	合計
総数	5.9	22	20.8	5.5	9.7	8.3	15.9	11.9	100.0
男性	6.3	29.5	21.3	5.0	6.1	5.7	14.9	11.4	100.0
女性	4.2	15.2	20.6	6.6	10.2	12.6	17.9	12.7	100.0
15〜29 歳	12.6	37.0	9.8	1.6	3.7	18.3	7.8	9.3	100.0
（再掲）15〜19 歳	33.1	38.5	6.2	0.9	3.6	3.3	4.7	9.6	100.0
20〜24 歳	1.7	47.6	8.9	1.4	2.2	21.7	7.7	8.9	100.0
25〜29 歳	0.4	23.6	15.2	2.5	5.4	32.3	11.4	9.2	100.0
30〜39 歳	0.4	21.8	23.2	4.5	9.0	14.8	17.6	8.8	100.0
40〜49 歳	0.3	26.3	26.0	6.4	9.6	4.2	16.7	10.6	100.0
50〜64 歳	0.1	19.4	29.6	11.4	6.0	1.0	19.5	13.0	100.0
65 歳以上	0.1	2.6	27.8	10.7	2.4	0.2	32.8	23.4	100.0

＊　第 8 回は都道府県別に設定したウエイト付きの集計結果で熊本県、大分県由布市を除く。

付図-6 現住都道府県別、5年後の移動理由（各都道府県の総人口に対する％） データ

都道府県	入学・進学	職業上の理由	住宅を主とする理由	親や子との同居・近居	家族の移動に伴って	結婚	その他	不詳
北海道	1.6	8.8	6.5	1.0	3.7	1.6	4.5	3.9
青森県	1.5	5.0	2.5	1.2	1.9	1.2	2.6	3.1
岩手県	1.8	5.3	2.6	1.2	2.2	1.0	2.7	3.4
宮城県	1.3	6.8	4.4	1.8	2.7	1.2	3.2	3.8
秋田県	1.2	3.5	2.2	1.4	0.8	1.3	2.6	3.1
山形県	1.2	5.1	2.3	1.4	1.7	2.2	2.0	2.5
福島県	1.7	3.6	3.5	1.1	1.0	2.0	2.9	3.2
茨城県	1.8	5.6	3.6	0.8	2.3	2.1	2.7	2.7
栃木県	2.5	4.6	4.4	1.4	2.2	1.6	3.8	2.6
群馬県	1.3	5.2	4.5	1.3	1.6	2.5	3.8	2.4
埼玉県	1.3	5.7	8.0	1.1	2.8	2.7	4.6	2.3
千葉県	1.0	5.9	4.9	1.6	2.4	2.1	4.4	3.9
東京都	1.3	8.5	9.4	1.7	3.3	2.4	6.1	4.1
神奈川県	1.4	7.3	7.9	1.6	4.3	2.3	6.7	2.9
新潟県	1.4	3.7	3.3	0.7	1.2	1.4	2.9	2.3
富山県	1.7	4.0	3.0	1.1	1.3	2.6	2.1	2.4
石川県	2.1	5.8	4.0	1.4	2.7	2.5	3.1	2.3
福井県	1.9	3.4	1.9	0.6	1.7	2.4	2.1	1.1
山梨県	1.3	5.1	4.9	2.2	1.9	2.2	3.4	2.5
長野県	2.7	4.9	4.1	1.2	1.8	2.2	2.9	1.3
岐阜県	2.1	2.9	2.7	1.1	1.6	2.5	2.8	3.1
静岡県	1.9	4.4	4.9	1.8	1.9	2.6	3.6	2.5
愛知県	1.3	5.7	4.7	1.9	2.6	2.9	3.4	3.5
三重県	1.9	4.2	2.8	1.2	1.9	2.2	2.4	2.1
滋賀県	2.2	8.1	3.3	1.3	2.2	3.6	3.1	2.5
京都府	2.6	6.8	6.3	2.3	2.8	1.9	6.1	3.3
大阪府	1.3	5.2	6.6	1.2	1.7	2.1	4.8	4.8
兵庫県	1.6	6.4	6.2	1.8	4.2	2.6	5.2	2.9
奈良県	1.0	5.3	3.5	2.0	1.5	2.8	3.1	3.0
和歌山県	1.6	2.4	3.3	1.2	1.4	2.1	2.8	2.8
鳥取県	2.5	2.3	2.3	1.2	1.3	2.1	3.2	2.7
島根県	2.2	6.1	4.0	2.0	2.3	2.0	3.8	3.0
岡山県	1.9	4.7	4.2	2.0	2.3	1.7	3.5	3.2
広島県	2.2	4.9	4.3	1.3	2.7	2.1	3.7	3.0
山口県	1.7	5.4	4.6	1.4	2.2	2.3	3.7	2.3
徳島県	1.9	3.7	3.4	1.6	1.1	1.4	2.5	3.0
香川県	2.5	4.2	3.0	1.1	1.9	2.3	3.6	2.2
愛媛県	1.5	5.8	4.2	1.2	2.9	1.8	3.1	2.0
高知県	1.6	4.7	3.8	1.2	1.0	1.7	3.4	3.4
福岡県	1.5	5.2	5.8	1.7	3.1	2.8	4.8	3.4
佐賀県	1.8	3.2	3.5	1.2	1.7	1.8	4.1	2.6
長崎県	1.5	7.8	3.5	1.7	2.5	1.3	2.6	3.9
熊本県	-	-	-	-	-	-	-	-
大分県	2.1	4.5	4.6	1.6	2.3	2.5	4.3	2.0
宮崎県	2.6	5.8	2.5	1.1	2.6	1.8	3.2	2.7
鹿児島県	1.9	6.1	3.8	1.0	2.1	1.8	3.1	2.5
沖縄県	1.8	4.2	6.0	1.3	2.6	2.7	3.9	3.4
全国	1.6	5.9	5.6	1.5	2.6	2.2	4.3	3.2

* 全国値は都道府県別に設定したウエイト付きの集計結果で熊本県、大分県由布市を除く。

VIII. 親との居住距離

（千年よしみ）

1. 世帯主及び世帯主の配偶者の親の居住地

　世帯主、および世帯主の配偶者の親の居住地をみると（表 VIII-1）、世帯主、配偶者の父母ともに「亡くなった」が最も多く、世帯主の配偶者の母で4割、世帯主の父で6割を超えている。第7回と比べ、「亡くなった」の割合は上昇した。同居割合は7回と比べて減少傾向にあり、世帯主の母で5.5%から4.6%へ、世帯主の配偶者の母で2.2%から1.6%へ低下した。

表 VIII-1　世帯主、および世帯主の配偶者の親の居住地（%）

		亡くなった	同居	同じ建物・敷地内	同じ区市町村内	他の区市町村	他の都道府県	国外	不詳	
世帯主										
父	8回	61.8	1.0	2.0	8.2	8.4	11.4	0.6	6.7	100.0
	7回	58.3	1.1	2.0	8.5	9.3	13.0	0.4	7.6	100.0
母	8回	44.9	4.6	2.9	11.4	10.7	14.0	0.5	11.2	100.0
	7回	40.7	5.5	2.8	11.2	11.7	16.1	0.3	11.7	100.0
世帯主の配偶者										
父	8回	57.7	0.4	1.5	11.2	12.1	11.0	0.6	5.6	100.0
	7回	54.3	0.4	1.7	11.5	12.2	12.7	0.5	6.8	100.0
母	8回	40.0	1.6	2.3	16.3	17.1	15.1	0.8	6.9	100.0
	7回	37.2	2.2	2.3	16.3	17.1	16.7	0.5	7.9	100.0

* 第8回は都道府県別に設定したウエイト付きの集計結果で熊本県・大分県由布市を除く。第7回は岩手県、宮城県、福島県を除く。

2. 世帯主の母親の居住地

　年齢階層別に世帯主の母親の居住地をみると（図 VIII-1）、30歳未満では母親が県外（他の都道府県、国外）に居住する者の割合は54.7%で半数を超えている。うち、国外に居住している母は4.5%である。同じ区市町村内（同居、同じ建物・敷地内、同じ区市町村内）に居住している母の割合は、12.1%である。世帯主の年齢とともに、母が「亡くなった」割合は増加し、同時に県外に居住する割合は低下する。母親との同居割合は、世帯主が50代で10.0%とピークに達した後、徐々に低下する。一方、母が同じ区市町村内に居住する割合は、世帯主が40代の時点で36.2%とピークに達する。

図 VIII-1　世帯主の年齢別、世帯主の母親の居住地（%）

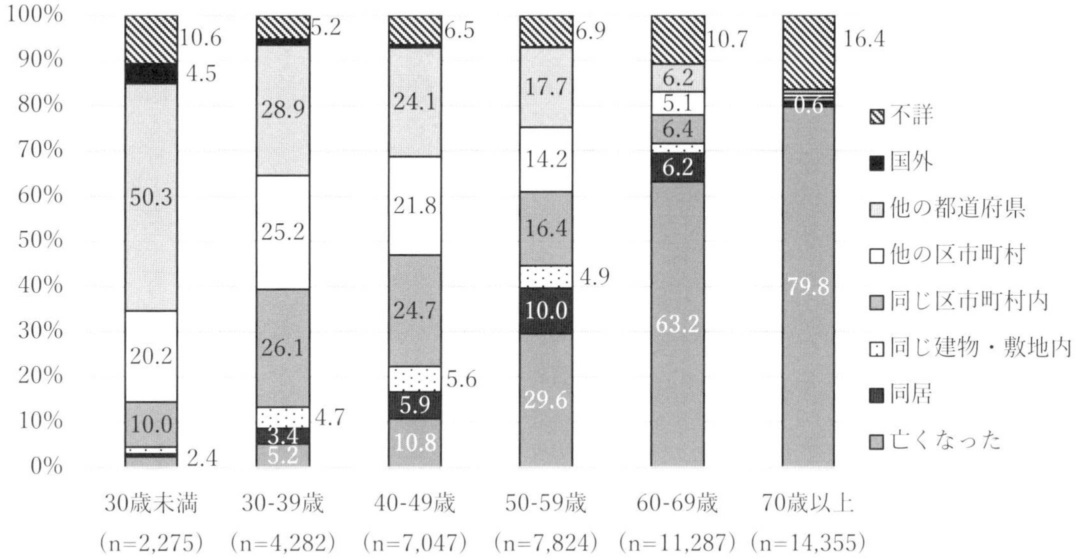

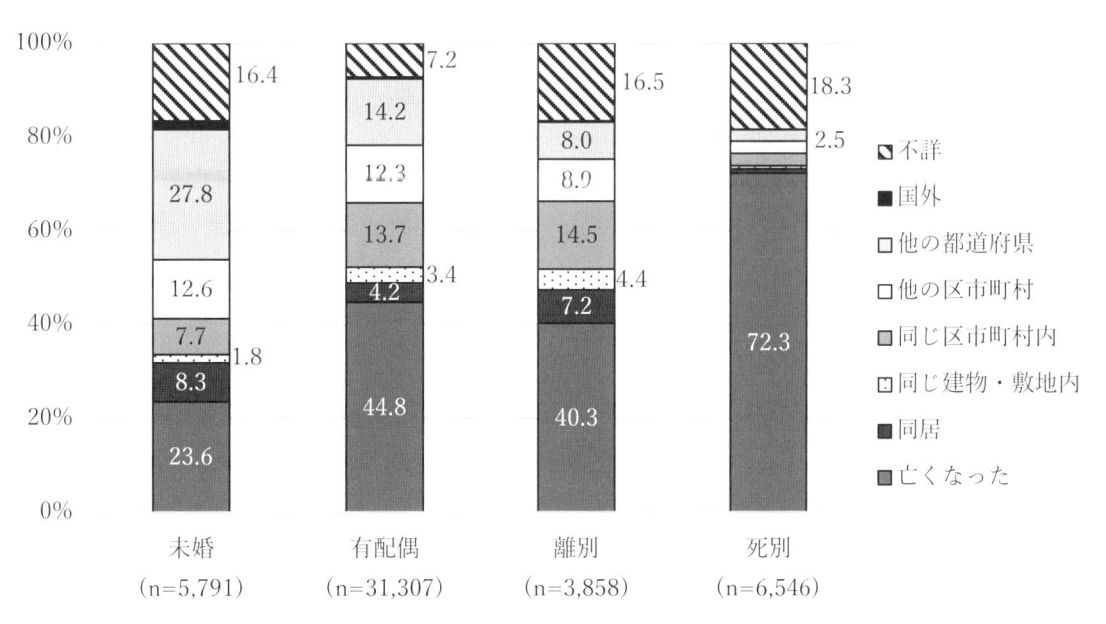

3. 配偶関係別、世帯主の母親の居住地

　世帯主の配偶関係別に母親の居住地をみると（図 VIII-2）、母との同居は未婚で 8.3%、離別で 7.2% となっており、有配偶より高い。「同じ区市町村」は、離別と有配偶で未婚よりも高い。同じ区市町村内に母親が居住している場合を近居とすると、母親の近居割合は離別 26.0%、有配偶 21.3%、未婚 17.7% で、離別で高い。母が県外居住の割合は、未婚で 3 割弱と最も高い。

図 VIII-2　世帯主の配偶関係別、母親の居住地（%）

4. 有配偶世帯主の子どもの有無別、母親の同居・近居割合

　母親との同居・近居を、母親が「同居」、「同じ建物・敷地内」、または「同じ区市町村内」に居住する場合として、有配偶世帯主の年齢別、子どもの有無別に、母親の近居割合を示したのが図 VIII-3 である。有配偶世帯主全体でみると、母親との同居・近居割合は子どもがいない有配偶世帯主で 21.9%、子どもがいる有配偶世帯主で 21.7%となっており、母親の同居・近居割合に子どもの有無による違いはみられない。しかし、有配偶世帯主の年齢を 40歳未満に限ると、母親の同居・近居割合は子どものいない世帯主で 27.8%、子どものいる世帯主で 36.0%と子どものいる世帯主で高い。40-49 歳の世帯主についても、子ども無しで27.8%、子どもありで37.6%となっており、子どものいる世帯主で母親との同居・近居割合が高い。

図 VIII-3　有配偶世帯主の年齢別、子どもの有無別、世帯主の母親の同居・近居割合

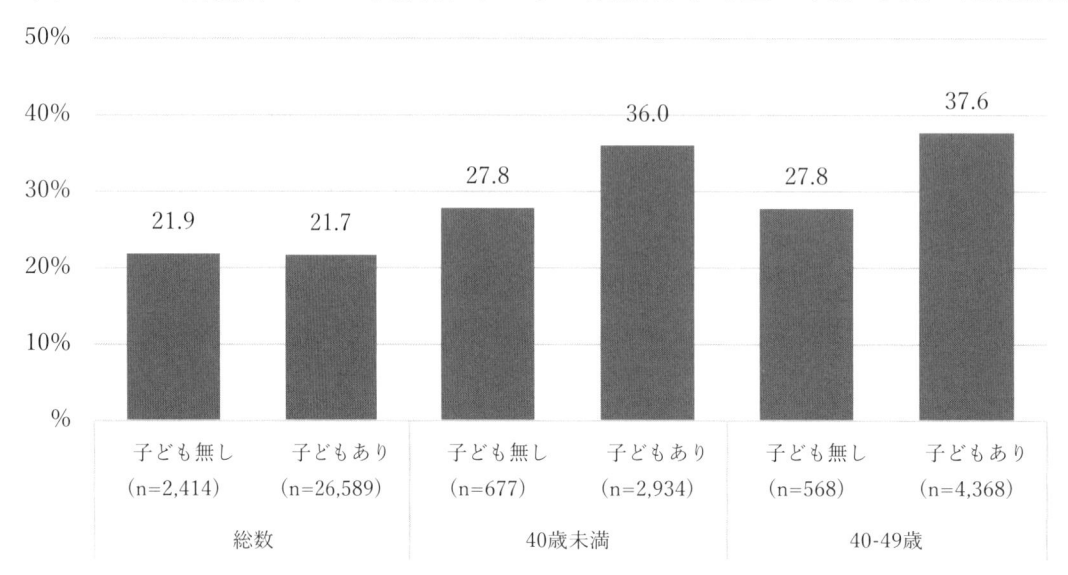

* 都道府県別に設定したウエイト付きの集計結果で熊本県・大分県由布市を除く。

5. 世帯主と母親との同居タイミング

　ここでは、世帯主と母親との関係に限定し、どのような移動タイミングで世帯主と母親が同居に至ったのかをみていく。世帯主とその母親が現住地において同居に至った経路には、以下の5つが考えられる：(1) 同じタイミングで現住地に移動して同居する、(2) 子である世帯主が、母の住まいである現住地に移動して母と同居する、(3) 母が子である世帯主の現住地に移動して同居する、(4) 母が結婚等で現住地に移動してきて、世帯主（子）はそこで生まれ、その後、両者とも移動していない、(5) 母も世帯主（子）も、移動経験が無く、ずっと同居している。

　図 VIII-4 は、世帯主と母親が同居しており、且つ、母親が 65 歳以上のケースについて、どのような経路を通じて同居に至ったのかを示している。最も多いのは、世帯主もその母親

も同じ時期に現住地に移動してきて同居に至ったケースであり、同居世帯の 30.1%を占める。続いて、世帯主が母親の居住地に移動してきて同居に至ったケースで、24.1%である。世帯主も母親も移動経験無しが 15.2%、母親が移動してきた後、世帯主が生まれて同居が継続しているケース（図 VIII-4 では「母→世帯主 2」）が 11.8%でそれに続く。母親が世帯主の世帯へ移動してきたケース（図 VIII-4 では「母→世帯主 1」が最も少なく、6.4%であった。ここでは、世帯主・母親それぞれの前住地までみていないが、同時期に移動しているケースについては、前住地から同居しており一緒に現住地に移動してきたケースもあるだろう。

図 VIII-4　世帯主と母親の同居タイミング

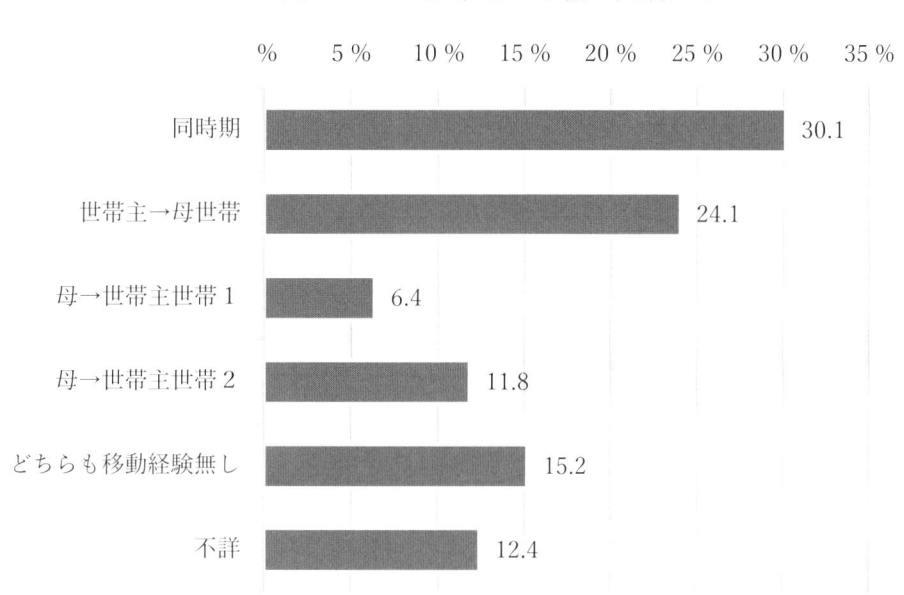

　表 VIII-2 は、同時期に現住地に移動してきた世帯主と母親について、それぞれの移動理由（上位 5 位まで）を示している。両者ともに「住宅事情」がトップで約 4 割を占めている。次いで、世帯主では「親と同居」が 17.1%となっている。一方、母親についても、2位は「子と同居」で 20.4%を占めている。同時期に現住地に移動してきた親子の 2 割弱が同居目的であったことがわかる。

　表 VIII-3 は、世帯主が母親の居住地に移動して同居したケースについて、世帯主の移動理由（上位 5 位まで）を示している。「親と同居」が 36.5%を占めて最も多い理由となっており、続いて「転勤」10.9%、「就職」8.7%と仕事関係の理由が続く。

　表 VIII-4 は、母親が子である世帯主の居住地に移動してきた場合の移動理由を示している。「子と同居」が 3 分の 2 を占め、圧倒的に大きな理由となっている。「健康上の理由」も約 5%で 3 位となっており、65 歳以上の女性が子である世帯主の居住地まで移動して同

居するケースは全体からみれば少ないものの、生活上や健康上の不安から子どもとの同居を目的として移動するケースが多いことがわかる。

表 VIII-2　同時期に移動した世帯主と母親の移動理由（%）

順位	世帯主		母親	
1	住宅事情	40.5	住宅事情	38.9
2	親と同居	17.1	子と同居	20.4
3	その他	14.9	その他	13.5
4	生活環境	8.0	家族の移動に伴って	8.9
5	家族の移動に伴って	7.0	生活環境	8.3

*母親は 65 歳以上で年齢不詳を除く。世帯主及び母親の移動年不詳を除く。
都道府県別に設定したウエイト付きの集計結果で熊本県・大分県由布市を除く。

表 VIII-3　世帯主が母親の居住地に移動：世帯主の移動理由（%）

順位	世帯主	
1	親と同居	36.5
2	転勤	10.9
3	就職	8.7
4	転職	6.8
5	入学・進学	6.3

*母親は 65 歳以上で年齢不詳を除く。世帯主及び母親の移動年不詳を除く。
都道府県別に設定したウエイト付きの集計結果で熊本県・大分県由布市を除く。

表 VIII-4　母親が世帯主の居住地に移動：母親の移動理由（%）

順位	世帯主の母親	
1	子と同居	66.0
2	住宅事情	12.8
3	健康上の理由	4.9
4	家族の移動に伴って	4.7
5	定年退職	2.4

*母親は 65 歳以上で年齢不詳を除く。世帯主及び母親の移動年不詳を除く。
都道府県別に設定したウエイト付きの集計結果で熊本県・大分県由布市を除く。

付表

図 VIII-1 世帯主の年齢別、世帯主の母親の居住地（%）データ

	亡くなった	同居	同じ建物・敷地内	同じ区市町村内	他の区市町村	他の都道府県	国外	不詳
29 歳以下 (n=2,275)	2.4	0.6	1.5	10.0	20.2	50.3	4.5	10.6
30-39 歳 (n=4,282)	5.2	3.4	4.7	26.1	25.2	28.9	1.3	5.2
40-49 歳 (n=7,047)	10.8	5.9	5.6	24.7	21.8	24.1	0.6	6.5
50-59 歳 (n=7,824)	29.6	10.0	4.9	16.4	14.2	17.7	0.2	6.9
60-69 歳 (n=11,287)	63.2	6.2	2.2	6.4	5.1	6.2	0.0	10.7
70 歳以上 (n=14,355)	79.8	0.6	0.5	0.9	0.8	0.9	0.0	16.4

* 都道府県別に設定したウエイト付きの集計結果で熊本県・大分県由布市を除く。

図 VIII-2 世帯主の配偶関係別、母親の居住地（%）データ

	亡くなった	同居	同じ建物・敷地内	同じ区市町村内	他の区市町村	他の都道府県	国外	不詳
未婚 (n=5,791)	23.6	8.3	1.8	7.7	12.6	27.8	1.8	16.4
有配偶 (n=31,307)	44.8	4.2	3.4	13.7	12.3	14.2	0.4	7.2
離別 (n=3,858)	40.3	7.2	4.4	14.5	8.9	8.0	0.2	16.5
死別 (n=6,546)	72.3	1.0	0.7	2.7	2.6	2.5	0.1	18.3
不詳(n=680)	37.0	2.6	1.5	2.1	2.2	2.5	0.1	52.1

* 都道府県別に設定したウエイト付きの集計結果で熊本県・大分県由布市を除く。

図 VIII-3　有配偶世帯主の年齢別、子どもの有無別、世帯主の母親の同居・近居割合（％）データ

年齢	子どもの有無	同居・近居
全年齢	子ども無し（n=2,414）	21.9
	子どもあり（n=26,589）	21.7
40 歳未満	子ども無し（n=677）	27.8
	子どもあり（n=2,934）	36.0
40 歳以上	子ども無し（n=568）	27.8
	子どもあり（n=4,368）	37.6

* 都道府県別に設定したウエイト付きの集計結果で熊本県・大分県由布市を除く。

図 VIII-4　世帯主と母親の同居タイミング　データ

移動タイミング	割合(%)
同時期	30.1
世帯主→母世帯	24.1
母→世帯主世帯 1	6.4
母→世帯主世帯 2	11.8
どちらも移動経験無し	15.2
不詳	12.4

*母親は 65 歳以上で年齢不詳を除く。世帯主及び母親の移動年不詳を除く。都道府県別に設定したウエイト付きの集計結果で熊本県・大分県由布市を除く。

IX. 移動類型による子ども数

（小池　司朗）

1. 移動類型別の平均子ども数

　人口移動調査では、世帯主の子ども数（別居している子どもおよび亡くなった子どもを含む）を尋ねており、その単純平均を平均子ども数と表現する。表 IX-1 は、出生地および現住地を、大都市圏と非大都市圏、および東京圏と非東京圏に区分し、世帯主またはその配偶者である既婚女性（初婚後 15 年以上および初婚後 15〜39 年）を対象として、第 6 回〜第 8 回調査における移動類型別の平均子ども数を示したものである。移動類型は「出生地→現住地」として表している。

　大都市圏−非大都市圏をみると、出生地が大都市圏の場合も非大都市圏の場合も、現住地が大都市圏の人において平均子ども数が少ない傾向がある。第 6 回調査の初婚後 15 年以上においては、「大都市圏→大都市圏」が「大都市圏→非大都市圏」をわずかに上回っているものの、とりわけ「非大都市圏→大都市圏」と「非大都市圏→非大都市圏」の間では大きな差がある。また東京圏−非東京圏を出生地別にみると、出生地が東京圏の場合も非東京圏の場合も、現住地が東京圏の人において平均子ども数が少ない傾向がある。第 6 回調査の初婚後 15 年以上および第 7 回調査の初婚後 15〜39 年においては「東京圏→東京圏」の平均子ども数が「東京圏→非東京圏」をわずかに上回っているものの[1]、「非東京圏→東京圏」と「非東京圏→非東京圏」の間ではやはり大きな差がみてとれる。つまり出生地が同じであれば、現住地が大都市圏（または東京圏）の場合に出生力が低くなっているといえる。また出生地にかかわらず、現住地が東京圏の人の平均子ども数は現住地が大都市圏の人の平均子ども数を大きく下回っており、大都市圏のなかでも東京圏の出生力の低さは際立っているようである。

　また初婚後 15〜39 年において、「大都市圏→大都市圏」と「非大都市圏→大都市圏」、「東京圏→東京圏」と「非東京圏→東京圏」を比較してみると、第 7 回調査において「東京圏→東京圏」が「非東京圏→東京圏」を下回っている以外は、いずれも後者の平均子ども数の方が少なくなっている。つまり比較的若い年齢層では、現住地が同じ大都市圏（または東京圏）であれば、出生地が非大都市圏（または非東京圏）の人において出生力が低い傾向が強いといえよう。一方、「大都市圏→非大都市圏」と「非大都市圏→非大都市圏」、「東京圏→非東京圏」と「非東京圏→非東京圏」の比較では、初婚後 15 年以上および 15〜39 年ともすべて後者の平均子ども数の方が多くなっている。この一因として、前者において子育て期には大都市圏（または東京圏）に居住していた人が含まれることによる影響も考えられる。

---

[1] 第 7 回調査では、東日本大震災の影響により東京圏との移動が比較的多い岩手・宮城・福島の 3 県において調査を中止した影響の可能性も考えられる。

表 IX-1　移動類型別、平均子ども数

(人)

出生地		現住地	初婚後 15 年以上			初婚後 15～39 年		
			第 8 回	第 7 回	第 6 回	第 8 回	第 7 回	第 6 回
大都市圏－非大都市圏								
大都市圏	→	大都市圏	1.972	2.024	2.143	1.925	1.946	2.064
大都市圏	→	非大都市圏	2.012	2.149	2.133	1.957	2.026	2.124
非大都市圏	→	大都市圏	1.979	2.028	2.059	1.894	1.928	2.039
非人都市圏	→	非大都巾圏	2.156	2.198	2.250	2.100	2.152	2.179
全国			2.061	2.116	2.188	1.995	2.045	2.121
東京圏－非東京圏								
東京圏	→	東京圏	1.921	1.915	2.071	1.876	1.822	2.027
東京圏	→	非東京圏	1.986	2.000	2.136	1.924	1.784	2.107
非東京圏	→	東京圏	1.949	1.954	2.021	1.862	1.875	1.955
非東京圏	→	非東京圏	2.112	2.182	2.233	2.056	2.126	2.163

大都市圏：**埼玉・千葉・東京・神奈川**・岐阜・愛知・三重・京都・大阪・兵庫
東京圏：上記太字の都県、非大都市圏：上記以外の道県。以下の図表も同様。

* 初婚後 15 年以上の世帯主または配偶者の既婚女性について。第 8 回の「全国」には出生地不詳および出生地国外を含む。都道府県別に設定したウエイト付きの集計結果で熊本県・大分県由布市を除く。

2. 初婚年数別にみた移動類型別の平均子ども数

　表 IX-1 は、初婚後 15 年以上ないし 15～39 年が経過した既婚女性全体についての値であるが、初婚後の年数を細かく区切ることによって、年齢別の傾向も概ね捉えられるようになる。図 IX-1 は初婚後 15 年未満の既婚女性も含め、初婚後年数を 5 年ごとに区切って、大都市圏－非大都市圏の移動類型別に平均子ども数を示したものである。「非大都市圏→非大都市圏」の平均子ども数が一貫して最も多い一方で、「非大都市圏→大都市圏」は 40 年以上と 0～4 年を除いて最も少なくなっている。また「大都市圏→大都市圏」と「大都市圏→非大都市圏」を比較すると、25～29 年以下では一貫して後者の方が多く、比較的若い年齢層においては、「大都市圏→非大都市圏」の平均子ども数が「非大都市圏→非大都市圏」に次いで多くなっている。

図 IX-1 　初婚後年数別にみた移動類型別平均子ども数

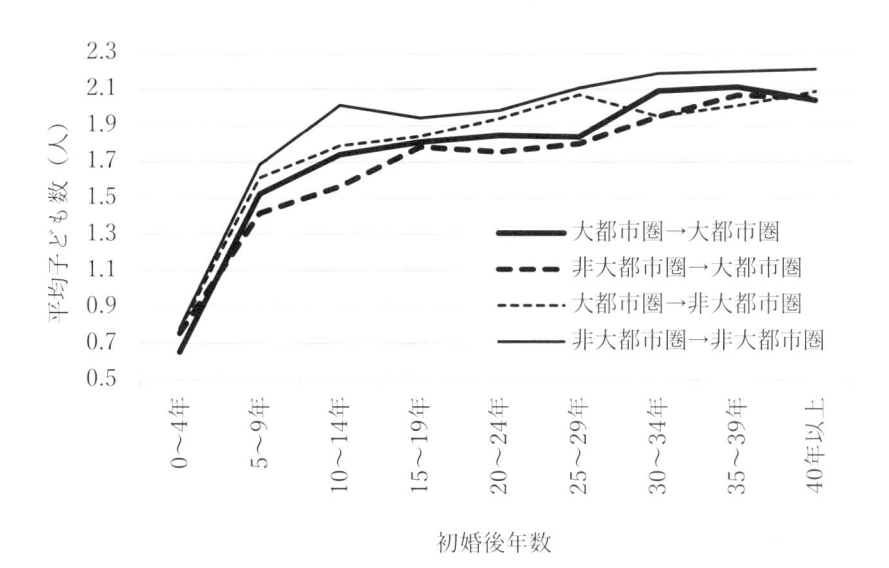

* 世帯主または配偶者の既婚女性について。都道府県別に設定したウエイト付きの集計結果で熊本県・大分県由布市を除く。

3. 移動類型別にみた母親の居住地分布と母親の居住地別の平均子ども数

上述のように、「非大都市圏→大都市圏」の平均子ども数が「大都市圏→大都市圏」のそれを下回ることにはいくつかの要因が考えられるが、そのひとつとして親の居住地の違いが挙げられる。「大都市圏→大都市圏」の人々は、出生地と現住地の都市圏が同じであれば、現住地と親の居住地は地理的に近い可能性が高い一方で、「非大都市圏→大都市圏」の人々は現住地と親の居住地が離れているケースが多いと考えられる。育児サポート資源として、とくに女性の母親の存在が重要という指摘が多くなされていることを踏まえ、以下では初婚後 15～39 年が経過した有配偶女性（配偶者と同居）を対象として、母親の居住地別にみた平均子ども数を求める。

まず、母親の居住地分布を移動類型別にみたのが表 IX-2 である。全体として、「大都市圏→大都市圏」と「非大都市圏→非大都市圏」、「非大都市圏→大都市圏」と「大都市圏→非大都市圏」の分布がそれぞれ近い傾向にある。前者は「同じ区市町村内」および「他の区市町村」の割合が高いのに対して、後者では「他の都道府県」の割合が非常に高い。また前者は後者と比較して「同居」および「同じ建物・敷地内」の割合も若干高くなっている。後者はすべて都道府県をまたぐ移動を経験しており、母親の居住地「他県」の割合が高いのは当然の結果といえよう。後者では「同じ区市町村内」や「他の区市町村」等も一定の割合を占めるが、いわゆる「呼び寄せ」による近居などが考えられる。いずれにしても、前者よりも後者において母親の居住地が現住地から離れている傾向は明確といえよう。

表 IX-2　移動類型別、母親の居住地分布

(%)

出生地		現住地	同居	同じ建物・敷地内	同じ区市町村内	他の区市町村	他の都道府県	死亡
大都市圏	→	大都市圏	2.7	3.6	22.9	26.7	17.3	26.9
大都市圏	→	非大都市圏	1.2	1.4	13.7	9.6	47.3	26.8
非大都市圏	→	大都市圏	2.0	1.7	4.3	5.7	52.0	34.2
非大都市圏	→	非大都市圏	3.2	3.8	27.6	26.1	8.5	30.7
全国			2.7	3.4	22.1	23.0	19.3	29.5

* 初婚後 15〜39 年の世帯主または配偶者の既婚女性について。母親の居住地不詳および国外を除いた割合。都道府県別に設定したウエイト付きの集計結果で熊本県・大分県由布市を除く。

　続いて、現住地を東京圏、中京圏および大阪圏、非大都市圏の 3 つに分け、母親の居住地別に算出した平均子ども数が表 IX-3 である。

　まず全国をみると、「同居」を除き、母親の居住地が現住地から離れるほど、平均子ども数は少なくなっている。現住地別にみても概ね同様の傾向がみられ、すべての現住地において母親の居住地が「他の都道府県」の平均子ども数は、「同じ建物・敷地内」や「同じ区市町村内」よりも少なく、大都市圏のみならず非大都市圏においても母親の居住地は子ども数を規定する重要な要因のひとつとなっていることがうかがえる。全国でみると「同じ区市町村内」と「他の区市町村」との間の平均子ども数の差が大きく、現住地別には東京圏や名古屋圏・大阪圏において同様に差が大きくなっている。とりわけ大都市圏においては、比較的近接した地域のなかでの距離抵抗も大きいものと推察される。一方「同居」ではいずれの現住地においても平均子ども数が少ない傾向があり、「死亡」も同様に少ない。「同居」で平均子ども数が少ない要因として、親の介護を目的とした同居により、母親が育児サポート資源とはなっていないケースが多く含まれていることなどが考えられる。

　以上より、「非大都市圏→大都市圏」の出生力が「大都市圏→大都市圏」よりも低くなる要因のひとつとして、母親の居住地が現住地から遠い人が多く、育児サポートを享受しづらいという点が挙げられるだろう。

表 IX-3　現住地別、母親の居住地別にみた平均子ども数

(人)

	同居	同じ建物・敷地内	同じ区市町村内	他の区市町村	他の都道府県	死亡
東京圏	1.674	1.954	1.981	1.791	1.883	1.870
名古屋圏・大阪圏	1.841	2.072	2.072	1.915	1.950	1.917
非大都市圏	2.082	2.221	2.162	2.117	2.060	2.077
全国	1.927	2.110	2.105	1.983	1.950	1.981

名古屋圏・大阪圏：岐阜・愛知・三重・京都・大阪・兵庫
*初婚後 15〜39 年の世帯主または配偶者の既婚女性について。都道府県別に設定したウエイト付きの集計結果で熊本県・大分県由布市を除く。

4. 移動類型別にみた教育水準と教育水準別の平均子ども数

　母親の居住地分布以外で、若年層を中心として「非大都市圏→大都市圏」が「大都市圏→大都市圏」よりも平均子ども数が少なくなる要因としては、教育水準（学歴）の違いも考えられる。近年においては、高学歴女性が選択的に東京圏へ移動しているとする研究もみられる。そこで、初婚後年数を 15〜39 年と 0〜14 年に分け、最後に卒業した学校の分布を移動類型別に示したのが図 IX-2 である。初婚後年数 15〜39 年においては、移動類型別の学歴分布に大きな差はないものの、「非大都市圏→大都市圏」において最後に卒業した学校が「大学・大学院」の割合が 19.2%と最も高くなっている。一方初婚後年数 0〜14 年では各類型とも高学歴化が進行しているが、なかでも「非大都市圏→大都市圏」における高学歴化が著しく、最後に卒業した学校が「大学・大学院」の割合は 47.2%と約半数にのぼる。つまり、比較的若い年齢層において、「非大都市圏→大都市圏」の高学歴化が目立っている。

　続いて、初婚後年数を 5 年ごとに区切り、平均子ども数を最後に卒業した学校別にみたのが図 IX-3 である。最後に卒業した学校が「大学・大学院」の平均子ども数は初婚後年数 5〜9 年を除いて最も少ない値となっており、学歴が高いほど子ども数が少ない傾向は明らかである。詳細には本調査データやその他の統計も併せて検証する必要があるが、「非大都市圏→大都市圏」において平均子ども数が少ないことの一因として、他の移動類型と比較して高学歴であることも影響している可能性がある。

図 IX-2　移動類型別、最後に卒業した学校の分布

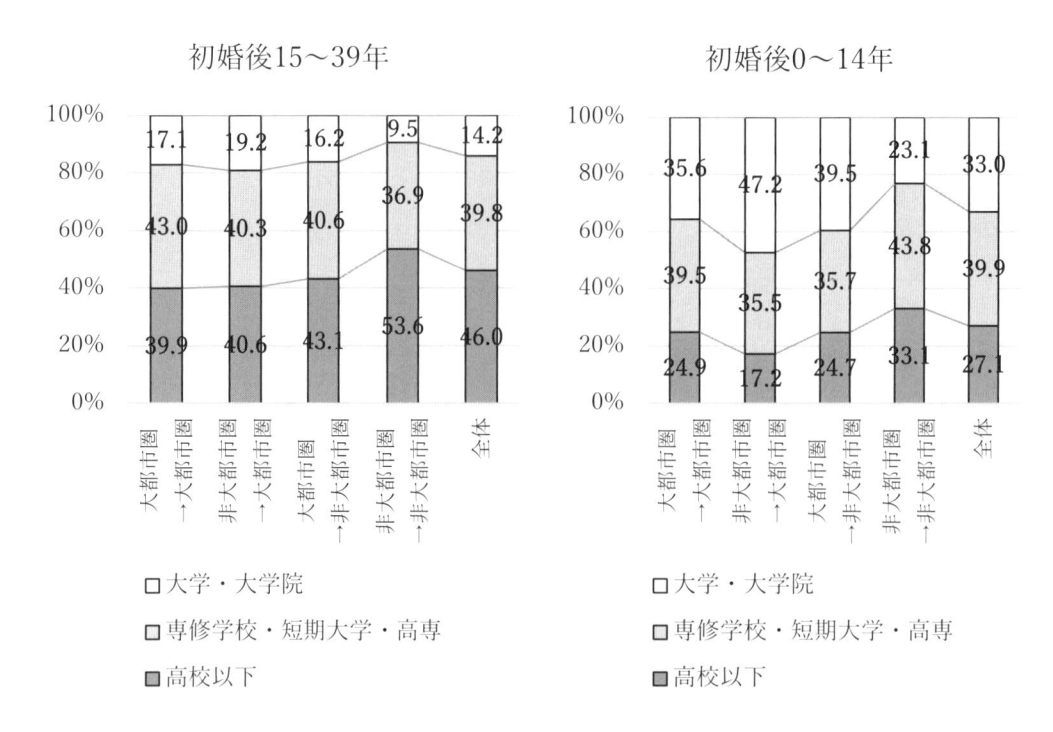

初婚後15〜39年　　　　　　　　初婚後0〜14年

* 世帯主または配偶者の既婚女性について。「全体」には出生地不詳および出生地国外を含む。都道府県別に設定した
ウエイト付きの集計結果で熊本県・大分県由布市を除く。

図 IX-3　初婚後年数別、最後に卒業した学校別の平均子ども数

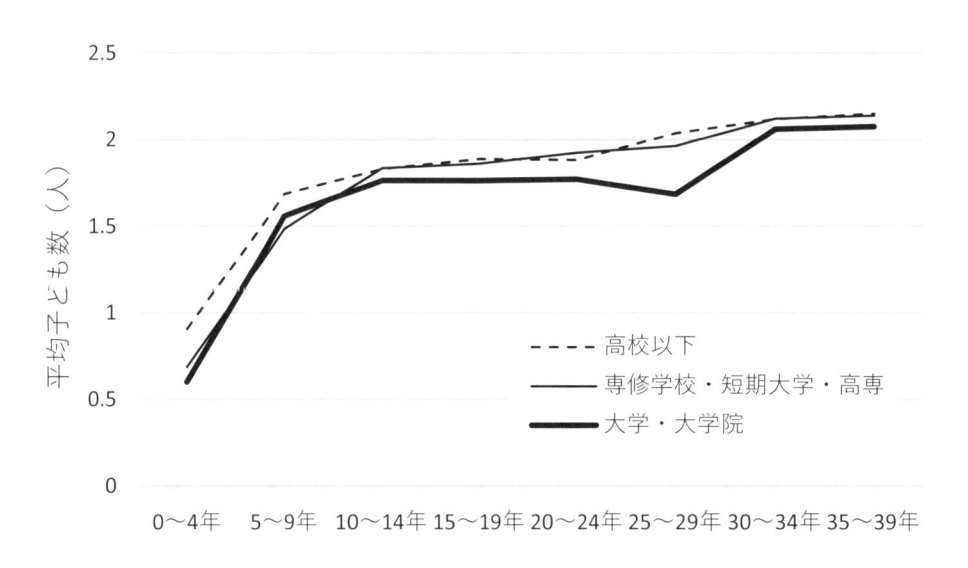

* 世帯主または配偶者の既婚女性について。都道府県別に設定したウエイト付きの集計結果で熊本県・大分県由布市を
除く。

5. 出生地ブロック別・現住地ブロック別の平均子ども数

　表IX-1 のなかで、出生地と現住地の地域ブロックが異なる人に限定すると、現住地が東京圏の人々（「非東京圏→東京圏」）において、また出生地が東京圏の人々（「東京圏→非東京圏」）において、それぞれ平均子ども数が少ないことが示された。では、前者の出生地を地域ブロック別にみた場合、また後者の現住地を地域ブロック別にみた場合、何らかの傾向がみられるであろうか。

　図IX-4 は、初婚後 15 年以上の既婚女性を対象として、東京圏を除く出生地の地域ブロック別に、現住地が同一地域ブロックの場合、東京圏の場合、その他地域の場合に分けて平均子ども数を算出したものである。本図から明らかなように、すべての地域ブロックにおいて、現住地が東京圏の場合の平均子ども数は、現住地が出生地と同一ブロックの場合と比較して少なくなっており、中部・北陸および中京圏を除き、現住地がその他地域ブロックの場合と比較しても少なくなっている。出生地の地域ブロック別に多少の差はあるものの、東京圏以外から東京圏へ転出した人の平均子ども数が少ないのは全国的な傾向であるようにみえる。

　また図IX-5 は、図IX-4 と同様に初婚後 15 年以上の既婚女性を対象として、東京圏を除く現住地ブロック別に、出生地が同一地域ブロックの場合、東京圏の場合、その他地域の場合に分けて平均子ども数を算出したものである。

図 IX-4　出生地の地域ブロック別にみた現住地別の平均子ども数

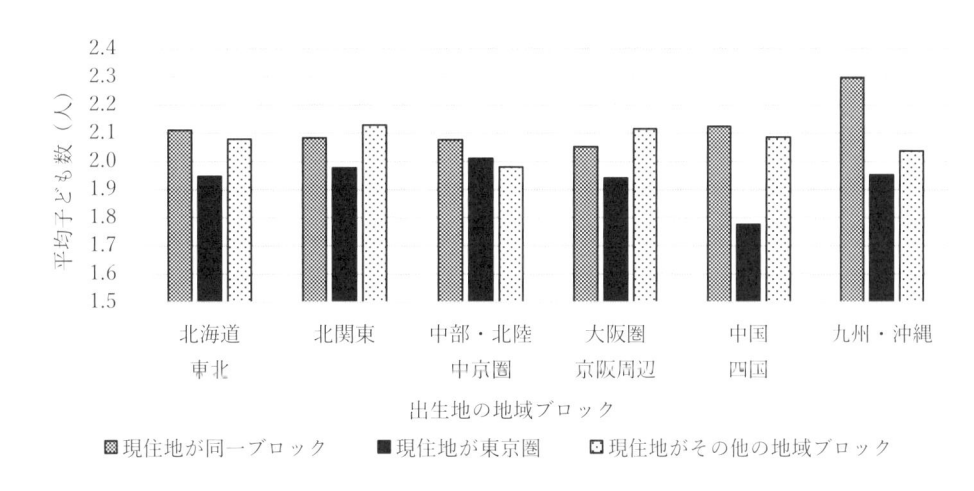

* 初婚後 15 年以上の世帯主または配偶者の既婚女性について。都道府県別に設定したウエイト付きの集計結果で熊本県・大分県由布市を除く。

図 IX-5　現住地の地域ブロック別にみた出生地別の平均子ども数

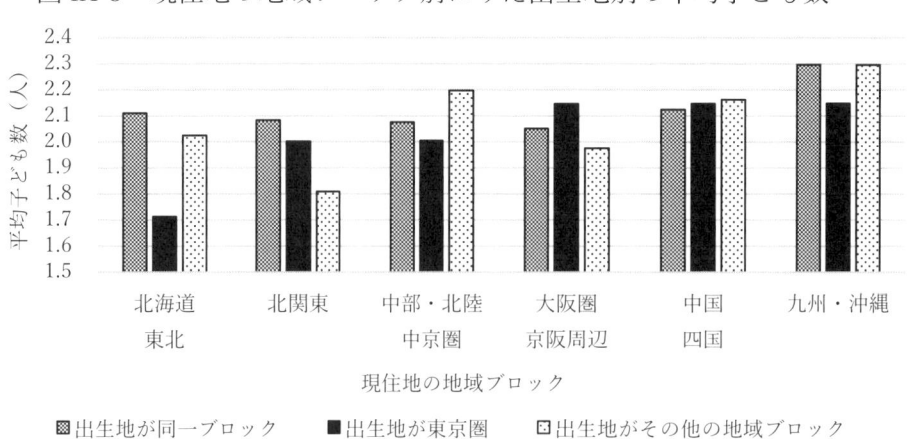

*　初婚後 15 年以上の世帯主または配偶者の既婚女性について。都道府県別に設定したウエイト付きの集計結果で熊本県・大分県由布市を除く。

　本図の同一ブロックの値は図 IX-4 の同一ブロックの値と同じであるが、比較のために記している。出生地が東京圏の場合の平均子ども数は、大阪圏・京阪周辺と中国・四国を除き、出生地が現住地と同一ブロックの場合と比較して少なく、また北関東と大阪圏・京阪周辺を除き、出生地がその他地域ブロックの場合と比較して少ない。とりわけ目立つのは、出生地が東京圏で現住地が北海道・東北の人の平均子ども数の少なさである。出生地と現住地が同一ブロックの場合、九州・沖縄を除いて平均子ども数の水準に大きな差はなく、北海道・東北では、東京圏出生者の低出生率が当該地域における出生率回復傾向の鈍さに影響している可能性もある。

付表

図 IX-1 初婚後年数別にみた移動類型別平均子ども数　　データ

（人）

	移動類型			
	大都市圏 ↓ 大都市圏	非大都市圏 ↓ 大都市圏	大都市圏 ↓ 非大都市圏	非大都市圏 ↓ 非大都市圏
初婚後年数				
0〜4 年	0.652	0.755	0.775	0.781
5〜9 年	1.523	1.417	1.612	1.683
10〜14 年	1.738	1.564	1.788	2.012
15〜19 年	1.807	1.781	1.840	1.942
20〜24 年	1.844	1.754	1.939	1.984
25〜29 年	1.837	1.799	2.070	2.107
30〜34 年	2.091	1.951	1.953	2.188
35〜39 年	2.113	2.068	2.011	2.199
40 年以上	2.041	2.053	2.090	2.212

* 世帯主または配偶者の既婚女性について。都道府県別に設定したウエイト付きの集計結果で熊本県・大分県由布市を除く。

図 IX-2 移動類型別、最後に卒業した学校の分布　　データ

初婚後 15〜39 年 (%)

	最後に卒業した学校			
	総数	高校以下	専修学校・短期大学・高専	大学・大学院
移動類型				
大都市圏 → 大都市圏	100.0	39.9	43.0	17.1
非大都市圏 → 大都市圏	100.0	40.6	40.3	19.2
大都市圏 → 非大都市圏	100.0	43.1	40.6	16.2
非大都市圏 → 非大都市圏	100.0	53.6	36.9	9.5
全体	100.0	46.0	39.8	14.2

初婚後 0〜14 年 (%)

	最後に卒業した学校			
	総数	高校以下	専修学校・短期大学・高専	大学・大学院
移動類型				
大都市圏 → 大都市圏	100.0	24.9	39.5	35.6
非大都市圏 → 大都市圏	100.0	17.2	35.5	47.2
大都市圏 → 非大都市圏	100.0	24.7	35.7	39.5
非大都市圏 → 非大都市圏	100.0	33.1	43.8	23.1
全体	100.0	27.1	39.9	33.0

* 世帯主または配偶者の既婚女性について。「全体」には出生地不詳および出生地外国を含む。都道府県別に設定したウエイト付きの集計結果で熊本県・大分県由布市を除く。

図 IX-3 初婚後年数別、最後に卒業した学校別の平均子ども数　　データ

（人）

	初婚後年数							
	0～4 年	5～9 年	10～14 年	15～19 年	20～24 年	25～29 年	30～34 年	35～39 年
最後に卒業した学校								
高校以下	0.906	1.685	1.830	1.887	1.882	2.038	2.120	2.151
専修学校・短期大学・高専	0.686	1.482	1.834	1.860	1.923	1.962	2.122	2.139
大学・大学院	0.601	1.558	1.763	1.762	1.770	1.684	2.061	2.075

* 世帯主または配偶者の既婚女性について。都道府県別に設定したウエイト付きの集計結果で熊本県・大分県由布市を除く

図 IX-4 出生地の地域ブロック別にみた現住地別の平均子ども数　　データ

（人）

	現住地の地域ブロック		
	現住地が同一ブロック	現住地が東京圏	現住地がその他の地域ブロック
出生地の地域ブロック			
北海道・東北	2.111	1.947	2.079
北関東	2.084	1.977	2.129
中部・北陸	2.077	2.011	1.980
近畿	2.052	1.941	2.116
中国・四国	2.124	1.776	2.086
九州・沖縄	2.296	1.952	2.037

* 初婚後 15 年以上の世帯主または配偶者の既婚女性について。都道府県別に設定したウエイト付きの集計結果で熊本県・大分県由布市を除く。

図 IX-5 現住地の地域ブロック別にみた出生地別の平均子ども数　　データ

（人）

	出生地の地域ブロック		
	出生地が同一地域ブロック	出生地が東京圏	出生地がその他の地域ブロック
現住地の地域ブロック			
北海道・東北	2.111	1.714	2.026
北関東	2.084	2.001	1.809
中部・北陸	2.077	2.006	2.197
近畿	2.052	2.147	1.975
中国・四国	2.124	2.147	2.163
九州・沖縄	2.296	2.149	2.296

* 初婚後 15 年以上の世帯主または配偶者の既婚女性について。都道府県別に設定したウエイト付きの集計結果で熊本県・大分県由布市を除く。

Ⅹ. 中高年・高齢者の移動

（小島　克久）

1. 中高年・高齢者の前住地（過去5年間に移動した者）

　年齢階級別の過去5年間に移動した人の割合は「移動の概況」で見てきたが、ここでは過去5年間に移動した中高年（50〜64歳）・高齢者（65歳以上）について少し詳しく見てみよう。まず、過去5年間に移動した中高年（50〜64歳）・高齢者（65歳以上）の前住地として最も多いのは、「同じ区市町村」であり、中高年では47.0%、高齢者では50.8%とほぼ半数を占める。「他の都道府県」であったのは中高年で22.3%、高齢者で19.8%であり、中高年でやや高いがおおむね5人に1人は過去5年間に都道府県を超えて移動していることがわかる。

表 Ⅹ-1　中高年・高齢者の前住地（過去5年間に移動した者、%）

		前住地（%）				
		現在と同じ都道府県内		他の都道府県	国外	不詳
		同じ区市町村	他の区市町村			
中高年		73.4	47.0	26.4	22.3	2.1	2.2
高齢者		73.4	50.8	22.6	19.8	0.4	6.4
中高年（男女・年齢階級別）						
男女	男性	69.9	42.6	27.3	26.7	1.9	1.5
	女性	79.1	53.2	25.8	15.8	2.2	2.9
年齢階級	50〜54歳	72.9	45.7	27.1	22.2	2.8	2.1
	55〜59歳	71.1	48.2	22.9	25.2	2.2	1.6
	60〜64歳	77.1	47.7	29.4	19.1	0.8	3.0
高齢者（男女・年齢階級別）						
男女	男性	74.9	53.4	21.5	19.4	0.6	5.1
	女性	71.5	48.1	23.4	21.0	0.3	7.2
年齢階級	65〜69歳	75.1	55.9	19.2	19.0	0.5	5.4
	70〜74歳	73.2	44.4	28.8	20.3	0.8	5.7
	75〜79歳	75.8	52.3	23.5	17.6	0.0	6.6
	80〜84歳	72.3	53.8	18.5	16.7	0.0	11.1
	85歳以上	65.0	40.9	24.1	27.9	0.0	7.1

＊　都道府県別に設定したウエイト付きの集計結果で熊本県・大分県由布市を除く。

　中高年について男女別に前住地を見ると、前住地が「同じ区市町村」である者は、男性42.6%、女性53.2%と女性で高い。「他の区市町村」は男性27.3%、女性25.8%と男性の方

が高い。中高年の年齢階級別では、「同じ区市町村」がどの年齢階級でも最も多く、45.7%
～48.2%を占める。「他の区市町村」は22.9%～29.4%であり、「他の都道府県」は19.1%～
25.2%である。特に定年退職の時期に入る60～64歳では、前住地が「他の都道府県」である者は中高年の他の年齢階級よりも少なくなり、「他の区市町村」が多くなっている。

　高齢者について男女別にみると、前住地が「同じ区市町村」である者は、男性53.4%、女性48.1%と中高年と異なり男性で高い。「他の区市町村」は男性21.5%、女性23.4%と女性の方が高く、ここでも中高年と異なる。高齢者の年齢階級別では、「同じ区市町村」が中高年と同様にどの年齢階級でも最も多く、40.9%～55.9%を占める。「他の区市町村」は18.5%～28.8%であり、「他の都道府県」は16.7%～27.9%である。85歳未満ではおおむねどの年齢階級でも同じ区市町村内での移動が多く、区市町村や都道府県を超えた移動は少なくなる。ただし、85歳以上では「他の区市町村」は24.1%、「他の都道府県」は27.9%と、前者より後者が多くなる。

2.　中高年・高齢者の移動理由（過去5年間に移動した者）

　次に、過去5年間に移動した中高年・高齢者の移動理由を少し詳しく見てみよう。中高年で最も多い移動理由は「住宅を主とする理由」の40.4%であり、次いで「職業上の理由」が20.8%、「親の同居・近居」が7.9%となっている。移動理由を中高年の男女別に見ると、男女とも最も多い移動理由は、「住宅を主とする理由」であり、男性では38.1%、女性では44.0%であり、女性の方で高い。男女差が特に顕著な移動理由として、「職業上の理由」（男性31.2%、女性6.9%）、「家族の移動に伴って」（男性1.4%、女性11.0%）があり、前者では男性の方が、後者では女性の方が高い。なお、「親の同居・近居」は、男性7.3%、女性8.4%となっている。

表 X-2　中高年の移動理由（過去5年間に移動した者、%）

過去5年の移動者・移動理由	中高年	男女		年齢階級		
		男性	女性	50～54歳	55～59歳	60～64歳
入学・進学	0.1	0.1	0.1	0.1	0.0	0.1
職業上の理由	20.0	31.2	6.9	23.3	21.1	16.7
住宅を主とする理由	40.4	38.1	44.0	39.7	41.2	40.7
親との同居・近居	7.9	7.3	8.4	9.1	7.8	5.9
子との同居・近居	2.2	1.0	3.9	0.7	2.1	4.8
家族の移動に伴って	5.5	1.4	11.0	5.1	7.9	3.4
結婚・離婚	5.9	4.7	7.3	8.2	4.8	3.8
健康上の理由	1.7	2.2	1.1	1.4	1.2	2.7
その他	12.7	12.1	13.6	10.9	12.7	15.5
不詳	2.8	2.0	3.8	1.5	1.3	6.5
総数	100.0	100.0	100.0	100.0	100.0	100.0

＊　都道府県別に設定したウエイト付きの集計結果で熊本県・大分県由布市を除く。

＊ 本表で用いた移動理由は、表 III-1 の分類項目をもとにしたが、「4.親や子との同居・近居」を「親と同居・近居」と「子と同居・近居」に分離し、「7. その他」から「健康上の理由」を分離したものを用いた。

中高年の年齢階級別でみると、どの年齢階級でも多い移動理由は「住宅を主とする理由」であり、50〜54歳では39.7%であるが、そのほかの年齢階級では40%を超える。年齢とともに少なくなる移動理由として、「職業上の理由」があり、50〜54歳では23.3%であるが、定年の時期に入る60〜64歳では16.7%にまで低下する。「親との同居・近居」でも同じような傾向があり、50〜54歳では9.1%であるが、60〜64歳では5.9%にまで低下する。かわって年齢とともに増加する移動理由として、「子との同居・近居」があり、50〜54歳の0.7%から60〜64歳になると4.8%となっている。「健康上の理由」も年齢とともに増加している移動理由であるが、60〜64歳でも2.7%にとどまっている。

高齢者の男女別に移動理由をみると、男女とも最も多い移動理由は、中高年と同様に「住宅を主とする理由」であり、男性では50.4%、女性では41.1%である。男女差が顕著な移動理由として、「子との同居・近居」（男性10.6%、女性17.7%）、「職業上の理由」（男性10.0%、女性3.3%）などがある。「健康上の理由」は男性4.0%、女性6.0%であり、「親との同居・近居」は男性3.0%、女性2.2%となっている。

表 X-3　高齢者の移動理由（過去5年間に移動した人、%）

過去5年の移動者・移動理由	高齢者	男女		年齢階級					(参考)
		男性	女性	65〜69歳	70〜74歳	75〜79歳	80〜84歳	85歳以上	50〜64歳
入学・進学	0.0	0.0	0.0	0.0	0.0	0.0	0.0	0.3	0.6
職業上の理由	6.2	10.0	3.3	9.5	7.0	2.3	0.9	2.0	20.3
住宅を主とする理由	46.2	50.4	41.1	48.8	48.4	49.7	45.5	26.1	40.4
親との同居・近居	2.5	3.0	2.2	4.0	2.1	0.4	1.5	1.1	7.8
子との同居・近居	14.3	10.6	17.7	9.7	10.6	9.6	30.5	31.8	2.2
家族の移動に伴って	3.5	1.3	5.6	4.0	3.8	2.8	0.9	4.9	5.5
結婚・離婚	1.7	1.4	2.0	1.7	1.7	1.8	0.0	3.1	5.9
健康上の理由	5.3	4.0	6.0	2.1	5.1	5.0	8.6	15.3	1.7
その他	14.7	14.5	15.6	15.6	14.0	22.1	7.6	9.9	12.7
不詳	5.6	5.0	6.5	4.6	7.4	6.4	4.6	5.6	2.8
総数	100.0	100.0	100.0	100.0	100.0	100.0	100.0	100.0	100.0

* 都道府県別に設定したウエイト付きの集計結果で熊本県・大分県由布市を除く。
* 移動理由は、表III-1の分類項目をもとにしたが、「4.親や子との同居・近居」を「親と同居・近居」と「子と同居・近居」に分離し、「7. その他」から「健康上の理由」を分離したものを用いた。

高齢者の年齢階級別でみると、どの年齢階級でも多い移動理由は「住宅を主とする理由」であり、85歳以上で26.1%であるが、そのほかの年齢階級では40%を超える。より高齢の者で多くなる移動理由として、「子との同居・近居」、「健康上の理由」がある。前者は80〜84歳、85歳以上で30%を超える。後者は80〜84歳で8.6%、85歳以上で15.3%となっている。一方、より若い高齢者で多い移動理由として、「職業上の理由」、「親との同居・近居」

があり、例えば 65〜69 歳ではそれぞれ 9.5%、4.0%となっている一方で、85 歳以上ではそれぞれ 2.0%、1.1%である。なお本調査では施設入所者は調査対象ではないため、移動の理由に施設入所は含まれていない。健康上の問題、日常生活のお世話の必要性から過去 5 年間に一般の世帯の間で居住地移動した高齢者がより高齢の者で多くなっている姿を垣間見ることができる。

3. 中高年・高齢者の 5 年後の移動可能性

中高年・高齢者の 5 年後の現住地からの移動可能性について見てみよう。

中高年のうち 5 年後に現住地からの移動可能性が「大いにある」者は 3.9%、「ある程度ある」は 7.2%、「あまりない」は 9.9%であり、これらの合計は 20.9%となる。高齢者では、「大いにある」は 1.5%、「ある程度ある」は 4.1%、「あまりない」は 5.6%であり、これらを合計すると少しでも移動可能性がある高齢者は 11.3%となる。つまり、5 年後に少しでも移動可能性がある中高年の割合は、高齢者の 2 倍近くになっている。

表 X-4　中高年・高齢者の 5 年後の移動可能性（%）

		5 年後の移動可能性				
		可能性が少しでもある			まったくない	不詳
		大いにある	ある程度ある	あまりない		
中高年		20.9	3.9	7.2	9.9	74.2	4.8
高齢者		11.3	1.5	4.1	5.6	79.8	8.9
中高年（男女・年齢階級別）						
男女	男性	22.9	4.7	7.5	10.7	72.8	4.3
	女性	18.9	3.0	6.9	9.1	76.0	5.1
年齢階級	50〜54 歳	26.0	4.4	8.7	12.9	70.0	4.1
	55〜59 歳	21.3	4.3	7.5	9.4	74.4	4.3
	60〜64 歳	15.9	2.9	5.6	7.4	78.1	6.0
高齢者（男女・年齢階級別）						
男女	男性	11.6	1.6	4.1	5.9	81.4	7.0
	女性	10.9	1.4	4.1	5.5	79.7	9.3
年齢階級	65〜69 歳	13.9	2.1	5.1	6.8	79.5	6.6
	70〜74 歳	11.1	1.5	3.9	5.7	80.4	8.5
	75〜79 歳	10.1	1.1	4.0	5.0	79.5	10.4
	80〜84 歳	9.4	0.9	3.3	5.2	79.0	11.6
	85 歳以上	8.7	1.4	3.1	4.2	80.9	10.4

*　都道府県別に設定したウエイト付きの集計結果で熊本県・大分県由布市を除く。

中高年と高齢者の男女別にみると、少しでも移動可能性のある人の割合は、中高年では男性は 22.9%、女性は 18.9%であり、高齢者では男性は 11.6%、女性は 10.9%である。ともに男性の方が高いが、男女差は中高年（4.0%）より高齢者（0.7%）の方が小さい。年齢階級が高くなるにつれ、中高年・高齢者ともに移動可能性は逓減する。中高年の場合、50〜54

歳では 26.0%であるが、60〜64 歳では 15.9%とおよそ 10%程度 5 年後の移動可能性は低下する。高齢者の場合も、65〜69 歳では 13.9%と 60〜64 歳を 2%下回る水準にある。そして、より高齢になるほど 5 年後の移動可能性は低下し、85 歳以上では 8.7%にまで低下する。

　5 年後の移動理由を中高年について見ると、最も多いのは「住宅を主とする理由」で 29.6%である。以下、「職業上の理由」が 19.4%、「親との同居・近居」が 8.1%などとなっている。「健康上の理由」は 2.9%にとどまる。

　中高年の男女別に 5 年後の移動理由を見ると、男女とも最も多いのは、「住宅を主とする理由」であり、男性 28.9%、女性 31.2%である。男女差が顕著な移動理由として、「職業上の理由」（男性 29.5%、女性 6.7%）、「家族の移動に伴って」（男性 1.6%、女性 11.4%）、「子との同居・近居」（男性 1.6%、女性 5.1%）がある。最初の理由は男性の方が、残りのふたつの理由は女性の方が高い。「親との同居・近居」は男性 8.5%、女性 7.9%で男女差は少ない。なお、「健康上の理由」が男性 2.7%、女性 3.0%と男女差は小さい。

　中高年の年齢階級別に 5 年後の移動理由でみると、どの年齢階級でも多い 5 年後の移動理由は「住宅を主とする理由」であり、27.0%〜33.8%であり、特に 60〜64 歳で 33.8%と最も高くなる。「職業上の理由」は、50 歳代では 20%を超えるが、定年の時期に入る 60〜64 歳では 9.0%にまで低下する。年齢とともに高くなる理由は「子との同居・近居」であり、50〜54 歳では 1.6%であるが、60〜64 歳では 6.0%に上昇する。また、「健康上の理由」は 50 歳代では低いが、60〜64 歳では 6.3%へと上昇する。

表 X-5　中高年の 5 年後の移動理由（5 年後に移動可能性が少しでもある人、%）

過去 5 年の移動者・移動理由	中高年	男女		年齢階級		
		男性	女性	50〜54 歳	55〜59 歳	60〜64 歳
入学・進学	0.1	0.1	0.1	0.2	0.0	0.0
職業上の理由	19.4	29.5	6.7	23.7	22.3	9.0
住宅を主とする理由	29.6	28.9	31.2	27.0	29.6	33.8
親との同居・近居	8.1	8.5	7.9	7.9	10.5	5.6
子との同居・近居	3.3	1.6	5.1	1.6	3.1	6.0
家族の移動に伴って	6.0	1.6	11.4	8.0	5.7	3.5
結婚	1.0	0.9	1.1	1.6	0.4	0.8
健康上の理由	2.9	2.7	3.0	1.3	2.1	6.3
その他	16.7	14.9	18.8	15.9	15.3	19.6
不詳	13.0	11.3	14.6	13.0	11.0	15.4
総数	100.0	100.0	100.0	100.0	100.0	100.0

* 都道府県別に設定したウエイト付きの集計結果で熊本県・大分県由布市を除く。
* 本表で用いた転居理由は、表 III-1 の分類項目をもとにしたが、「4.親や子との同居・近居」を「親と同居・近居」と「子と同居・近居」に分離し、「7. その他」から「健康上の理由」を分離したものを用いた。また、「6. 結婚・離婚」は「結婚」とした（5 年後の移動理由に「離婚」がないため）。

高齢者の 5 年後の移動理由をみると、最も多いのは中高年と同様に「住宅を主とする理由」の 27.8%である。次いで「健康上の理由」が 15.7%であり、「子との同居・近居」も 9.1%となっている。中高年で多い「職業上の理由」は 2.5%にとどまる。

表 X-6　高齢者の 5 年後の移動理由（5 年後に移動可能性が少しでもある人、%）

5 年後に移動可能性がある者・移動理由	高齢者	男女		年齢階級				
		男性	女性	65〜69歳	70〜74歳	75〜79歳	80〜84歳	85 歳以上
入学・進学	0.2	0.2	0.1	0.1	0.0	0.0	0.5	1.0
職業上の理由	2.5	3.5	1.6	5.0	1.0	0.4	1.2	1.5
住宅を主とする理由	27.8	30.9	25.5	35.5	27.7	22.4	18.9	18.1
親との同居・近居	1.7	2.2	1.4	3.5	1.2	0.1	0.1	0.5
子との同居・近居	9.1	8.4	9.8	7.3	10.7	12.2	9.3	6.3
家族の移動に伴って	2.4	1.3	3.5	2.3	2.6	0.7	2.4	5.1
結婚	0.2	0.1	0.4	0.0	0.1	0.2	0.0	1.9
健康上の理由	15.7	13.4	17.7	7.2	14.4	22.1	26.0	29.2
その他	17.1	17.9	17.0	20.5	18.1	13.4	12.9	13.3
不詳	23.4	22.2	22.9	18.8	24.3	28.6	28.9	23.2
総数	100.0	100.0	100.0	100.0	100.0	100.0	100.0	100.0

* 都道府県別に設定したウエイト付きの集計結果で熊本県、大分県由布市を除く。

* 本表で用いた転居理由は、表 III-1 の分類項目をもとにしたが、「4.親や子との同居・近居」を「親と同居・近居」と「子と同居・近居」に分離し、「7. その他」から「健康上の理由」を分離したものを用いた。また、「6. 結婚・離婚」は「結婚」とした（5 年後の移動理由に「離婚」がないため）。

　高齢者の男女別に 5 年後の移動理由をみると、男女とも最も多いのは、中高年と同様に「住宅を主とする理由」であり、男性 30.9%、女性 25.5%である。これに次いで中高年では少なかった「健康上の理由」が男性 13.4%、女性 17.7%となっている。そして「子との同居・近居」は、男性 8.4%、女性 9.8%となっている。なお、中高年で高かった「親との同居・近居」は男性 2.2%、女性 1.4%と中高年より大幅に低下する。また、中高年で男女差が顕著であった移動理由は見られず、男女差が 2 倍程度ある移動理由として「職業上の理由」（男性 3.5%、女性 1.6%）、「家族の移動に伴って」（男性 1.3%、女性 3.5%）などであり、割合そのものは低い。

　高齢者の年齢階級別でみると、どの年齢階級でも多い 5 年後の移動理由は中高年と同様に「住宅を主とする理由」であり、80〜84 歳で 18.9%、85 歳以上で 18.1%であるが、そのほかの年齢階級では 20〜30%台となっている。中高年では年齢とともに多くなった「健康上の理由」は、高齢者でも年齢が高くなるほど多くなり、65〜69 歳では 7.2%であるが（60〜64 歳の 6.3%を上回る）、70〜74 歳では 14.4%であり、75 歳以上の年齢階級では 20%を超え、特に 85 歳以上では 29.2%となっている。「子との同居・近居」は 65〜69 歳で 7.3%であるが、70〜74 歳で 10.7%、75〜79 歳で 12.2%と 10%を超える。しかし、80〜84 歳では 9.3%、85 歳以上で 6.3%へと低下する。一方「親との同居・近居」は 65〜69 歳で 3.5%となっており、中高年（60〜64 歳で 5.6%）よりも低い。そして、70〜74 歳で 1.2%、80

歳以上で1%を下回る。そして中高年で高かった「職業上の理由」は65～69歳で5.0%となっており、70歳以上の年齢階級では0.4%～1.5%となている。

4. 都道府県別の中高年・高齢者の5年後の移動可能性

中高年・高齢者の5年後の移動可能性について都道府県別に見てみよう。

中高年のうち、5年後の移動可能性が「大いにある」「ある程度ある」「あまりない」者の割合を現住都道府県別にみると地域差が大きい（表 X-7、付図2）。最も高いのは東京都の31.0%であり、神奈川県（30.1%）、京都府（28.9%）、北海道（27.1%）、兵庫県（25.6%）、大阪府（25.5%）が続いている。つまり、大都市圏および北海道では、今後5年間に移動可能性が少しでもある中高年はの割合が高い。一方、この割合が最も低いのは福井県の8.6%であり、鳥取県（10.9%）、長野県（11.0%）、山形県（11.0%）が続いており、非大都市圏で割合が低い。しかもその水準は、最も高い東京都の3分の1程度の水準であり、中高年の5年後の移動可能性は、大都市圏と非大都市圏で大きな地域差が見られる。

高齢者についてこの割合をみると、大阪府が最も高く17.2%となっており、東京都、神奈川県、京都府がともに15.9%で続き、北海道が13.7%である。中高年に比べると水準は低いが、中高年と同様に大都市圏と北海道で高齢者の5年後の移動可能性は高い一方この割合が最も低いのは福井県の3.2%であり、茨城県（4.7%）、長野県（4.9%）、青森県（5.3%）が続いており、非大都市圏で割合が低い。しかも、最も高い大阪府の4分の1程度の水準であり、中高年と同様に高齢者の5年後の移動可能性も、大都市圏と非大都市圏の間で大きな地域差が見られる。

このように、中高年・高齢者ともに、5年後の移動可能性が少しでもある人の割合は東京圏を中心とした大都市圏、北海道で高く、非大都市圏で低い、という地域差が見られる。

表 X-7　現住都道府県別にみた5年後に移動可能性が少しでもある中高年・高齢者の割合

現住都道府県	移動可能性あり（%）		現住都道府県	移動可能あり（%）	
	高齢者	中高年		高齢者	中高年
北海道	13.7	27.1	滋賀県	9.4	18.2
青森県	5.3	12.6	京都府	15.9	28.9
岩手県	6.9	12.1	大阪府	17.2	25.5
宮城県	9.4	15.7	兵庫県	11.9	25.6
秋田県	6.5	14.8	奈良県	11.2	15.5
山形県	5.7	11.0	和歌山県	6.8	11.7
福島県	8.4	12.3	鳥取県	6.9	10.9
茨城県	4.7	12.8	島根県	8.5	23.4
栃木県	7.2	18.7	岡山県	9.0	18.9
群馬県	7.9	15.4	広島県	9.3	18.0
埼玉県	12.3	22.9	山口県	10.9	18.1
千葉県	12.1	22.6	徳島県	9.4	13.0
東京都	15.9	31.0	香川県	7.1	12.1
神奈川県	15.9	30.1	愛媛県	10.5	14.3
新潟県	5.5	11.4	高知県	7.5	12.7
富山県	5.9	14.6	福岡県	12.1	21.1
石川県	8.4	16.5	佐賀県	7.9	11.6
福井県	3.2	8.6	長崎県	8.2	16.9
山梨県	7.1	17.6	熊本県	-	-
長野県	4.9	11.0	大分県	7.9	18.4
岐阜県	6.9	11.9	宮崎県	7.9	16.6
静岡県	10.7	17.9	鹿児島県	6.0	15.4
愛知県	10.8	19.5	沖縄県	11.8	13.6
三重県	6.5	14.8	全国	11.3	20.9

*全国値は都道府県別に設定したウエイト付きの集計結果で熊本県、大分県由布市を除く。

XI. 高齢者と子の居住距離

（小島　克久）

　世帯主が 65 歳以上である場合の、世帯主の子の居住地をみると（表 XI-1）、「子どもなし」が 10.9%、「同居子あり」が 35.1%である一方、「別居子のみ」が 43.1%を占める。その内訳を「最も近い別居子の居住地」別にみると、「同じ建物・敷地内」が 6.1%、「同じ区市町村内」が 16.4%と、同じ区市町村に居住する子どもがいる高齢の世帯主は 22.5%となっている。そして、「他の区市町村」、「他の都道府県」、「国外」はそれぞれ 12.0%、8.5%、0.1%となっている。

　男女別に 65 歳以上の世帯主の子の居住地をみると、「同居子あり」は男性で 37.8%、女性で 30.4%、「別居子のみ」は男性で 44.1%、女性で 41.2%と、男性の方が高く、「子どもなし」は男性で 9.1%のところ、女性で 14.9%と女性の方が高い。男性、女性それぞれの「別居子のみ」の世帯主で、「最も近い別居子の居住地」として最も多いのは「同じ区市町村」であり、男性で 16.2%、女性で 16.9%であり、女性が 0.7%高い。「他の区市町村」では男性で 12.8%、女性で 10.0%、「他の都道府県」では男性で 8.9%、女性で 7.8%であり、ともに男性の方が高い。

　年齢階層別にみると、65〜69 歳の世帯主では 37.6%が「同居子あり」で、39.8%が「別居子のみ」である。世帯主の年齢階級が上がるにしたがい、「同居子あり」の割合は低下し、「別居子のみ」の割合はおおむね高くなる。たとえば85 歳以上では、「同居子あり」は 31.4%、「別居子のみ」は 46.6%となっている。「別居子のみ」の世帯主で、「最も近い別居子の居住地」はどの年齢階級でも「同じ区市町村」が最も多いが、「同じ建物・敷地内」は年齢階級が上がるにつれて高くなっており、65〜69 歳の世帯主では 4.7%であるが、85 歳以上の世帯主では 9.6%となっている。

　世帯主の配偶関係別でみると、「同居子あり」が有配偶で 39.7%、死別で 23.4%、離別で 34.6%となっている。一方「別居子のみ」は有配偶で 46.6%、死別で 39.5%、離別で 44.2%となっている。未婚を除く「別居子のみ」の世帯主で、「最も近い別居子の居住地」で最も多いのは「同じ区市町村」である。ただし、死別の世帯主では 13.9%であり、「他の区市町村」の 13.8%とほぼ同じ割合である。「同じ建物・敷地内」が多いのは有配偶の 6.4%、離別の 7.2%である。そして、「他の都道府県」が多いのは有配偶の 9.2%、死別の 9.4%である。

　健康状態別に 65 歳以上の世帯主の子の居住地をみると、健康状態が「よい」「まあよい」世帯主は「子どもなし」の割合はそれぞれ 9.9%、9.6%であり、他の健康状態の世帯主よりも少ない。また、別居子のみの割合が多く、健康状態が「よい」、「まあよい」でともに 45.6%である。健康状態が「あまりよくない」「よくない」世帯主は逆の傾向にある。世帯主の健康状態別に「別居子のみ」の内訳である「最も近い別居子の居住地」として最も多いのは「同じ区市町村」である。世帯主の健康状態による差はあるものの、15.3%から 16.4%となって

いる。「同じ建物・敷地内」が最も多くなるのは、健康状態が「よくない」世帯主であり、8.3%となっている。「他の市区町村」、「他の都道府県」が最も多くなるのは、健康状態「まあよい」であり、それぞれ13.3%、10.6%となっている。

表 XI-1　65歳以上の世帯主の子の居住地（%）

| | 子どもなし | 同居子あり | 別居子のみ | 最も近い別居子の居住地 | | | | | 不詳 |
				同じ建物・敷地内	同じ区市町村内	他の区市町村	他の都道府県	国外	
65歳以上の世帯主	10.9	35.1	43.1	6.1	16.4	12.0	8.5	0.1	10.9

*都道府県別に設定したウエイト付きの集計結果で熊本県、大分県由布市を除く。

表 XI-2　65歳以上の世帯主の子の居住地（世帯主の主な属性別、%）

| 65歳以上の世帯主 | 子どもなし | 同居子あり | 別居子のみ | 最も近い別居子の居住地 | | | | | 不詳 |
				同じ建物・敷地内	同じ区市町村内	他の区市町村	他の都道府県	国外	
男女別									
男性	9.1	37.8	44.1	6.1	16.2	12.8	8.9	0.1	9.1
女性	14.9	30.4	41.2	6.4	16.9	10.0	7.8	0.1	13.6
年齢階級別									
65〜69歳	14.8	37.6	39.8	4.7	14.7	11.9	8.4	0.1	7.8
70〜74歳	11.1	36.8	40.7	5.5	16.0	10.5	8.5	0.2	11.4
75〜79歳	8.3	32.1	46.6	6.0	17.0	13.9	9.6	0.1	12.9
80〜84歳	7.3	34.1	46.3	7.7	18.8	11.8	8.0	0.0	12.3
85歳以上	8.4	31.4	46.6	9.6	18.0	11.6	7.3	0.1	13.7
配偶関係別									
未婚	95.9	1.3	1.3	0.4	0.2	0.3	0.3	0.0	1.5
有配偶	5.1	39.7	46.6	6.4	17.2	13.6	9.2	0.1	8.6
死別	16.6	23.4	39.5	2.2	13.9	13.8	9.4	0.2	20.5
離別	6.6	34.6	44.2	7.2	18.7	10.3	7.9	0.1	14.7
健康状態別									
よい	9.9	35.3	45.6	6.1	16.4	14.0	8.9	0.3	9.2
まあよい	9.6	34.5	45.6	6.2	15.6	13.3	10.6	0.0	10.3
ふつう	10.9	35.9	42.2	5.8	16.4	11.3	8.5	0.1	11.1
あまりよくない	12.6	33.3	43.2	6.9	16.6	12.0	7.7	0.0	10.9
よくない	11.5	35.1	40.5	8.3	15.3	11.4	5.4	0.1	12.9

*都道府県別に設定したウエイト付きの集計結果で熊本県、大分県由布市を除く。

65歳以上の世帯主の子の居住地を都道府県別にみると、地域差がみられる。まず、「同居子あり」の割合が最も高いのは、佐賀県の49.0%であり、以下、山形県、青森県、沖縄県、宮城県と東北地方と九州地方の地域が続く。一方でこの割合が最も低いのは、京都府の22.8%であり、以下、鹿児島県、長崎県、愛媛県、山口県と中国地方、四国地方、九州地方の地域が続く。

　次に、「別居子のみ」の割合が最も高いのは、長崎県の52.7%であり、以下、愛媛県、山口県、宮崎県、鹿児島県と中国地方、四国地方、九州地方の地域が続く。この割合が最も低いのは、沖縄県の31.2%であり、以下、新潟県、山形県、青森県、佐賀県が続く。

　そして、「別居子のみ」の世帯主のうち、「最も近い別居子の居住地」が「同じ区市町村内」は秋田県、埼玉県、東京都を除くすべての道府県で最も多い。しかしその割合には都道府県の差が大きく、最も低い茨城県では10.4%、最も高い愛媛県では24.2%と、2倍以上の差がある。「他の区市町村」でも同様の都道府県の差があり、最も低い栃木県では6.5%、最も高い福岡県で15.1%と、ここでも2倍以上の差がある。「他の都道府県」の割合では都道府県の差がより顕著となり、最も低い沖縄県では4.2%、最も高い山口県では15.9%となり、3倍以上の差がある。

　なお、秋田県では「最も近い別居子の居住地」として最も多いのは「他の都道府県」であり、その割合は13.3%である。埼玉県と東京都では、「最も近い別居子の居住地」として最も多いのは「他の区市町村」であり、それぞれ13.9%、14.2%となっている。

表 XI-3　現住都道府県別 65 歳以上の世帯主の子の居住地（％）

現住都道府県	子どもなし	同居子あり	別居子のみ	最も近い別居子の居住地					不詳
				同じ建物・敷地内	同じ区市町村内	他の区市町村	他の都道府県	国外	
北海道	8.9	29.0	50.1	7.2	22.0	15.0	5.9	0.0	12.1
青森県	8.4	47.7	34.3	4.6	12.7	7.9	9.1	0.0	9.6
岩手県	10.3	42.0	38.5	3.7	14.0	9.2	11.5	0.2	9.2
宮城県	5.8	46.6	36.8	4.0	15.2	11.8	5.8	0.0	10.9
秋田県	5.9	44.3	41.6	4.0	13.1	11.2	13.3	0.0	8.2
山形県	7.0	48.2	33.6	3.6	10.6	10.4	9.0	0.0	11.2
福島県	6.9	43.4	39.2	6.9	14.3	7.7	10.3	0.0	10.6
茨城県	8.7	42.0	38.8	7.8	10.4	10.4	10.1	0.0	10.4
栃木県	9.3	40.4	39.2	3.4	19.8	6.5	9.6	0.0	11.1
群馬県	8.1	40.6	38.6	6.1	16.9	8.6	6.7	0.3	12.8
埼玉県	13.9	35.4	42.8	6.2	13.3	13.9	9.4	0.0	8.0
千葉県	11.1	38.4	40.8	5.8	12.8	11.8	10.1	0.2	9.7
東京都	17.6	30.6	41.6	7.8	13.0	14.2	6.4	0.2	10.3
神奈川県	12.7	32.8	46.0	6.2	15.5	15.0	9.3	0.0	8.5
新潟県	11.0	45.4	32.1	3.1	13.0	7.9	8.2	0.0	11.6
富山県	6.1	41.4	45.4	3.8	20.3	11.7	9.4	0.3	7.1
石川県	9.9	41.0	41.7	5.1	19.3	9.9	7.4	0.0	7.4
福井県	6.6	44.0	43.4	6.6	20.4	8.6	7.8	0.0	6.0
山梨県	5.9	36.8	47.1	6.6	16.9	11.4	11.8	0.4	10.3
長野県	7.1	42.3	41.4	4.8	17.6	11.0	7.7	0.3	9.2
岐阜県	5.4	43.8	42.9	6.9	14.7	11.1	10.2	0.0	7.8
静岡県	9.4	38.1	42.4	5.2	18.1	8.7	10.4	0.0	10.1
愛知県	9.8	39.0	41.2	5.8	18.9	11.9	4.6	0.0	10.1
三重県	7.4	36.3	46.3	7.7	19.2	11.5	7.7	0.3	10.0
滋賀県	6.2	36.7	45.5	6.2	17.1	10.9	11.3	0.0	11.6
京都府	16.2	22.8	49.1	5.5	15.5	13.9	13.5	0.7	12.0
大阪府	13.7	33.3	40.0	5.4	16.6	11.7	6.1	0.2	13.1
兵庫県	9.8	31.3	43.9	6.8	16.3	13.5	7.1	0.3	15.0
奈良県	6.8	38.1	46.1	5.5	16.1	12.9	11.3	0.3	9.0
和歌山県	10.4	28.8	48.2	9.5	18.0	9.2	11.1	0.5	12.7
鳥取県	8.5	44.7	35.7	4.7	13.4	6.7	10.9	0.0	11.1
島根県	10.0	31.8	43.0	4.3	15.9	7.6	15.2	0.0	15.2
岡山県	7.8	34.3	44.5	7.5	19.6	10.1	7.3	0.0	13.5
広島県	8.4	30.2	49.8	8.9	19.4	12.7	8.7	0.2	11.6
山口県	9.5	28.7	50.7	5.2	19.6	9.9	15.9	0.2	11.1
徳島県	10.6	35.6	39.9	5.7	12.4	11.1	10.4	0.3	13.9
香川県	6.2	35.2	47.2	8.1	20.7	10.1	8.3	0.0	11.4
愛媛県	12.0	26.9	50.8	8.1	24.2	9.7	8.8	0.0	10.4
高知県	11.1	29.6	46.9	4.1	22.1	11.3	9.4	0.0	12.5
福岡県	9.9	32.8	44.3	5.2	16.8	15.1	7.3	0.0	13.0
佐賀県	5.8	49.0	34.9	3.6	12.5	8.3	10.3	0.3	10.3
長崎県	8.7	26.7	52.7	5.7	23.5	9.7	13.9	0.0	11.9
熊本県									
大分県	10.0	30.2	48.2	3.6	23.0	9.5	12.1	0.0	11.6
宮崎県	5.8	28.9	50.6	10.1	19.5	10.4	10.6	0.0	14.7
鹿児島県	8.3	24.7	50.5	6.5	23.7	11.8	8.3	0.3	16.4
沖縄県	12.2	47.5	31.2	7.2	12.9	6.8	4.2	0.0	9.1

XII. 国際移動

（中川　雅貴）

1. 国籍が日本以外の国・地域の人の出生地別構成

　日本以外の国・地域の国籍をもつ人の割合は全体の 1.0%であり、そのうち約 6 割が国外生まれ、約 3 割が日本生まれである。男女別では、女性が 1.0%、男性が 0.9%と女性がわずかに高いが、年齢別では 15〜29 歳および 30〜39 歳で、その割合が高くなっている。日本以外の国・地域の国籍をもつ人の出生地別構成をみると、15 歳未満および 65 歳以上で、日本生まれの人の割合が国外生まれの人の割合よりも高くなっている。

表 XII-1　外国籍の人の出生国（地域）別構成

	国籍が日本以外の国・地域の人				
	総数		<出生地>		
			国外生まれ	日本生まれ	出生国・地域不詳
総数	1.0%	(n = 833)	0.6%	0.3%	0.1%
（構成比）	(100.0)		(62.1)	(31.5)	(6.3)
男女別					
男性	0.9%	(n = 335)	0.6%	0.3%	0.0%
女性	1.0%	(n = 467)	0.7%	0.3%	0.1%
年齢別					
15 歳未満	0.9%	(n = 86)	0.2%	0.6%	0.1%
15-29 歳	1.7%	(n = 175)	1.4%	0.3%	0.1%
30-39 歳	1.8%	(n = 163)	1.4%	0.3%	0.1%
40-49 歳	1.3%	(n = 156)	1.0%	0.2%	0.0%
50-64 歳	0.7%	(n = 123)	0.4%	0.3%	0.1%
65 歳以上	0.4%	(n = 87)	0.1%	0.3%	0.0%

* 国籍（地域）不詳を除く総数に対する割合。日本国籍と日本以外の国籍の両方をもつ人（22 歳未満）を含む。都道府県別に設定したウエイト付きの集計結果で熊本県、大分県由布市を除く。

2. 国外生まれの人の国籍・地域別構成

　国外生まれの人の割合は全体の 1.2%であり、そのうち国籍が日本以外の国・地域の人の割合は約 5 割である。男女別でみると、国外生まれの人の割合は女性のほうが男性よりもやや高くなっている。年齢別では、15〜29 歳、30〜39 歳、および 65 歳以上の年齢層で、国外生まれの人の割合が比較的高い。このうち、15〜29 歳および 30〜39 歳の年齢層では、それぞれ、国外生まれで国籍が日本以外の国・地域の人の割合が全体の 1%を超えているのにたいして、65 歳以上では国外生まれの人のほとんどが日本国籍となっている。

表 XII-2　国外生まれの人の国籍（地域）別構成

国外生まれの人			<国籍・地域>		
			日本以外の国・地域	日本	国籍不詳
総数	1.2%	(n = 1,163)	0.6%	0.6%	0.0%
（構成比）	(100.0)		(50.4)	(46.1)	(3.7)
男女別					
男性	1.1%	(n = 486)	0.6%	0.5%	0.0%
女性	1.3%	(n = 639)	0.6%	0.6%	0.1%
年齢別					
15 歳未満	0.6%	(n = 60)	0.2%	0.3%	0.0%
15-29 歳	1.7%	(n = 179)	1.3%	0.3%	0.1%
30-39 歳	1.6%	(n = 150)	1.4%	0.1%	0.0%
40-49 歳	1.3%	(n = 148)	1.0%	0.3%	0.0%
50-64 歳	0.5%	(n = 89)	0.4%	0.1%	0.0%
65 歳以上	1.6%	(n = 504)	0.1%	1.4%	0.1%

* 出生国・地域不詳を除く総数に対する割合。日本国籍と日本以外の国籍の両方をもつ人（22 歳未満）を含む。都道府県別に設定したウエイト付きの集計結果で熊本県、大分県由布市を除く。

3.　国籍・地域別および出生国・地域別内訳

　国籍が日本以外の国・地域の人で最も多いのは中国籍で、日本国籍以外の総数の約 3 割となり、つづいて韓国、フィリピンの順で多くなっている（表 XI-3）。国籍が日本以外の国・地域の人を出生地別にみると、国外生まれで最も多いのは中国籍で、次にフィリピン国籍となっているが、日本生まれの人で最も多いのは韓国籍となり、全体の 5 割以上を占めている。

表 XII-3　国籍が日本以外の国・地域の人の内訳（上位 3 か国・地域）

日本以外の国籍・地域 n = 833		国外生まれ人の国籍（地域）n = 523		日本生まれの人の国籍（地域）n = 248	
中国	28.8%	中国	37.8%	韓国	57.1%
韓国	26.7%	フィリピン	13.1%	中国	11.2%
フィリピン	10.0%	韓国	11.8%	フィリピン	5.8%

* 総数には出生国（地域）不詳を含む。日本国籍と日本以外の国籍の両方をもつ人（22 歳未満）を含む。都道府県別に設定したウエイト付きの集計結果で熊本県、大分県由布市を除く。

　国外生まれの人の出生国・地域をみると（表 XII-4）、最も多いのは中国生まれの人で、国外出生者全体の約 4 割を占めている。国外生まれの人では、国籍が日本か日本以外かに関わらず、最も多いのは中国生まれであるが、以下、国籍が日本以外の国・地域の人の出生

国・地域がフィリピン、韓国とつづくのにたいして、日本国籍の人の中では台湾やロシア（樺人地域を含む）で生まれた人が多くなっている。

表 XII-4　国外生まれの人の出生国・地域の内訳（上位 3 か国・地域）

国外生まれの人の出生国・地域 n = 1,163		国籍が日本以外の国・地域 の人の出生国 ・地域 n = 523		日本国籍の人の 出生国・地域 n =602	
中国	39.8%	中国	38.0%	中国	42.6%
韓国	9.6%	フィリピン	13.3%	台湾	11.3%
フィリピン	8.3%	韓国	11.8%	ロシア	10.6%

＊ 出生国・地域不詳を除く総数に対する割合。日本国籍と日本以外の国籍の両方をもつ人（22 歳未満）を含む。都道府県別に設定したウエイト付きの集計結果で熊本県、大分県由布市を除く。

4.　国外生まれの人の日本での居住歴

　表 XII-5 は、国外で生まれた人について、中学校卒業時以降の各ライフイベント時および 5 年前・1 年前の居住地が日本国内であった人の割合を、男女・年齢・国籍別に示したものである。出生地が国外の人全体では、中学校卒業時の居住地が日本であった人の割合が 43% と最も低く、以降、最後の学校卒業時：55%、初職時：61%、初婚直前：70%と段階的に上昇し、1 年前の居住地が日本国内であった人の割合は 90%を超えている。

表 XII-5　国外生まれの人の日本での居住歴（居住地が国内であった人の割合）

	中学校卒業時	最後の学校卒業時	初職時	初婚の直前	初婚の直後	5 年前	1 年前
総数	43.0%	54.7%	60.8%	69.6%	77.3%	79.8%	90.1%
男女別							
男	46.8%	60.0%	65.5%	74.5%	79.2%	77.5%	85.1%
女	40.0%	50.3%	56.7%	65.5%	75.2%	82.1%	94.6%
年齢別							
15 歳未満	-	-	-	-	-	45.7%	84.0%
15-29 歳	24.0%	41.5%	59.6%	46.2%	73.7%	38.8%	68.8%
30-39 歳	14.1%	28.1%	42.0%	58.2%	68.8%	80.1%	88.0%
40-49 歳	9.8%	29.0%	29.4%	45.9%	55.2%	93.0%	95.7%
50-64 歳	4.7%	13.5%	12.2%	32.4%	54.3%	82.1%	91.4%
65 歳以上	84.8%	87.6%	91.3%	94.5%	94.7%	99.2%	99.8%
国籍・地域別							
日本以外の国・地域	7.2%	23.3%	29.1%	42.1%	57.2%	65.1%	81.2%
日本	81.1%	84.8%	89.3%	93.1%	95.2%	96.3%	99.6%

＊「-」は集計対象が 10 件以下のため、非該当外とした。日本国籍と日本以外の国籍の両方をもつ人（22 歳未満）を含む。都道府県別に設定したウエイト付きの集計結果で熊本県、大分県由布市を除く。

男女別にみると、初婚直後までの各ライフイベント時に日本国内に居住していた人の割合は女性よりも男性のほうが高い一方で、5 年前居住地・1 年前の居住地が国内であった人の割合は女性のほうが上回っている。初婚の直前と直後の居住地が日本であった人の割合を比較すると、女性では 10 ポイント近く上昇しており、男性と比較して、結婚（初婚）をきっかけに来日する人の割合が相対的に高いと考えられる。また、5 年前の居住地や 1 年前の居住地が日本国内であった人の割合が、男性よりも女性において高いということは、国外生まれの人のうち、比較的最近来日した人の割合が女性において想定的に低いということを示唆している。これらの結果から、国外生まれの人については、男性よりも女性において定住化傾向が強いことがうかがえる。

　年齢別では、5 年前および 1 年前の居住地が日本であった人の割合が最も低いのは、15〜29 歳の若年層であり、5 年前は 70%以上、1 年前は 30%以上が国外に居住していたことになる。また 40 歳代よりも若い世代では、最後の学校卒業時および初職時に日本国内に居住していた人の割合が、若年層になるほど上昇する傾向が確認でき、日本国内の教育機関への留学後にそのまま国内に留まって就職し、定住するケースが増えていることがうかがえる。一方、65 歳以上の高齢者層は、前述のとおり年齢別でみた国外出生者の最大のグループであるが、第二次世界大戦後のいわゆる「引き揚げ」を経験した世代に該当すると考えられる。この高齢者層の国外出生者における中学校卒業時の日本国内居住者割合は、ほぼ 85%に達しており、初職時には 90%を超えている。また、こうした高齢者の多くは、日本国籍をもっていると考えられ、表 XII-5 の最下段で示した「日本国籍をもつ国外出生者」の日本での居住歴（国内であった人の割合）の傾向とほぼ同じであることが確認できる。

単純集計表

クロス集計表は、本研究所ウェブサイトならびに e-Stat に掲載しています。

世帯に関する集計結果

問1　世帯員数

総数

	%
総数	100.0
1人	24.2
2人	30.7
3人	19.5
4人	14.1
5人	5.2
6人	1.5
7人	0.5
8人	0.1
9人	0.0
10人以上	0.0
不詳	4.1
平均世帯人員	2.51

男

	%
総数	100.0
0人	14.1
1人	50.3
2人	19.8
3人	6.2
4人	1.1
5人以上	0.1
不詳	8.3
平均世帯人員	1.24

女

	%
総数	100.0
0人	10.3
1人	51.6
2人	21.3
3人	6.9
4人	1.4
5人以上	0.3
不詳	8.2
平均世帯人員	1.33

問2　住宅

	%
総数	100.0
持ち家（一戸建て）	58.6
持ち家（共同住宅	10.1
公団・公営などの賃貸住宅	5.8
民営の借家・アパート	16.9
社宅などの給与住宅	2.6
その他	2.2
不詳	3.9

問26　世帯主の子どもの有無

	%
総数	100.0
子どもをもったことがある	71.5
子どもをもったことがない	19.5
不詳	9.0

問26　世帯主の子どもの人数

	%
総数	100.0
0人	19.5
1人	12.7
2人	38.3
3人	16.2
4人	2.5
5人以上	0.7
不詳	10.0
平均人数	1.69

問 26-1　別の世帯にいる子どもの性別

	%
総数	100.0
男	47.3
女	47.5
不詳	5.3

問 26-1　別の世帯にいる子どもの年齢

	%
総数	100.0
0〜4 歳	0.5
5〜9 歳	0.8
10〜14 歳	1.2
15〜19 歳	2.8
20〜24 歳	6.0
25〜29 歳	9.3
30〜34 歳	12.2
35〜39 歳	13.7
40〜44 歳	16.1
45〜49 歳	13.7
50〜54 歳	9.3
55〜59 歳	5.8
60〜64 歳	2.8
65〜69 歳	1.4
70〜74 歳	0.3
75〜79 歳	0.1
80〜84 歳	0.1
85 歳以上	0.1
不詳	3.9

問 26-1　別の世帯にいる子の出生地：都道府県

	%
総数	100.0
北海道	4.0
青森県	0.9
岩手県	1.0
宮城県	1.4
秋田県	0.8
山形県	0.7
福島県	1.3
茨城県	1.5
栃木県	1.3
群馬県	1.1
埼玉県	3.5
千葉県	3.1
東京都	9.0
神奈川県	4.7
新潟県	1.6
富山県	0.8
石川県	0.7
福井県	0.5
山梨県	0.6
長野県	1.4
岐阜県	1.2
静岡県	2.5
愛知県	4.0
三重県	1.1
滋賀県	0.7
京都府	1.6
大阪府	6.7
兵庫県	3.0
奈良県	0.9
和歌山県	0.8
鳥取県	0.4
島根県	0.6
岡山県	1.2
広島県	2.2
山口県	1.1
徳島県	0.6
香川県	0.7
愛媛県	1.2
高知県	0.6
福岡県	4.0
佐賀県	0.7
長崎県	1.4
熊本県	0.3
大分県	0.9
宮崎県	0.9
鹿児島県	1.7
沖縄県	0.9
国外	0.3
不詳	17.8

問 26-1　別の世帯にいる子どもの現住地

	%
総数	100.0
同じ建物・敷地内	7.6
同じ区市町村内	21.8
同じ都道府県の他の区市町村	21.3
他の都道府県	28.8
国外	1.0
不詳	19.4

問 26-1　別の世帯にいる子どもの現住地：都道府県

	%
総数	100.0
北海道	4.2
青森県	0.7
岩手県	0.8
宮城県	1.6
秋田県	0.6
山形県	0.6
福島県	1.0
茨城県	1.7
栃木県	1.3
群馬県	1.3
埼玉県	5.4
千葉県	4.6
東京都	14.3
神奈川県	7.6
新潟県	1.4
富山県	0.7
石川県	0.8
福井県	0.5
山梨県	0.6
長野県	1.4
岐阜県	1.3
静岡県	2.8
愛知県	5.7
三重県	1.3
滋賀県	1.0
京都府	2.2
大阪府	7.4
兵庫県	3.4
奈良県	1.1
和歌山県	0.7
鳥取県	0.3
島根県	0.4
岡山県	1.4
広島県	2.4
山口県	1.0
徳島県	0.5
香川県	0.7
愛媛県	1.1
高知県	0.6
福岡県	4.5
佐賀県	0.6
長崎県	1.1
熊本県	0.3
大分県	0.8
宮崎県	0.8
鹿児島県	1.4
沖縄県	1.1
国外	1.2
不詳	1.8

世帯員に関する集計結果

問3　性別

	%
総数	100.0
男	47.0
女	50.3
不詳	2.8

問4　世帯主との続柄

	%
総数	100.0
世帯主	40.1
世帯主の配偶者	23.9
世帯主の子	27.1
世帯主の子の配偶者	1.0
世帯主の父母	2.3
世帯主の配偶者の父母	0.6
世帯主の孫	2.0
その他の親族	0.5
その他	0.4
不詳	2.2

問5　出生年5年階級（西暦）

	%
総数	100.0
～1925 年	0.9
1926～1930 年	2.0
1931～1935 年	3.8
1936～1940 年	5.4
1941～1945 年	6.6
1946～1950 年	8.4
1951～1955 年	6.9
1956～1960 年	6.3
1961～1965 年	6.5
1966～1970 年	6.7
1971～1975 年	7.5
1976～1980 年	5.8
1981～1985 年	4.9
1986～1990 年	4.0
1991～1995 年	3.9
1996～2000 年	4.8
2001～2005 年	4.6
2006～2010 年	4.3
2011～2015 年	3.8
2016 年	0.3
不詳	2.6

年齢5歳階級

	%
総数	100.0
0～4 歳	3.8
5～9 歳	4.2
10～14 歳	4.5
15～19 歳	4.8
20～24 歳	4.0
25～29 歳	3.9
30～34 歳	4.8
35～39 歳	5.6
40～44 歳	7.4
45～49 歳	7.0
50～54 歳	6.4
55～59 歳	6.3
60～64 歳	6.7
65～69 歳	8.7
70～74 歳	6.3
75～79 歳	5.6
80～84 歳	4.0
85 歳以上	3.3
不詳	2.7
平均年齢	46.9

問6　国籍

	%
日本国籍	93.7
日本以外の国籍	0.9
不詳	5.4

問7　健康状態

	%
総数	100.0
よい	37.6
まあよい	6.9
ふつう	43.7
あまりよくない	5.5
よくない	3.0
不詳	3.3

問 8　生存きょうだい数

	兄の数	姉の数	弟の数	妹の数
	%	%	%	%
総数	100.0	100.0	100.0	100.0
0 人	61.9	59.8	60.3	59.8
1 人	24.4	25.1	25.7	24.9
2 人	5.3	6.1	5.5	5.5
3 人以上	1.2	1.9	1.1	1.6
不詳	7.2	7.0	7.4	8.1
平均人数	0.42	0.47	0.44	0.45

	合計
	%
総数	100.0
0 人	11.5
1 人	36.0
2 人	26.2
3 人	9.6
4 人	4.4
5 人以上	3.3
不詳	8.9
平均人数	1.69

問 9　現在の配偶者の有無

	%
総数	100.0
未婚	33.7
配偶者あり（配偶者と同居）	51.6
配偶者あり（配偶者と別居）	1.5
離別	4.3
死別	7.3
不詳	1.7

問 9　初婚・再婚の別

	%
総数	100.0
初婚	84.0
再婚	5.4
不詳	10.6

問 10　教育の状態

	%
総数	100.0
在学中	14.1
卒業した	71.6
未就学、乳幼児など	4.9
不詳	9.4

問 10　在学・卒業別の教育施設

	在学中
	%
総数	100.0
小学校	34.7
新制中学、旧制高小など	19.0
新制高校、旧制中学・女学校など	18.9
専修学校（高卒後）など	3.0
短期大学、高専など	1.5
大学、大学院など	14.8
不詳	8.0

	卒業した
	%
総数	100.0
小学校	1.1
新制中学、旧制高小など	13.2
新制高校、旧制中学・女学校など	38.1
専修学校（高卒後）など	11.5
短期大学、高専など	10.5
大学、大学院など	23.4
不詳	2.1

問 11　最後の学校卒業直後の従業上の地位

	%
総数	100.0
正規職員	69.6
パート・アルバイト	8.4
派遣・嘱託・契約社員	3.1
自営・家族従業者・内職	6.8
会社などの役員	0.7
無職	4.7
不詳	6.7

問 11　従業上の地位別、最後の学校卒業直後の従業上の地位

	正規職員	パート・アルバイト	派遣・嘱託・契約社員	自営・家族従業者・内職	会社などの役員
	%	%	%	%	%
総数	100.0	100.0	100.0	100.0	100.0
管理的職業従事者	2.7	0.3	0.4	1.7	33.0
専門的・技術的職業従事者	27.5	9.6	27.4	11.6	13.3
事務従事者	27.1	9.1	16.8	3.3	8.2
販売従事者	10.1	15.7	10.1	11.1	8.3
サービス職業従事者	10.3	38.8	17.1	12.0	7.8
保安職業従事者	1.1	0.3	0.5	0.1	0.4
農林漁業従事者	0.5	1.2	1.4	30.3	1.2
生産工程従事者	11.0	6.7	12.0	5.9	6.5
輸送・機械運転従事者	1.4	0.9	1.7	1.3	2.3
建設・採掘従事者	2.5	3.9	4.4	9.3	5.8
運搬・清掃・包装等従事者	0.9	3.4	1.9	0.6	1.6
不詳	4.9	10.0	6.3	12.8	11.8

問11 現在の従業上の地位

	%
総数	100.0
正規職員	26.3
パート・アルバイト	12.9
派遣・嘱託・契約社員	4.8
自営・家族従業者・内職	7.7
会社などの役員	2.8
無職	31.3
不詳	14.2

問11 従業上の地位別、現在の仕事内容

	正規職員	パート・アルバイト	派遣・嘱託・契約社員	自営・家族従業者・内職	会社などの役員
	%	%	%	%	%
総数	100.0	100.0	100.0	100.0	100.0
管理的職業従事者	11.9	0.2	2.3	4.1	53.3
専門的・技術的職業従事者	30.0	12.6	23.2	16.9	11.6
事務従事者	16.9	13.3	22.1	7.0	7.4
販売従事者	6.8	13.4	7.0	9.9	4.9
サービス職業従事者	10.2	33.6	14.2	16.0	6.2
保安職業従事者	2.1	1.0	2.4	0.0	0.0
農林漁業従事者	0.5	1.0	0.7	21.7	1.0
生産工程従事者	8.4	8.2	11.0	3.0	1.3
輸送・機械運転従事者	3.1	1.1	3.2	0.9	0.6
建設・採掘従事者	3.4	1.2	2.7	10.5	7.1
運搬・清掃・包装等従事者	2.5	7.8	6.1	1.4	1.0
不詳	4.2	6.6	5.1	8.7	5.7

問 12　引っ越しの経験

	%
総数	100.0
引っ越したことがある	78.3
引っ越したことがない	18.7
不詳	3.0

問 12-1　移動年 5 年階級（西暦）

	%
総数	100.0
～1925 年	0.0
1926～1930 年	0.0
1931～1935 年	0.0
1936～1940 年	0.1
1941～1945 年	0.2
1946～1950 年	0.4
1951～1955 年	0.6
1956～1960 年	0.7
1961～1965 年	1.3
1966～1970 年	2.2
1971～1975 年	3.2
1976～1980 年	4.6
1981～1985 年	4.5
1986～1990 年	5.4
1991～1995 年	6.8
1996～2000 年	9.8
2001～2005 年	13.1
2006～2010 年	14.9
2011～2015 年	21.9
2016 年	3.3
不詳	7.2

問 12-1　移動時年齢 5 歳階級

	%
総数	100.0
0～4 歳	7.7
5～9 歳	4.8
10～14 歳	2.6
15～19 歳	3.3
20～24 歳	7.2
25～29 歳	12.4
30～34 歳	14.6
35～39 歳	11.8
40～44 歳	7.9
45～49 歳	5.3
50～54 歳	4.1
55～59 歳	3.2
60～64 歳	2.6
65～69 歳	1.6
70～74 歳	0.9
75～79 歳	0.4
80～84 歳	0.3
85 歳以上	0.2
不詳	9.3
平均年齢	31.9

問 12-2　引っ越し前の居住地

	%
総数	100.0
現在と同じ区市町村	48.6
現在と同じ都道府県の他の区市町村	26.6
他の都道府県	16.3
国外	0.7
不詳	7.8

問 12-2　引っ越し前の都道府県

	%
総数	100.0
北海道	4.2
青森県	0.8
岩手県	0.8
宮城県	1.6
秋田県	0.5
山形県	0.6
福島県	1.1
茨城県	1.8
栃木県	1.2
群馬県	1.3
埼玉県	5.0
千葉県	4.4
東京都	12.0
神奈川県	7.3
新潟県	1.3
富山県	0.7
石川県	0.8
福井県	0.4
山梨県	0.6
長野県	1.3
岐阜県	1.2
静岡県	2.7
愛知県	5.5
三重県	1.2
滋賀県	0.9
京都府	1.9
大阪府	7.3
兵庫県	4.3
奈良県	0.9
和歌山県	0.6
鳥取県	0.3
島根県	0.4
岡山県	1.4
広島県	2.1
山口県	1.0
徳島県	0.5
香川県	0.7
愛媛県	1.0
高知県	0.5
福岡県	3.7
佐賀県	0.5
長崎県	0.9
熊本県	0.1
大分県	0.7
宮崎県	0.7
鹿児島県	1.1
沖縄県	1.0
国外	0.7
不詳	8.5

問12-3　引越しの理由

	%
総数	100.0
入学・進学	2.3
就職	1.6
転職	2.1
転勤	3.9
家業継承	0.5
定年退職	0.8
住宅事情	33.0
生活環境上の理由	6.2
通勤通学の便	1.5
親と同居	5.6
親と近居	1.2
子と同居	1.0
子と近居	0.3
家族の移動に伴って	9.0
結婚	11.5
離婚	1.4
子育て環境上の理由	3.6
健康上の理由	0.5
その他	7.2
不詳	7.0

問12-4　これまでの引っ越し回数

	%
総数	100.0
1回	16.5
2回	14.4
3回	12.8
4回	9.9
5回	8.2
6回	5.2
7回	3.5
8回	2.7
9回	1.5
10回以上	4.7
不詳	20.8
平均回数	3.94

問13　生まれた場所

	%
総数	100.0
現在と同じ居住地	20.3
現在と同じ区市町村内	24.2
現在と同じ都道府県の区市町村	23.8
他の都道府県	26.4
国外	1.2
不詳	4.1

問13　生まれた場所：都道府県

	%
総数	100.0
北海道	4.6
青森県	1.3
岩手県	1.3
宮城県	1.8
秋田県	1.1
山形県	1.1
福島県	1.9
茨城県	2.2
栃木県	1.6
群馬県	1.5
埼玉県	3.8
千葉県	3.4
東京都	9.2
神奈川県	5.0
新潟県	2.2
富山県	0.9
石川県	0.9
福井県	0.7
山梨県	0.8
長野県	1.9
岐阜県	1.7
静岡県	2.9
愛知県	5.0
三重県	1.4
滋賀県	0.9
京都府	1.8
大阪府	5.9
兵庫県	3.9
奈良県	0.9
和歌山県	0.8
鳥取県	0.5
島根県	0.7
岡山県	1.6
広島県	2.2
山口県	1.3
徳島県	0.7
香川県	0.9
愛媛県	1.3
高知県	0.7
福岡県	3.8
佐賀県	0.8
長崎県	1.4
熊本県	0.5
大分県	1.1
宮崎県	1.0
鹿児島県	1.7
沖縄県	1.1
国外	1.2
不詳	5.4

問 14　中学校（旧制小学校・高小）卒業時の居住地

	%
総数	100.0
まだ卒業していない	13.3
現在と同じ居住地	19.3
現在と同じ区市町村内	20.6
現在と同じ都道府県の他の区市町村	20.4
他の都道府県	21.7
国外	0.7
不詳	4.3

中学校（旧制小学校・高小）卒業時の居住地：都道府県

	%
総数	100.0
北海道	4.6
青森県	1.3
岩手県	1.3
宮城県	1.8
秋田県	1.1
山形県	1.1
福島県	1.9
茨城県	2.2
栃木県	1.6
群馬県	1.6
埼玉県	3.9
千葉県	3.7
東京都	8.3
神奈川県	4.8
新潟県	2.2
富山県	0.9
石川県	1.0
福井県	0.7
山梨県	0.8
長野県	1.9
岐阜県	1.7
静岡県	2.9
愛知県	4.9
三重県	1.4
滋賀県	0.9
京都府	1.8
大阪府	5.6
兵庫県	3.7
奈良県	1.0
和歌山県	0.9
鳥取県	0.5
島根県	0.8
岡山県	1.6
広島県	2.2
山口県	1.3
徳島県	0.7
香川県	0.9
愛媛県	1.3
高知県	0.7
福岡県	3.8
佐賀県	0.0
長崎県	1.4
熊本県	0.5
大分県	1.1
宮崎県	1.0
鹿児島県	1.7
沖縄県	1.1
国外	0.8
不詳	6.2

問15　最終学校卒業時の居住地

	%
総数	100.0
まだ卒業していない	18.0
現在と同じ居住地	14.1
現在と同じ区市町村内	18.0
現在と同じ都道府県の他の区市町村	20.5
他の都道府県	23.9
国外	0.6
不詳	5.0

最終学校卒業時の年齢5歳階級

	%
総数	100.0
15歳未満	1.4
15〜19歳	50.4
20〜24歳	33.2
25〜29歳	1.8
30〜34歳	0.3
35〜39歳	0.1
40歳以上	0.2
不詳	12.6
平均年齢（歳）	19.2

最終学校卒業時の居住地：都道府県

	%
総数	100.0
北海道	4.5
青森県	1.1
岩手県	1.1
宮城県	1.9
秋田県	1.0
山形県	1.0
福島県	1.7
茨城県	2.0
栃木県	1.5
群馬県	1.4
埼玉県	4.0
千葉県	3.7
東京都	11.6
神奈川県	5.1
新潟県	1.9
富山県	0.8
石川県	0.9
福井県	0.6
山梨県	0.7
長野県	1.6
岐阜県	1.5
静岡県	2.4
愛知県	4.9
三重県	1.3
滋賀県	0.8
京都府	2.3
大阪府	6.3
兵庫県	3.5
奈良県	1.0
和歌山県	0.8
鳥取県	0.5
島根県	0.6
岡山県	1.5
広島県	2.0
山口県	1.1
徳島県	0.6
香川県	0.7
愛媛県	1.1
高知県	0.6
福岡県	4.0
佐賀県	0.7
長崎県	1.2
熊本県	0.5
大分県	0.9
宮崎県	0.8
鹿児島県	1.5
沖縄県	0.9
国外	0.8
不詳	7.2

問16　はじめて仕事を持ったときの居住地

	%
総数	100.0
仕事をもったことがない	18.1
現在と同じ居住地	13.0
現在と同じ区市町村内	18.1
現在と同じ都道府県の他の区市町村	21.7
他の都道府県	20.6
国外	0.5
不詳	8.0

はじめて仕事を持ったときの年齢5歳階級

	%
総数	100.0
15歳未満	0.6
15〜19歳	47.6
20〜24歳	35.3
25〜29歳	2.2
30〜34歳	0.4
35〜39歳	0.2
40歳以上	0.2
不詳	13.6
平均年齢（歳）	19.5

はじめて仕事を持ったときの居住地：都道府県

	%
総数	100.0
北海道	4.0
青森県	0.9
岩手県	0.8
宮城県	1.6
秋田県	0.7
山形県	0.7
福島県	1.3
茨城県	1.8
栃木県	1.3
群馬県	1.3
埼玉県	4.0
千葉県	3.4
東京都	13.4
神奈川県	5.9
新潟県	1.6
富山県	0.7
石川県	0.8
福井県	0.5
山梨県	0.6
長野県	1.4
岐阜県	1.4
静岡県	2.6
愛知県	5.6
三重県	1.2
滋賀県	0.9
京都府	1.9
大阪府	7.5
兵庫県	3.6
奈良県	0.8
和歌山県	0.7
鳥取県	0.4
島根県	0.4
岡山県	1.3
広島県	2.0
山口県	1.0
徳島県	0.5
香川県	0.7
愛媛県	0.9
高知県	0.5
福岡県	3.5
佐賀県	0.6
長崎県	0.9
熊本県	0.2
大分県	0.7
宮崎県	0.6
鹿児島県	0.9
沖縄県	0.8
国外	0.6
不詳	10.6

問17　初婚直前の居住地

	%
総数	100.0
結婚したことがない	33.2
現在と同じ居住地	10.4
現在と同じ区市町村内	19.6
現在と同じ都道府県の他の区市町村	18.6
他の都道府県	13.1
国外	0.4
不詳	4.8

初婚時年齢5歳階級

	%
総数	100.0
15歳未満	0.0
15～19歳	2.3
20～24歳	30.6
25～29歳	38.6
30～34歳	12.3
35～39歳	3.3
40歳以上	1.3
不詳	11.7
平均年齢（歳）	26.3

初婚直前の居住地：都道府県

	%
総数	100.0
北海道	4.2
青森県	1.0
岩手県	1.0
宮城県	1.7
秋田県	0.8
山形県	0.9
福島県	1.5
茨城県	2.0
栃木県	1.5
群馬県	1.4
埼玉県	4.3
千葉県	3.7
東京都	11.7
神奈川県	6.0
新潟県	1.8
富山県	0.8
石川県	0.9
福井県	0.6
山梨県	0.7
長野県	1.6
岐阜県	1.5
静岡県	2.8
愛知県	5.4
三重県	1.4
滋賀県	0.8
京都府	1.9
大阪府	7.1
兵庫県	3.8
奈良県	0.9
和歌山県	0.7
鳥取県	0.4
島根県	0.6
岡山県	1.4
広島県	2.2
山口県	1.1
徳島県	0.6
香川県	0.8
愛媛県	1.1
高知県	0.6
福岡県	3.7
佐賀県	0.6
長崎県	1.0
熊本県	0.2
大分県	0.9
宮崎県	0.8
鹿児島県	1.2
沖縄県	0.9
国外	0.5
不詳	7.6

問 18　初婚直後の居住地

	%
総数	100.0
結婚したことがない	33.0
現在と同じ居住地	17.0
現在と同じ区市町村内	19.6
現在と同じ都道府県の他の区市町村	14.9
他の都道府県	11.4
国外	0.4
不詳	3.8

初婚直後の居住地：都道府県

	%
総数	100.0
北海道	4.2
青森県	1.0
岩手県	1.1
宮城県	1.7
秋田県	0.9
山形県	0.9
福島県	1.5
茨城県	2.0
栃木県	1.5
群馬県	1.3
埼玉県	4.5
千葉県	4.1
東京都	11.4
神奈川県	6.5
新潟県	1.8
富山県	0.8
石川県	0.8
福井県	0.6
山梨県	0.6
長野県	1.6
岐阜県	1.5
静岡県	2.8
愛知県	5.7
三重県	1.4
滋賀県	0.9
京都府	1.9
大阪府	7.3
兵庫県	3.9
奈良県	0.9
和歌山県	0.7
鳥取県	0.5
島根県	0.5
岡山県	1.4
広島県	2.2
山口県	1.1
徳島県	0.6
香川県	0.8
愛媛県	1.0
高知県	0.6
福岡県	3.7
佐賀県	0.6
長崎県	1.0
熊本県	0.2
大分県	0.8
宮崎県	0.8
鹿児島県	1.2
沖縄県	1.0
国外	0.6
不詳	6.1

問 19　5 年前の居住地

	%
総数	100.0
まだ生まれていない	3.8
現在と同じ居住地	71.3
現在と同じ区市町村内	10.2
現在と同じ都道府県の他の区市町村	5.4
他の都道府県	4.6
国外	0.4
不詳	4.3

5 年前の居住地：都道府県

	%
総数	100.0
北海道	4.0
青森県	1.0
岩手県	1.0
宮城県	1.8
秋田県	0.8
山形県	0.8
福島県	1.5
茨城県	2.2
栃木県	1.5
群馬県	1.5
埼玉県	5.4
千葉県	4.9
東京都	10.2
神奈川県	7.0
新潟県	1.8
富山県	0.8
石川県	0.9
福井県	0.6
山梨県	0.7
長野県	1.6
岐阜県	1.5
静岡県	2.8
愛知県	5.8
三重県	1.4
滋賀県	1.1
京都府	1.9
大阪府	6.7
兵庫県	4.1
奈良県	1.1
和歌山県	0.7
鳥取県	0.5
島根県	0.5
岡山県	1.5
広島県	2.2
山口県	1.0
徳島県	0.6
香川県	0.8
愛媛県	1.0
高知県	0.5
福岡県	3.9
佐賀県	0.6
長崎県	1.0
熊本県	0.1
大分県	0.8
宮崎県	0.8
鹿児島県	1.2
沖縄県	1.1
国外	0.5
不詳	4.5

問20　1年前の居住地

	%
総数	100.0
まだ生まれていない	0.9
現在と同じ居住地	85.9
現在と同じ区市町村内	4.6
現在と同じ都道府県の他の区市町村	1.9
他の都道府県	1.3
国外	0.2
不詳	5.2

1年前の居住地：都道府県

	%
総数	100.0
北海道	3.9
青森県	1.0
岩手県	1.0
宮城県	1.8
秋田県	0.8
山形県	0.8
福島県	1.4
茨城県	2.2
栃木県	1.5
群馬県	1.5
埼玉県	5.5
千葉県	4.8
東京都	10.4
神奈川県	7.0
新潟県	1.7
富山県	0.8
石川県	0.9
福井県	0.6
山梨県	0.6
長野県	1.5
岐阜県	1.5
静岡県	2.8
愛知県	5.8
三重県	1.4
滋賀県	1.1
京都府	2.0
大阪府	6.6
兵庫県	4.2
奈良県	1.1
和歌山県	0.7
鳥取県	0.4
島根県	0.5
岡山県	1.5
広島県	2.2
山口県	1.0
徳島県	0.6
香川県	0.7
愛媛県	1.0
高知県	0.5
福岡県	3.8
佐賀県	0.6
長崎県	1.0
熊本県	0.0
大分県	0.8
宮崎県	0.8
鹿児島県	1.2
沖縄県	1.1
国外	0.2
不詳	5.2

問21 3か月以上居住したことのある都道府県（複数回答）

	%
北海道	6.2
青森県	1.8
岩手県	1.8
宮城県	3.3
秋田県	1.4
山形県	1.5
福島県	2.6
茨城県	3.6
栃木県	2.7
群馬県	2.5
埼玉県	9.3
千葉県	8.5
東京都	23.7
神奈川県	12.7
新潟県	2.9
富山県	1.4
石川県	1.5
福井県	1.0
山梨県	1.2
長野県	2.7
岐阜県	2.6
静岡県	4.8
愛知県	9.3
三重県	2.4
滋賀県	1.8
京都府	4.3
大阪府	13.0
兵庫県	7.5
奈良県	2.0
和歌山県	1.3
鳥取県	0.8
島根県	1.0
岡山県	2.6
広島県	3.8
山口県	2.1
徳島県	1.0
香川県	1.5
愛媛県	1.9
高知県	1.0
福岡県	6.5
佐賀県	1.2
長崎県	2.0
熊本県	1.0
大分県	1.6
宮崎県	1.4
鹿児島県	2.3
沖縄県	1.5
国外	3.6

問22 5年後の居住地が異なる可能性

	%
総数	100.0
大いにある	6.7
ある程度ある	10.7
あまりない	9.5
まったくない	66.1
不詳	7.1

問22-2 5年後の居住地：地域類型（複数回答）

	%
大都市部	17.2
中小都市部	17.4
農山漁村地域	2.7
その他	1.7
わからない	38.0

問22-3 転居予定の理由

	%
総数	100.0
入学・進学	5.8
就職	8.2
転職	2.7
転勤	9.1
家業継承	0.3
定年退職	1.4
住宅事情	11.1
生活環境上の理由	7.7
通勤通学の便	1.8
親と同居	2.9
親と近居	0.9
子と同居	1.1
子と近居	0.6
家族の移動に伴って	9.6
結婚	8.2
子育て環境上の理由	2.5
健康上の理由	2.6
その他	11.0
不詳	12.7

問22-1 転居予定先の地都道府県（複数回答）

	%
北海道	3.4
青森県	0.4
岩手県	0.5
宮城県	1.1
秋田県	0.3
山形県	0.3
福島県	0.6
茨城県	1.0
栃木県	0.7
群馬県	0.7
埼玉県	3.0
千葉県	2.5
東京都	10.9
神奈川県	4.8
新潟県	0.7
富山県	0.2
石川県	0.4
福井県	0.2
山梨県	0.4
長野県	1.0
岐阜県	0.5
静岡県	1.4
愛知県	2.5
三重県	0.5
滋賀県	0.4
京都府	1.5
大阪府	4.2
兵庫県	2.5
奈良県	0.4
和歌山県	0.3
鳥取県	0.2
島根県	0.3
岡山県	0.8
広島県	1.1
山口県	0.5
徳島県	0.3
香川県	0.4
愛媛県	0.5
高知県	0.3
福岡県	2.6
佐賀県	0.3
長崎県	0.5
熊本県	0.3
大分県	0.5
宮崎県	0.3
鹿児島県	0.7
沖縄県	0.9
国外	1.1

世帯主と配偶者を対象にした設問の集計結果

問23　離家経験

	%
総数	100.0
親の世帯から離れて暮らした経験がある	84.3
親の世帯から離れて暮らした経験がない	11.8
不詳	3.9

問23-1　離家理由

	%
総数	100.0
入学・進学	21.4
就職・転職・転勤など	29.7
結婚	37.3
住宅事情や通勤通学の便など	1.9
親からの自立・独立	5.8
その他	2.1
不詳	1.8

問23-2　離家年齢5歳階級

	%
総数	100.0
0〜4歳	0.1
5〜9歳	7.2
10〜14歳	0.5
15〜19歳	39.5
20〜24歳	26.2
25〜29歳	17.9
30〜34歳	5.0
35〜39歳	1.3
40歳以上	2.3
不詳	0.1
平均年齢	21.4

問23-3　離家直後の居住地

	%
総計	100.0
現在と同じ居住地	8.1
現在と同じ市町村内	19.3
現在と同じ都道府県の他の市町村	24.2
他の都道府県	35.3
国外	1.2
不詳	12.0

離家直後の居住地：都道府県

	%
総数	100.0
北海道	4.9
青森県	0.8
岩手県	0.8
宮城県	1.7
秋田県	0.5
山形県	0.6
福島県	0.9
茨城県	1.5
栃木県	1.1
群馬県	1.1
埼玉県	4.3
千葉県	4.0
東京都	18.2
神奈川県	6.9
新潟県	1.1
富山県	0.6
石川県	0.8
福井県	0.4
山梨県	0.5
長野県	1.2
岐阜県	1.2
静岡県	2.3
愛知県	6.2
三重県	1.2
滋賀県	0.7
京都府	2.9
大阪府	8.9
兵庫県	4.1
奈良県	0.8
和歌山県	0.5
鳥取県	0.3
島根県	0.4
岡山県	1.3
広島県	2.2
山口県	1.1
徳島県	0.5
香川県	0.6
愛媛県	0.9
高知県	0.5
福岡県	3.8
佐賀県	0.4
長崎県	0.9
熊本県	0.3
大分県	0.7
宮崎県	0.6
鹿児島県	1.1
沖縄県	0.7
国外	1.4
不詳	1.7

問24　いちばん上の子が小学校へ入学した直後の
　　　世帯主・配偶者の居住地

	%
総数	100.0
学齢期に達した子はいない	21.8
現在と同じ居住地	35.5
現在と同じ区市町村内	18.3
現在と同じ都道府県の他の区市町村	8.7
他の都道府県	6.9
国外	0.3
不詳	8.6

いちばん上の子が小学校へ入学した直後の
世帯主・配偶者の年齢5歳階級

	%
総数	100.0
0〜14歳	0.2
15〜19歳	0.0
20〜24歳	1.2
25〜29歳	14.3
30〜34歳	38.9
35〜39歳	25.3
40〜44歳	6.9
45〜49歳	1.6
50歳以上	0.5
不詳	11.1
平均年齢	40.8

いちばん上の子が小学校へ入学した直後の
世帯主・配偶者の居住地：都道府県

	%
総数	100.0
北海道	4.4
青森県	1.1
岩手県	1.0
宮城県	1.7
秋田県	0.8
山形県	0.8
福島県	1.5
茨城県	2.1
栃木県	1.5
群馬県	1.6
埼玉県	5.3
千葉県	4.7
東京都	10.4
神奈川県	7.2
新潟県	1.7
富山県	0.9
石川県	0.9
福井県	0.6
山梨県	0.7
長野県	1.6
岐阜県	1.5
静岡県	3.0
愛知県	6.0
三重県	1.6
滋賀県	1.0
京都府	2.0
大阪府	7.3
兵庫県	4.4
奈良県	1.2
和歌山県	0.9
鳥取県	0.4
島根県	0.6
岡山県	1.5
広島県	2.5
山口県	1.1
徳島県	0.6
香川県	0.8
愛媛県	1.2
高知県	0.6
福岡県	4.2
佐賀県	0.6
長崎県	1.1
熊本県	0.1
大分県	0.9
宮崎県	0.9
鹿児島県	1.4
沖縄県	1.0
国外	0.4
不詳	0.5

問25　別世帯に住む世帯主の父親の居住地

	%
総数	100.0
亡くなった	62.5
同じ建物・敷地内	2.0
同じ区市町村内	8.2
同じ都道府県の他の区市町村	8.5
同じ都道府県	11.5
国外	0.6
不詳	6.8

問25　別世帯に住む世帯主の母親の居住地

	%
総数	100.0
亡くなった	47.0
同じ建物・敷地内	3.0
同じ区市町村内	11.9
同じ都道府県の他の区市町村	11.2
同じ都道府県	14.6
国外	0.5
不詳	11.7

問25　別世帯に住む配偶者の父親の居住地

	%
総数	100.0
亡くなった	58.0
同じ建物・敷地内	1.5
同じ区市町村内	11.2
同じ都道府県の他の区市町村	12.2
同じ都道府県	11.1
国外	0.6
不詳	5.6

問25　別世帯に住む配偶者の母親の居住地

	%
総数	100.0
亡くなった	40.7
同じ建物・敷地内	2.3
同じ区市町村内	16.6
同じ都道府県の他の区市町村	17.3
同じ都道府県	15.3
国外	0.8
不詳	7.0

別世帯に住む世帯主の父親の居住地：都道府県	
	%
総数	100.0
北海道	5.8
青森県	1.1
岩手県	1.2
宮城県	1.6
秋田県	0.8
山形県	0.8
福島県	1.6
茨城県	2.6
栃木県	1.5
群馬県	1.9
埼玉県	4.7
千葉県	4.5
東京都	8.0
神奈川県	5.5
新潟県	1.6
富山県	0.7
石川県	0.9
福井県	0.7
山梨県	0.7
長野県	1.9
岐阜県	1.6
静岡県	2.7
愛知県	5.4
三重県	1.5
滋賀県	1.2
京都府	1.9
大阪府	5.9
兵庫県	5.1
奈良県	1.1
和歌山県	0.7
鳥取県	0.3
島根県	0.6
岡山県	1.8
広島県	2.5
山口県	1.3
徳島県	0.8
香川県	1.0
愛媛県	1.7
高知県	0.7
福岡県	3.4
佐賀県	0.7
長崎県	1.4
熊本県	0.8
大分県	1.2
宮崎県	1.0
鹿児島県	1.8
沖縄県	1.2
国外	1.9
不詳	1.1

別世帯に住む配偶者主の父親の居住地：都道府県	
	%
総数	100.0
北海道	4.3
青森県	1.1
岩手県	1.2
宮城県	2.1
秋田県	0.8
山形県	0.9
福島県	1.7
茨城県	2.5
栃木県	1.8
群馬県	1.8
埼玉県	5.2
千葉県	4.9
東京都	7.7
神奈川県	6.9
新潟県	1.8
富山県	0.9
石川県	1.1
福井県	0.7
山梨県	0.7
長野県	1.7
岐阜県	1.9
静岡県	2.8
愛知県	5.7
三重県	1.5
滋賀県	1.2
京都府	2.1
大阪府	5.7
兵庫県	5.2
奈良県	1.2
和歌山県	0.7
鳥取県	0.5
島根県	0.6
岡山県	1.9
広島県	2.2
山口県	1.4
徳島県	0.6
香川県	0.7
愛媛県	1.3
高知県	0.7
福岡県	3.3
佐賀県	0.7
長崎県	1.1
熊本県	0.4
大分県	1.2
宮崎県	1.0
鹿児島県	1.2
沖縄県	1.2
国外	1.6
不詳	0.9

別世帯に住む世帯主の母親親の居住地：都道府県		別世帯に住む配偶者の母親の居住地：都道府県	
	%		%
総数	100.0	総数	100.0
北海道	5.7	北海道	4.8
青森県	1.2	青森県	1.2
岩手県	1.2	岩手県	1.2
宮城県	1.5	宮城県	2.1
秋田県	0.9	秋田県	0.9
山形県	0.8	山形県	0.9
福島県	1.4	福島県	1.8
茨城県	2.5	茨城県	2.4
栃木県	1.6	栃木県	1.7
群馬県	1.7	群馬県	1.6
埼玉県	4.5	埼玉県	4.9
千葉県	4.2	千葉県	4.6
東京都	8.2	東京都	8.2
神奈川県	5.7	神奈川県	6.7
新潟県	1.6	新潟県	1.7
富山県	0.8	富山県	1.0
石川県	1.0	石川県	1.1
福井県	0.6	福井県	0.7
山梨県	0.7	山梨県	0.9
長野県	1.8	長野県	1.6
岐阜県	1.6	岐阜県	1.9
静岡県	2.8	静岡県	2.8
愛知県	5.2	愛知県	5.4
三重県	1.5	三重県	1.6
滋賀県	1.1	滋賀県	1.1
京都府	2.1	京都府	2.1
大阪府	6.3	大阪府	5.5
兵庫県	5.3	兵庫県	5.0
奈良県	1.1	奈良県	1.2
和歌山県	0.8	和歌山県	0.8
鳥取県	0.5	鳥取県	0.4
島根県	0.7	島根県	0.7
岡山県	1.8	岡山県	1.9
広島県	2.4	広島県	2.4
山口県	1.4	山口県	1.5
徳島県	0.8	徳島県	0.7
香川県	1.0	香川県	0.8
愛媛県	1.6	愛媛県	1.5
高知県	0.8	高知県	0.7
福岡県	3.6	福岡県	3.3
佐賀県	0.8	佐賀県	0.7
長崎県	1.5	長崎県	1.1
熊本県	0.7	熊本県	0.4
大分県	1.2	大分県	1.1
宮崎県	1.0	宮崎県	1.1
鹿児島県	1.8	鹿児島県	1.4
沖縄県	1.2	沖縄県	1.2
国外	1.3	国外	1.5
不詳	0.7	不詳	0.6

調査関係資料

2016 年社会保障・人口問題基本調査

「第 8 回人口移動調査」実施要綱

１．調査の目的

　国立社会保障・人口問題研究所は昭和 51（1976）年以来、ほぼ 5 年毎に日本の人口移動に関する全国調査を実施している。人口移動調査は、他の公的統計では把握することのできないライフ・イベントごとの居住地、移動理由や 5 年後の移動可能性、別の世帯にいる家族の居住地といった実態を継続的に調査し、人口移動がもたらす地域人口の変動を明らかにすることを目的とし、人口移動に関する詳細な情報を定期的に提供する全国対象の標本調査としては唯一のものである。

　平成 28（2016）年に行う第 8 回人口移動調査では、調査区数を拡大し、Ｕターン者割合や将来の移動可能性をはじめとした人口移動に関するデータを都道府県別に調査するものであり、その結果は「まち・ひと・しごと創生総合戦略」、とりわけ「地方への新しいひとの流れをつくる」ための施策及び地域別将来人口推計の基礎資料としての活用が見込まれている。

２．調査の対象及び客体

　本調査の対象母集団は全国の世帯主および世帯員である。調査対象者の抽出にあたっては、平成 28 年国民生活基礎調査で設定された調査地区より 1,300 調査区を都道府県毎に無作為抽出し、その調査区内に住むすべての世帯の世帯主および世帯員を調査の客体とする。

３．調査の期日

　平成 28（2016）年 7 月 1 日

４．主な調査の事項

1) 世帯の属性
2) 世帯主及び世帯員の人口学的及び社会経済的属性
3) 世帯主及び世帯員の居住歴
4) 世帯主及び世帯員の将来（5 年後）の居住地域（見通し）
5) 世帯主・配偶者の離家経験
6) 別の世帯にいる世帯主・配偶者の親の居住地
7) 別の世帯にいる世帯主の子の人口学的属性
8) 別の世帯にいる世帯主の子の出生地及び現住地

５．調査の方法

　本調査は、国立社会保障・人口問題研究所が厚生労働省大臣官房統計情報部、都道府県、保健所を設置する市・特別区および保健所の協力を得て実施する。調査票の配布・回収（密封式）は調査員が行い、調査票への回答は世帯主の自計方式による。なお、調査票の記入・回収にはインターネットを活用した方式も併用する。

６．集計および結果の公表

　集計は国立社会保障・人口問題研究所が行い、結果は平成 29（2017）年 7 月頃公表の予定である。

政府統計

調 査 員 記 入 欄		
都道府県名	保健所名	
地区番号	単位区番号	世帯番号
調査票枚数		
（　　　　）枚目		

2016年社会保障・人口問題基本調査
第 8 回 人 口 移 動 調 査
2016（平成28）年 7 月 1 日

厚生労働省 国立社会保障・人口問題研究所
〒100-0011 東京都千代田区内幸町2-2-3
日比谷国際ビル6階
電話(03)3595-2984
http://www.ipss.go.jp

記入上のお願い

○ **ふだん住んでいる人** を もれなく記入してください。

　出張や旅行、病気などで、**一時的に不在（3 か月未満)の場合は、ふだん住んでいる人に含めます。**

○ **世帯ごと** に記入してください。

　二世帯居住用の住宅に、親夫婦・子夫婦がいっしょに住んでいる場合などは、**①住居がはっきり分かれている、または、②生計が別々なら、別の世帯**となります。

○ 原則として **世帯主の方が** 記入してください。

　世帯主が同居していない（ふだん住んでいない）場合は、世帯の代表者を世帯主としてお答えください。

・ 回答のしかたは、あてはまる番号を選んで○をつけるものと、（　　）に必要なことがらを書きこむものがあります。
・ 特にことわりのない限り、今年 7 月 1 日現在の区市町村の境界にしたがって、お答えください。
・ 世帯の人数が 6 人以上の場合は、調査票をもう 1 部お渡ししますので、6 人目以降の方は、2 つめの調査票の 1 人目の欄から記入してください。ただし、問 4 の続柄の世帯主の○を消してあてはまるものに○をつけてください。
・ 以下の質問で、「居住地」という言葉がでてきますが、住民票の住所と同じでなくても構いません。
・ 回答のしかたがわからないときは、調査員におたずねください。

問 1　あなたを含めて、あなたの世帯にふだん住んでいる人は全部で何人ですか。

　　　あなたを含めて（　　　　　　）人　　　　うち 男（　　　）人　女（　　　）人

問 2　あなたがお住まいの住宅の種類はつぎのどれですか。

　　1　持ち家（一戸建て）
　　2　持ち家（共同住宅）
　　3　公団・公営などの賃貸住宅
　　4　民営の借家・アパート
　　5　社宅などの給与住宅
　　6　その他

次の問3から問24までは **ふだん住んでいる方** についてお答えください。なお記入にあたっては **それぞれの**

質　問		1人目（世帯主）		2人目	
問3	性別	1　男　　　　2　女		1　男　　　　2　女	
問4	世帯主との続柄 世帯主が同居していない場合は、世帯の代表者を世帯主としてお答えください。	①　世帯主 2　世帯主の配偶者　　6　世帯主の配偶者の父母 3　世帯主の子　　　　7　世帯主の孫 4　世帯主の子の配偶者　8　その他の親族 5　世帯主の父母　　　9　その他		2　世帯主の配偶者　　6　世帯主の配偶者の父母 3　世帯主の子　　　　7　世帯主の孫 4　世帯主の子の配偶者　8　その他の親族 5　世帯主の父母　　　9　その他	
問5	出生年月 西暦、または、元号に○をつけたのち、年月を記入してください。	1　西暦　｜　2　平成　3　昭和　4　大正 　　　　　　　　5　明治 （　　　　　）年　（　　　　）月　生まれ		1　西暦　｜　2　平成　3　昭和　4　大正 　　　　　　　　5　明治 （　　　　　）年　（　　　　）月　生まれ	
問6	国籍	1　日本　　　2　外国〔国名：　　　　　〕		1　日本　　　2　外国〔国名：　　　　　〕	
問7	健康状態	1　よい　　　3　ふつう　　5　よくない 2　まあよい　4　あまりよくない		1　よい　　　3　ふつう　　5　よくない 2　まあよい　4　あまりよくない	
問8	生存しているきょうだいの人数	兄　（　　　　）人 姉　（　　　　）人　　いない場合は0 弟　（　　　　）人　（ゼロ）を記入 妹　（　　　　）人 合計（　　　　）人		兄　（　　　　）人 姉　（　　　　）人　　いない場合は0 弟　（　　　　）人　（ゼロ）を記入 妹　（　　　　）人 合計（　　　　）人	
問9	現在の配偶者の有無 結婚の届け出の有無には関係なくお答えください。	1　未婚 2　配偶者あり（配偶者と同居） 3　配偶者あり（配偶者と別居） 4　離別　　　　　　　1　初婚 5　死別　　　　　　　2　再婚		1　未婚 2　配偶者あり（配偶者と同居） 3　配偶者あり（配偶者と別居） 4　離別　　　　　　　1　初婚 5　死別　　　　　　　2　再婚	
問10	教育 現在、学校に在学しているかどうかについて記入してください。 次に学校を選んでください。 中途退学した場合は、その前に卒業した学校に○をつけてください。	卒業したか在学中か： 1　在学中　　　3　未就学、 2　卒業した　　　　乳幼児など 在学中の、または最後に卒業した学校は： 1　小学校 2　新制中学、旧制高小など 3　新制高校、旧制中学・女学校など 4　専修学校（高卒後）など 5　短期大学、高専など 6　大学、大学院など		卒業したか在学中か： 1　在学中　　　3　未就学、 2　卒業した　　　　乳幼児など 在学中の、または最後に卒業した学校は： 1　小学校 2　新制中学、旧制高小など 3　新制高校、旧制中学・女学校など 4　専修学校（高卒後）など 5　短期大学、高専など 6　大学、大学院など	
問11	（15歳以上の方について） 最後の学校卒業直後と 現在の仕事 仕事が2つ以上の場合は、おもな仕事について記入してください。 仕事を休んでいる場合は、休んでいる仕事について記入してください。 最後の学校卒業直後の従業上の地位・仕事の内容や、現在の仕事の内容は、あてはまる方のみお答えください。 家事・通学のかたわら仕事をしている場合は、従業上の地位の1～5を選び、仕事の内容も選んでください。 仕事の内容区分については、記入例の「別表2」を参考にしてください。	従業上の地位　最後の学校卒業直後： 1　正規職員 2　パート・アルバイト 3　派遣・嘱託・契約社員 4　自営・家族従業者・内職 5　会社などの役員 6　無職 仕事の内容： 1　管理職 2　専門・技術 3　事務 4　販売 5　サービス 6　保安 7　農林漁業 8　生産工程 9　輸送・機械運転 10　建設・採掘 11　運輸・清掃・包装等	現在： 1　正規職員 2　パート・アルバイト 3　派遣・嘱託・契約社員 4　自営・家族従業者・内職 5　会社などの役員 6　無職 1　管理職 2　専門・技術 3　事務 4　販売 5　サービス 6　保安 7　農林漁業 8　生産工程 9　輸送・機械運転 10　建設・採掘 11　運輸・清掃・包装等	従業上の地位　最後の学校卒業直後： 1　正規職員 2　パート・アルバイト 3　派遣・嘱託・契約社員 4　自営・家族従業者・内職 5　会社などの役員 6　無職 仕事の内容： 1　管理職 2　専門・技術 3　事務 4　販売 5　サービス 6　保安 7　農林漁業 8　生産工程 9　輸送・機械運転 10　建設・採掘 11　運輸・清掃・包装等	現在： 1　正規職員 2　パート・アルバイト 3　派遣・嘱託・契約社員 4　自営・家族従業者・内職 5　会社などの役員 6　無職 1　管理職 2　専門・技術 3　事務 4　販売 5　サービス 6　保安 7　農林漁業 8　生産工程 9　輸送・機械運転 10　建設・採掘 11　運輸・清掃・包装等

世帯員の立場 に立ってお答えください。

3人目	4人目	5人目
1 男　　　2 女	1 男　　　2 女	1 男　　　2 女
2 世帯主の配偶者　6 世帯主の配偶者の父母 3 世帯主の子　　　7 世帯主の孫 4 世帯主の子の配偶者　8 その他の親族 5 世帯主の父母　　9 その他	2 世帯主の配偶者　6 世帯主の配偶者の父母 3 世帯主の子　　　7 世帯主の孫 4 世帯主の子の配偶者　8 その他の親族 5 世帯主の父母　　9 その他	2 世帯主の配偶者　6 世帯主の配偶者の父母 3 世帯主の子　　　7 世帯主の孫 4 世帯主の子の配偶者　8 その他の親族 5 世帯主の父母　　9 その他
1 西暦　2 平成　3 昭和　4 大正 　　　　5 明治 （　　　　）年（　　　　）月　生まれ	1 西暦　2 平成　3 昭和　4 大正 　　　　5 明治 （　　　　）年（　　　　）月　生まれ	1 西暦　2 平成　3 昭和　4 大正 　　　　5 明治 （　　　　）年（　　　　）月　生まれ
1 日本　　2 外国 {国名：　　　　}	1 日本　　2 外国 {国名：　　　　}	1 日本　　2 外国 {国名：　　　　}
1 よい　　　3 ふつう　　5 よくない 2 まあよい　4 あまりよくない	1 よい　　　3 ふつう　　5 よくない 2 まあよい　4 あまりよくない	1 よい　　　3 ふつう　　5 よくない 2 まあよい　4 あまりよくない
兄（　　　）人 姉（　　　）人　いない場合は0 弟（　　　）人　（ゼロ）を記入 妹（　　　）人 合計（　　　）人	兄（　　　）人 姉（　　　）人　いない場合は0 弟（　　　）人　（ゼロ）を記入 妹（　　　）人 合計（　　　）人	兄（　　　）人 姉（　　　）人　いない場合は0 弟（　　　）人　（ゼロ）を記入 妹（　　　）人 合計（　　　）人
1 未婚 2 配偶者あり（配偶者と同居） 3 配偶者あり（配偶者と別居） 4 離別　　　　1 初婚 5 死別　　　　2 再婚	1 未婚 2 配偶者あり（配偶者と同居） 3 配偶者あり（配偶者と別居） 4 離別　　　　1 初婚 5 死別　　　　2 再婚	1 未婚 2 配偶者あり（配偶者と同居） 3 配偶者あり（配偶者と別居） 4 離別　　　　1 初婚 5 死別　　　　2 再婚
在学中か卒業か　1 在学中　3 未就学、乳幼児など 2 卒業した	在学中か卒業か　1 在学中　3 未就学、乳幼児など 2 卒業した	在学中か卒業か　1 在学中　3 未就学、乳幼児など 2 卒業した
在学中の、または最後に卒業した学校 1 小学校 2 新制中学、旧制高小など 3 新制高校、旧制中学・女学校など 4 専修学校（高卒後）など 5 短期大学、高専など 6 大学、大学院など	在学中の、または最後に卒業した学校 1 小学校 2 新制中学、旧制高小など 3 新制高校、旧制中学・女学校など 4 専修学校（高卒後）など 5 短期大学、高専など 6 大学、大学院など	在学中の、または最後に卒業した学校 1 小学校 2 新制中学、旧制高小など 3 新制高校、旧制中学・女学校など 4 専修学校（高卒後）など 5 短期大学、高専など 6 大学、大学院など

	最後の学校卒業直後	現在		最後の学校卒業直後	現在		最後の学校卒業直後	現在
従業上の地位	1 正規職員 2 パート・アルバイト 3 派遣・嘱託・契約社員 4 自営・家族従業者・内職 5 会社などの役員 6 無職	1 正規職員 2 パート・アルバイト 3 派遣・嘱託・契約社員 4 自営・家族従業者・内職 5 会社などの役員 6 無職	従業上の地位	1 正規職員 2 パート・アルバイト 3 派遣・嘱託・契約社員 4 自営・家族従業者・内職 5 会社などの役員 6 無職	1 正規職員 2 パート・アルバイト 3 派遣・嘱託・契約社員 4 自営・家族従業者・内職 5 会社などの役員 6 無職	従業上の地位	1 正規職員 2 パート・アルバイト 3 派遣・嘱託・契約社員 4 自営・家族従業者・内職 5 会社などの役員 6 無職	1 正規職員 2 パート・アルバイト 3 派遣・嘱託・契約社員 4 自営・家族従業者・内職 5 会社などの役員 6 無職
仕事の内容	1 管理職 2 専門・技術 3 事務 4 販売 5 サービス 6 保安 7 農林漁業 8 生産工程 9 輸送・機械運転 10 建設・採掘 11 運輸・清掃・包装等	1 管理職 2 専門・技術 3 事務 4 販売 5 サービス 6 保安 7 農林漁業 8 生産工程 9 輸送・機械運転 10 建設・採掘 11 運輸・清掃・包装等	仕事の内容	1 管理職 2 専門・技術 3 事務 4 販売 5 サービス 6 保安 7 農林漁業 8 生産工程 9 輸送・機械運転 10 建設・採掘 11 運輸・清掃・包装等	1 管理職 2 専門・技術 3 事務 4 販売 5 サービス 6 保安 7 農林漁業 8 生産工程 9 輸送・機械運転 10 建設・採掘 11 運輸・清掃・包装等	仕事の内容	1 管理職 2 専門・技術 3 事務 4 販売 5 サービス 6 保安 7 農林漁業 8 生産工程 9 輸送・機械運転 10 建設・採掘 11 運輸・清掃・包装等	1 管理職 2 専門・技術 3 事務 4 販売 5 サービス 6 保安 7 農林漁業 8 生産工程 9 輸送・機械運転 10 建設・採掘 11 運輸・清掃・包装等

質　問	1人目（世帯主）	2人目
問12　引っ越しの経験 現在の居住地に、複数回の出入りがある場合は、いちばん最近の入居（最後に引っ越しをした時のこと）についてお答えください。 西暦、または、元号に○をつけたのち、年月を記入してください。 引っ越しの理由は、もっとも重要だと思う理由を1つだけ選んで、あてはまるものに○をつけてください。 一旦引っ越しをして、その後同じ場所に戻った場合は2回と数えます。	1　引っ越したことがある　　2　引っ越したことがない　→問13へ **問12-1　いちばん最近、今の居住地に引っ越してきたのは** 1　西暦　2　平成　3　昭和　4　大正 （　　）年（　　）月 **問12-2　引っ越し前の居住地は** 1　現在と同じ区市町村 2　現在と同じ都道府県の他の区市町村 3　他の都道府県（県名：　　） 4　外国（国名：　　） **問12-3　引っ越しの理由（1つだけ）は** （それぞれの世帯員からみて） 1　入学・進学　　10　親と同居 2　就職　　11　親と近居 3　転職　　12　子と同居 4　転勤　　13　子と近居 5　家業継承　　14　家族の移動に伴って 6　定年退職　　15　結婚 7　住宅事情　　16　離婚 8　生活環境上の理由　　17　子育て環境上の理由 9　通勤通学の便　　18　健康上の理由 　　　　　19　その他 **問12-4　これまでの引っ越し回数は** 生まれてから、現在までに（　　）回、引っ越した。	1　引っ越したことがある　　2　引っ越したことがない　→問13へ **問12-1　いちばん最近、今の居住地に引っ越してきたのは** 1　西暦　2　平成　3　昭和　4　大正 （　　）年（　　）月 **問12-2　引っ越し前の居住地は** 1　現在と同じ区市町村 2　現在と同じ都道府県の他の区市町村 3　他の都道府県（県名：　　） 4　外国（国名：　　） **問12-3　引っ越しの理由（1つだけ）は** （それぞれの世帯員からみて） 1　入学・進学　　10　親と同居 2　就職　　11　親と近居 3　転職　　12　子と同居 4　転勤　　13　子と近居 5　家業継承　　14　家族の移動に伴って 6　定年退職　　15　結婚 7　住宅事情　　16　離婚 8　生活環境上の理由　　17　子育て環境上の理由 9　通勤通学の便　　18　健康上の理由 　　　　　19　その他 **問12-4　これまでの引っ越し回数は** 生まれてから、現在までに（　　）回、引っ越した。
問13　生まれた場所（当時、親がふだん住んでいた所） 病院や出産のための里帰り先ではありません。	1　現在と同じ居住地 2　現在と同じ区市町村内 3　現在と同じ都道府県の他の区市町村 4　他の都道府県（県名：　　） 5　外国（国名：　　）	1　現在と同じ居住地 2　現在と同じ区市町村内 3　現在と同じ都道府県の他の区市町村 4　他の都道府県（県名：　　） 5　外国（国名：　　）
問14　中学校（旧制小学校・高小）を卒業したときの居住地	0　まだ卒業していない 1　現在と同じ居住地 2　現在と同じ区市町村内 3　現在と同じ都道府県の他の区市町村 4　他の都道府県（県名：　　） 5　外国（国名：　　）	0　まだ卒業していない 1　現在と同じ居住地 2　現在と同じ区市町村内 3　現在と同じ都道府県の他の区市町村 4　他の都道府県（県名：　　） 5　外国（国名：　　）
問15　最後の学校を卒業したときの居住地と年齢	0　まだ卒業していない 1　現在と同じ居住地 2　現在と同じ区市町村内 3　現在と同じ都道府県の他の区市町村 4　他の都道府県 {県名：　　} 5　外国（国名：　　） →卒業時の年齢（　　）歳	0　まだ卒業していない 1　現在と同じ居住地 2　現在と同じ区市町村内 3　現在と同じ都道府県の他の区市町村 4　他の都道府県 {県名：　　} 5　外国（国名：　　） →卒業時の年齢（　　）歳
問16　はじめて仕事をもったときの居住地と年齢 学生のときのアルバイトはのぞきます。	0　仕事をもったことがない 1　現在と同じ居住地 2　現在と同じ区市町村内 3　現在と同じ都道府県の他の区市町村 4　他の都道府県 {県名：　　} 5　外国（国名：　　） →初職時の年齢（　　）歳	0　仕事をもったことがない 1　現在と同じ居住地 2　現在と同じ区市町村内 3　現在と同じ都道府県の他の区市町村 4　他の都道府県 {県名：　　} 5　外国（国名：　　） →初職時の年齢（　　）歳
問17　はじめての結婚の直前の居住地と初婚時の年齢 結婚の届け出の有無には関係なくお答えください。	0　結婚したことがない　→問19へ 1　現在と同じ居住地 2　現在と同じ区市町村内 3　現在と同じ都道府県の他の区市町村 4　他の都道府県 {県名：　　} 5　外国（国名：　　） →初婚時の年齢（　　）歳	0　結婚したことがない　→問19へ 1　現在と同じ居住地 2　現在と同じ区市町村内 3　現在と同じ都道府県の他の区市町村 4　他の都道府県 {県名：　　} 5　外国（国名：　　） →初婚時の年齢（　　）歳

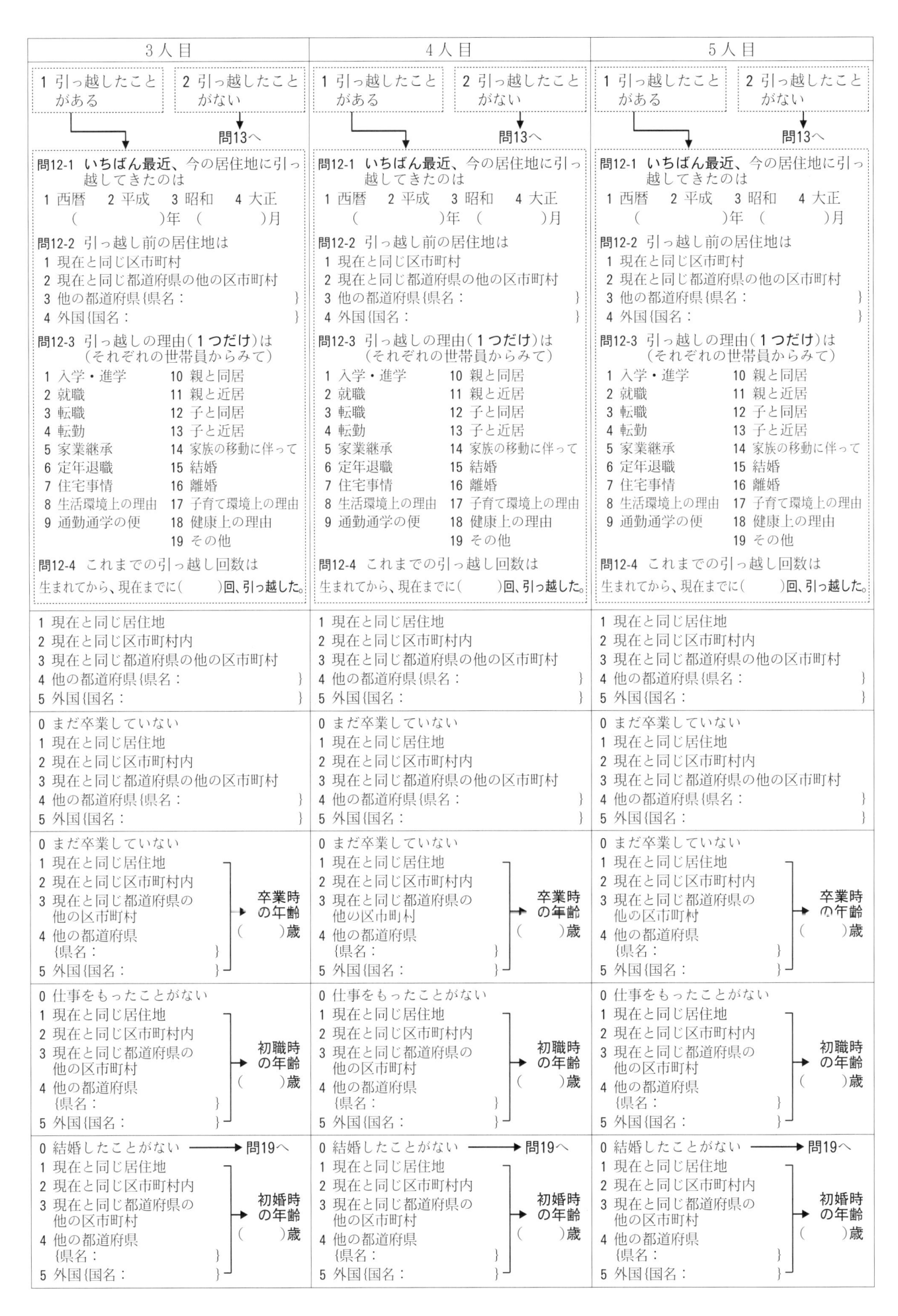

3人目	4人目	5人目
1 引っ越したことがある　2 引っ越したことがない	1 引っ越したことがある　2 引っ越したことがない	1 引っ越したことがある　2 引っ越したことがない

（2 引っ越したことがない → 問13へ）

問12-1 いちばん最近、今の居住地に引っ越してきたのは
1 西暦　2 平成　3 昭和　4 大正
（　　　）年　（　　　）月

問12-2 引っ越し前の居住地は
1 現在と同じ区市町村
2 現在と同じ都道府県の他の区市町村
3 他の都道府県（県名：　　　　）
4 外国（国名：　　　　）

問12-3 引っ越しの理由（1つだけ）は
（それぞれの世帯員からみて）
1 入学・進学　　10 親と同居
2 就職　　　　　11 親と近居
3 転職　　　　　12 子と同居
4 転勤　　　　　13 子と近居
5 家業継承　　　14 家族の移動に伴って
6 定年退職　　　15 結婚
7 住宅事情　　　16 離婚
8 生活環境上の理由　17 子育て環境上の理由
9 通勤通学の便　　18 健康上の理由
　　　　　　　　　19 その他

問12-4 これまでの引っ越し回数は
生まれてから、現在までに（　　　）回、引っ越した。

（以下、3人目・4人目・5人目 共通の選択肢欄）

1 現在と同じ居住地
2 現在と同じ区市町村内
3 現在と同じ都道府県の他の区市町村
4 他の都道府県（県名：　　　　）
5 外国（国名：　　　　）

0 まだ卒業していない
1 現在と同じ居住地
2 現在と同じ区市町村内
3 現在と同じ都道府県の他の区市町村
4 他の都道府県（県名：　　　　）
5 外国（国名：　　　　）

0 まだ卒業していない
1 現在と同じ居住地
2 現在と同じ区市町村内
3 現在と同じ都道府県の他の区市町村
4 他の都道府県（県名：　　　　）→ 卒業時の年齢（　　　）歳
5 外国（国名：　　　　）

0 仕事をもったことがない
1 現在と同じ居住地
2 現在と同じ区市町村内
3 現在と同じ都道府県の他の区市町村
4 他の都道府県（県名：　　　　）→ 初職時の年齢（　　　）歳
5 外国（国名：　　　　）

0 結婚したことがない → 問19へ
1 現在と同じ居住地
2 現在と同じ区市町村内
3 現在と同じ都道府県の他の区市町村
4 他の都道府県（県名：　　　　）→ 初婚時の年齢（　　　）歳
5 外国（国名：　　　　）

質　問	1 人 目（世帯主）	2 人 目
問18　はじめて結婚した直後の 居住地 結婚の届け出の有無には関係なく お答えください。	0　結婚したことがない 1　現在と同じ居住地 2　現在と同じ区市町村内 3　現在と同じ都道府県の他の区市町村 4　他の都道府県（県名：　　　　） 5　外国（国名：　　　　）	0　結婚したことがない 1　現在と同じ居住地 2　現在と同じ区市町村内 3　現在と同じ都道府県の他の区市町村 4　他の都道府県（県名：　　　　） 5　外国（国名：　　　　）
問19　5 年前（2011（平成23）年 7 月 1 日）の居住地 今年7月1日時点の区市町村の境界 に基づいて記入してください。詳し くは、「記入例」をご覧ください。	0　まだ生まれていない 1　現在と同じ居住地 2　現在と同じ区市町村内 3　現在と同じ都道府県の他の区市町村 4　他の都道府県（県名：　　　　） 5　外国（国名：　　　　）	0　まだ生まれていない 1　現在と同じ居住地 2　現在と同じ区市町村内 3　現在と同じ都道府県の他の区市町村 4　他の都道府県（県名：　　　　） 5　外国（国名：　　　　）
問20　1 年前（2015（平成27）年 7 月 1 日）の居住地 今年7月1日時点の区市町村の境界 に基づいて記入してください。詳し くは、「記入例」をご覧ください。	0　まだ生まれていない 1　現在と同じ居住地 2　現在と同じ区市町村内 3　現在と同じ都道府県の他の区市町村 4　他の都道府県（県名：　　　　） 5　外国（国名：　　　　）	0　まだ生まれていない 1　現在と同じ居住地 2　現在と同じ区市町村内 3　現在と同じ都道府県の他の区市町村 4　他の都道府県（県名：　　　　） 5　外国（国名：　　　　）

問21　生まれてから現在までに3か月以上居住したことのある都道府県・外国、すべてに○をつけてください。

1 人目（世帯主） — これまでに3か月以上住んだ都道府県・外国

1 北海道	13 東京	25 滋賀	37 香川
2 青森	14 神奈川	26 京都	38 愛媛
3 岩手	15 新潟	27 大阪	39 高知
4 宮城	16 富山	28 兵庫	40 福岡
5 秋田	17 石川	29 奈良	41 佐賀
6 山形	18 福井	30 和歌山	42 長崎
7 福島	19 山梨	31 鳥取	43 熊本
8 茨城	20 長野	32 島根	44 大分
9 栃木	21 岐阜	33 岡山	45 宮崎
10 群馬	22 静岡	34 広島	46 鹿児島
11 埼玉	23 愛知	35 山口	47 沖縄
12 千葉	24 三重	36 徳島	
90 外国（国名：　　　　）			

2 人目 — これまでに3か月以上住んだ都道府県・外国

1 北海道	13 東京	25 滋賀	37 香川
2 青森	14 神奈川	26 京都	38 愛媛
3 岩手	15 新潟	27 大阪	39 高知
4 宮城	16 富山	28 兵庫	40 福岡
5 秋田	17 石川	29 奈良	41 佐賀
6 山形	18 福井	30 和歌山	42 長崎
7 福島	19 山梨	31 鳥取	43 熊本
8 茨城	20 長野	32 島根	44 大分
9 栃木	21 岐阜	33 岡山	45 宮崎
10 群馬	22 静岡	34 広島	46 鹿児島
11 埼玉	23 愛知	35 山口	47 沖縄
12 千葉	24 三重	36 徳島	
90 外国（国名：　　　　）			

問22　5 年後に居住地が異なる可能性

問22-2は、下記を参考にお答えください。

1 大都市部	人口が非常に多い都市およびその近郊。
2 中小都市部	1に当てはまらない都市で、地域の中心的な都市や小規模の都市およびその近郊。
3 農山漁村地域	1,2に当てはまらない地域で、農林水産業が盛んな地域。
4 その他	1から3に当てはまらない地域。たとえば、観光業が盛んな小さな町や村など。
5 わからない	まだ具体的な地域を決めていない場合など。

1 人目（世帯主） — 5 年後に居住地が異なる可能性

1 大いにある
2 ある程度ある
3 あまりない

4 まったくない → 問23へ

問22-1　転居予定先は（複数回答可）

1 北海道	13 東京	25 滋賀	37 香川
2 青森	14 神奈川	26 京都	38 愛媛
3 岩手	15 新潟	27 大阪	39 高知
4 宮城	16 富山	28 兵庫	40 福岡
5 秋田	17 石川	29 奈良	41 佐賀
6 山形	18 福井	30 和歌山	42 長崎
7 福島	19 山梨	31 鳥取	43 熊本
8 茨城	20 長野	32 島根	44 大分
9 栃木	21 岐阜	33 岡山	45 宮崎
10 群馬	22 静岡	34 広島	46 鹿児島
11 埼玉	23 愛知	35 山口	47 沖縄
12 千葉	24 三重	36 徳島	
90 外国（国名：　　　　）			
91 わからない			

問22-2　転居予定先の地域の類型は（複数回答可）

1 大都市部　　　　4 その他
2 中小都市部　　　5 わからない
3 農山漁村地域

問22-3　転居の理由（1つだけ）は（それぞれの世帯員からみて）

1 入学・進学	10 親と同居
2 就職	11 親と近居
3 転職	12 子と同居
4 転勤	13 子と近居
5 家業継承	14 家族の移動に伴って
6 定年退職	15 結婚
7 住宅事情	16 子育て環境上の理由
8 生活環境上の理由	17 健康上の理由
9 通勤通学の便	18 その他

2 人目 — 5 年後に居住地が異なる可能性

1 大いにある
2 ある程度ある
3 あまりない

4 まったくない → 問23へ

問22-1　転居予定先は（複数回答可）

1 北海道	13 東京	25 滋賀	37 香川
2 青森	14 神奈川	26 京都	38 愛媛
3 岩手	15 新潟	27 大阪	39 高知
4 宮城	16 富山	28 兵庫	40 福岡
5 秋田	17 石川	29 奈良	41 佐賀
6 山形	18 福井	30 和歌山	42 長崎
7 福島	19 山梨	31 鳥取	43 熊本
8 茨城	20 長野	32 島根	44 大分
9 栃木	21 岐阜	33 岡山	45 宮崎
10 群馬	22 静岡	34 広島	46 鹿児島
11 埼玉	23 愛知	35 山口	47 沖縄
12 千葉	24 三重	36 徳島	
90 外国（国名：　　　　）			
91 わからない			

問22-2　転居予定先の地域の類型は（複数回答可）

1 大都市部　　　　4 その他
2 中小都市部　　　5 わからない
3 農山漁村地域

問22-3　転居の理由（1つだけ）は（それぞれの世帯員からみて）

1 入学・進学	10 親と同居
2 就職	11 親と近居
3 転職	12 子と同居
4 転勤	13 子と近居
5 家業継承	14 家族の移動に伴って
6 定年退職	15 結婚
7 住宅事情	16 子育て環境上の理由
8 生活環境上の理由	17 健康上の理由
9 通勤通学の便	18 その他

3人目	4人目	5人目
0 結婚したことがない 1 現在と同じ居住地 2 現在と同じ区市町村内 3 現在と同じ都道府県の他の区市町村 4 他の都道府県(県名： ｝ 5 外国(国名： ｝	0 結婚したことがない 1 現在と同じ居住地 2 現在と同じ区市町村内 3 現在と同じ都道府県の他の区市町村 4 他の都道府県(県名： ｝ 5 外国(国名： ｝	0 結婚したことがない 1 現在と同じ居住地 2 現在と同じ区市町村内 3 現在と同じ都道府県の他の区市町村 4 他の都道府県(県名： ｝ 5 外国(国名： ｝
0 まだ生まれていない 1 現在と同じ居住地 2 現在と同じ区市町村内 3 現在と同じ都道府県の他の区市町村 4 他の都道府県(県名： ｝ 5 外国(国名： ｝	0 まだ生まれていない 1 現在と同じ居住地 2 現在と同じ区市町村内 3 現在と同じ都道府県の他の区市町村 4 他の都道府県(県名： ｝ 5 外国(国名： ｝	0 まだ生まれていない 1 現在と同じ居住地 2 現在と同じ区市町村内 3 現在と同じ都道府県の他の区市町村 4 他の都道府県(県名： ｝ 5 外国(国名： ｝
0 まだ生まれていない 1 現在と同じ居住地 2 現在と同じ区市町村内 3 現在と同じ都道府県の他の区市町村 4 他の都道府県(県名： ｝ 5 外国(国名： ｝	0 まだ生まれていない 1 現在と同じ居住地 2 現在と同じ区市町村内 3 現在と同じ都道府県の他の区市町村 4 他の都道府県(県名： ｝ 5 外国(国名： ｝	0 まだ生まれていない 1 現在と同じ居住地 2 現在と同じ区市町村内 3 現在と同じ都道府県の他の区市町村 4 他の都道府県(県名： ｝ 5 外国(国名： ｝

これまでに3か月以上住んだ都道府県・外国

1 北海道	13 東京	25 滋賀	37 香川
2 青森	14 神奈川	26 京都	38 愛媛
3 岩手	15 新潟	27 大阪	39 高知
4 宮城	16 富山	28 兵庫	40 福岡
5 秋田	17 石川	29 奈良	41 佐賀
6 山形	18 福井	30 和歌山	42 長崎
7 福島	19 山梨	31 鳥取	43 熊本
8 茨城	20 長野	32 島根	44 大分
9 栃木	21 岐阜	33 岡山	45 宮崎
10 群馬	22 静岡	34 広島	46 鹿児島
11 埼玉	23 愛知	35 山口	47 沖縄
12 千葉	24 三重	36 徳島	

90 外国(国名： ｝

（※上記の都道府県一覧表は「3人目」「4人目」「5人目」の各列に同一内容が記載されている。）

5年後に居住地が異なる可能性

1 大いにある
2 ある程度ある
3 あまりない

4 まったくない → 問23へ

問22-1 転居予定先は(複数回答可)

1 北海道	13 東京	25 滋賀	37 香川
2 青森	14 神奈川	26 京都	38 愛媛
3 岩手	15 新潟	27 大阪	39 高知
4 宮城	16 富山	28 兵庫	40 福岡
5 秋田	17 石川	29 奈良	41 佐賀
6 山形	18 福井	30 和歌山	42 長崎
7 福島	19 山梨	31 鳥取	43 熊本
8 茨城	20 長野	32 島根	44 大分
9 栃木	21 岐阜	33 岡山	45 宮崎
10 群馬	22 静岡	34 広島	46 鹿児島
11 埼玉	23 愛知	35 山口	47 沖縄
12 千葉	24 三重	36 徳島	

90 外国(国名： ｝
91 わからない

問22-2 転居予定先の地域の類型は(複数回答可)

1 大都市部　　　　4 その他
2 中小都市部　　　5 わからない
3 農山漁村地域

問22-3 転居の理由（1つだけ）は
　　　　（それぞれの世帯員からみて）

1 入学・進学	10 親と同居
2 就職	11 親と近居
3 転職	12 子と同居
4 転勤	13 子と近居
5 家業継承	14 家族の移動に伴って
6 定年退職	15 結婚
7 住宅事情	16 子育て環境上の理由
8 生活環境上の理由	17 健康上の理由
9 通勤通学の便	18 その他

（※「問22-1」「問22-2」「問22-3」および「5年後に居住地が異なる可能性」の各設問は「3人目」「4人目」「5人目」の各列に同一内容が記載されている。）

問23〜25は世帯主の方と、世帯主の配偶者の方におたずねします（世帯主が同居していない場合は，世帯の代表者を世帯主としてお答えください）。
なお、配偶者がいない場合、または、同じ世帯にいない場合は、世帯主の方についてのみお答えください。

質　問	世　帯　主		世帯主の配偶者	
問23　親の世帯から離れて暮らした経験	□ 1 親の世帯から離れて暮らした経験がある	□ 2 親の世帯から離れて暮らした経験がない	□ 1 親の世帯から離れて暮らした経験がある	□ 2 親の世帯から離れて暮らした経験がない
		問24へ		問24へ
父母のどちらかと離れていても、もう一方の親と同じ世帯にいれば、「親の世帯と離れて暮らした経験がある」にあてはまりません。 親との死別は、「親の世帯から離れて暮らした経験」には含みません。	問23-1　親の世帯からはじめて離れて暮らした理由（1つだけ）は 1 入学・進学 2 就職・転職・転勤など 3 結婚 4 住宅事情や通勤通学の便など 5 親からの自立・独立 6 その他 問23-2　親の世帯からはじめて離れて暮らしたとき、この人（世帯主）は何歳でしたか。 （　　　）歳 問23-3　親の世帯から離れた直後の居住地は 1 現在と同じ居住地 2 現在と同じ区市町村内 3 現在と同じ都道府県の他の区市町村 4 他の都道府県{県名：　　　} 5 外国{国名：　　　}		問23-1　親の世帯からはじめて離れて暮らした理由（1つだけ）は 1 入学・進学 2 就職・転職・転勤など 3 結婚 4 住宅事情や通勤通学の便など 5 親からの自立・独立 6 その他 問23-2　親の世帯からはじめて離れて暮らしたとき、この人（世帯主の配偶者）は何歳でしたか。 （　　　）歳 問23-3　親の世帯から離れた直後の居住地は 1 現在と同じ居住地 2 現在と同じ区市町村内 3 現在と同じ都道府県の他の区市町村 4 他の都道府県{県名：　　　} 5 外国{国名：　　　}	
問24　いちばん上の子が小学校へ入学した直後の世帯主・配偶者の居住地と年齢	0 学齢期に達した子はいない 1 現在と同じ居住地 2 現在と同じ区市町村内 3 現在と同じ都道府県の他の区市町村 4 他の都道府県{県名：　　　} 5 外国{国名：　　　}	いちばん上の子が小学校入学時の世帯主の年齢（　　　）歳	0 学齢期に達した子はいない 1 現在と同じ居住地 2 現在と同じ区市町村内 3 現在と同じ都道府県の他の区市町村 4 他の都道府県{県名：　　　} 5 外国{国名：　　　}	いちばん上の子が小学校入学時の世帯主の配偶者の年齢（　　　）歳
問25　別の世帯にいるご両親の居住地 世帯主からみて、世帯主のご両親、世帯主の配偶者のご両親がどこにお住まいかをお答えください。	世帯主の父親 0 亡くなった 1 同じ建物・敷地内 2 同じ区市町村内 3 同じ都道府県の他の区市町村 4 他の都道府県{県名：　　　} 5 外国{国名：　　　}	世帯主の母親 0 亡くなった 1 同じ建物・敷地内 2 同じ区市町村内 3 同じ都道府県の他の区市町村 4 他の都道府県{県名：　　　} 5 外国{国名：　　　}	配偶者の父親 0 亡くなった 1 同じ建物・敷地内 2 同じ区市町村内 3 同じ都道府県の他の区市町村 4 他の都道府県{県名：　　　} 5 外国{国名：　　　}	配偶者の母親 0 亡くなった 1 同じ建物・敷地内 2 同じ区市町村内 3 同じ都道府県の他の区市町村 4 他の都道府県{県名：　　　} 5 外国{国名：　　　}

以下は、世帯主の方におたずねします（世帯主が同居していない場合は、世帯の代表者を世帯主としてお答えください）。

問26　今までに何人のお子さんをおもちですか（別の世帯にお子さんがいる方、亡くなった方も含みます）。

　　　1　子どもをもったことがある → （　　　　　）人　　　　　2　子どもをもったことがない

問26-1　別の世帯にお子さんがいる場合は、そのお子さん方について1人目以降の欄にご記入ください。

別の世帯のお子さん	性別 1 男 2 女	出生年月 1 西暦 2 平成 3 昭和	出生地 当時、親がふだん住んでいた都道府県名または外国名	現住地（世帯主からみた場合） 1 同じ建物・敷地内　　4 他の都道府県 2 同じ区市町村内　　　5 外国 3 同じ都道府県の他の区市町村
1人目	1 2	1 2 3（　　　）年（　　）月	{　　　　　}	1 2 3 4 {県名：　　　} 5 {国名：　　}
2人目	1 2	1 2 3（　　　）年（　　）月	{　　　　　}	1 2 3 4 {県名：　　　} 5 {国名：　　}
3人目	1 2	1 2 3（　　　）年（　　）月	{　　　　　}	1 2 3 4 {県名：　　　} 5 {国名：　　}
4人目	1 2	1 2 3（　　　）年（　　）月	{　　　　　}	1 2 3 4 {県名：　　　} 5 {国名：　　}
5人目	1 2	1 2 3（　　　）年（　　）月	{　　　　　}	1 2 3 4 {県名：　　　} 5 {国名：　　}

ご協力ありがとうございました。調査票は回収用の封筒に入れ、密封したうえで調査員にお渡しください。

２０１６年社会保障・人口問題基本調査

第８回人口移動調査

調査事務要領

厚生労働省 国立社会保障・人口問題研究所

〒100-0011 東京都千代田区内幸町２－２－３　　日比谷国際ビル６階

TEL（03）3595-2984

FAX（03）3591-4821

EMAIL　ido8@ipss.go.jp

www.ipss.go.jp/ido8

目　　次

第1　調査事務の概要

1　都道府県、指定都市、中核市、保健所設置市、特別区の保健統計主管部局が行う主な事務の概要は次のとおりです。
（1）厚生労働省が開催する全国会議への出席【都道府県、指定都市、中核市】
（2）調査事務計画の策定及び事務日程の作成
（3）調査員の選考及び配置
（4）調査関係書類の受領及び保健所への配布【都道府県・指定都市・中核市】
（5）県・市内会議の開催【都道府県、指定都市、中核市】
（6）調査関係書類の整理及び国立社会保障・人口問題研究所への提出【都道府県、指定都市、中核市】

2　保健所が行う主な調査事務は次のとおりです。
（1）都道府県、指定都市、中核市が開催する県・市内会議への出席
（2）調査員選考に係る都道府県（指定都市、中核市、保健所設置市、特別区）への協力
（3）調査関係書類の受領及び調査員への配布
（4）保健所会議（調査員事務打ち合わせ会）の開催及び調査員に対する指導
（5）調査関係書類の整理及び都道府県、指定都市、中核市、保健所設置市、特別区への提出

・この事務要領において「保健所設置市」とは、指定都市及び中核市を除くものとします。

第2　調査の流れと地方機関の仕事の要点

　２０１６年「第8回人口移動調査」は、２０１６年7月1日を調査日として、次のような手順で行います。

注：　[　　　　　　]　●は、原則として都道府県、指定都市、中核市の業務です。
　　　　　　　　　　　○は、保健所設置市、特別区の業務です。

　　　　[░░░░░░]　　は、保健所の業務です。

通知・地区名簿の受領

●国立社会保障・人口問題研究所から調査の実施通知と『調査地区名簿』を受領し、市（区）及び保健所に連絡（配布）します。〔都道府県〕
○都道府県から調査の実施通知の写しと『調査地区名簿』を受領し、保健所に連絡（配布）します。
〔指定都市、中核市、保健所設置市、特別区〕

全 国 会 議 へ の 出 席

3月11日

●厚生労働省が開催する全国会議に出席し、調査の趣旨、内容、仕事の進め方などについて理解します。
　　　　〔都道府県、指定都市、中核市〕

調 査 関 係 書 類 の 受 領

4月下旬頃

●国立社会保障・人口問題研究所から『調査の手引き』、調査票その他の関係書類を受領し、市（区）及び保健所に配布します。〔都道府県、指定都市、中核市〕
○都道府県から同関係書類を受領し、保健所に配布します。〔保健所設置市、特別区〕

調 査 員 の 設 置

●○保健所などの協力を得て、調査員の選考及び設置手続きを進めます。〔都道府県、指定都市、中核市、保健所設置市、特別区〕

県 ・ 市 内 会 議 の 開 催

●保健所設置市、特別区、保健所の担当者などの出席を求め県（市）内会議を開催し、調査の趣旨、内容、仕事の進め方などについて説明します。
〔都道府県、指定都市、中核市〕

保健所会議の開催	調査員の出席を求め保健所会議（調査員事務打合せ会）を開催し、調査の趣旨、内容、調査の方法、調査員としての心得などについて説明します。〔保健所〕
調査票等の配布 6月中〜下旬	調査票など、本調査に必要な関係書類を調査員に配布します。〔保健所〕

調査日 【7月1日】

調査対象世帯のインターネット回答状況の照会と保健所への通知	●○国立社会保障・人口問題研究所が設置する「自治体用インターネット回答状況確認サイト」（http://www.ipss.go.jp/ido8/survey）より自県内の調査対象世帯のインターネット回答状況を照会し、その結果を各保健所へ通知します。なお、この作業は調査期間中に複数回実施しても構いません。
調査対象世帯のインターネット回答状況の調査員への通知	都道府県、指定都市、中核市、保健所設置市、特別区より保健所へ通知された対象世帯のインターネット回答状況を調査員へ通知します。なお、この作業は調査期間中に複数回実施しても構いません。
単位区別世帯名簿、調査票の提出	調査員から提出のあった調査票をとりまとめ、都道府県、市（区）に対して所定の期日までに提出します。〔保健所〕
関係書類の国立社会保障・人口問題研究所への提出 7月29日（金）	○保健所から提出のあった『単位区別世帯名簿』と『調査票』を都道府県に提出します。〔保健所設置市、特別区〕 ●市（区）及び保健所から提出のあった『単位区別世帯名簿』と『調査票』を、**7月29日（金）まで**に国立社会保障・人口問題研究所に提出します。〔都道府県、指定都市、中核市〕

調査票等の提出先

調査票等は**下記あてに７月２９日（金）まで**に提出して下さい。

〒100-0011
東京都千代田区内幸町２－２－３　日比谷国際ビル６階
国立社会保障・人口問題研究所　国際関係部

TEL：（03）3595-2984

梱包が複数個の場合は、**何個口の何個か**を記入して下さい。

ポスターの活用について

　配布されたポスター（Ａ４版）については、なるべく多くの方に「第８回人口移動調査」にご協力いただくという観点から市町村窓口出張所、図書館などの公共団体掲示板、および集合住宅の掲示板に貼る、回覧板にはさむ、調査員の方が世帯の方にご協力を求める際にお見せする、など、地域の実情に応じて有効に活用して頂きますよう、お願いいたします。

第3 都道府県における事務

　都道府県においては、全国厚生統計主管課担当者会議における説明を受けて、事務計画の策定、県内会議の開催、関係書類取りまとめなどのほか、次に示す事務を行います。

1　実施通知、地区名簿の受領等
（1）国立社会保障・人口問題研究所から送付された『第8回人口移動調査の実施について（通知）』を受領し、調査の概要を把握します。また、指定都市、中核市、保健所設置市、特別区、保健所にその内容を連絡します。

（2）国立社会保障・人口問題研究所から送付された『第8回人口移動調査地区名簿』により、自県内の地区数、地区番号、市区町村名などを承知します。また、必要部分の写しを、指定都市、中核市、保健所設置市、特別区、保健所に配布します。この時、対象世帯に配布する「インターネット回答の利用者情報」の「世帯ＩＤ」が自県内のどの指定都市、中核市、保健所設置市、特別区、保健所などに配布されるのかを把握しておいてください。

2　調査員の選考及び設置
　自県内（指定都市、中核市、保健所設置市、特別区を除く。）の調査を行うために必要な調査員について、保健所などの協力を得て、選考及び設置手続きを進めます。

3　調査関係書類の受領と配布
　国立社会保障・人口問題研究所から送付された次の関係書類を受領し、保健所設置市、特別区、保健所に配布します。
- ・　第8回人口移動調査　実施要綱
- ・　第8回人口移動調査　調査票
- ・　第8回人口移動調査　記入例（日本語・外国語）
- ・　第8回人口移動調査　調査事務要領
- ・　第8回人口移動調査　調査の手引き
- ・　第8回人口移動調査　調査のお知らせ
- ・　第8回人口移動調査　ポスター
- ・　第8回人口移動調査　管理組合用パンフレット
- ・　第8回人口移動調査　単位区別世帯名簿
- ・　第8回人口移動調査　調査票回収用封筒

- ・ 第8回人口移動調査　連絡メモ（不在用）
- ・ 第8回人口移動調査　連絡メモ入れ封筒
- ・ 第8回人口移動調査　調査員証（台紙）
- ・ 第8回人口移動調査　インターネット回答の利用者情報
- ・ 第8回人口移動調査　自治体用インターネット回答状況確認サイト 利用者情報

【備考】調査対象者への謝礼品、調査票携行袋については各都道府県でご用意いただき、保健所に 配布して下さい。

4　インターネット回答状況の通知

調査期間中に、インターネット回答状況を、保健所を通じて、調査員へ通知してください。インターネット回答状況の照会は「第8回人口移動調査　自治体用インターネット回答状況確認サイト利用者情報」を用いて、下記のサイトより行います。

　　　自治体用インターネット回答状況確認サイト
　　　http://www.ipss.go.jp/ido8/survey

各都道府県別に世帯IDに応じたインターネット回答状況をCSV形式でダウンロードできるようになっています。保健所への通知方法や通知日などは効率的な方法をご検討ください。

5　調査関係書類の提出

（1）保健所設置市、特別区、保健所から提出のあった『単位区別世帯名簿』及び『調査票』は、送付票（様式2）（→19〜20 ページ）を添付し、いずれも、7月29日（金）までに国立社会保障・人口問題研究所に提出します。

（2）提出書類が確実に届くよう「国立社会保障・人口問題研究所　国際関係部」と宛先を正確に記入し、他部局の調査とは別梱包とします。

（3）梱包が複数個の場合は、何個口の何個かを記入します。

（4）発送上の事故等に備え、提出書類の発送記録等が残るようにしておきます。

第4　指定都市・中核市における事務

　指定都市、中核市においては、全国厚生統計主管課担当者会議における説明を受けて、事務計画の策定、市内会議の開催、関係書類取りまとめなどのほか、次に示す事務を行います。

1　実施通知、地区名簿の受領等
（1）都道府県から送付された『第8回人口移動調査の実施について（通知）』の写しを受領し、調査の概要を把握します。また、保健所にその内容を連絡します。
（2）都道府県から送付された『第8回人口移動調査地区名簿』により、市内の地区数、地区番号などを確認します。また、必要部分の写しを、保健所に配布します。この時、調査対象世帯に配布する「インターネット回答の利用者情報」の「世帯ID」が自市内のどの保健所にされるのかを把握しておいてください。

2　調査員の選考及び設置
　市内の調査を行うために必要な調査員について、保健所などの協力を得て、選考及び設置手続きを進めます。

3　調査関係書類の受領と配布
　国立社会保障・人口問題研究所から送付された次の関係書類を受領し、保健所に配布します。
- 第8回人口移動調査　実施要綱
- 第8回人口移動調査　調査票
- 第8回人口移動調査　記入例（日本語・外国語）
- 第8回人口移動調査　調査事務要領
- 第8回人口移動調査　調査の手引き
- 第8回人口移動調査　調査のお知らせ
- 第8回人口移動調査　ポスター
- 第8回人口移動調査　管理組合用パンフレット
- 第8回人口移動調査　単位区別世帯名簿
- 第8回人口移動調査　調査票回収用封筒
- 第8回人口移動調査　連絡メモ（不在用）
- 第8回人口移動調査　連絡メモ入れ封筒
- 第8回人口移動調査　調査員証（台紙）
- 第8回人口移動調査　インターネット回答の利用者情報

- 第8回人口移動調査　自治体用インターネット回答状況確認サイト
  利用者情報

4　インターネット回答状況の通知

　調査期間中に、インターネット回答状況を、保健所を通じて、調査員へ
通知してください。インターネット回答状況の照会は「第8回人口移動調
査　自治体用インターネット回答状況確認サイト利用者情報」を用いて、
下記のサイトより行います。

　　自治体用インターネット回答状況確認サイト
　　http://www.ipss.go.jp/ido8/survey

　各都道府県別に世帯 ID に応じたインターネット回答状況を CSV 形式で
ダウンロードできるようになっています。保健所への通知方法や通知日な
どは効率的な方法をご検討ください。

5　調査関係書類の提出

（1）保健所から提出のあった『単位区別世帯名簿』及び『調査票』は、送
　　付票（様式2）（→19〜20ページ）を添付し、いずれも7月29日（金）
　　までに国立社会保障・人口問題研究所に提出します。
（2）提出書類が確実に届くよう「国立社会保障・人口問題研究所　国際関係
　　部」と宛先を正確に記入し、他部局の調査とは別梱包にします。
（3）梱包が複数個の場合は、何個口の何個かを記入します。
（4）発送上の事故等に備え、提出書類の発送記録等が残るようにしておき
　　ます。

第5　保健所設置市・特別区における事務

保健所設置市・特別区においては、都道府県内会議における説明を受けて、関係書類のとりまとめなどのほか、次に示す事務を行います。

1　地区名簿の受領等

都道府県から配布された『第8回人口移動調査地区名簿』により、自市・区内の地区数、地区番号、市区町村名などを承知します。また、適宜、必要部分の写しを保健所に配布します。この時、調査対象世帯に配布する「インターネット回答の利用者情報」の「世帯ＩＤ」が自市区内のどの保健所に配布されるのかを把握しておいてください。

2　調査員の選考及び設置

自市・区内の調査を行うために必要な調査員について、保健所などの協力を得て、選考及び設置手続きを進めます。

3　調査関係書類の受領等

国立社会保障・人口問題研究所から配布された次の関係書類を受領し、適宜、保健所に配布します。
- 第8回人口移動調査　実施要綱
- 第8回人口移動調査　調査票
- 第8回人口移動調査　記入例（日本語・外国語）
- 第8回人口移動調査　調査事務要領
- 第8回人口移動調査　調査の手引き
- 第8回人口移動調査　ポスター*
- 第8回人口移動調査　調査のお知らせ
- 第8回人口移動調査　管理組合用パンフレット
- 第8回人口移動調査　単位区別世帯名簿
- 第8回人口移動調査　調査票回収用封筒
- 第8回人口移動調査　連絡メモ（不在用）
- 第8回人口移動調査　連絡メモ入れ封筒
- 第8回人口移動調査　調査員証（台紙）
- 第8回人口移動調査　インターネット回答の利用者情報
- 第8回人口移動調査　自治体用インターネット回答状況確認サイト利用者情報
- 調査対象者への謝礼品**
- 調査票等携行袋**

4　インターネット回答状況の通知

調査期間中に、インターネット回答状況を、保健所を通じて、調査員へ通知してください。インターネット回答状況の照会は「第8回人口移動調査　自治体用インターネット回答状況確認サイト利用者情報」を用いて、下記のサイトより行います。

　　自治体用インターネット回答状況確認サイト
　　http://www.ipss.go.jp/ido8/survey

各都道府県別に世帯 ID に応じたインターネット回答状況を CSV 形式でダウンロードできるようになっています。保健所への通知方法や通知日などは効率的な方法をご検討ください。

5　調査関係書類の都道府県への提出

保健所から提出のあった『単位区別世帯名簿』及び『調査票』を所定の期日までに都道府県に提出します。

第6　保健所における事務

1）事務の概要

　保健所は、都道府県、指定都市、中核市内会議における説明を受けて、調査関係書類のとりまとめなどのほか、次に示す事務を行います。

1　保健所会議の開催

（1）調査員の出席を求め、『調査の手引き』などにより、調査の趣旨・内容、調査の方法、調査員としての心得などについて説明します。その際、分からないことがあった場合は、必ず質問するなどして理解するよう促します。

（2）調査日（7月1日）までの間に世帯・世帯員の異動があった場合には、『単位区別世帯名簿』の訂正、追加記入を行うようにします。世帯の異動による世帯の追加があった場合は、追加の世帯にも「インターネット回答の利用者情報」を新たに用意し、『単位区別世帯名簿』に追加した世帯の「世帯ID」を記入してください。

（3）調査関係書類の保健所への提出期限、調査に当たって解決出来ない問題や疑問点が生じた場合の連絡先（保健所担当者）を調査員に知らせ、『第8回人口移動調査　調査の手引き』裏表紙の所定欄に書き留めておくようにします。

（4）調査に用いる次の関係書類を、調査員に配布します。
- 第8回人口移動調査　調査票
- 第8回人口移動調査　記入例（日本語・外国語）*1
- 第8回人口移動調査　調査の手引き
- 第8回人口移動調査　ポスター*2
- 第8回人口移動調査　調査のお知らせ
  （※「調査についてのお問い合わせ先」欄には、ゴム印などで保健所名・担当係名・電話番号を必ず記載しておくこととします。）
- 第8回人口移動調査　単位区別世帯名簿*3
- 第8回人口移動調査　調査票回収用封筒
- 第8回人口移動調査　連絡メモ（不在用）
  （※「お問い合わせ先」には、ゴム印などで保健所名・担当係名・電話番号を必ず記載しておくこととします。）
- 第8回人口移動調査　連絡メモ入れ封筒
- 第8回人口移動調査　調査員証（台紙）
- 第8回人口移動調査　インターネット回答の利用者情報*4
- 調査対象者への謝礼品*5

- 調査票等携行袋*5
- 国民生活基礎調査　地区要図（単位区設定済みの地区要図）の写し

　　【備考】*1 調査対象者に外国人が含まれることが想定される調査区では、外国語（英語・中国語・韓国語・ポルトガル語）による「調査票記入例」を携行してください。外国語による記入例の追加が必要になった場合には、都道府県（あるいは政令指定都市・中核市）の担当者にご連絡ください。

　　　　*2 ポスターは、自治体、保健所の方々で、調査対象区の目につきやすいところに貼るようにしてください。掲示以外に回覧板に挟んで使用することも可能です。

　　　　*3 については、国民生活基礎調査の単位区別世帯名簿の写しから、すでに国民生活基礎調査において記入済みの世帯番号、世帯主氏名、世帯員数（人）、まかない付きの寮等、の事項が書かれた部分をコピーし、切り取って（または転記して）第8回人口移動調査の「単位区別世帯名簿」の各欄に貼って作成して下さい。なお、貼付の際は国民生活基礎調査の単位区別世帯名簿の写しの世帯番号とのずれがないようにご注意ください。

　　　　*4 については、対象世帯に配布する「インターネット回答の利用者情報」に記載されている「世帯ＩＤ」と「単位区別世帯名簿」に記載されている「インターネット回答用世帯ＩＤ」が同じＩＤになるようにしてください。

　　　　*5 については、各都道府県、指定都市、中核市で準備することとなっております。不足等がある場合は、各都道府県、指定都市、中核市に御連絡ください。

（5）調査員証の活用について

　　『調査員証』（様式 1）（→18 ページ）は、調査地区に入ったら、常時携帯（首から下げる、胸に付ける等）し、世帯訪問の際には確実に見えるように留意するよう指導します。

2　調査票の受領及び県・市への提出《調査終了後》

　　調査員から提出のあった『単位区別世帯名簿』及び『調査票』を、所定の期日までに都道府県、指定都市、中核市、保健所設置市、特別区に提出します。

3　調査関係書類の処分

（1）調査に使用した国民生活基礎調査の「単位区別世帯名簿」及び「単位区要図」の写し、未使用の調査票等は外部に流出しないように焼却、裁断等により処分します。

（2）『調査員証』は、任命権者から別途指示があった場合を除き、返納後直ちに前記の方法に準じて処分します。

4　調査期間中における指導及び実査上の問題の処理

（1）長期不在の世帯に対する調査方法等の指導

調査に際してこれらの世帯があった場合は、その状況を聴取し、世帯の人に面接できる可能性があれば世帯の人との連絡に努めるよう調査員を指導します。

（2）調査困難な世帯に対する調査方法等の指導

調査に協力を得られないため調査票が回収できない世帯があった場合の対応について、あらかじめその要領を定めて調査員からこれに関して連絡があった場合は、適切に対応します。

（3）世帯からの相談等に対する応接処理

世帯等から保健所に調査に関する相談や問い合わせがあった場合に迅速かつ適切に対応できるように、あらかじめ次に示すような措置を講じてその体制を整えておきます。また、世帯等から相談や問い合わせがあった場合は、適切に対応します。

ア　調査についての問い合わせの窓口となる係を定めておき、その係名、電話番号等を『連絡メモ』の所定の欄に記載しておきます。

イ　窓口担当職員は、過去の事例などを参考にして、応接処理の方法を十分検討しておきます。

（4）インターネット回答状況の調査員への通知

本調査では調査対象世帯による選択でインターネットでの回答も可能となっています。調査期間中に、都道府県（市・区）からインターネット回答状況を受取ったうえで調査員へ通知し、インターネット回答がない世帯の紙の調査票を回収してください。

2）調査員事務打ち合わせ会における説明

調査員事務打ち合わせ会では、都道府県（市・区）から指示された事柄、これまでの経験や地域の実情に応じた説明方法などを織り込みながら、説明を行います。

・調査員に配布した調査関係書類が全部そろっているか確かめさせた上で、調査事務の概要を説明します。
・調査票の取扱い及び管理を厳重にすることなど、調査に当たって守るべき事柄や、調査を安全かつ正確に行うために必要な事柄をよく説明し、その徹底を図るよう指導します。
・分からないことがあった場合には、必ず質問して確認するよう促します。

参考1　調査員の選考及び配置

◎このことについては、昭和６１年４月２１日付け統管発第１５号・第１６号厚生省大臣官房統計情報部管理企画課長通知により、次の取扱指針が、各都道府県・指定都市の衛生・民生主管部（局）長あて通知されている。

「厚生統計調査に係る統計調査員の選考及び配置について」（取扱指針）

1　厚生統計調査に係る統計調査員（以下「統計調査員」という。）は、都道府県知事、指定都市市長及び保健所を設置する市（区）長が任命するものとしており、その身分は特別職に属する臨時又は非常勤の地方公務員であること。（地方公務員法第３条第３項第３号）

2　統計調査員の選考等に当たっては、厚生統計調査の円滑な実施、調査の正確性の確保、プライバシー保護、地域の実情等を十分考慮し、適切な者を選考、配置すること。この場合、一般的な選考基準として次のような点を参考にすること。

（1）民間人を原則とすること。

（2）おおむね満２０歳以上満６５歳以下の者であること。

（3）統計調査に対する協力の熱意のあること。

（4）調査対象者から信頼を得られる者であること。

（5）調査方法及び内容を正しく理解し、かつ、これを忠実に実行できる者であること。

（6）調査対象者に特別な利害関係のない者であること。

3　厚生統計調査は、健康、医療、福祉、年金、所得等、広範かつ専門的な分野にわたっており、調査を円滑に実施するためには、統計調査員が個々の調査票の内容を理解できる者であることが必要であることから、地方公共団体の職員（一般職の地方公務員。以下「職員」という。）を統計調査員として選考する場合は、次の点について留意をする必要があること。

（1）営利企業等への従事許可

　　職員が統計調査員としての職務に従事する場合には、正規の勤務時間の内外を問わず、地方公務員法第３８条第１項の規定に基づく、報酬を得て他の事務に従事する営利企業等の従事制限について、任命権者の許可が必要であること。

（2）職務専念義務の免除

　　職員が統計調査員としての職務に正規の勤務時間内（ただし、年次有給休暇の場合は除く。以下同じ。）に従事する場合には、地方公務員法第３５

条に基づく、任命権者からの職務専念義務の免除が必要であること。

（３）併給の取扱い

職員が統計調査員としての職務に正規の勤務時間内に従事する場合には、報酬の受給については、本務について勤務につかなかった時間に対する給与について調整する必要があること。

（４）その他

職員が統計調査員としての職務に従事する場合には、関係法令を遵守するよう指導、監督をされたいこと。

◎　調査員の配置に当たっては、世帯訪問の便宜、調査対象の正確な把握、個人の秘密の保護などを十分考慮する必要があるので、過去の調査状況も参考にし、建物が込み入っている地域等では世帯訪問の便宜や対象把握の正確性に、また、団地等では個人の秘密の保護の観点に重点を置くなど、地域の実情を十分把握した上で適切に行う。

例えば、次のような地域については、それぞれに示すようなことも考慮する。

ア　団地等の集団住宅地域、新興住宅地域などの調査地区

いわゆる顔見知り調査員を避ける傾向が強いところもあるので、他の地区に居住する調査員を配置したり、調査員の居住する棟と調査する棟を同一にしない。

イ　学校の学生寮・寄宿舎又は会社などの独身寮がある調査地区

入居者の把握漏れを防止するとともに、その協力を得るため、管理人等を調査員にするなど。

ウ　建物が込み入っている調査地区

調査地区境界の識別誤り、調査対象の把握漏れを防止するため、地域の実情に明るい者を調査員にするなど。

参考2　調査員の災害補償

　参考1の1でいう統計調査員が、国の統計調査の業務に従事している際に受けた災害に係る補償については、次により取り扱われる。

1　まず、地方公務員災害補償法（昭和４２年法律第１２１号）第６９条の規定に基づき当該統計調査員の任命機関（知事・市長・区長）が制定している補償条例により、公務災害補償が行われる。
2　1により公務災害補償を行った知事・市長・区長は、『統計調査員公務災害補償費交付要綱』（昭和４６年３月２２日行政管理庁）に基づいて、国に対し、公務災害補償として支出した経費の全部又は一部について交付を求めることができる。
※　同要綱は、本来、都道府県知事任命の統計調査員を対象として制定されたものであるが、昭和５５年４月以降、当分の間、厚生労働省所管の統計調査については、指定都市の市長、保健所設置市の市長又は特別区の区長が任命した統計調査員にも適用されることとなっている。

【参考】認定基準の要旨
○　「公務災害」とは、統計調査員に遂行すべきものとして割り当てられた職務に起因し、又は当該職務と相当因果関係を持って発生した負傷、疾病、廃疾及び死亡をいう。
○　原則として公務上のものとする負傷
（1）統計調査員に割り当てられた職務（指示による統計調査員訓練会への出席を含む。）を遂行している場合（天災地変による場合及び偶発的に事故による場合を除く。）に発生した負傷
（2）担当外の職務を遂行している場合に発生した負傷のときは、その職務遂行が公務達成のための善意の行為によるものと確認された負傷
（3）職務の遂行に伴う怨恨によって発生した負傷ほか
○　原則として公務上のものとする疾病
（1）公務上の負傷に起因する疾病
（2）職務に従事してり患した伝染病又は風土病ほか
○　公務上の廃疾及び死亡
　　公務上の負傷又は疾病と相当因果関係をもって発生した廃疾及び死亡

◎　認定に当たっては、統計調査員の住居等と用務先との間の往復途上であって、合理的な経路及び方法によっている場合は、職務の遂行中とみな

す。ただし、統計調査員が、その往復の経路を逸脱し、又は中断した場合は、職務の遂行中とはみなさない。

（様式１）

調 査 員 証

（表面）

第　　　　号

厚生労働省 国立社会保障・人口問題研究所
2016年 社会保障・人口問題基本調査
第8回人口移動調査
調 査 員 証

写真

縦　4.0cm
横　3.0cm

氏名 _____

この者は、第8回人口移動調査
調査員であることを証明する。

任命期間　　　年　　月　　日から
　　　　　　　年　　月　　日まで

年　月　日

知　事
市　長　　　　　印
区　長

（裏面）

注意事項

1　この調査事務を行うときは、この調査員証を携帯し、必要に応じてこれ
　を提示しなければならない。
2　この調査員証を他人に貸与し、又は譲渡してはならない。
3　この調査員証を紛失したとき、又は記載事項に変更が生じたときは、直
　ちに発行者に届け出なければならない。
4　この調査員証は、調査員の身分を失ったとき、又は調査業務の終了その
　他の事由のときは、ただちに発行者に返納しなければならない。

統計法（抄）

第41条　（前略）業務に関して知り得た個人又は法人その他の団体の秘密を
　　　漏らしてはならない。（後略）
第57条　次の各号のいずれかに該当する者は、２年以下の懲役又は百万円以
　　　下の罰金に処する。（中略）
　　　二　第41条の規定に違反して、その業務に関して知り得た個人又は法
　　　人その他の団体の秘密を漏らした者（後略）

【連絡先】

（様式２）

送　付　票

1　都道府県・指定都市・中核市名　　　_____

2　調査地区数　　　_____地区

3　送付数

区　　　分	送　付　数	備　　　考
単位区別世帯名簿	部	
回収用封筒 【調査票入り】	袋	

4 調査地区内訳

区　分／地区番号	単位区別世帯名簿	回収用封筒【調査票入り】	備　考
	部	袋	
	部	袋	
	部	袋	
	部	袋	
	部	袋	
	部	袋	
	部	袋	
	部	袋	
	部	袋	
	部	袋	
	部	袋	
	部	袋	
	部	袋	
	部	袋	
	部	袋	
	部	袋	
	部	袋	
	部	袋	
	部	袋	
	部	袋	
計	部	袋	

2016 年社会保障・人口問題基本調査

第 8 回人口移動調査

調　査　の　手　引　き

厚生労働省　国立社会保障・人口問題研究所

〒100−0011　　東京都千代田区内幸町 2-2-3　日比谷国際ビル 6 階

電話　(03) 3595-2984
http://www.ipss.go.jp/ido8

調 査 員 の 皆 様 へ

　このたび国立社会保障・人口問題研究所の「2016 年社会保障・人口問題基本調査　第 8 回人口移動調査」の実施にあたり、皆様方に調査員としてご協力いただくことになりました。

　本調査は、国立社会保障・人口問題研究所の行う社会保障・人口問題基本調査の一環として、5 年に 1 回実施しています。この調査により、各世帯を構成する世帯員が、入学・就職や結婚といった人生の節目でどのような移動を経験したのか、これまでどこに住んでいたのか、なぜ移動したのか、また将来どのように移動する予定があるかが明らかになります。調査結果から、人口減少社会における地域人口の変動メカニズムを把握し、地域創生に資する基礎資料として国や地方の行政に活用することを目的としています。

　この「調査の手引き」は、調査員として皆様にどのような仕事をしていただくのかを説明したものです。良い調査結果を得るためには、調査員である皆様に調査の趣旨・内容、手順を十分理解していただくことが何よりも大切です。大変お忙しい中、誠に恐縮に存じますが、正確な調査ができるよう、皆様方のご協力をお願い申し上げます。

　　平成 28 年 6 月

国立社会保障・人口問題研究所長

森　田　　朗

目　　次

調査を行う上での留意点

1．調査の目的・内容・調査手順を十分理解する

調査を行う前に、この「調査の手引き」や調査票などをよく読んでいただき、調査の必要性、調査事項、調査の実際のやり方について、ご理解いただき、調査対象世帯の方への説明にそなえていただけますようお願いいたします。

2．世帯の協力を求める

世帯を訪問した際には、「第8回人口移動調査のお知らせ」を配って調査の趣旨をよく説明し、協力を求めるようにしてください。また、必ず「調査員証」を携行し、訪問目的を伝えると共に、相手に見せるようにしてください。また、調査票に記入された情報は、統計を作成するためだけに用いられるもので、その他の目的には用いられないこと、また、調査票情報は加工され、匿名データとして利用されるため、個人が特定されることはないことを調査対象世帯の方に説明し、安心して回答してもらえるよう、心がけてください。

3．プライバシーの保護

第8回人口移動調査では、調査対象世帯のプライバシーを保護するため、調査対象世帯の方が調査票記入後、ご自分で調査票を所定の回収用封筒に入れ、密封する方式をとっています。回収された封筒は、密封されたまま、国立社会保障・人口問題研究所へ送られ、途中で開封されることは、決してありません。ご記入いただいた内容は、国立社会保障・人口問題研究所において，すべて統計的に処理され、個人の情報が他に漏れることは、一切ありません。

また、インターネット回答はセキュリティが守られた専用サイトで行い、プライバシーが漏れることはありません。回答されたデータは厳重に守られます。お手数ですが、調査員の方からも、調査対象世帯の方にプライバシーの保護に関して、上記の説明を十分してくださるようお願いいたします。

4．調査票を厳重に管理する

回収した調査票（密封封筒）は、受け持ち地区の巡回中はもちろん、回収した後、自宅においても他の人の目にふれることのないよう、提出まで厳重に管理してください。

I 第8回人口移動調査の概要

1. 調査の目的

第8回人口移動調査の目的は、各世帯を構成する世帯員が、入学・就職や結婚といった人生の節目でどのような移動を経験したのか、なぜ移動したのか、また将来どのように移動する予定があるのかを明らかにすることです。この調査結果から、人口減少社会における「まち・ひと・しごと」創生や地域活性化などの施策のための基礎資料を作成します。

2. 調査の対象および客体

本調査は、平成28年国民生活基礎調査で設定された調査地区内より都道府県毎に無作為に抽出した合計1,300調査地区内すべての世帯の**世帯主、および、すべての世帯員**を調査の客体とします。

3. 調査日

平成28（2016）年**7月1日(金)**を調査日とします。7月1日（金）の状況について回答してもらいます。

4. 調査票の種類

「2016年社会保障・人口問題基本調査　第8回人口移動調査」　調査票**1種類のみ**ですが、インターネットでの回答も選択式で可能となっています。

調査票は全8ページで、その構成は次のとおりです。

```
1ページ・・・・・・・・「記入上のお願い」と世帯についての質問
2～7ページ・・・・・ 世帯主とすべての世帯員についての質問
8ページ・・・・・・・ 世帯主と世帯主の配偶者についての質問（世帯主で配偶者の
                いない方は、世帯主のみについての回答となります）、世帯
                主のみについての質問
```

外国人の方には、英語、中国語、韓国語、ポルトガル語版の記入例を参照しながら、日本語版の調査票に記入するようお願いしてください。「インターネット回答の利用者情報」は訪問時に全世帯に1枚ずつ必ず配布してください。

5. 調査方法

基本的に調査員の方から調査対象世帯に調査票を配っていただき、記入は調査対象世帯で行う方式をとります。記入済みの調査票は、回答者の方が所定の**「回収用封筒」**に入れ（調査票が2枚以上の時も同封）、**密封**した上で、後日、調査員の方に回収していただきます。なお、調査対象世帯がインターネット回答を行った場合は調査票の回収は必要ありません。

II 調査実施の手順

A. 保健所にお願いする調査準備作業

（1）あらかじめ、都道府県から平成 28 年国民生活基礎調査の「単位区別世帯名簿」、および、「単位区要図」（単位区設定済みの「地区要図」）の写しを受け取ってください。

（2）国民生活基礎調査の「単位区別世帯名簿」の写しから、すでに国民生活基礎調査において記入済みの**世帯番号、世帯主氏名、世帯員数、まかない付きの寮等**、の事項が書かれた部分をコピーして、平成 28 年「第 8 回人口移動調査」の「単位区別世帯名簿」の各欄に貼ってください（転記して頂いても結構です）。電子媒体（エクセル形式）が必要な場合は、都道府県あるいは政令指定都市・中核市の担当者にご連絡ください。

（3）対象世帯に配布する「インターネット回答の利用者情報」の「世帯ＩＤ」を「単位区別世帯名簿」の(2)「インターネット回答用世帯ＩＤ」欄に記入してください。ここに記入した「世帯ＩＤ」が記載された「インターネット回答の利用者情報」を対象世帯に配布してください。また、「インターネット回答の利用者情報」の「世帯ＩＤ」をどの調査員に配布するのかを把握しておいてください。後に、都道府県あるいは政令指定都市・中核市の担当者から調査対象世帯のインターネット回答状況が通知されますので、各調査員に通知する際に便利です。

（4）上記（2）と（3）で作成された第 8 回人口移動調査の「単位区別世帯名簿」と「単位区要図」の写しを調査員に渡してください。

（5）調査対象者が外国人の場合など、日本語による調査票への記入が困難な場合に用いる外国語（英語・中国語・韓国語・ポルトガル語）記入例の電子ファイルを調査資料ＣＤ－Ｒに格納しています。外国語による記入例の追加が必要になった場合には、都道府県（あるいは政令指定都市・中核市）の担当者にご連絡ください。

B. 調査員の方にお願いする作業

1. 配票・調査前の準備

(1) 保健所から調査員に手渡される書類

 ① 「調査員委嘱状」 ･････････････････････････････････ 1枚
 ② 「調査員証」 ･･･････････････････････････････････････ 1枚
 ③ 「調査実施要綱」 ･････････････････････････････････ 1枚
 ④ 「調査の手引き」（本資料） ･････････････････････ 1部
 ⑤ 「単位区別世帯名簿」 ･･･････････････････ ３５世帯につき1部
 ⑥ 「地区要図」の写し ･･････････････････････････････ 1部
 ⑦ 「ポスター」 ･･･････････････････････････････････････ 2部
 ⑧ 「調査のお知らせ」 ･･･････････････････ 世帯数に応じた数＋5部
 ⑨ 「調査票」 ･･･････････････････ 世帯数と世帯員数に応じた数
 ⑩ 「インターネット回答の利用者情報」 ･･････････ 世帯数に応じた数

⑪「調査票記入例」・・・・・・・・・・・・・・・・・・・・・・・・・・・・・・・・・ 世帯数に応じた数
⑫「回収用封筒」・・・・・・・・・・・・・・・・・・・・・・・・・・・・・・・・・・・ 同　　　　　上
⑬「調査対象世帯への謝礼品」・・・・・・・・・・・・・・・・・・・・・・・ 同　　　　　上
⑭「不在メモ」・・ 2 冊
⑮「不在メモ入れ封筒」・・・・・・・・・・・・・・・・・・・・・・・・・・・ 世帯数に応じた数
⑯「管理組合用パンフレット」・・・・・・・・・・・・・・・・・・・・・・・・・・・・ 2 部
⑰「調査票等携行袋」・・・・・・・・・・・・・・・・・・・・・・・・・・・・・・・・・・・・ 1 個

　　調査に用いる書類を受け取り、すべてそろっているかどうか確認してください。なお、調査対象世帯が多くなる等の理由で、⑤や⑦～⑯の書類が不足する場合、必要な数を保健所に連絡し、不足分を受け取ってください。

ポスターの活用について

　　配布されたポスター（A4 版）については、なるべく多くの方に「第 8 回人口移動調査」にご協力いただくという観点から市町村窓口出張所、図書館などの公共団体掲示板、および集合住宅の掲示板に貼る、回覧板にはさむ、調査員の方が世帯の方にご協力を求める際にお見せする、など、地域の実情に応じて有効に活用して頂きますよう、お願いいたします。

(2) 「単位区別世帯名簿」への所定事項の記入
　　（＜記入例1＞参照）

　　　保健所から受け取った第8回人口移動調査の「単位区別世帯名簿」の所定欄に、地区番号、単位区番号、都道府県・市郡・区町村名、丁目、保健所名、調査員氏名を記入してください。また、**35世帯をこえる場合**は、「単位区別世帯名簿」が複数枚必要となりますので、**枚数**（「＿＿枚のうち＿＿枚目」）も記入してください。さらに、名簿の(4)の欄に記載された世帯員数に応じて、あらかじめ(7)の欄の**配布（予定）数**を記入してください（世帯員5人につき1枚）。

(3) 「調査票」、および、「回収用封筒」への所定事項の記入

　① 保健所から受け取った調査票の表紙の右上の調査員記入欄に、「都道府県名」、「保健所名」、「地区番号」、「単位区番号」、「世帯番号」を記入してください。
　② 回収用封筒の所定の欄にも、「都道府県名」、「保健所名」、「地区番号」、「単位区番号」、「世帯番号」を記入してください。
　③ 調査票に記入した「世帯番号」と対応する「インターネット回答の利用者情報」を準備してください。
　③ 不在だった調査対象者がすぐに調査員と連絡を取れるように、「不在メモ」に、連絡先を記入してください。

<＜記入例１＞>

2016年社会保障・人口問題基本調査

第8回人口移動調査

単位区別世帯名簿

地区番号	1	3	0	0	1	単位区番号	0	1

（　　3　枚のうち　1　枚目）

東　京　　(都)道　府　県　　　　　　　　　　市　郡

千代田(区)町　村　中央丁目（〜　　　丁目）

保　健　所　名　　千代田保健所

調　査　員　氏　名　　社人　研太郎

注：1　「(4)」欄は、調査日現在の人員数を記入してください。
　　2　「(5)」欄は、住み込み、または、まかない付きの寮・寄宿舎に居住する
　　　　単独世帯の場合に、〇印を記入してください。
　　3　「(6)」欄は、「①」のように丸で囲った数字で、相互に同一家屋・同一敷地
　　　　の世帯であることが認識できるように記入してください（同じ家屋や
　　　　同じ敷地内にあるそれぞれの世帯について、丸で囲った同じ数字を
　　　　記入）。

＊地区番号、住所、保健所名、調査員氏名等は仮のものです。

2．配票・調査の実施手順

(1) 配票・調査時に携行する書類

　　①「調査員証」・・・・・・・・・・・・・・・調査対象世帯の方に調査員であることを証明するもの
　　②「調査の手引き」（本資料）・・・・・・・・・・・・・・調査の方法や注意点を説明したもの

③「単位区別世帯名簿」‥‥‥‥‥‥‥‥‥‥‥‥‥‥‥‥‥‥‥この調査のために作成した名簿
④「地区要図」の写し‥‥‥‥‥‥‥‥‥‥‥‥‥‥‥‥‥‥‥‥‥‥調査地区の地理案内
⑤「ポスター」‥‥‥‥‥‥‥‥‥‥‥‥‥‥‥‥‥‥‥‥‥‥‥‥‥‥‥‥‥‥‥ 2 部
⑥「調査のお知らせ」‥‥‥‥‥‥‥‥‥‥‥‥‥‥‥‥‥‥‥‥‥‥ 1 世帯につき 1 部
⑦ 所定事項記入済みの「調査票」‥‥‥‥‥‥‥‥‥‥‥ 世帯数と世帯員数に応じた数
⑧「インターネット回答の利用者情報」‥‥‥‥‥‥‥‥‥‥‥‥‥‥ 1 世帯につき 1 部
⑨「調査票記入例」‥‥‥‥‥‥‥‥‥‥‥‥‥‥‥‥‥‥‥‥ 同　　　　　上
⑩ 所定事項記入済みの「回収用封筒」‥‥‥‥‥‥‥‥‥‥‥‥同　　　　　上
⑪「調査対象世帯への謝礼品」‥‥‥‥‥‥‥‥‥‥‥‥‥‥‥‥同　　　　　上
⑫「不在メモ」‥‥‥‥‥‥‥‥‥‥‥‥‥‥‥‥‥‥‥‥‥‥‥不在世帯への連絡用
⑬「不在メモ入れ封筒」‥‥‥‥‥‥‥‥‥‥‥‥‥‥‥‥‥‥同　　　　　上
⑭「管理組合用パンフレット」‥‥‥‥‥‥‥‥‥‥‥‥‥‥‥‥‥‥‥ 2 部

＊調査対象者に外国人が含まれることが想定される調査区では、外国語（英語・中国語・韓国語・ポルトガル語）による「調査票記入例」を携行してください。

(2) 調査対象世帯への訪問

　　配票の準備が整ったら、「単位区別世帯名簿」、「地区要図」（単位区設定済みのもの）の写しに基づいて調査地区の世帯を訪問します。もし、転入等により「単位区別世帯名簿」や「地区要図」の写しから漏れている世帯があった場合は、その世帯も訪問してください。また、**留守**の世帯については「不在メモ」を活用するなど、円滑に配布が進みますようご協力、よろしくお願いいたします。「不在メモ」は紛失しないよう「不在メモ入れ封筒」に入れてお使いください。なお、地域の実情からみて、調査対象世帯を訪ねる前に、**マンションの管理人**の方々等に協力を依頼する必要がある場合は、「管理組合用パンフレット」を渡して依頼してください。

(3) 調査協力のお願い

　　調査対象世帯を訪問したら、自己紹介と訪問理由の説明を行い、「調査のお知らせ」を渡し、調査に協力していただけるようお願いします。
　　「調査のお知らせ」を調査対象世帯の方に読んでいただければ十分わかっていただけるとは思いますが、調査員の方からも、この調査は国の調査であること、調査結果は統計目的以外には使用しないことなどを説明してください。

(4) 世帯主、世帯員数などの確認

　　この調査は、世帯主、および、すべての世帯員を対象としています。世帯名簿の（3）（4）を見て、世帯主はどなたか、世帯員数は何人かを確認してください。
　　世帯名簿の（5）「まかない付きの寮等」に〇がある場合は、住み込み、または、まかない付きの寮・寄宿舎等に居住する単独世帯であるかどうかを確認してください。

同一家屋または同一敷地内に**複数の世帯**が居住している場合は次のように判断してください。

○ （例）２世代が１つの住宅に住んでいるとき

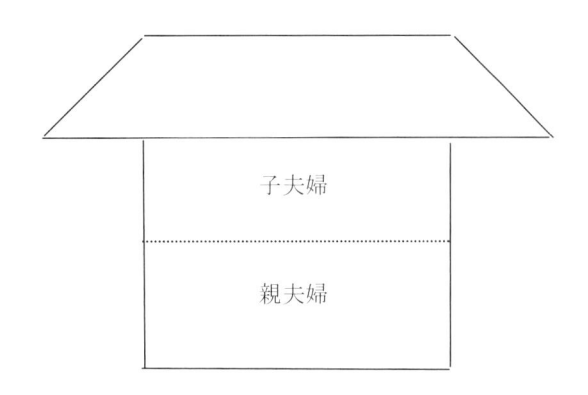

子夫婦

親夫婦

１つの住宅に、親夫婦・子夫婦がいっしょに住んでいる場合、

(1) 親夫婦と子夫婦が生計を共にしているときは、→　１つの世帯
(2) 親夫婦と子夫婦が生計を別にしているときは、→　別々の世帯

その他の世帯の定義については、「III-1. **主な用語の定義**」を参照してください。

　２世帯が居住していることが判明した場合、もう１つの世帯に「調査のお知らせ」、「調査票」、「記入例」、「回収用封筒」、「謝礼品」、「インターネット回答の利用者情報」を１式配布してください。このとき、もう１つの世帯を「単位区別世帯名簿」の最後に追加してください。その場合も「単位区別世帯名簿」の(2)から(7)までの欄に所定事項を記入してください（＜記入例２＞）。

(5) 「単位区別世帯名簿」の修正
（＜記入例２＞参照）

　調査対象世帯と「単位区別世帯名簿」の世帯主、世帯員数を確認し、記載事項に変更がある場合は、「単位区別世帯名簿」の記載事項を下記の方法で**修正**してください。

○ **世帯主氏名**が「単位区別世帯名簿」にすでに記入されたものと異なる場合は、２本線を引いて、聞き取った正確な世帯主氏名を備考欄に記入してください。

○ **世帯員数**が「単位区別世帯名簿」にすでに記入されたものと異なる場合は、２本線を引いて、聞き取った正確な世帯員数を(4)欄(世帯員数)に記入してください。

○ 世帯そのものが**転出**で地区内に居住していない場合は、2本線を引いて、配布数の(7)の欄に0（ゼロ）、(9)の「ネット回答・不在などチェック」欄に「転出」と記入してください。

○ 世帯そのものが調査の直前に**転入**してきたことにより「単位区別世帯名簿」に記載されていない場合は、その世帯を「単位区別世帯名簿」の最後に追加し、(2)から(5)までの事項について各欄に記入し、(9)「ネット回答・不在などチェック」欄に「転入」と記入してください。この時、対象世帯に配布する「インターネット回答の利用者情報」の「世帯ＩＤ」も忘れず記載してください。

○ 「不在メモ」等を使っても調査対象世帯の方が**不在**で調査票を配布することができなかった場合は、「ネット回答・不在などチェック」欄に「不在」と記入してください。

○ 「単位区別世帯名簿」では、1世帯のみ居住しているはずなのに、実際は**複数の世帯**として居住していることがわかった場合には、次のようにしてください。追加分の世帯を「単位区別世帯名簿」の最後の行に追加し、(2)から(5)までの事項について各欄に記入してください。(2)「インターネット回答用世帯ＩＤ」の欄には、追加の世帯に配布する「インターネット回答の利用者情報」を用意し、そこに記載されている「世帯ＩＤ」を記入してください。(10)「備考」欄に元からある世帯の世帯番号を書いた上で、「複数世帯」と記入してください。そして、元の世帯の世帯員数等も修正する必要があれば、2本線を引いて、正しい人数等を記入してください。また、(6)の欄にもお互いの世帯が同一家屋・敷地にある世帯であることを認識できるよう、「①」のような数字で記入してください。なお、あらかじめ、同じ敷地や建物に複数の世帯が居住していることが分かっている場合にも、(6)の欄に同様の数字を記入してください（＜記入例2＞）。

「ネット回答・不在などチェック」欄（9）への記入は、以下を参考にしてください。

転出・・・・・・・・国民生活基礎調査実施後引っ越し等により、当該住居に居住していない場合

転入・・・・・・・・国民生活基礎調査実施後引っ越し等により、新たに居住している場合

世帯主変更・・・・国民生活基礎調査実施後世帯主が変わった場合

その他・・・・・・・上記以外の理由で国民生活基礎調査の単位区別世帯名簿にない世帯がある場合、その状況をなるべく具体的に(10)「備考」欄に記入してください。

不在・・・・・・・・当該住居への居住実態はあるが、調査期間中に一度も面会することができなかった場合を言います。

拒否・・・・・・・・世帯員に面会することができたものの、調査協力を得ることができず、調査票を配布できなかった場合を言います。拒否の理由をできる限り詳しく「備考」欄に記入してください（例：病気のため、など）

再交付‥‥‥‥対象世帯から「インターネット回答の利用者情報」を紛失したなど
　　　　　　の理由で新たな世帯ＩＤ、パスワードを求められた場合は、新しい
　　　　　　「インターネット回答の利用者情報」を再交付してください。この
　　　　　　際、対象世帯にはすでに回答済みであった回答内容は削除されるこ
　　　　　　とをお伝えください。「単位区別世帯名簿」の(2)「インターネット
　　　　　　回答用世帯ＩＤ」の欄には、古い「世帯ＩＤ」に２本線を引いた上
　　　　　　で、再交付した「インターネット回答の利用者情報」の「世帯ＩＤ」
　　　　　　を転記してください。
その他‥‥‥‥上記以外の理由で調査協力を得られなかった場合、その状況をなる
　　　　　　べく具体的に記入してください。

○　「単位区別世帯名簿」の(3)合計欄に対象となる世帯数の合計を記入してください。
　なお、世帯数には転出・長期不在の世帯は含めません。また、店舗や事務所など居
　住実態がない場合も含めません。

<記入例2>

| | | | | | 地区番号 | 1 | 3 | 0 | 0 | 0 | 単位区番号 | 0 | 1 | | 第8回人口移動調査
単位区別世帯名簿 | （ 1 枚のうち 1 枚目） |

(1)	(2)		(1)'	(3)	(4)	(5)	(6)	調 査 票		(9)	(10)
								(7)	(8)		
世帯番号	インターネット回答用 世帯ID		世帯番号	世帯主氏名	世帯員数 （人）	まかない 付きの寮 等	同一家屋 同一敷地	配布数 （調査票）	回収数 （密封封筒）	ネット回答・ 不在など チェック	備 考
01	0000001		01	霞ヶ関 八郎	3			1			
02	0000002		02	銀座 花子	6			2			
03	0000003		03	千代田 京子	2			0		不在	
04			04	市ヶ谷 宏	4		①	1			
05			05	市ヶ谷 清	3		①	1			
06			06	~~世田谷 健太郎~~	1			0		転出	
07			07	練馬 昌人	3			1			
08			08	~~品川 純三郎~~	3 ~~千~~			1			世帯主変更 品川 純一
09			09	杉並 司朗	7 廿		②	2 ~~千~~			
18			18	新宿 昇	3 ~~支~~			1			
19			19	丸の内 一平	1	○		0		拒否	
20			20	日比谷 徹	1	○		1			
21			21	新橋 悟	1	○		1		転入	
22	0000022		22	杉並 清司	4		②	1			09, 複数世帯
34			34								
35			35								
			合計	世帯数 21 世帯				19			

＊ (2) と (1)' の間の空欄は折り代です。記入事項はありません。

(6)「調査票」の配布

調査票を配布する際には、以下の点に十分注意してください。

①「調査票」の記入について
　世帯主の方に、世帯にふだん住んでいるすべての人（世帯主、世帯員）について、

記入していただくようお願いしてください。病気、その他の理由で世帯主が記入できない場合は、**代理の方**に世帯主、および、すべての世帯員のことについて記入していただくようにお願いしてください。また、世帯主や世帯員が出張や転勤等の理由でふだん住んでいない場合、回答に含まないことを説明してください。ふだん住んでいるとは住民登録の有無とは関係なく、3ヶ月以上にわたって住んでいる、または住むことになっていることを指します。出張や旅行、病気などで一時的に不在（3ヶ月未満）の場合は、ふだん住んでいる人に含めます。**世帯主がふだん住んでいない場合、世帯主に関する質問には、ふだん住んでいる世帯の代表者を世帯主として回答していただくようお願いしてください。**

②世帯員数が6人以上のとき
　「調査票」の2〜7ページまでの回答欄は、世帯主を含めて5人分用意されています。1世帯の世帯人員が6人から10人の場合、**「調査票」配布は2枚になります**（11人から15人の場合は3枚になります）。

その場合、

　(1) 調査員記入欄の調査票枚数の欄に2枚目と記入し（図1）、
　(2) 回答欄の上の欄を6人目、7人目、…と書き換え、問4「世帯主との続柄」の6人目の欄の「①世帯主」を2本線で取り消してください（図2）。

つまり、この場合、回答は6人目の世帯員の方からとなります。また、2枚目以降の調査票の1ページと8ページに回答していただく必要はありません。なお、「インターネット回答の利用者情報」の追加配布（2枚目）は必要ありません。

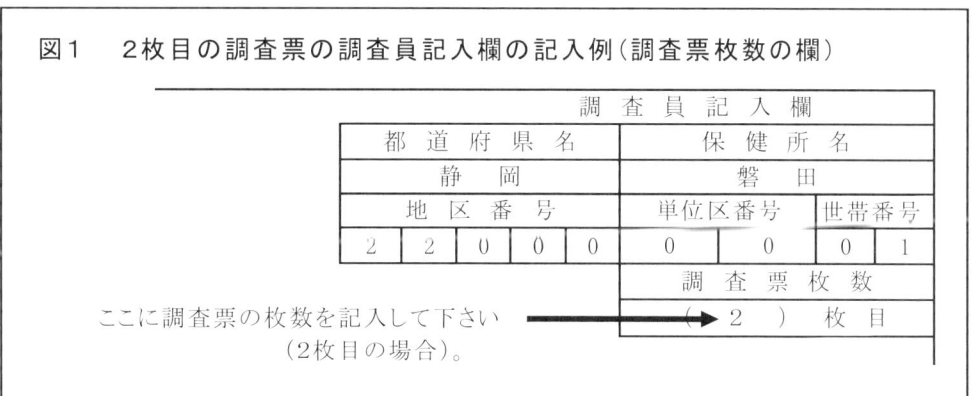

図1　2枚目の調査票の調査員記入欄の記入例（調査票枚数の欄）

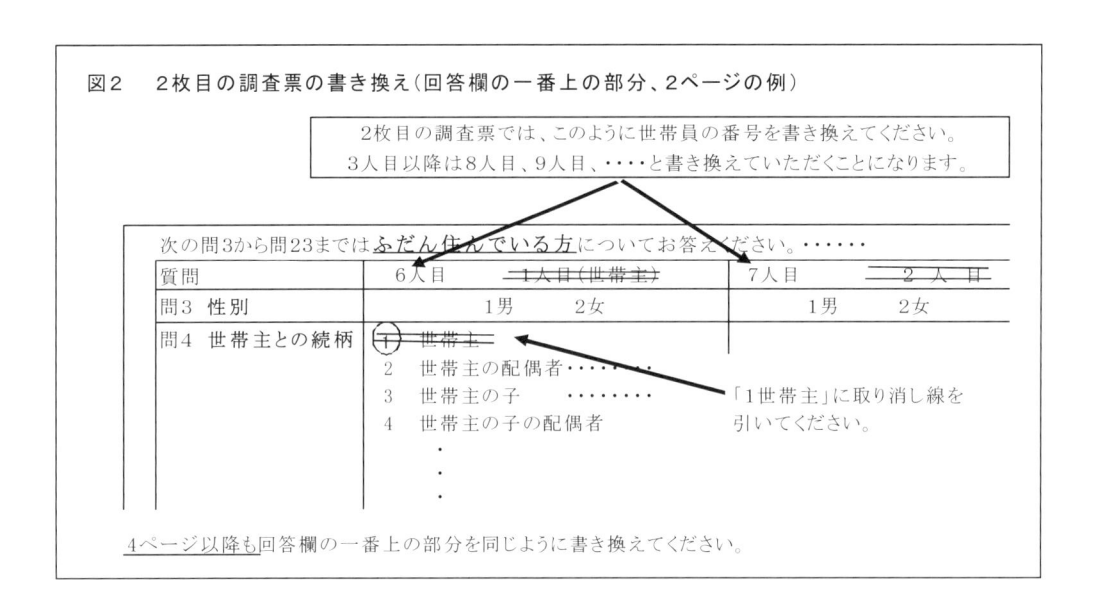

③応接者が外国人の場合の対処

　応接者が外国人であっても、国籍に関係なく、本調査の対象となります。調査票は日本語のみですが、4か国語（英語・中国語・韓国語・ポルトガル語）の記入例を用意していますので、必要であれば保健所に依頼してください。記入例を参照しながら日本語の調査票に記入するようお伝えください。

④調査票を配布できなかった世帯については(7)配布数欄に0（ゼロ）を記入してください。その上で(9)「ネット回答・不在などチェック」欄に配布できなかった理由を記入してください。理由については、p.9–p.10を参照してください）。最後に配布数の合計を記入してください。

(7) 回収方法と謝礼品の配布

　調査対象世帯が記入済みの調査票を入れるための「回収用封筒」を1世帯につき1部渡してください（調査票を2枚以上配布した世帯でも「回収用封筒」は1部です）。

　回収の際には密封回収を原則としておりますので、「回収用封筒」の裏のシールをはがして密封していただくように依頼しておいてください。

　最後に、調査票の回収予定日を調査対象世帯の方に知らせ、回収してください。調査対象世帯の方の都合がつかない場合には、適宜、回収方法を打ち合わせていただくようお願いいたします。インターネット回答した世帯については、回答が登録されているか、保健所に確認してください。

　また、調査協力の謝礼として調査対象世帯へ「謝礼品」を1世帯当たり1個お渡しください。紙の調査票が提出されなくても、インターネット回答を行った旨が確認できた場合は「謝礼品」を1世帯当たり1個お渡しください。

3．回収後の確認と調査票の提出

(1)「単位区別世帯名簿」への確認事項の記入
（次ページ＜記入例３＞参照）

① 調査票を回収したら、＜記入例３＞に従い、「単位区別世帯名簿」に調査票入り**密封封筒の回収数**を記入してください。回収できなかった場合は、回収０（ゼロ）とし、「ネット回答・不在などチェック」欄に回収できなかった理由を記入してください。理由については、以下を参照してください。

不在・・・・・・・・・・・・・調査票配布後に何度か面会を試みたが、不在により調査票を回収できなかった場合

拒否・・・・・・・・・・・・・調査票を回収にうかがった際に、調査協力を拒否され、調査票の回収ができなかった場合

その他・・・・・・・・・・・上記以外の理由で調査票の回収ができなかった場合、その状況をなるべく具体的に「備考」欄に記入してください。

ネット・・・・・・・・・・・インターネット回答したと申告した世帯には、ネットと記入してください。なお、調査対象世帯のインターネット回答の有無は都道府県を通じて各保健所に通知されます。

② インターネット回答した世帯の(8)調査票回収数は、０（ゼロ）としてください。

③ 最後に(8)調査票回収数の合計を確認し、実際に回収した調査票入り密封封筒の数が一致するか、点検してください。

(2) 調査票等の保健所への提出

密封回収された「調査票」（密封封筒）、「単位区別世帯名簿」、「地区要図」の写しの３点を、一括して保健所に提出してください。また、未使用の「調査票」や「回収用封筒」、「調査のお知らせ」、「謝礼品」等が残っていたら、それらも保健所に提出してください。**調査員の方のお仕事は以上で終わりです。**

<記入例３＞

(1) 世帯番号	(2) インターネット回答用世帯ID		(1)' 世帯番号	(3) 世帯主氏名	(4) 世帯員数（人）	(5) まかない付きの寮等	(6) 同一家屋同一敷地	調査票 (7) 配布数（調査票）	(8) 回収数（密封封筒）	(9) ネット回答・不在などチェック	(10) 備 考
01	0000001		01	霞ヶ関 八郎	3			1	0	ネット	
02	0000002		02	銀座 花子	6			2	1		
03	0000003		03	千代田 京子	2			0	0	不在	
04			04	市ヶ谷 宏	4		①	1	1		
05			05	市ヶ谷 清	3		①	1	1		
06			06	世田谷 健太郎	1			0	0	転出	
07			07	練馬 昌人	3			1	1		
08			08	品川 純三郎	3 ~~王~~			1	1		世帯主変更 品川 純一
09			09	杉並 司朗	7 ~~廿~~		②	2 ~~3~~	0	ネット	
18			18	新宿 昇	3 ~~王~~			1	0	回答不能	
19			19	丸の内 一平	1	〇		0	0	拒否	
20			20	日比谷 徹	1	〇		1	0	回収不能	
21	↓		21	新橋 悟	1	〇		1	1	転入	
22	0000022		22	杉並 清司	4		②	1	1		09, 複数世帯
34			34								
35			35								
合計			合計	世帯数　21　世帯				19	15		

＊（2）と（1）'の間の空欄は折り代です。記入事項はありません。

C．保健所にお願いする調査終了後の作業

1．調査票等の送付（保健所→各自治体→国立社会保障・人口問題研究所）

　　密封回収された「調査票」（密封封筒）と「単位区別世帯名簿」は、各保健所からいったん各都道府県（または指定都市・中核市・保健所を設置する市・特別区）に集められ、そこから国立社会保障・人口問題研究所あてに７月２９日（金）までにご送付願うことになっております。

2．調査関係書類の処分

　　調査に使用した国民生活基礎調査の「単位区別世帯名簿」、「単位区要図」の写しは、調査終了後、保健所においてすみやかに裁断消却により処分してください。

Ⅲ　調査内容上の注意点

　　この調査は原則として調査対象世帯の方が自分で記入する方法をとっていますが、調査対象世帯の方から質問があった場合は、以下の説明や、記入例を参考にして答えてください。それでも調査対象世帯の方に納得していただけなかった場合には、国立社会保障・人口問題研究所にご連絡ください。連絡先は、この手引きの一番最後のページに記載されています。

1．主な用語の定義

世　帯：世帯とは、調査日（2016（平成 28）年 7 月 1 日現在）において、<u>住居と生計をともにしている人々の集まり、または独立して生計を営む単身者をいいます</u>。ここでいう「生計」とは日常生活を営むための収入と支出をいいます。たとえば、

　　○　住居と生計を共にしている家族・・・・・・・・・・・・・・・・・１つの世帯
　　○　１つの住宅に、親夫婦・子夫婦の家族が住んでいる場合
　　　　　親夫婦・子夫婦家族が生計を別にしている・・・・・・それぞれ別世帯
　　　　　親夫婦・子夫婦が生計を共にしている・・・・・・まとめて１つの世帯
　　○　２世帯居住用の住宅に、親夫婦・子夫婦がそれぞれ別に住んでいる場合
　　　　　・・・・・・・・・・・・・・・・・・・・・・・・それぞれ別世帯
　　○　アパート、１軒家にかかわらず、１人で住んでいる・・・１人で１つの世帯
　　○　アパートの１室や１軒家に友人などと一緒に住んでいる場合
　　　　　生計を別にしている・・・・・・・・・・・・・・・１人ずつ別の世帯

　　　　　　　生計を共にしている・・・・・・・・・・・・・・・まとめて１つの世帯
　　　○　単身の住み込み従業員や家事手伝い
　　　　　　　雇い主と生計を別にしている・・・・・・・・・・雇い主とは別の世帯
　　　　　　　雇い主と生計を共にしている・・・・・・・・・・雇い主と同じ世帯
　　　○　会社の独身寮などの単身者
　　　　　　　１人で１室・・・・・・・・・・・・・・・・・・１人で１つの世帯
　　　　　　　１室に２人以上の場合
　　　　　　　生計を別にしている・・・・・・・・・・・・・・１人ずつ別の世帯
　　　　　　　生計を共にしている・・・・・・・・・・・・・・まとめて１つの世帯

世帯主：世帯側が世帯主として申告した方です。ただし、世帯主が、転勤・出張などで「ふ
　　　　だん住んでいない」場合（下記参照）は、世帯の代表者を世帯主としてお答えく
　　　　ださい。

ふだん住んでいる人：調査日（2016（平成28）年7月1日現在）において、調査地区内の
　　　　世帯に居住するすべての人を指します。居住とは、ある特定の住居などに、住民
　　　　登録の有無とは関係なく、3ヶ月以上にわたって住んでいる、または住むことに
　　　　なっている状態を指します。旅行や出張、入院などで一時的に不在（3ヶ月未満）
　　　　の場合は、ふだん住んでいる人に含めます。3ヶ月以上にわたって住んでいる、
　　　　または住むことになっている場所がない場合は、今いる場所が居住地になります。
　　　　なお、単身赴任などで、2つの住まいを行き来している場合は、ふだん寝泊まり
　　　　する日数の多い方を「ふだん住んでいる」居住地としてください。

同居：同居とは、調査日（2016（平成28）年7月1日現在）において、世帯員の方が一緒
　　　　に居住している状態をいいます。出稼ぎ、旅行、入院等で一時的に不在（3ヶ月
　　　　未満）の方は、同居とみなします。住民登録の有無に関係なく、3ヶ月以上にわ
　　　　たって不在の方は、同居しているとはみなしません。

区市町村：区市町村の区とは東京都の特別区（東京23区）、および、政令指定都市内の
　　　　区のことを指します。

2．主な質問項目の注意点

| 問10　教育 |

　　まず、上段「在学か卒業か」の1〜3の中から1つを選択して○をつけます。「3未
　　就学、乳幼児など」とは乳幼児や小学校入学前で幼稚園や保育園に通っている子ども、
　　何らかの理由でまったく学校に通えなかった方のための選択肢です。「1　在学中」
　　および「2　卒業した」の選択肢を選んだ方には下段の「在学中の、または、最後に

卒業した学校」に進んでいただき、1〜6の中から1つを選択していただきます。現在、**学校に在学している方**は、在学中の学校を、すでに**卒業された方**は、最後に卒業された学校を選んでください。

　なお、**学校を中途退学されている方**は、上段では「2　卒業した」に〇をつけ、下段では、中途退学された学校の1つ前の学校を選んでください。学校の区分については、後掲の別表1を参考にしてください。また、学校に通ったことはあっても、**どの学校も卒業しなかった方**は、ここでは、上段の「3　未就学、乳幼児など」に〇をつけてください。下段の「在学中の、または、最後に卒業した学校」に〇をつける必要はありません。

問12　引っ越しの経験

この質問では、引っ越しされたことがあるかどうかについてお聞きしています。現在住んでいる**居住地に何回か出入りしている場合**には、いちばん最近の入居について答えていただきます。

　問12−3は、引っ越しの理由についての質問です。たとえば、世帯主の転勤という事情により引っ越しした場合、世帯主は問12−3で「4　転勤」に〇を、世帯主の配偶者の方やお子さんは、「14　家族の移動に伴って」に〇をつけることになります。

問19　5年前（2011（平成23）年7月1日）の居住地

この質問では、5年前の居住地についてお聞きしています。

①　5年前と居住地が変わっていない場合、「1　現在と同じ居住地」を選択してください。なお、居住地の区市町村名や住居表示が変わった場合でも、「1　現在と同じ居住地」を選択してください。

②　5年前と居住地が変わり、それが現在居住している区市町村の区分内（2011（平成23）年7月1日現在の区分）での変更である場合、「2　現在と同じ区市町村内」を選んでください。

③　5年前と居住地が変わり、5年前の居住地が現在の居住地と同じ都道府県内ではあるけれども、現在の区市町村の区分で他の区市町村の場合には、「3　現在と同じ都道府県の他の区市町村」に〇をつけてください。

　この間に市町村合併等が実施された場合の回答例については、「記入例」を参照してください。

問20　1年前（2015（平成27）年7月1日）の居住地

　問19と同じ要領で回答してください。

問21　生まれてから現在までに3か月以上居住したことのある都道府県・外国

　住民登録の有無とは関係なく、これまでに3ヶ月以上、住んだことのある都道府県・外国、すべてに〇をつけてください。外国については、国名をすべて記入してください。

問２２　５年後に居住地が異なる可能性

　この質問は、５年後に居住地を変えたいかどうかという**希望ではなく、（調査時点に
おいて）５年後に居住地が異なる可能性**を聞いています。「１　大いにある」、「２　あ
る程度ある」、「３　あまりない」に○をつけた場合は、問２２－１～問２２－３に
進んでください。一方「４　まったくない」に○をつけた場合は、問２３へ進んでく
ださい。

問２３　親の世帯から離れて暮らした経験

　親の世帯から離れて暮らした経験には、親との死別や、片方の親とは離れて暮らして
いても、もう一方の親と一緒に暮らしていた経験は含みません。しかし、**子どもだけ
が家に残り、親が出て行った場合**は、親の世帯から離れて暮らした経験に含みます。

問２４　いちばん上の子が小学校へ入学した直後の居住地・年齢

　いちばん上の子が小学校へ入学した直後とは、いちばん上の子が小学校へ入学した直
後１ヶ月ほどを目安にしてください。

問２５　別の世帯にいるご両親の居住地

　ご両親と別の世帯に住んでいるか、または死別している場合にご記入ください。世帯
主の父親、母親、世帯主の配偶者の父親、母親の現在の居住地について、世帯主から
みてどこにお住まいか、あてはまるものに○をつけてください。

問２６　今までに何人のお子さんをおもちですか

　子どもには、養子、世帯主自身の連れ子、親権がなくなった子ども、世帯主の配偶者
の連れ子も含みます。**子どもの配偶者は子どもには含みません。**別の世帯にお子さん
がいる場合は問２６－１に進み、そのお子さん方の性別・出生年月・出生地・現住地
についてお答えください。

別表1　学校等の区分

学校の区分	含まれている学校の例
1　小学校	小学校、国民学校初等科、尋常小学校、 盲学校・ろう学校・養護学校の小学部
2　新制中学、旧制高小 　　など	新制中学、逓信講習所普通科、国民学校高等科、高等小学校、 青年学校普通科・本科、実業補習学校、 盲学校・ろう学校・養護学校の中学部
3　新制高校、旧制中学・ 　　女学校など	新制高校、旧制の中学校、高等女学校、 実業学校及びそれらの補習科・専攻科、 師範学校（予科・一部・二部）、 鉄道教習所中等部・普通部（昭和24年までの卒業者）、 逓信講習所高等科、陸軍幼年学校、海軍甲種・乙種予科練、 旧看護学校、保母養成所、准看護婦養成所、 盲学校・ろう学校・養護学校の高等部
4　専修学校（高卒後）など	各種の専修学校（高卒後）、専門学校（高卒後）
5　短期大学、高専など	短期大学、高等専門学校（新制）、旧制の高等学校、大学予科、 高等師範学校、師範学校本科（昭和21年からの卒業者）、 青年学校教員養成所、図書館職員養成所、高等逓信講習所本科、 陸軍士官学校、海軍兵学校、 都道府県立農業講習所 ┐ 看護婦養成所　　　　　├ 新制高校卒業を入学資格とする 保母養成所　　　　　　┘ 修業年限2年以上のもの
6　大学、大学院など	大学、大学院、航空大学校、防衛大学校、防衛医科大学校、 海上保安大学校本科、水産大学校、気象大学校大学部、 国立工業教員養成所

上記以外のもので分類がむずかしいものは、欄外に記入していただいて結構です。国立社会保障・人口問題研究所で判断します。

別表2 職業分類と分類される職業の例(具体的な職業は総務省統計局「日本職業分類」および「労働力調査」による)

職業分類(本調査)	含まれている職業の例
A 管理的職業従事者	会社役員、公益法人・組合役員、独立行政法人等の役員、会社部長・課長、支店長、営業所長、工場長、公益法人等の課長以上の職員、議会議員、課長以上の国家公務員及び地方公務員
B 専門的・技術的職業従事者	研究者、農業技術者、食品開発技術者、機械設計技術者、自動車製造技術者、工業化学技術者、建築士、土木技術者、システムアナリスト、サーバー管理者、プログラマー、医師、看護師、あん摩マッサージ指圧師、保育士、裁判官、弁護士、公認会計士、税理士、教員、宗教家、インストラクター、新聞記者、アナウンサー、デザイナー、写真家、音楽家、職業スポーツ従事者、無線通信員、通訳
C 事務従事者	庶務・人事・企画事務員、受付・案内事務員、会社役員秘書、コールセンターオペレーター、医療事務員、銀行窓口事務員、経理事務員、営業事務員、集金人、検針員、駅務員、郵便窓口係員、パソコンオペレーター、キーパンチャー
D 販売従事者	小売店主・店長、卸売店主・店長、販売店員、自動車セールス員、保険外交員、不動産仲介・売買人、再生資源回収・卸売業者(卸売りまで行うもの)、生命保険代理店主、為替ディーラー、ソフトウェア販売営業部員
E サービス職業従事者	家政婦(夫)、ベビーシッター、介護職員(医療・福祉施設等)、ホームヘルパー、歯科助手、美容師、クリーニング師、調理人、飲食店主・店長、ウエイトレス、客室係(旅館・ホテル)、マンション管理人、旅行添乗員、航空客室乗務員、ファッションモデル、リラクゼーションセラピスト、占い師
F 保安職業従事者	自衛官、防衛大学校・防衛医科大学校学生、警察官、看守、消防員、警備員、プール・海水浴場監視員
G 農林漁業従事者	水稲耕作者、果樹栽培者、家畜飼育者、乳用牛飼育者、植木職、造園師、造林作業者、木材伐出作業者、猟師、炭焼人、魚船船長、魚介養殖作業者
H 生産工程従事者	製鋼設備操作・監視作業者、石油精製オペレーター、自動車組立設備操作・監視作業者、精錬工、旋盤工、板金工、金属溶接工、ガラス原料工、精米工、菓子パン製造工、紳士服仕立工、植字工、版下デザイナー、機械組立工、電気機械修理工、自動車整備工、鋳物製品検査工、機械検査工、自動車塗装工
I 輸送・機械運転従事者	電車運転士、タクシー運転者、貨物自動車運転者、船長(漁労船はのぞく)、船舶航海士、船舶機関士、水先人、航空機操縦士、車掌、信号係(鉄道)、甲板員、発電員、クレーン運転工、掘削機械運転工、ブルドーザー運転工、リフト運転員
J 建設・採掘従事者	型枠工、とび職、大工、左官、畳職、配管工、電話架線工、土木作業員、線路工事作業者、採石工
K 運搬・清掃・包装等従事者	郵便・電報外務員、郵便配達員、倉庫現場員、宅配配達人、新聞配達人、荷造工、ビル・建物清掃員、ハウスクリーニング職、ごみ収集作業員、産業廃棄物焼却処理作業員、食品包装工、箱詰工、機械清掃工、用務員(学校)

注:「日本職業分類」とは、統計を職業別に表示する場合における基準のことです。統計法に基づいて平成21年に最新の基準が設定されました。

年 号 早 見 表

この表は年齢から生まれた年を調べるための表です。調査日（7月1日）を基準としていますので、調査日に今年の誕生日がきていない人は対応する年の前年が生まれた年になります。

満年齢	年号	西暦	満年齢	年号	西暦	満年齢	年号	西暦	満年齢	年号	西暦
107	明治42年	1909	80	昭和11年	1936	53	昭和38年	1963	26	平成2年	1990
106	43	1910	79	12	1937	52	39	1964	25	3	1991
105	44	1911	78	13	1938	51	40	1965	24	4	1992
104	45 大正元年	1912	77	14	1939	50	41	1966	23	5	1993
103	2	1913	76	15	1940	49	42	1967	22	6	1994
102	3	1914	75	16	1941	48	43	1968	21	7	1995
101	4	1915	74	17	1942	47	44	1969	20	8	1996
100	5	1916	73	18	1943	46	45	1970	19	9	1997
99	6	1917	72	19	1944	45	46	1971	18	10	1998
98	7	1918	71	20	1945	44	47	1972	17	11	1999
97	8	1919	70	21	1946	43	48	1973	16	12	2000
96	9	1920	69	22	1947	42	49	1974	15	13	2001
95	10	1921	68	23	1948	41	50	1975	14	14	2002
94	11	1922	67	24	1949	40	51	1976	13	15	2003
93	12	1923	66	25	1950	39	52	1977	12	16	2004
92	13	1924	65	26	1951	38	53	1978	11	17	2005
91	14	1925	64	27	1952	37	54	1979	10	18	2006
90	15 昭和元年	1926	63	28	1953	36	55	1980	9	19	2007
89	2	1927	62	29	1954	35	56	1981	8	20	2008
88	3	1928	61	30	1955	34	57	1982	7	21	2009
87	4	1929	60	31	1956	33	58	1983	6	22	2010
86	5	1930	59	32	1957	32	59	1984	5	23	2011
85	6	1931	58	33	1958	31	60	1985	4	24	2012
84	7	1932	57	34	1959	30	61	1986	3	25	2013
83	8	1933	56	35	1960	29	62	1987	2	26	2014
82	9	1934	55	36	1961	28	63	1988	1	27	2015
81	10	1935	54	37	1962	27	64 平成元年	1989	0	28	2016

第8回人口移動調査へのご協力、
どうもありがとうございました。

調査に関する質問の連絡先

厚生労働省
国立社会保障・人口問題研究所
〒100-0011
東京都千代田区内幸町 2-2-3
日比谷国際ビル6階
電話 (03) 3595-2984
Fax (03)3591-4821
email: ido8@ipss.go.jp
http://www.ipss.go.jp/ido8

事故などのため日程どおりに調査を完了できない場合や、調査に当たって解決できない問題がおきた場合は、下の「連絡先」に連絡して下さい。

連絡先

電　話　　　　（　　　　　）　　　　番（内線　　　　）

あなたの受持ちの調査区番号					

政府統計

この調査票は統計目的以外には使用しませんので、ありのままをご記入ください。

2016年社会保障・人口問題基本調査
第 8 回 人 口 移 動 調 査
2016 （平成28）年 7 月 1 日

《 記入例 》

厚生労働省 国立社会保障・人口問題研究所
〒100-0011 東京都千代田区内幸町2-2-3
日比谷国際ビル6階
電話(03)3595-2984
http://www.ipss.go.jp

調 査 員 記 入 欄			
都 道 府 県 名		保 健 所 名	
広 島 県		広 島 中 部	
地 区 番 号	単位区番号	世 帯 番 号	
3 4 0 1 0	0 1	2	3
調 査 票 枚 数			
（　　　　　）枚 目			

記入上のお願い

○ **ふだん住んでいる人** を もれなく記入してください。

　出張や旅行、病気などで、**一時的に不在（3か月未満）の場合は、ふだん住んでいる人に含めます。**

○ **世帯ごと** に記入してください。

　二世帯居住用の住宅に、親夫婦・子夫婦がいっしょに住んでいる場合などは、①**住居がはっきり分かれている**、または、②**生計が別々なら、別の世帯**となります。

　　　　　　　　　　　　　　　　　　　　　　→ 世帯主が病気、その他の理由で記入できない場合には、代わりの方が記入してください。

○ 原則として 世帯主の方が 記入してください。

　世帯主が同居していない（ふだん住んでいない）場合は、世帯の代表者を世帯主としてお答えください。

- 回答のしかたは、あてはまる番号を選んで○をつけるものと、（　　）に必要なことがらを書きこむものがあります。
- 特にことわりのない限り、今年7月1日現在の区市町村の境界にしたがって、お答えください。
- 世帯の人数が6人以上の場合は、調査票をもう1部お渡ししますので、6人目以降の方は、2つめの調査票の1人目の欄から記入してください。ただし、問4の続柄の世帯主の○を消してあてはまるものに○をつけてください。
- 以下の質問で、「居住地」という言葉がでてきますが、住民票の住所と同じでなくても構いません。
- 回答のしかたがわからないときは、調査員におたずねください。

問1　あなたを含めて、あなたの世帯にふだん住んでいる人は全部で何人ですか。

　　　あなたを含めて（　　3　　）人　　　　　うち　男（　1　）人　　女（　2　）人

問2　あなたがお住まいの住宅の種類はつぎのどれですか。

　　①　持ち家（一戸建て）
　　2　持ち家（共同住宅）
　　3　公団・公営などの賃貸住宅
　　4　民営の借家・アパート
　　5　社宅などの給与住宅
　　6　その他

次の問3から問24までは__ふだん住んでいる方__についてお答えください。

質　問	1人目（世帯主）

6人目の時は、「1人目」を消して「6人目」に変えてください。

問3　性別

1　男　　②女

問4　世帯主との続柄

①　世帯主
2　世帯主の配偶者　　6　世帯主の配偶者の父母
3　世帯主の子　　　　7　世帯主の孫
4　世帯主の子の配偶者　8　その他の親族
5　世帯主の父母　　　9　その他

世帯主が同居していない場合は、世帯の代表者を世帯主としてお答えください。

6人目の時は、世帯主の〇を消して、あてはまるものに〇をつけてください。

問5　出生年月

1　西暦　　2　平成　　③昭和　　4　大正
　　　　　　　5　明治
（　34　）年　（　5　）月　生まれ

西暦、または、元号に〇をつけたのち、年月を記入してください。

問6　国籍

①日本　　2　外国（国名：　　　　）

問7　健康状態

1　よい　　　③ふつう　　5　よくない
2　まあよい　4　あまりよくない

問8　生存している きょうだい の人数

兄　（　0　）人
姉　（　0　）人　　いない場合は0
弟　（　1　）人　　（ゼロ）を記入
妹　（　1　）人
合計（　2　）人

義理（配偶者）のきょうだいを除きます。

本人を含めない数を記入してください。

問9　現在の配偶者の有無

1　未婚
②配偶者あり（配偶者と同居）
3　配偶者あり（配偶者と別居）
4　離別　　　　　　　　①初婚
5　死別　　　　　　　　2　再婚

結婚の届け出の有無には関係なくお答えください。

現在の配偶関係について記入してください。例えば、死別後に再婚し、現在もその婚姻関係が継続している場合は、「配偶者あり」を選択の上、再婚に〇をしてください。

問10　教育

現在、学校に在学しているかどうかについて記入してください。

次に学校を選んでください。

中途退学した場合は、その前に卒業した学校に〇をつけてください。

卒業かか在学
1　在学中　　　3　未就学、乳幼児など
②卒業した

在学中の、または最後に卒業した学校
1　小学校
2　新制中学、旧制高小など
③新制高校、旧制中学・女学校など
4　専修学校（高卒後）など
5　短期大学、高専など
6　大学、大学院など

在学中の人はその学校を、卒業を選んだ人は最後の卒業校を選んでください

詳しい区分については「別表1」を参考にしてください。

問11　（15歳以上の方について）最後の学校卒業直後と現在の仕事

仕事が2つ以上の場合は、おもな仕事について記入してください。

仕事を休んでいる場合は、休んでいる仕事について記入してください。

最後の学校卒業直後の従業上の地位・仕事の内容や、現在の仕事の内容は、あてはまる方のみお答えください。

家事・通学のかたわら仕事をしている場合は、従業上の地位の1〜5を選び、仕事の内容も選んでください。

仕事の内容区分については、記入例の「別表2」を参考にしてください。

それぞれの時点での従業上の地位と仕事の内容に〇をつけてください。

	最後の学校卒業直後	現在
従業上の地位	①正規職員	1　正規職員
	2　パート・アルバイト	2　パート・アルバイト
	3　派遣・嘱託・契約社員	③派遣・嘱託・契約社員
	4　自営・家族従業者・内職	4　自営・家族従業者・内職
	5　会社などの役員	5　会社などの役員
	6　無職	6　無職
仕事の内容	1　管理職	1　管理職
	2　専門・技術	②専門・技術
	③事務	3　事務
	4　販売	4　販売
	5　サービス	5　サービス
	6　保安	6　保安
	7　農林漁業	7　農林漁業
	8　生産工程	8　生産工程
	9　輸送・機械運転	9　輸送・機械運転
	10　建設・採掘	10　建設・採掘
	11　運輸・清掃・包装等	11　運輸・清掃・包装等

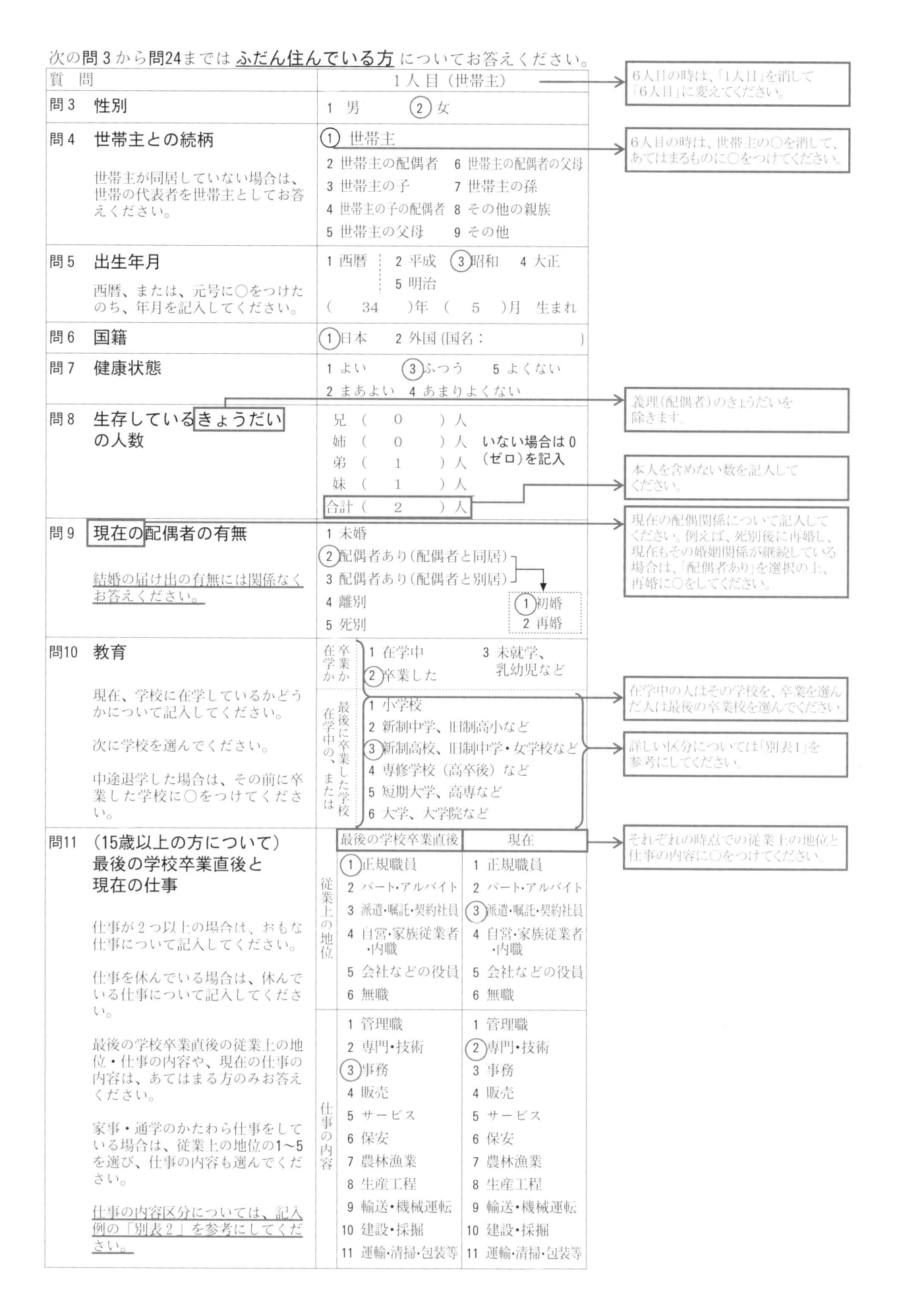

質　問	1 人 目（世帯主）

問12　引っ越しの経験

現在の居住地に、複数回の出入りがある場合は、<u>いちばん最近の入居（最後に引っ越しをした時のこと）についてお答えください。</u>

西暦、または、元号に○をつけたのち、年月を記入してください。

引っ越しの理由は、もっとも重要だと思う理由を1つだけ選んで、あてはまるものに○をつけてください。

一旦引っ越しをして、その後同じ場所に戻った場合は2回と数えます。

①引っ越したことがある　　2 引っ越したことがない

→ **問13へ**

問12-1　いちばん最近、今の居住地に引っ越してきたのは
①西暦　2 平成　3 昭和　4 大正
（　2002　）年（　3　）月

問12-2　引っ越し前の居住地は
1 現在と同じ区市町村
②現在と同じ都道府県の他の区市町村
3 他の都道府県｛県名：　　　　　　｝
4 外国｛国名：　　　　　　｝

問12-3　引っ越しの理由（1つだけ）は
（それぞれの世帯員からみて）
1 入学・進学　　　　　10 親と同居
2 就職　　　　　　　　11 親と近居
3 転職　　　　　　　　12 子と同居
4 転勤　　　　　　　　13 子と近居
5 家業継承　　　　　　14 家族の移動に伴って
6 定年退職　　　　　　15 結婚
⑦住宅事情　　　　　　16 離婚
8 生活環境上の理由　　17 子育て環境上の理由
9 通勤通学の便　　　　18 健康上の理由
　　　　　　　　　　　19 その他

問12-4　これまでの引っ越し回数は
生まれてから、現在までに（　6　）回、引っ越した。

区とは東京都の特別区（東京23区）および政令指定都市内の区のことを指します。

例えば、世帯主の転勤により世帯が引っ越した場合は、世帯主は「4 転勤」、配偶者や子どもは「14 家族の移動に伴って」に○をつけてください。

「11 親と近居」は、回答する人が自分の親の近くに引っ越した場合、「13 子と近居」は、自分の子の近くに引っ越した場合を指します。

子育て環境上の理由には保育園や学校、病院などに便利な場所に引っ越しした場合などが含まれます。

問13　生まれた場所（当時、親がふだん住んでいた所）

病院や出産のための里帰り先ではありません。

1 現在と同じ居住地
2 現在と同じ区市町村内
3 現在と同じ都道府県の他の区市町村
④他の都道府県｛県名：　岡山　　｝
5 外国｛国名：　　　　　　｝

同じ区市町村内の<u>他の場所</u>のことです。以下の問でも同様です。

問14　<u>中学校（旧制小学校・高小）</u>を卒業したときの居住地

0 まだ卒業していない
1 現在と同じ居住地
2 現在と同じ区市町村内
3 現在と同じ都道府県の他の区市町村
④他の都道府県｛県名：　岡山　　｝
5 外国｛国名：　　　　　　｝

問で扱われている出来事（問14では中学卒業）を経験していない方は「0」を選んでください。他の問でも同じです。

新制中学に通わなかった旧制の方は、旧制小学校か高小について記入してください。

問15　最後の学校を卒業したときの居住地と年齢

0 まだ卒業していない
1 現在と同じ居住地
2 現在と同じ区市町村内
3 現在と同じ都道府県の他の区市町村
④他の都道府県｛県名：　岡山　　｝
5 外国｛国名：　　　　　　｝

→ 卒業時の年齢（　18　）歳

問16　<u>はじめて仕事をもったとき</u>の居住地と年齢

学生のときのアルバイトはのぞきます。

0 仕事をもったことがない
1 現在と同じ居住地
2 現在と同じ区市町村内
③現在と同じ都道府県の他の区市町村
4 他の都道府県｛県名：　　　　　　｝
5 外国｛国名：　　　　　　｝

→ 初職時の年齢（　18　）歳

はじめての仕事には、家業で働くことを含みます。

年齢も記入してください。

問17　はじめての結婚の直前の居住地と初婚時の年齢

<u>結婚の届け出の有無には関係なくお答えください。</u>

0 結婚したことがない　→ **問19へ**
1 現在と同じ居住地
2 現在と同じ区市町村内
③現在と同じ都道府県の他の区市町村
4 他の都道府県｛県名：　　　　　　｝
5 外国｛国名：　　　　　　｝

→ 初婚時の年齢（　25　）歳

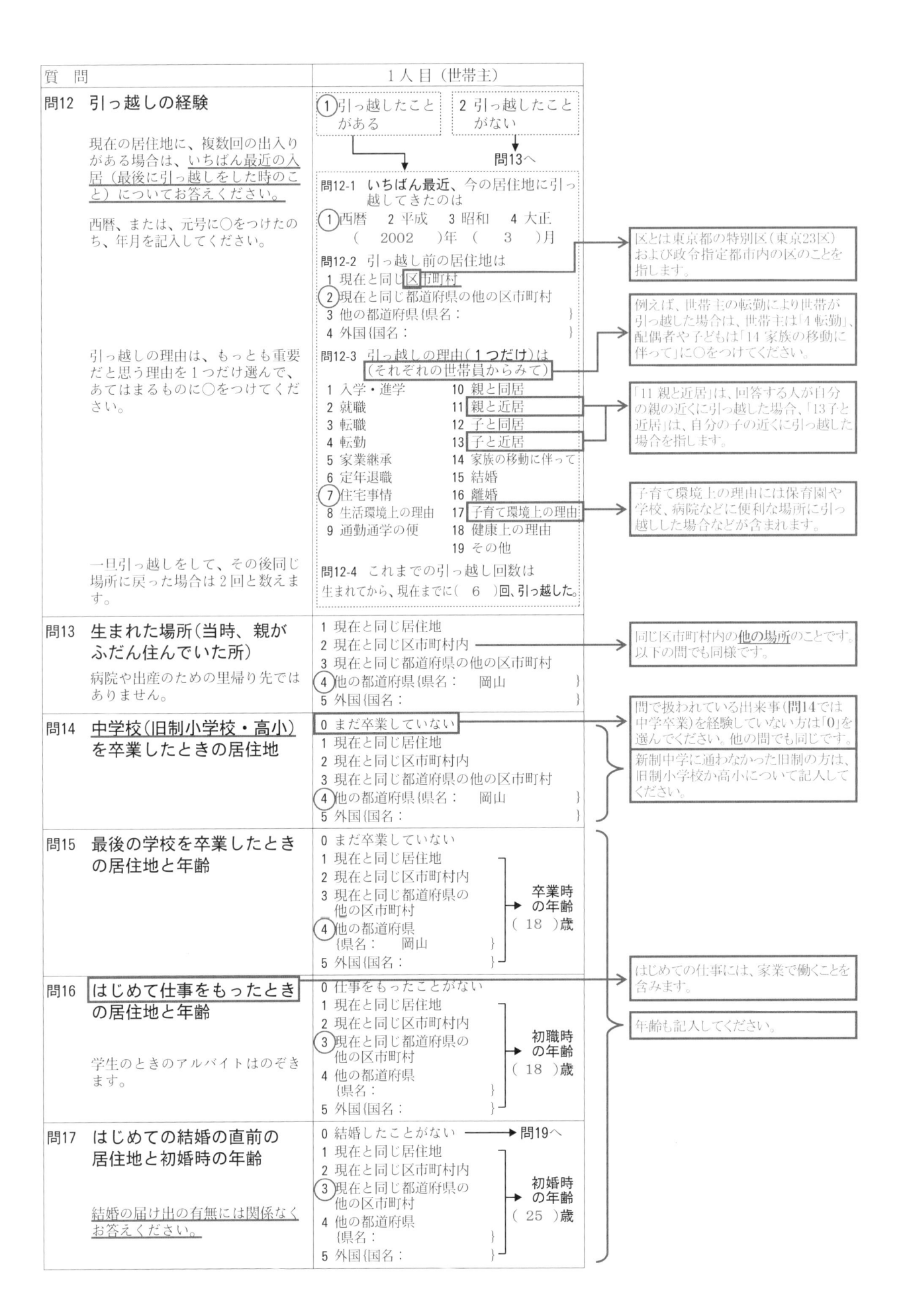

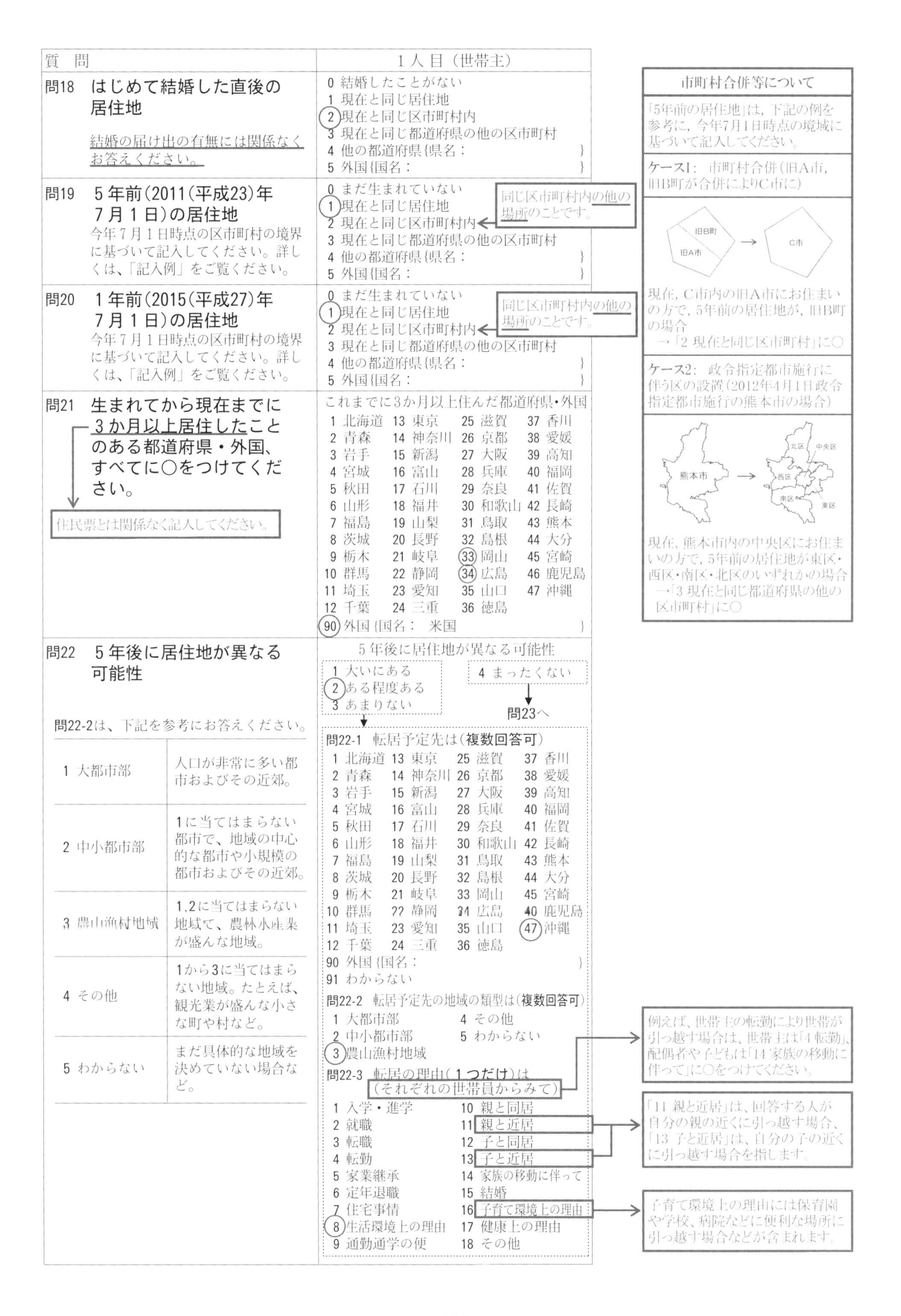

質　問	1人目（世帯主）
問18　**はじめて結婚した直後の居住地** 結婚の届け出の有無には関係なくお答えください。	0 結婚したことがない 1 現在と同じ居住地 (2)現在と同じ区市町村内 3 現在と同じ都道府県の他の区市町村 4 他の都道府県{県名：　　　　　} 5 外国{国名：　　　　　}
問19　**5年前（2011（平成23）年7月1日）の居住地** 今年7月1日時点の区市町村の境界に基づいて記入してください。詳しくは、「記入例」をご覧ください。	0 まだ生まれていない (1)現在と同じ居住地 2 現在と同じ区市町村内 ← 同じ区市町村内の他の場所のことです。 3 現在と同じ都道府県の他の区市町村 4 他の都道府県{県名：　　　　　} 5 外国{国名：　　　　　}
問20　**1年前（2015（平成27）年7月1日）の居住地** 今年7月1日時点の区市町村の境界に基づいて記入してください。詳しくは、「記入例」をご覧ください。	0 まだ生まれていない (1)現在と同じ居住地 2 現在と同じ区市町村内 ← 同じ区市町村内の他の場所のことです。 3 現在と同じ都道府県の他の区市町村 4 他の都道府県{県名：　　　　　} 5 外国{国名：　　　　　}
問21　**生まれてから現在までに3か月以上居住したことのある都道府県・外国、すべてに○をつけてください。** → 住民票とは関係なく記入してください。	これまでに3か月以上住んだ都道府県・外国 1 北海道　13 東京　25 滋賀　37 香川 2 青森　14 神奈川　26 京都　38 愛媛 3 岩手　15 新潟　27 大阪　39 高知 4 宮城　16 富山　28 兵庫　40 福岡 5 秋田　17 石川　29 奈良　41 佐賀 6 山形　18 福井　30 和歌山　42 長崎 7 福島　19 山梨　31 鳥取　43 熊本 8 茨城　20 長野　32 島根　44 大分 9 栃木　21 岐阜　(33) 岡山　45 宮崎 10 群馬　22 静岡　(34) 広島　46 鹿児島 11 埼玉　23 愛知　35 山口　47 沖縄 12 千葉　24 三重　36 徳島 (90) 外国{国名：　米国　}

問22　**5年後に居住地が異なる可能性**

5年後に居住地が異なる可能性

1 大いにある
(2)ある程度ある
3 あまりない

4 まったくない → 問23へ

問22-2は、下記を参考にお答えください。

1 大都市部	人口が非常に多い都市およびその近郊。
2 中小都市部	1に当てはまらない都市で、地域の中心的な都市や小規模の都市およびその近郊。
3 農山漁村地域	1,2に当てはまらない地域で、農林水産業が盛んな地域。
4 その他	1から3に当てはまらない地域。たとえば、観光業が盛んな小さな町や村など。
5 わからない	まだ具体的な地域を決めていない場合など。

問22-1　転居予定先は（**複数回答可**）

1 北海道　13 東京　25 滋賀　37 香川
2 青森　14 神奈川　26 京都　38 愛媛
3 岩手　15 新潟　27 大阪　39 高知
4 宮城　16 富山　28 兵庫　40 福岡
5 秋田　17 石川　29 奈良　41 佐賀
6 山形　18 福井　30 和歌山　42 長崎
7 福島　19 山梨　31 鳥取　43 熊本
8 茨城　20 長野　32 島根　44 大分
9 栃木　21 岐阜　33 岡山　45 宮崎
10 群馬　22 静岡　34 広島　46 鹿児島
11 埼玉　23 愛知　35 山口　(47) 沖縄
12 千葉　24 三重　36 徳島
90 外国{国名：　　　　　}
91 わからない

問22-2　転居予定先の地域の類型は（**複数回答可**）

1 大都市部　4 その他
2 中小都市部　5 わからない
(3)農山漁村地域

問22-3　転居の理由（**1つだけ**）は（それぞれの世帯員からみて）
→ 例えば、世帯主の転勤により世帯が引っ越す場合は、世帯主は「4 転勤」、配偶者や子どもは「14 家族の移動に伴って」に○をつけてください。

1 入学・進学　10 親と同居
2 就職　11 親と近居
3 転職　12 子と同居
4 転勤　13 子と近居
5 家業継承　14 家族の移動に伴って
6 定年退職　15 結婚
7 住宅事情　16 子育て環境上の理由
(8)生活環境上の理由　17 健康上の理由
9 通勤通学の便　18 その他

→ 「11 親と近居」は、回答する人が自分の親の近くに引っ越す場合、「13 子と近居」は、自分の子の近くに引っ越す場合を指します。

→ 子育て環境上の理由には保育園や学校、病院などに便利な場所に引っ越す場合などが含まれます。

市町村合併等について

「5年前の居住地」は、下記の例を参考に、今年7月1日時点の境域に基づいて記入してください。

ケース1： 市町村合併（旧A市、旧B町が合併によりC市に）

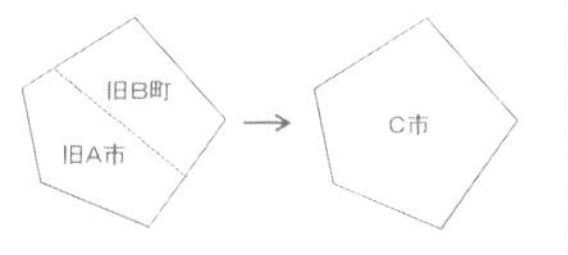

現在、C市内の旧A市にお住まいの方で、5年前の居住地が、旧B町の場合
→「2 現在と同じ区市町村」に○

ケース2： 政令指定都市施行に伴う区の設置（2012年4月1日政令指定都市施行の熊本市の場合）

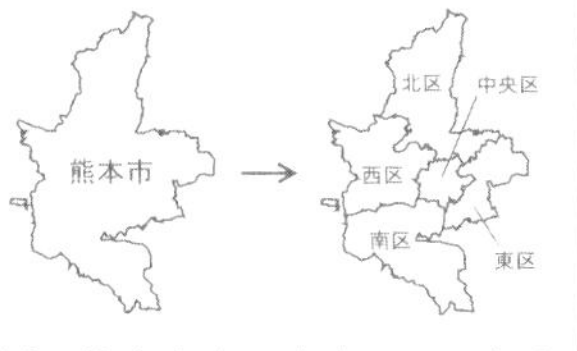

現在、熊本市内の中央区にお住まいの方で、5年前の居住地が東区・西区・南区・北区のいずれかの場合
→「3 現在と同じ都道府県の他の区市町村」に○

問23〜25は世帯主の方と、世帯主の配偶者の方におたずねします（世帯主が同居していない場合は，世帯の代表者を世帯主としてお答えください）。

なお、配偶者がいない場合、または、同じ世帯にいない場合は、世帯主の方についてのみお答えください。

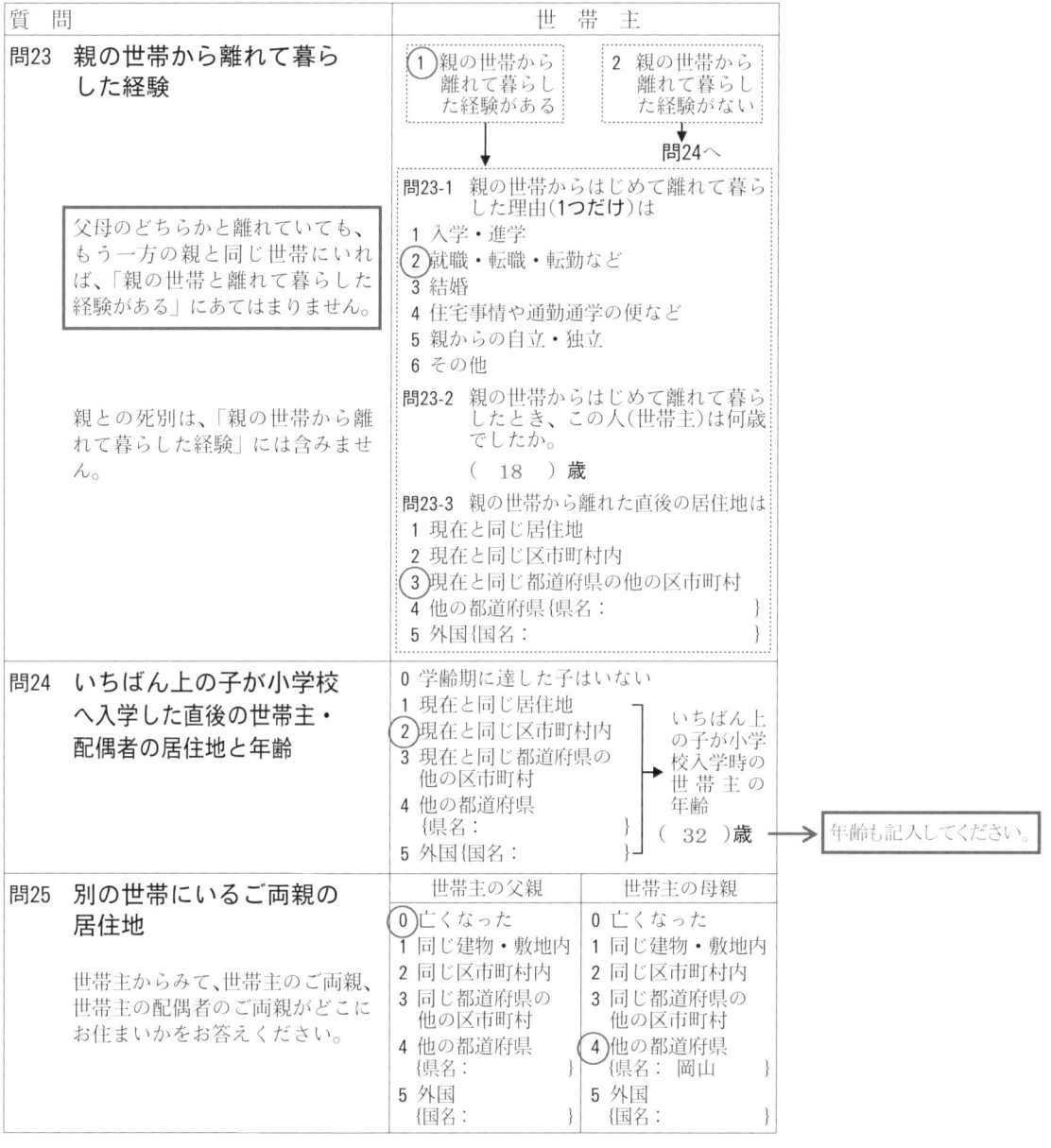

質　問	世　帯　主
問23　親の世帯から離れて暮らした経験	① 親の世帯から離れて暮らした経験がある　　2 親の世帯から離れて暮らした経験がない → 問24へ

父母のどちらかと離れていても、もう一方の親と同じ世帯にいれば、「親の世帯と離れて暮らした経験がある」にあてはまりません。

親との死別は、「親の世帯から離れて暮らした経験」には含みません。

問23-1　親の世帯からはじめて離れて暮らした理由(1つだけ)は
1 入学・進学
② 就職・転職・転勤など
3 結婚
4 住宅事情や通勤通学の便など
5 親からの自立・独立
6 その他

問23-2　親の世帯からはじめて離れて暮らしたとき、この人(世帯主)は何歳でしたか。
（ 18 ）歳

問23-3　親の世帯から離れた直後の居住地は
1 現在と同じ居住地
2 現在と同じ区市町村内
③ 現在と同じ都道府県の他の区市町村
4 他の都道府県{県名：　　　}
5 外国{国名：　　　}

問24　いちばん上の子が小学校へ入学した直後の世帯主・配偶者の居住地と年齢
0 学齢期に達した子はいない
1 現在と同じ居住地
② 現在と同じ区市町村内
3 現在と同じ都道府県の他の区市町村
4 他の都道府県（県名：　　）
5 外国{国名：　　}

いちばん上の子が小学校入学時の世帯主の年齢（ 32 ）歳

年齢も記入してください。

問25　別の世帯にいるご両親の居住地

世帯主からみて、世帯主のご両親、世帯主の配偶者のご両親がどこにお住まいかをお答えください。

世帯主の父親
⓪ 亡くなった
1 同じ建物・敷地内
2 同じ区市町村内
3 同じ都道府県の他の区市町村
4 他の都道府県{県名：　　}
5 外国{国名：　　}

世帯主の母親
0 亡くなった
1 同じ建物・敷地内
2 同じ区市町村内
3 同じ都道府県の他の区市町村
④ 他の都道府県{県名：　岡山　}
5 外国{国名：　　}

以下は、世帯主の方におたずねします（世帯主が同居していない場合は、世帯の代表者を世帯主としてお答えください）。

問26　今までに何人のお子さんをおもちですか（別の世帯にお子さんがいる方、亡くなった方も含みます）。

① 子どもをもったことがある → （ 3 ）人　　　2 子どもをもったことがない

別の世帯にいるお子さん方についてのみ記入してください。

問26-1　別の世帯にお子さんがいる場合は、そのお子さん方について1人目以降の欄にご記入ください。

別の世帯のお子さん	性別 1 男 2 女	出生年月 1 西暦 2 平成 3 昭和	出生地 当時、親がふだん住んでいた都道府県名または外国名	現住地（世帯主からみた場合） 1 同じ建物・敷地内　4 他の都道府県 2 同じ区市町村内　5 外国 3 同じ都道府県の他の区市町村
1人目	1 ②	1 2 ③（ 51 ）年（ 12 ）月{ 広島 }		1 2 3 ④（県名： 東京 }5 {国名： }
2人目	① 2	1 2 ③（ 53 ）年（ 8 ）月{ 広島 }		1 ② 3 4（県名： }5 {国名： }
3人目	1 2	1 2 3（ ）年（ ）月{ }		1 2 3 4（県名： }5 {国名： }
4人目	1 2	1 2 3（ ）年（ ）月{ }		1 2 3 4（県名： }5 {国名： }
5人目	1 2	1 2 3（ ）年（ ）月{ }		1 2 3 4（県名： }5 {国名： }

ご協力ありがとうございました。調査票は回収用の封筒に入れ、密封したうえで調査員にお渡しください。

別表1 学校等の区分

学校の区分	含まれている学校の例
1 小学校	小学校、国民学校初等科、尋常小学校、 盲学校・ろう学校・養護学校の小学部
2 新制中学、旧制高小など	新制中学、逓信講習所普通科、国民学校高等科、高等小学校、 青年学校普通科・本科、実業補習学校、 盲学校・ろう学校・養護学校の中学部
3 新制高校、旧制中学・ 女学校など	新制高校、旧制の中学校、高等女学校、 実業学校及びそれらの補習科・専攻科、 師範学校（予科・一部・二部）、 鉄道教習所中等部・普通部（昭和24年までの卒業者）、 逓信講習所高等科、陸軍幼年学校、海軍甲種・乙種予科練、 旧看護学校、保母養成所、准看護婦養成所、 盲学校・ろう学校・養護学校の高等部
4 専修学校（高卒後）など	各種の専修学校（高卒後）、専門学校（高卒後）
5 短期大学、高専など	短期大学、高等専門学校（新制）、旧制の高等学校、大学予科、 高等師範学校、師範学校本科（昭和21年からの卒業者）、 青年学校教員養成所、図書館職員養成所、高等逓信講習所本科、 陸軍士官学校、海軍兵学校、 都道府県立農業講習所 ─┐ 看護婦養成所　　　　　　　新制高校卒業を入学資格とす 保母養成所 ─────┘　る修業年限2年以上のもの
6 大学、大学院など	大学、大学院、航空大学校、防衛大学校、防衛医科大学校、 海上保安大学校本科、水産大学校、気象大学校大学部、 国立工業教員養成所

上記以外のもので分類がむずかしいものは、欄外に記入していただいて結構です。国立社会保障・人口問題研究所で判断します。

別表2 「仕事の内容」別の具体的な職業の例（総務省統計局「日本職業分類」および「労働力調査」による）

仕事の内容(問11)	含まれている職業の例
1管理	会社役員、公益法人・組合役員、独立行政法人等の役員、会社部長・課長、支店長、営業所長、工場長、公益法人等の課長以上の職員、議会議員、課長以上の国家公務員及び地方公務員
2 専門・技術	研究者、農業技術者、食品開発技術者、機械設計技術者、自動車製造技術者、工業化学技術者、建築士、土木技術者、システムアナリスト、サーバー管理者、プログラマー、医師、看護師、あん摩マッサージ指圧師、保育士、裁判官、弁護士、公認会計士、税理士、教員、宗教家、インストラクター、新聞記者、アナウンサー、デザイナー、写真家、音楽家、職業スポーツ従事者、無線通信員、通訳
3 事務	庶務・人事・企画事務員、受付・案内事務員、会社役員秘書、コールセンターオペレーター、医療事務員、銀行窓口事務員、経理事務員、営業事務員、集金人、検針員、駅務員、郵便窓口係員、パソコンオペレーター、キーパンチャー
4 販売	小売店主・店長、卸売店主・店長、販売店員、自動車セールス員、保険外交員、不動産仲介・売買人、再生資源回収・卸売業者(卸売りまで行うもの)、生命保険代理店主、為替ディーラー、ソフトウェア販売営業部員
5 サービス	家政婦(夫)、ベビーシッター、介護職員(医療・福祉施設等)、ホームヘルパー、歯科助手、美容師、クリーニング師、調理人、飲食店主・店長、ウエイトレス、客室係(旅館・ホテル)、マンション管理人、旅行添乗員、航空客室乗務員、ファッションモデル、リラクゼーションセラピスト、占い師
6 保安	自衛官、防衛大学校・防衛医科大学校学生、警察官、看守、消防員、警備員、プール・海水浴場監視員
7 農林漁業	水稲耕作者、果樹栽培者、家畜飼育者、乳用牛飼育者、植木職、造園師、造林作業者、木材伐出作業者、猟師、炭焼人、魚船船長、魚介養殖作業者
8 生産工程	製鋼設備操作・監視作業者、石油精製オペレーター、自動車組立設備操作・監視作業者、精錬工、旋盤工、板金工、金属溶接工、ガラス原料工、精米工、菓子パン製造工、紳士服仕立工、植字工、版下デザイナー、機械組立工、電気機械修理工、自動車整備工、鋳物製品検査工、機械検査工、自動車塗装工
9 輸送・機械運転	電車運転士、タクシー運転者、貨物自動車運転者、船長(漁労船はのぞく)、船舶航海士、船舶機関士、水先人、航空機操縦士、車掌、信号係(鉄道)、甲板員、発電員、クレーン運転工、掘削機械運転工、ブルドーザー運転工、リフト運転員
10 建設・採掘	型枠工、とび職、大工、左官、畳職、配管工、電話架線工、土木作業員、線路工事作業者、採石工
11 運搬・清掃・包装等	郵便・電報外務員、郵便配達員、倉庫現場員、宅配配達人、新聞配達人、荷造工、ビル・建物清掃員、ハウスクリーニング職、ごみ収集作業員、産業廃棄物焼却処理作業員、食品包装工、箱詰工、機械清掃工、用務員(学校)

注：「日本職業分類」とは、統計を職業別に表示する場合における基準のことです。統計法に基づいて平成21年に最新の基準が設定されました。

年 号 早 見 表

この表は年齢から生まれた年を調べるための表です。調査日（7月1日）を基準としていますので、調査日に今年の誕生日がきていない人は対応する年の前年が生まれた年になります。

満年齢	年号	西暦	満年齢	年号	西暦	満年齢	年号	西暦	満年齢	年号	西暦
107	明治42年	1909	80	昭和11年	1936	53	昭和38年	1963	26	平成2年	1990
106	43	1910	79	12	1937	52	39	1964	25	3	1991
105	44	1911	78	13	1938	51	40	1965	24	4	1992
104	45 大正元年	1912	77	14	1939	50	41	1966	23	5	1993
103	2	1913	76	15	1940	49	42	1967	22	6	1994
102	3	1914	75	16	1941	48	43	1968	21	7	1995
101	4	1915	74	17	1942	47	44	1969	20	8	1996
100	5	1916	73	18	1943	46	45	1970	19	9	1997
99	6	1917	72	19	1944	45	46	1971	18	10	1998
98	7	1918	71	20	1945	44	47	1972	17	11	1999
97	8	1919	70	21	1946	43	48	1973	16	12	2000
96	9	1920	69	22	1947	42	49	1974	15	13	2001
95	10	1921	68	23	1948	41	50	1975	14	14	2002
94	11	1922	67	24	1949	40	51	1976	13	15	2003
93	12	1923	66	25	1950	39	52	1977	12	16	2004
92	13	1924	65	26	1951	38	53	1978	11	17	2005
91	14	1925	64	27	1952	37	54	1979	10	18	2006
90	15 昭和元年	1926	63	28	1953	36	55	1980	9	19	2007
89	2	1927	62	29	1954	35	56	1981	8	20	2008
88	3	1928	61	30	1955	34	57	1982	7	21	2009
87	4	1929	60	31	1956	33	58	1983	6	22	2010
86	5	1930	59	32	1957	32	59	1984	5	23	2011
85	6	1931	58	33	1958	31	60	1985	4	24	2012
84	7	1932	57	34	1959	30	61	1986	3	25	2013
83	8	1933	56	35	1960	29	62	1987	2	26	2014
82	9	1934	55	36	1961	28	63	1988	1	27	2015
81	10	1935	54	37	1962	27	64 平成元年	1989	0	28	2016

2016年社会保障・人口問題基本調査

2016 Annual Population and Social Security Surveys

Eighth National Survey on Migration

2016 年社会保障・人口问题基本调查

第 8 次人口移动调查

第8回人口移動調査

2016 년 사회보장・인구문제기본조사

제 8 회 인구이동조사

2016 Questionário Básico Anual sobre População e Seguro Social

8° Questionário Nacional sobre Migrações Populacionais

外国語 記入例

- この用紙には記入しないでください。
- 外国語（English、汉语、한국어、Português）の記入例を参考に、日本語の調査票に回答を記入してください。

国立社会保障・人口問題研究所

National Institute of Population and Social Security Research

国立社会保障・人口問題研究所   국립사회보장・인구문제연구소

Instituto Nacional de Pesquisa sobre População e Seguro Social

Confidential

To be filled by enumerator		
Prefecture	Name of Health Center	
Hiroshima pref.	Hiroshima-Chuo	

Please do not fill in this form.
Please read this guideline to fill in the Japanese survey form.

District No.					Unit No.	Household No
3	4	0	1	0	0	1	2	3

Questionnaire Serial No.
( ) th

The survey results are only used for statistical purpose. Please fill in according to the facts.

2016 Annual Population and Social Security

Eighth National Survey on Migration

1st July 2016

« Guideline »

Ministry of Health, Labour and Welfare
National Institute of Population and Social Security Research
2-2-3 Uchisaiwaicho, Chiyoda-ku, Tokyo 100-0011
Hibiya Kokusai Building 6th Floor
Tel.(03)3595-2984
http://www.ipss.go.jp

Notes

○ Please write every person **who is living usually.**

If the person is temporary **absent less than 3 months** due to business or leisure trip, sick at hospital or facilities and so forth, please include this person as living usually here.

○ Please fill this questionnaire by **each household.**

In case of 2 generational house where parents and children family living together or similar cases, **the households are separated if 1. the house is clearly separated or 2. having separated budgets.**

Principally, the questionnaire is to be filled in by the household head.

○ Please fill this questionnaire by the **head of household.**

If the head of the household is **not living here usually,** please consider **the representative of the household as the head.**

· There are questions with multiple choices and with writing items in ( ).
· Please write according to the administrative boundary at the date of 1st July this year.
· If the number of household member is more than 6, please use additional questionnaire.
· The present residence does not have to be the same as registered address.
· If you have any questions, please ask the enumerator.

Q1 How many people are living in your household including you?

(3) persons including you   of which MALE (1) persons FEMALE (2) persons

Q2 What type of housing are you living?

(1) Owned house
2 Owned apartment
3 Rented house owned by local government or public agency
4 Rented house / apartment owned by private sector
5 Housing provided by employer (company, government)
6 Other

Please answer following **Q3** to **Q24** for the persons who are **living here usually**. The question should be answered from the viewpoint of each person.

Question	Person 1 (household head) ————	
Q3	**Sex**	1 Male (2) Female

If the person is "Person 6" of the household, please replace "Person 1 (household head)" by "Person 6" with strike-through.

Q4	**Relationship to household head** If the household head is not living together currently, please consider the representative of household as the household head.	(1) Household head 2 Spouse 6 Household head's parent 3 Child 7 Grandchild 4 Child's spouse 8 Other family member / relatives 5 Spouse's parent 9 Other

If the person is "Person 6" of the household, please draw double crossed lines on the circle for "Household head" and then circle the applicable answer.

Q5	**Month and Year of Birth** Please circle C.E. or appropriate Japanese Era, then write year and month of birth.	1 C.E. 2 Heisei (3) Showa 4 Taisho 5 Meiji Born in Year (34) Month (5)
Q6	**Nationality**	(1) Japan 2 Overseas (Name of country:)
Q7	**Health Condition**	1 Good (3) Normal 5 Bad 2 Somewhat good 4 Somewhat bad
Q8	**Number of surviving siblings**	Older brother (0) person Older sister (0) person **If none,** Younger brother (1) person **please** Younger sister (1) person **write 0.** Total (2) person

excluding spouse's siblings (siblings-in-law)

excluding yourself

Q9	**Marital status** <u>Please answer regardless of registration status.</u>	1 Never married (2) Currently married (living with spouse) 3 Currently married(not living with spouse) 4 Divorced (1) First marriage 5 Widowed 2 Re-marriage
Q10	**School enrollment status** First please answer if currently studying in a school. Second, please choose the type of school. In case of early leave, please circle the school graduated before.	In school or graduated 1 Currently enrolled 3 Preschooler (2) Graduated Type of currently enrolled or graduated school 1 Primary school 2 Junior high school (3) Senior high school 4 Post-secondary vocational training 5 Junior / technical college 6 University or higher

If currently enrolled, circle the type of school you are currently studying in. If already graduated, circle the type of last school you graduated.

Q11	**(For 15 years old or more) Employment status and type of job immediately after completion of last school and at present** If there are more than 2 jobs, please write on the main job. If currently suspending job, please write on that job. Please write "Employment status and type of job immediately after completion of last school" for applicable persons. For persons having job while engaged in housework or schooling, please circle **1~5** of employment status and <u>type of job</u>.	Employment status	immediately after completion of last school	Present
			1 Regular employee	1 Regular employee
			2 Part-time employee	2 Part-time employee
			3 Temporary employee	(3) Temporary employee
			4 Self-employed / Family worker	4 Self-employed / Family worker
			5 Director	5 Director
			6 Not in employment	6 Not in employment
		Type of job	1 Managerial	1 Managerial
			2 Professional and engineering	(2) Professional and engineering
			(3) Clerical	3 Clerical
			4 Sales	4 Sales
			5 Service	5 Service
			6 Security	6 Security
			7 Agriculture, forestry and fishery	7 Agriculture, forestry and fishery
			8 Manufacturing process	8 Manufacturing process
			9 Transport and machine operation	9 Transport and machine operation
			10 Construction and mining	10 Construction and mining
			11 Carrying, cleaning, packing and related	11 Carrying, cleaning, packing and related

Please answer both "Employment status" and "Type of job" for each of the two points in time.

Question	Person 1 (household head)	

Q12 Migration experience

If you have migrated to present address more than once, <u>please answer about the last time you have moved in (The most recent migration.)</u>

Please write the year and month after circling Christian Era (C.E.) or appropriate Japanese Era.

Please circle ONLY ONE reason which is the most important.

Migration from and return to previous address are to be counted as 'having migrated twice'.

Person 1 (household head):

(1) Migrated   2 Never migrated

To Q13

Q12-1 When did you migrated to present residence (the most recent time)?
(1) C.E.   2 Heisei   3 Showa   4 Taisho
Year (2002) Month (3)

Q12-2 Previous residence
1 Within the same municipality
(2) Within the same prefecture
3 Other prefecture (Name of prefecture :)
4 Overseas (Name of country :)

Q12-3 The most important reason of migration
(Answer from the viewpoint of each person in question.)

1 School	10 To live with parents
2 Employment	11 To live closer to parents
3 Job change	12 To live with children
4 Job relocation	13 To live closer to children
5 Family business succession	14 To accompany family member(s)
6 Retirement	15 Marriage
(7) Housing-related reasons	16 Divorce
8 Living environment	17 Child-rearing related reasons
9 Commuting-related reasons	18 Health-related reasons
	19 Other reasons

Q12-4 How many times have you migrated ever?
Having migrated (6) **times in lifetime.**

Side notes:
- *Shi-ku-cho-son* in Japanese
- For example, If the household moved because of the household head's job relocation: circle "4. Job relocation" for household head, and "14. To accompany family member(s)" for the other household members.
- If the person in question moved to live closer to parents, circle "11". If the person in question moved to live closer to children, circle "13".
- "17. Child-rearing related reasons" include moves for a more convenient place in terms of childcare, schooling and hospital, etc.

Q13 Birth place (Usual parents' residence at the time of birth)
Not the hospital or grand-parents' house the mother stayed for delivery.

1 Same as the current residence
2 Within the current municipality
3 Within the same prefecture
(4) Other prefecture (Name of prefecture : Okayama)
5 Overseas (Name of country :)

Side note: <u>Another place</u> within the same municipality. This rule applies in the following questions except where noted.

Q14 Place of residence at completion of <u>junior high school</u>

0 Not completed
1 Same as the current residence
2 Within the current municipality
3 Within the same prefecture
(4) Other prefecture(Name of prefecture : Okayama)
5 Overseas (Name of country :)

Side note: If not have experienced the event in question (e.x., "completion of junior high school" in Q14), please circle "0". This rule applies in the following questions except where noted.

Q15 Place of residence and age at completion of last school

0 Not completed
1 Same as the current residence
2 Within the current municipality
3 Within the same prefecture
(4) Other prefecture
(Name of prefecture : Okayama)
5 Overseas
(Name of country :)

Age at completion (18)

Q16 Place of residence and age at <u>first job</u>

Excluding part-time job (arbeit) while being in school or university.

0 Never worked
1 Same as the current residence
2 Within the current municipality
(3) Within the same prefecture
4 Other prefecture
(Name of prefecture :)
5 Overseas
(Name of country :)

Age at first job (18)

Side notes:
- "First job" includes engagement in family business.
- Please indicate "age".

Q17 Place of residence and age immediately before first marriage

<u>Please answer regardless of the registration status.</u>

0 Never married   **To Q19**
1 Same as the current residence
2 Within the current municipality
(3) Within the same prefecture
4 Other prefecture
(Name of prefecture :)
5 Overseas
(Name of country :)

Age at first marriage (25)

Question	Person 1 (household head)

Q18 Place of residence immediately after the first marriage
Please answer regardless of the registration status.

- **0** Never married
- **1** Same as the current residence
- **(2)** Within the current municipality
- **3** Within the same prefecture
- **4** Other prefecture (Name of prefecture :   )
- **5** Overseas (Name of country:)

Q19 Place of residence 5 years earlier (at 1st July 2011)
Please answer according to the municipality boundary at 1st July this year. Please refer "Answer Example" for details.

- **0** Unborn
- **1** Same as the current residence → Another place within the same municipality.
- **2** Within the current municipality
- **3** Within the same prefecture
- **4** Other prefecture (Name of prefecture :   )
- **5** Overseas (Name of country:)

Q20 Place of residence 1 year earlier (at 1st July 2015)
Please answer according to the municipality boundary at 1st July this year. Please refer "Answer Example" for details.

- **0** Unborn
- **1** Same as the current residence → Another place within the same municipality.
- **2** Within the current municipality
- **3** Within the same prefecture
- **4** Other prefecture (Name of prefecture :   )
- **5** Overseas (Name of country:)

Q21 Please circle all the prefectures and list foreign country(countries) which you have resided for 3 months or more in your lifetime

Residence registration status unnecessary.

Prefectures・foreign countries ever lived for 3 months or more (**Select all that apply.**)

1 Hokkaido	13 Tokyo	25 Shiga	37 Kagawa
2 Aomori	14 Kanagawa	26 Kyoto	38 Ehime
3 Iwate	15 Niigata	27 Osaka	39 Kochi
4 Miyagi	16 Toyama	28 Hyogo	40 Fukuoka
5 Akita	17 Ishikawa	29 Nara	41 Saga
6 Yamagata	18 Fukui	30 Wakayama	42 Nagasaki
7 Fukushima	19 Yamanashi	31 Tottori	43 Kumamoto
8 Ibaraki	20 Nagano	32 Shimane	44 Oita
9 Tochigi	21 Gifu	(33) Okayama	45 Miyazaki
10 Gunma	22 Shizuoka	(34) Hiroshima	46 Kagoshima
11 Saitama	23 Aichi	35 Yamaguchi	47 Okinawa
12 Chiba	24 Mie	36 Tokushima	

(90) Overseas (Name of countries :   the United States   )

Q22 Prospects for migration in the next 5 years

Prospects for migration in the next 5 years

- **1** Very likely
- **(2)** Somewhat likely
- **3** Unlikely
- **4** Absolutely none → **To Q23**

References for Q22-2.

1 Metropolitan areas	Highly populous city and its suburbs
2 Small- and medium-sized	Major city in the area (including prefectural capital city), small-sized city (including suburbs), etc. (except those categorized into "1. Metropolitan areas")
3 Rural areas	Rural areas mainly based on agriculture, forestry, and fishery (Except those categorized into "1 Metropolitan areas" or "2 Small- and medium-sized urban areas")
4 Others	ex. rural towns / villages with tourism industry (except those categorized into "1" "2" "3")
5 Unknown	including the case with destination undecided

Q22-1   Prefecture of probable destination
(**Select all that apply.**)

1 Hokkaido	13 Tokyo	25 Shiga	37 Kagawa
2 Aomori	14 Kanagawa	26 Kyoto	38 Ehime
3 Iwate	15 Niigata	27 Osaka	39 Kochi
4 Miyagi	16 Toyama	28 Hyogo	40 Fukuoka
5 Akita	17 Ishikawa	29 Nara	41 Saga
6 Yamagata	18 Fukui	30 Wakayama	42 Nagasaki
7 Fukushima	19 Yamanashi	31 Tottori	43 Kumamoto
8 Ibaraki	20 Nagano	32 Shimane	44 Oita
9 Tochigi	21 Gifu	33 Okayama	45 Miyazaki
10 Gunma	22 Shizuoka	34 Hiroshima	46 Kagoshima
11 Saitama	23 Aichi	35 Yamaguchi	(47) Okinawa
12 Chiba	24 Mie	36 Tokushima	

90 Overseas (Name of countries :   )
91 Not clear

Q22-2   Regional type of probable destination
(**Select all that apply.**)

- **1** Metropolitan areas
- **2** Small-and medium-sized
- **(3)** Rural areas
- **4** Others
- **5** Unknown

Q22-3 The most important reason of migration
(Answer from the viewpoint of each person in question.)

1 School	10 To live with parents
2 Employment	11 To live closer to parents
3 Job change	12 To live with children
4 Job relocation	13 To live closer to children
5 Family business succession	14 To accompany family member(s)
6 Retirement	15 Marriage
7 Housing-related reasons	16 Child-rearing related reasons
(8) Living environment	17 Health-related reasons
9 Commuting-related reasons	18 Other reasons

Notes for municipal amalgamation.

Please answer to Q19 by the current name of municipality based on the administrative boundaries on 1st July 2016.

case1 : Former Municipalities A and B amalgamated into current Municipality C.

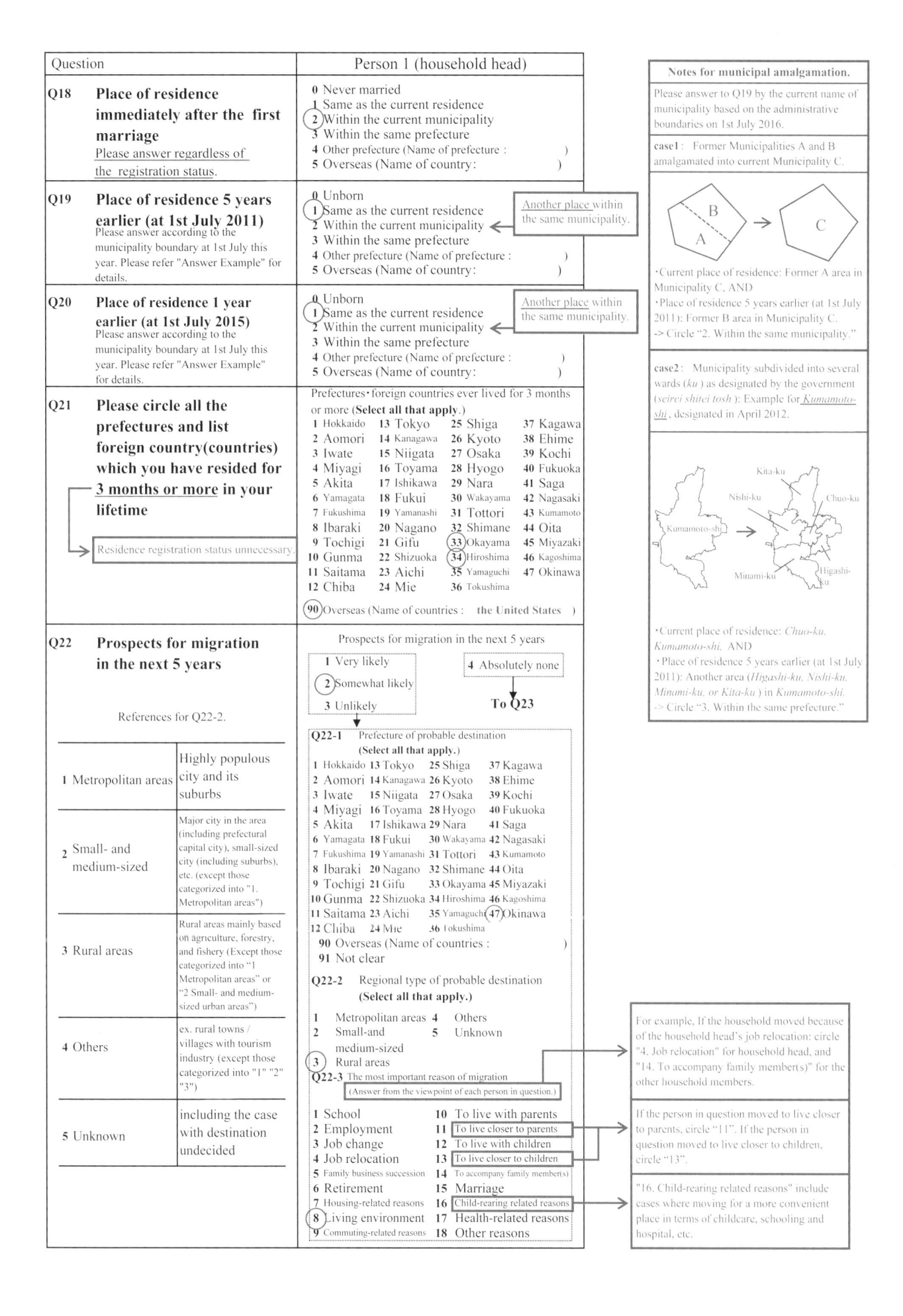

・Current place of residence: Former A area in Municipality C, AND
・Place of residence 5 years earlier (at 1st July 2011): Former B area in Municipality C.
-> Circle "2. Within the same municipality."

case2 : Municipality subdivided into several wards (*ku*) as designated by the government (*seirei shitei tosh*): Example for *Kumamoto-shi*, designated in April 2012.

・Current place of residence: *Chuo-ku, Kumamoto-shi*, AND
・Place of residence 5 years earlier (at 1st July 2011): Another area (*Higashi-ku, Nishi-ku, Minami-ku, or Kita-ku*) in *Kumamoto-shi*.
-> Circle "3. Within the same prefecture."

For example, If the household moved because of the household head's job relocation: circle "4. Job relocation" for household head, and "14. To accompany family member(s)" for the other household members.

If the person in question moved to live closer to parents, circle "11". If the person in question moved to live closer to children, circle "13".

"16. Child-rearing related reasons" include cases where moving for a more convenient place in terms of childcare, schooling and hospital, etc.

Q23～25 are for <u>the household head and the spouse.</u>
If the household head is not living together, consider the representative of household as the household.

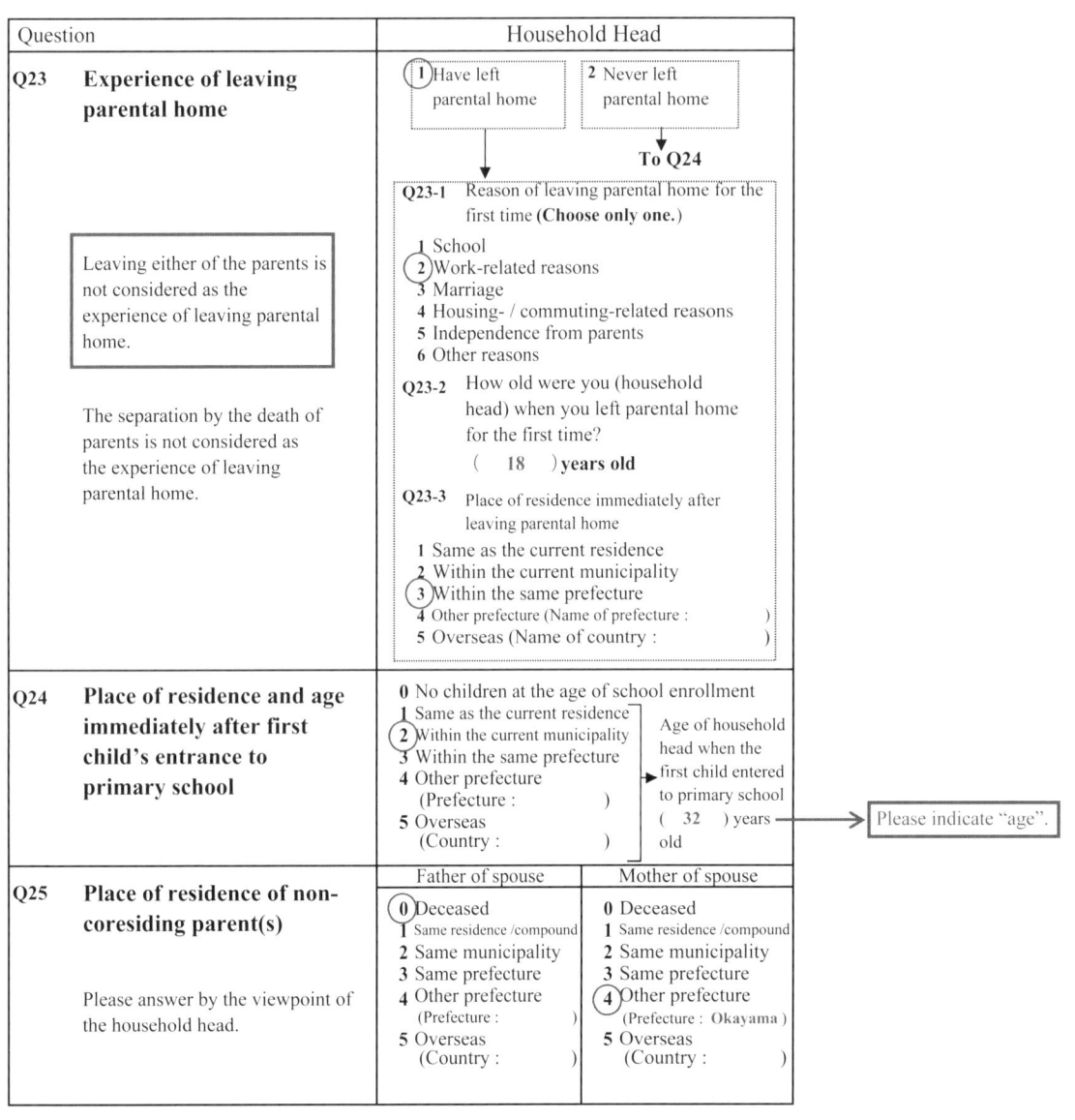

Question	Household Head	
Q23 **Experience of leaving parental home** Leaving either of the parents is not considered as the experience of leaving parental home. The separation by the death of parents is not considered as the experience of leaving parental home.	(①)Have left parental home **2** Never left parental home → **To Q24** **Q23-1** Reason of leaving parental home for the first time **(Choose only one.)** 1 School ②Work-related reasons 3 Marriage 4 Housing- / commuting-related reasons 5 Independence from parents 6 Other reasons **Q23-2** How old were you (household head) when you left parental home for the first time? (18)**years old** **Q23-3** Place of residence immediately after leaving parental home 1 Same as the current residence 2 Within the current municipality ③Within the same prefecture 4 Other prefecture (Name of prefecture :) 5 Overseas (Name of country :)	
Q24 **Place of residence and age immediately after first child's entrance to primary school**	**0** No children at the age of school enrollment 1 Same as the current residence ②Within the current municipality 3 Within the same prefecture 4 Other prefecture (Prefecture :) 5 Overseas (Country :) Age of household head when the first child entered to primary school (32) years old → Please indicate "age".	
Q25 **Place of residence of non-coresiding parent(s)** Please answer by the viewpoint of the household head.	Father of spouse ⓪Deceased 1 Same residence /compound 2 Same municipality 3 Same prefecture 4 Other prefecture (Prefecture :) 5 Overseas (Country :)	Mother of spouse 0 Deceased 1 Same residence /compound 2 Same municipality 3 Same prefecture ④Other prefecture (Prefecture : Okayama) 5 Overseas (Country :)

Questions below are for household head.

(If the household head is not living together, consider the representative of household as the household head.)

Q26   **How many children you ever had?** (**including those living separately or deceased**)

①Have had children (3)person(s)   **2** Never had children

Only for children who are living separately

Q26-1   Please fill in the form for your **children** who are **living separately.**

Children living separately	Sex	Month and Year of Birth	Place of birth	Present residence	
	1 Male 2 Female	1 C.E. 2 Heisei 3 Showa	Usual parents' residence at the time of birth; name of prefecture or country	1 Same residence /compound 2 Same municipality 3 Same prefecture	4 Other prefecture 5 Overseas
1st	1 ②	1 2 ③ Year (51) Month (12)	(Hiroshima)	1 2 3 ④(Prefecture: Tokyo) 5 (Country:)	
2nd	① 2	1 2 ③ Year (53) Month (8)	(Hiroshima)	1 ② 3 4 (Prefecture:) 5 (Country:)	
3rd	1 2	1 2 3 Year ( ) Month ( )	( )	1 2 3 4 (Prefecture:) 5 (Country:)	
4th	1 2	1 2 3 Year ( ) Month ( )	( )	1 2 3 4 (Prefecture:) 5 (Country:)	
5th	1 2	1 2 3 Year ( ) Month ( )	( )	1 2 3 4 (Prefecture:) 5 (Country:)	

Thank you for the cooperation.

㊙

此表只用于参考，请勿填写。
请参考填写示例后填写日语版的调查表。

调查员填写栏			
都道府县名	保健所名称		
广 岛 县	广岛-中央		
地区编号	单位区编号	家 庭 编 号	
3 4 0 1 0 0	1 2 3		
调查表份数			
第（　　　）份			

此调查只用于进行汇总后的统计分析，请如实填写。

2016年社会保障·人口问题基本调查
第 8 次 人 口 移 动 调 查

2016/7/1

厚生劳动省　国立社会保障·人口问题研究所
〒 100-0011　东京都千代田区内幸町 2-2-3
日比谷国际大厦6楼
电话(03) 3595-2984
http://www.ipss.go.jp

《 填写示例 》

注意事项

○ **请务必所有常住居民**填写此表。

因出差、旅行或生病等原因，**暂时离开居住地（三个月以内）时，视为常住居民。**

○ **请以家庭为单位来填写。**

父母和孩子夫妇住在两代专用住宅时，**若①住房明显分开、或②生活费各自独立时，**视为两个家庭。

户主因生病或是其他原因无法填写时由他人代为填写。

○ 原则上，请户主填写。

若户主不在此地居住（不常住）时，由户主代理人代填。

· 回答选择题时，请您在选中的选项数字上画圆圈"○"；回答填空题时，请您在括号内填写文字或数字。
· 请以今年7月1日区市町村的划分标准为主。
· 家庭人数超过5人时，请附加新的调查表并由第6人开始填写。在填写时，请划掉问题4中户主一栏并圈出合适选项。
· 问题中会出现有关"居住地"的问题，请以填写时的居住地为主，不要求和住民票的住所完全一致。
· 在填写中有任何问题请向调查员咨询。

问题1 包括您在内，和您常住在此地的家人有几人？

包括您共（　　　　3　　　　）人　　其中，　男性（　1　）人　　女性（　2　）人

问题2 您的住房属于以下哪种类型？

① 自有房屋（独立式住宅）
2 自有房屋（公寓式住宅）
3 公团·公营等公租房
4 民营租房（独立式或公寓式）
5 员工宿舍等公司住宅
6 其他

请常住的人回答以下**第3**到**第24**题。填写时各家庭成员从个人立场回答问题。

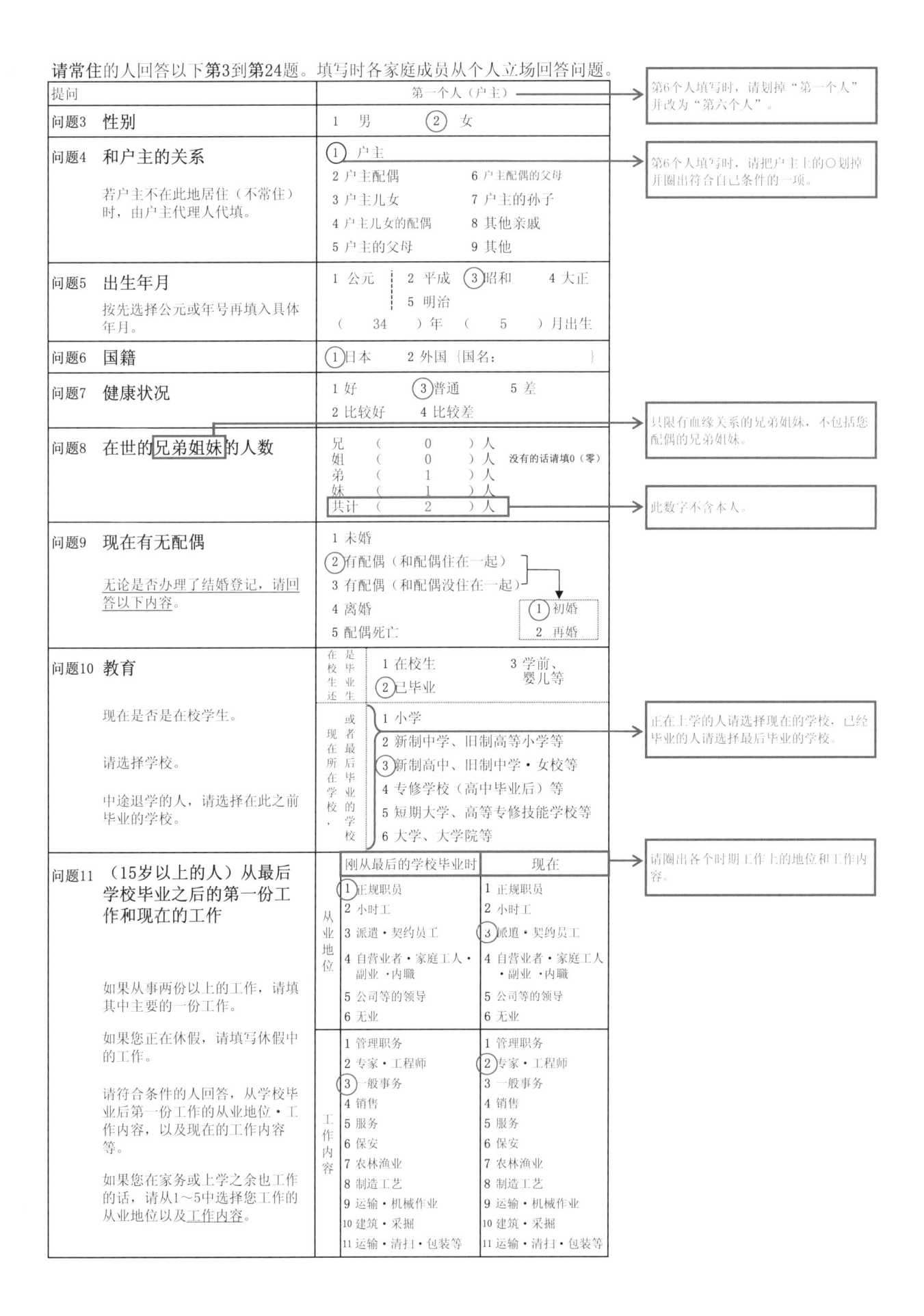

提问	第一个人（户主）
问题3 **性别**	1　男　　②　女
问题4 **和户主的关系** 若户主不在此地居住（不常住）时，由户主代理人代填。	①　户主 2　户主配偶　　　　6　户主配偶的父母 3　户主儿女　　　　7　户主的孙子 4　户主儿女的配偶　8　其他亲戚 5　户主的父母　　　9　其他
问题5 **出生年月** 按先选择公元或年号再填入具体年月。	1　公元　┊　2　平成　③　昭和　　　4　大正 　　　　　　　　5　明治 （　34　）年（　5　）月出生
问题6 **国籍**	①日本　2　外国〔国名：　　　　　〕
问题7 **健康状况**	1　好　　③普通　　　5　差 2　比较好　4　比较差
问题8 **在世的 兄弟姐妹 的人数**	兄（　0　）人 姐（　0　）人　没有的话请填0（零） 弟（　1　）人 妹（　1　）人 共计（　2　）人
问题9 **现在有无配偶** 无论是否办理了结婚登记，请回答以下内容。	1　未婚 ②有配偶（和配偶住在一起） 3　有配偶（和配偶没住在一起） 4　离婚 5　配偶死亡 　　　　　　　①初婚 　　　　　　　2　再婚
问题10 **教育** 现在是否是在校学生。 请选择学校。 中途退学的人，请选择在此之前毕业的学校。	在校生还是毕业生 1　在校生　　　3　学前、婴儿等 ②已毕业 或者现在所在学校，现在最后毕业的学校 1　小学 2　新制中学、旧制高等小学等 ③新制高中、旧制中学·女校等 4　专修学校（高中毕业后）等 5　短期大学、高等专修技能学校等 6　大学、大学院等

问题11 **（15岁以上的人）从最后学校毕业之后的第一份工作和现在的工作** 如果从事两份以上的工作，请填其中主要的一份工作。 如果您正在休假，请填写休假中的工作。 请符合条件的人回答，从学校毕业后第一份工作的从业地位·工作内容，以及现在的工作内容等。 如果您在家务或上学之余也工作的话，请从1~5中选择您工作的从业地位以及工作内容。	刚从最后的学校毕业时	现在
	从业地位 ①正规职员 2　小时工 3　派遣·契约员工 4　自营业者·家庭工人·副业·内职 5　公司等的领导 6　无业	1　正规职员 2　小时工 ③派遣·契约员工 4　自营业者·家庭工人·副业·内职 5　公司等的领导 6　无业
	工作内容 1　管理职务 2　专家·工程师 ③一般事务 4　销售 5　服务 6　保安 7　农林渔业 8　制造工艺 9　运输·机械作业 10建筑·采掘 11运输·清扫·包装等	1　管理职务 ②专家·工程师 3　一般事务 4　销售 5　服务 6　保安 7　农林渔业 8　制造工艺 9　运输·机械作业 10建筑·采掘 11运输·清扫·包装等

右侧注释：
- 第6个人填写时，请划掉"第一个人"并改为"第六个人"。
- 第6个人填写时，请把户主上的○划掉并圈出符合自己条件的一项。
- 只限有血缘关系的兄弟姐妹，不包括您配偶的兄弟姐妹。
- 此数字不含本人。
- 正在上学的人请选择现在的学校，已经毕业的人请选择最后毕业的学校。
- 请圈出各个时期工作上的地位和工作内容。

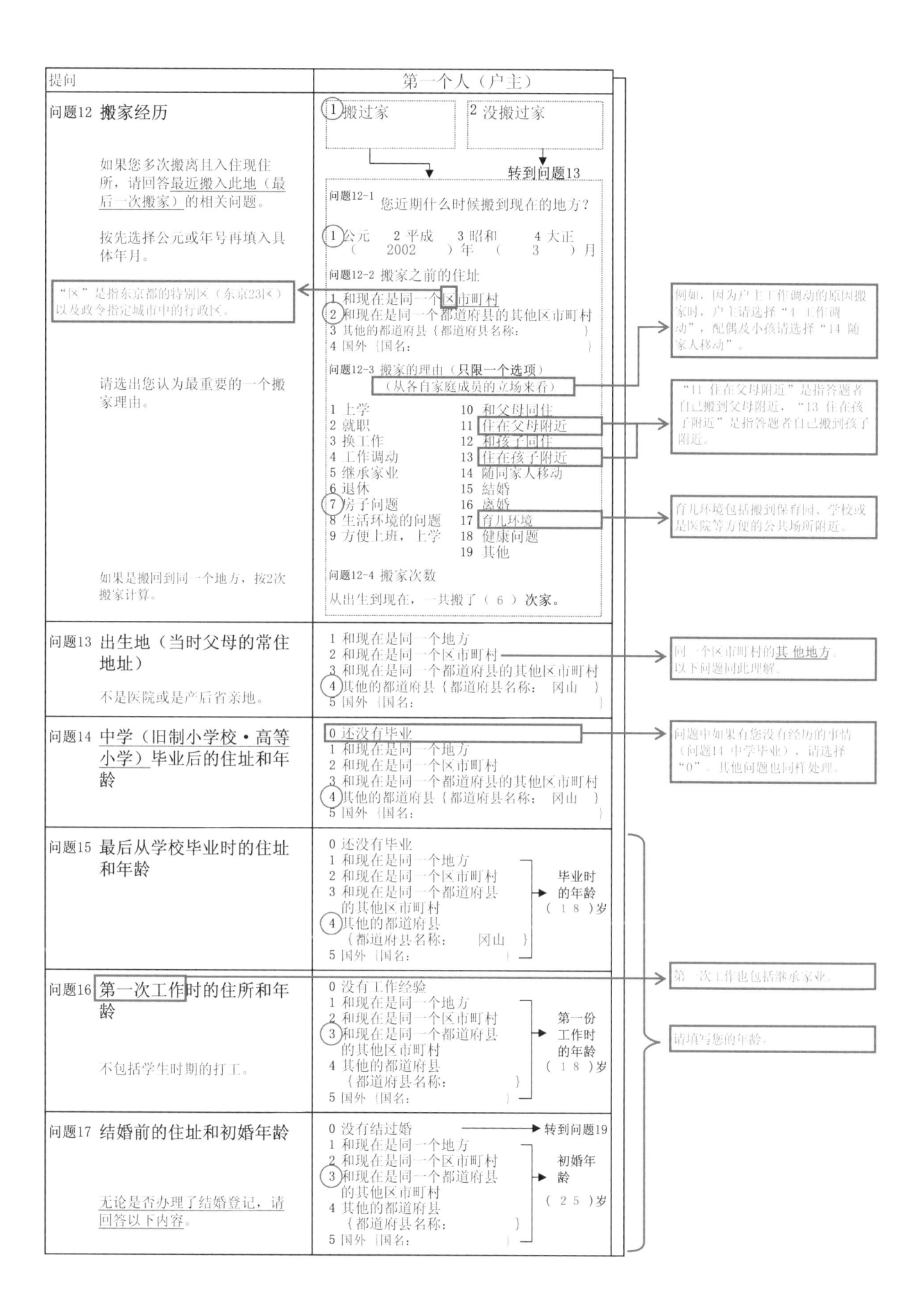

提问	第一个人（户主）
问题12 搬家经历 如果您多次搬离且入住现住所，请回答最近搬入此地（最后一次搬家）的相关问题。 按先选择公元或年号再填入具体年月。 "区"是指东京都的特别区（东京23区）以及政令指定城市中的行政区。 请选出您认为最重要的一个搬家理由。 如果是搬回到同一个地方，按2次搬家计算。	① 搬过家　　2 没搬过家 → 转到问题13 **问题12-1　您近期什么时候搬到现在的地方？** ① 公元　2 平成　3 昭和　4 大正 （　2002　）年（　3　）月 **问题12-2　搬家之前的住址** 1 和现在是同一个区市町村 ② 和现在是同一个都道府县的其他区市町村 3 其他的都道府县〔都道府县名称：　　　〕 4 国外〔国名：　　　〕 **问题12-3　搬家的理由（只限一个选项）** （从各自家庭成员的立场来看） 1 上学　　　　　　10 和父母同住 2 就职　　　　　　11 住在父母附近 3 换工作　　　　　12 和孩子同住 4 工作调动　　　　13 住在孩子附近 5 继承家业　　　　14 随同家人移动 6 退休　　　　　　15 结婚 ⑦ 房子问题　　　　16 离婚 8 生活环境的问题　17 育儿环境 9 方便上班、上学　18 健康问题 　　　　　　　　　19 其他 **问题12-4　搬家次数** 从出生到现在，一共搬了（ 6 ）次家。
问题13 出生地（当时父母的常住地址） 不是医院或是产后省亲地。	1 和现在是同一个地方 2 和现在是同一个区市町村 3 和现在是同一个都道府县的其他区市町村 ④ 其他的都道府县〔都道府县名称：　冈山　〕 5 国外〔国名：　　　〕
问题14 中学（旧制小学校·高等小学）毕业后的住址和年龄	0 还没有毕业 1 和现在是同一个地方 2 和现在是同一个区市町村 3 和现在是同一个都道府县的其他区市町村 ④ 其他的都道府县〔都道府县名称：　冈山　〕 5 国外〔国名：　　　〕
问题15 最后从学校毕业时的住址和年龄	0 还没有毕业 1 和现在是同一个地方 2 和现在是同一个区市町村 3 和现在是同一个都道府县的其他区市町村 ④ 其他的都道府县 　〔都道府县名称：　冈山　〕 5 国外〔国名：　　　〕 　　毕业时的年龄（ 18 ）岁
问题16 第一次工作时的住所和年龄 不包括学生时期的打工。	0 没有工作经验 1 和现在是同一个地方 2 和现在是同一个区市町村 ③ 和现在是同一个都道府县的其他区市町村 4 其他的都道府县 　〔都道府县名称：　　　〕 5 国外〔国名：　　　〕 　　第一份工作时的年龄（ 18 ）岁
问题17 结婚前的住址和初婚年龄 无论是否办理了结婚登记，请回答以下内容。	0 没有结过婚　→ 转到问题19 1 和现在是同一个地方 2 和现在是同一个区市町村 ③ 和现在是同一个都道府县的其他区市町村 4 其他的都道府县 　〔都道府县名称：　　　〕 5 国外〔国名：　　　〕 　　初婚年龄（ 25 ）岁

右侧注释：

例如，因为户主工作调动的原因搬家时，户主请选择"4 工作调动"，配偶及小孩请选择"14 随家人移动"。

"11 住在父母附近"是指答题者自己搬到父母附近，"13 住在孩子附近"是指答题者自己搬到孩子附近。

育儿环境包括搬到保育园、学校或是医院等方便的公共场所附近。

同一个区市町村的其他地方。以下问题同此理解。

问题中如果有您没有经历的事情（问题14 中学毕业），请选择"0"。其他问题也同样处理。

第一次工作也包括继承家业。

请填写您的年龄。

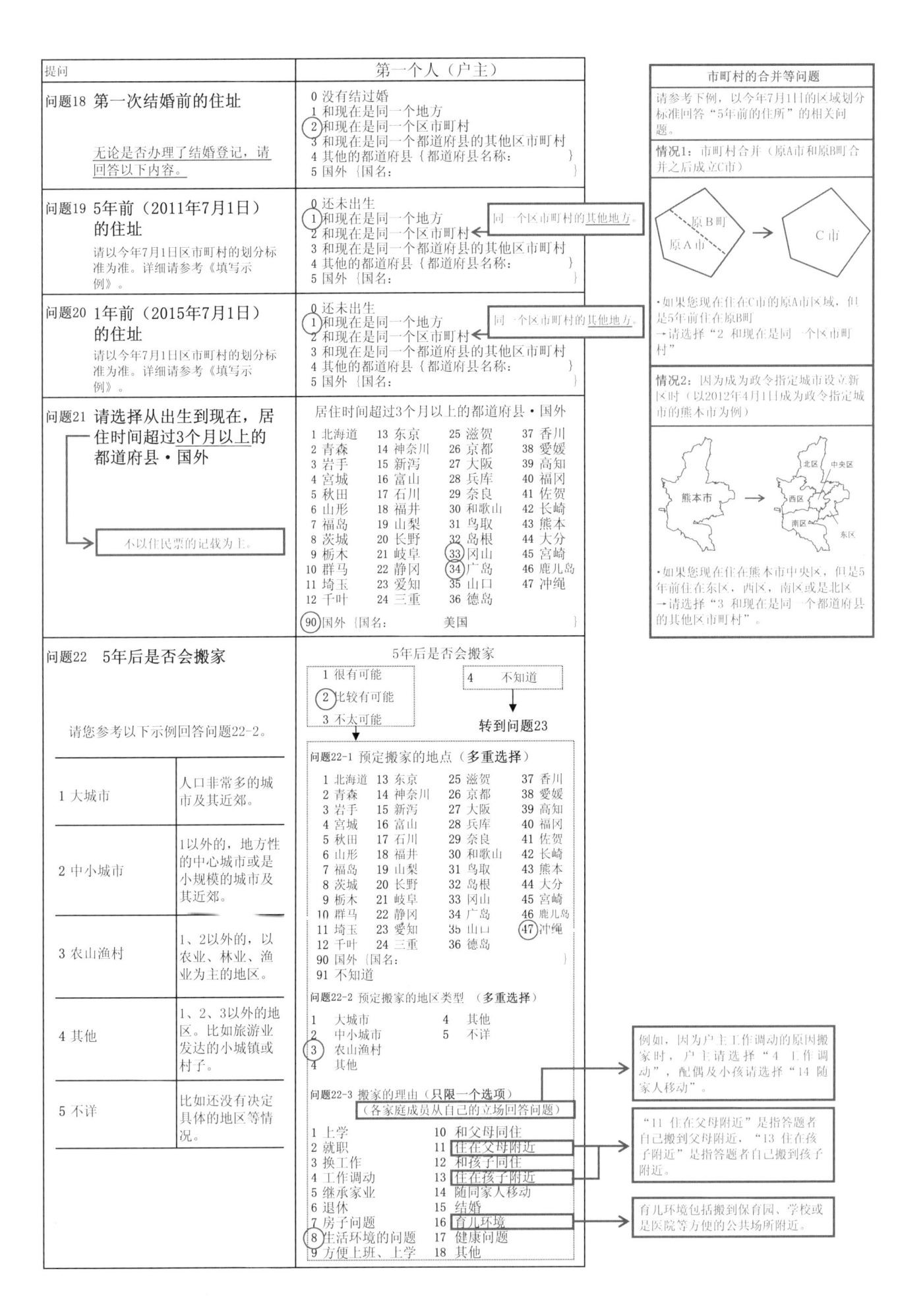

提问	第一个人（户主）
问题18 第一次结婚前的住址 __无论是否办理了结婚登记，请__ __回答以下内容。__	0 没有结过婚 1 和现在是同一个地方 ②和现在是同一个区市町村 3 和现在是同一个都道府县的其他区市町村 4 其他的都道府县〔都道府县名称：　　　〕 5 国外〔国名：　　　〕
问题19 5年前（2011年7月1日） 的住址 请以今年7月1日区市町村的划分标准为准。详细请参考《填写示例》。	0 还未出生 ①和现在是同一个地方　←〔同一个区市町村的其他地方。〕 2 和现在是同一个区市町村 3 和现在是同一个都道府县的其他区市町村 4 其他的都道府县〔都道府县名称：　　　〕 5 国外〔国名：　　　〕
问题20 1年前（2015年7月1日） 的住址 请以今年7月1日区市町村的划分标准为准。详细请参考《填写示例》。	0 还未出生 ①和现在是同一个地方　←〔同一个区市町村的其他地方。〕 2 和现在是同一个区市町村 3 和现在是同一个都道府县的其他区市町村 4 其他的都道府县〔都道府县名称：　　　〕 5 国外〔国名：　　　〕

问题21 请选择从出生到现在，居住时间超过3个月以上的都道府县·国外

〔不以住民票的记载为主。〕

居住时间超过3个月以上的都道府县·国外

1 北海道	13 东京	25 滋贺	37 香川
2 青森	14 神奈川	26 京都	38 爱媛
3 岩手	15 新泻	27 大阪	39 高知
4 宫城	16 富山	28 兵库	40 福冈
5 秋田	17 石川	29 奈良	41 佐贺
6 山形	18 福井	30 和歌山	42 长崎
7 福岛	19 山梨	31 鸟取	43 熊本
8 茨城	20 长野	32 岛根	44 大分
9 栃木	21 岐阜	㉝冈山	45 宫崎
10 群马	22 静冈	㉞广岛	46 鹿儿岛
11 埼玉	23 爱知	35 山口	47 冲绳
12 千叶	24 三重	36 德岛	
⑨⓪国外〔国名：　美国　〕			

问题22　5年后是否会搬家

请您参考以下示例回答问题22-2。

1 大城市	人口非常多的城市及其近郊。
2 中小城市	1以外的，地方性的中心城市或是小规模的城市及其近郊。
3 农山渔村	1、2以外的，以农业、林业、渔业为主的地区。
4 其他	1、2、3以外的地区。比如旅游业发达的小城镇或村子。
5 不详	比如还没有决定具体的地区等情况。

5年后是否会搬家

1 很有可能	4　不知道
②比较有可能	↓
3 不太可能	**转到问题23**

问题22-1 预定搬家的地点（多重选择）

1 北海道	13 东京	25 滋贺	37 香川
2 青森	14 神奈川	26 京都	38 爱媛
3 岩手	15 新泻	27 大阪	39 高知
4 宫城	16 富山	28 兵库	40 福冈
5 秋田	17 石川	29 奈良	41 佐贺
6 山形	18 福井	30 和歌山	42 长崎
7 福岛	19 山梨	31 鸟取	43 熊本
8 茨城	20 长野	32 岛根	44 大分
9 栃木	21 岐阜	33 冈山	45 宫崎
10 群马	22 静冈	34 广岛	46 鹿儿岛
11 埼玉	23 爱知	35 山口	㊼冲绳
12 千叶	24 三重	36 德岛	
90 国外〔国名：　　　〕			
91 不知道			

问题22-2 预定搬家的地区类型　（多重选择）

1　大城市	4　其他
2　中小城市	5　不详
③　农山渔村	
4　其他	

问题22-3 搬家的理由（只限一个选项）
（各家庭成员从自己的立场回答问题）

1 上学	10 和父母同住
2 就职	11 住在父母附近
3 换工作	12 和孩子同住
4 工作调动	13 住在孩子附近
5 继承家业	14 随同家人移动
6 退休	15 结婚
7 房子问题	16 育儿环境
⑧生活环境的问题	17 健康问题
9 方便上班、上学	18 其他

转到问题23

市町村的合并等问题

请参考下例，以今年7月1日的区域划分标准回答"5年前的住所"的相关问题。

情况1：市町村合并（原A市和原B町合并之后成立C市）

·如果您现在住在C市的原A市区域，但是5年前住在原B町
→请选择"2 和现在是同一个区市町村"

情况2：因为成为政令指定城市设立新区时（以2012年4月1日成为政令指定城市的熊本市为例）

·如果您现在住在熊本市中央区，但是5年前住在东区，西区，南区或是北区
→请选择"3 和现在是同一个都道府县的其他区市町村"。

例如，因为户主工作调动的原因搬家时，户主请选择"4 工作调动"，配偶及小孩请选择"14 随家人移动"。

"11 住在父母附近"是指答题者自己搬到父母附近，"13 住在孩子附近"是指答题者自己搬到孩子附近。

育儿环境包括搬到保育园、学校或是医院等方便的公共场所附近。

请户主和户主配偶回答第23～25题。（若户主不在此地居住时，由户主代理人代填）。
无配偶或是没有和配偶同住时，请户主一人回答。

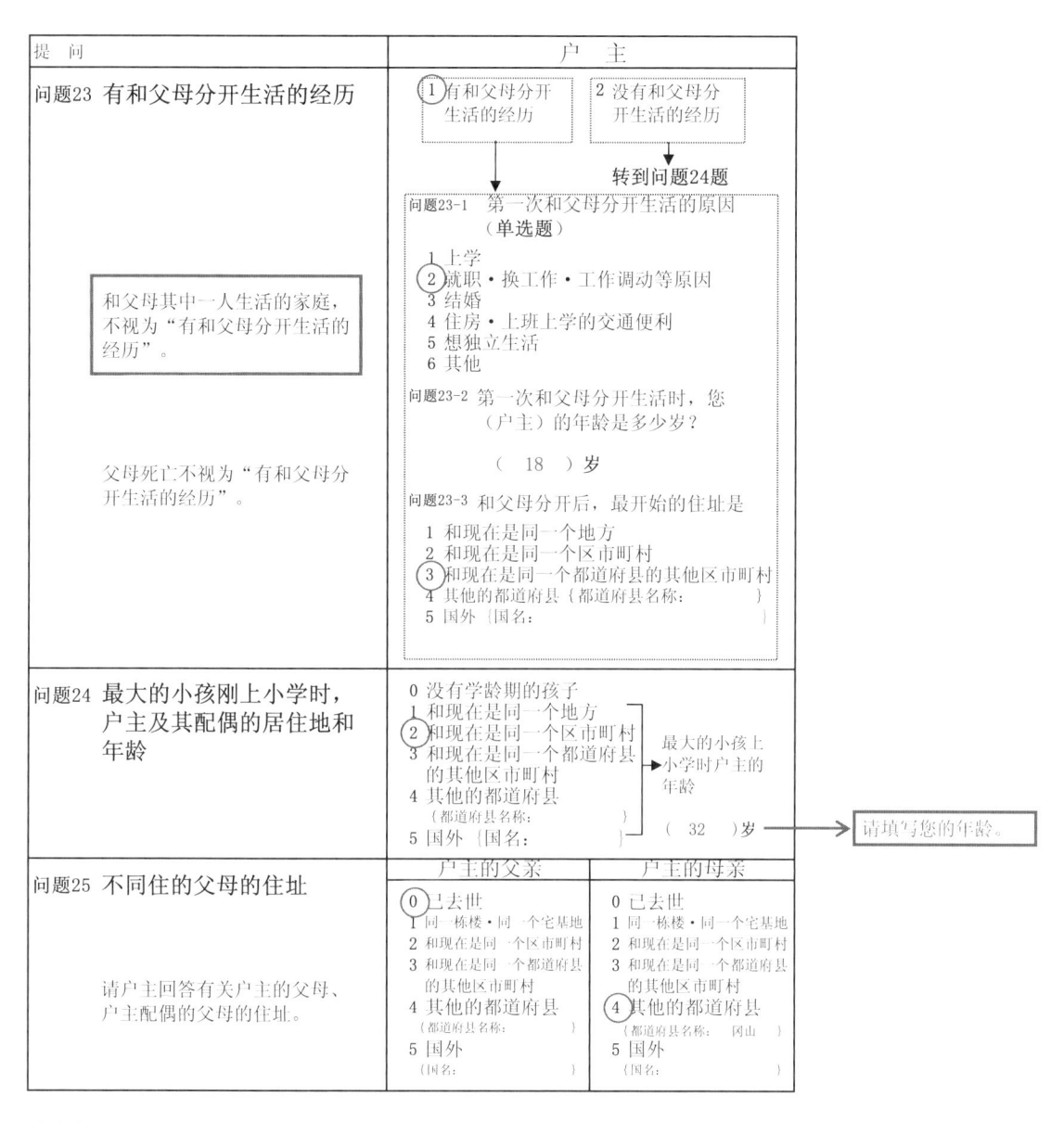

请户主回答以下问题。（若户主不常在此地居住时，由户主代理人代填）。

问题26　您一共有几个孩子（包括没住在一起的小孩、已经去世的小孩）。

① 有小孩 → （ 3 ）人　　　　2 没有小孩　　　　请只填写和您不住在一起的孩子的相关内容。

问题26-1 如果您有住在其他地方的孩子，请从"第一个"一栏开始，填写有关他们的信息。

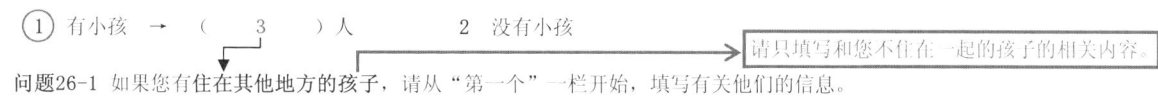

	性别	出生年月		出生地	现居地		
没住在一起的小孩	1 男 2 女	1 公元 2 平成 3 昭和		当时您父母的常住地的都道府县名或是外国名	1 同一栋楼·同一个宅基地　　4 其他的都道府县 2 和现在是同一个区市町村　　5 国外 3 和现在是同一个都道府县的其他区市町村		
第一个	1 ②	1 2 ③	（ 51 ）年（ 12 ）月	｛ 广岛 ｝	1 2 3 ④〔都道府县名称： 东京 ｝5〔国名： ｝		
第二个	① 2	1 2 ③	（ 53 ）年（ 8 ）月	｛ 广岛 ｝	1 ② 3 4〔都道府县名称： ｝5〔国名： ｝		
第三个	1 2	1 2 3	（ ）年（ ）月	｛ ｝	1 2 3 4〔都道府县名称： ｝5〔国名： ｝		
第四个	1 2	1 2 3	（ ）年（ ）月	｛ ｝	1 2 3 4〔都道府县名称： ｝5〔国名： ｝		
第五个	1 2	1 2 3	（ ）年（ ）月	｛ ｝	1 2 3 4〔都道府县名称： ｝5〔国名： ｝		

谢谢您的配合。

통계법에 근거한 일반통계조사

도도부현명	보건소명		
히로시마현	히로시마-중앙		
지구 번호	단위구 번호	가 구 번 호	
3 4 0 1 0	0 1	2 3	
	조사표 매수		
	( ) 장 째		

기밀

이 용지에 가입하지 마십시오.
기입예를 참조하면서 일본어 조사표에 기입해주십시오..

이 조사표는 통계 목적 이외에는 사용되지 않으니 사실에 기반을 두어 솔직하게 기입해주시기 바랍니다.

2016년 사회보장·인구문제기본조사

제 8 회 인 구 이 동 조 사

2016/7/1

《 기입예 》

후생노동성 국립사회보장·인구문제연구소
우편번호:100-0011 도쿄도 치요다구 우치사이와쵸2-2-3
히비야 국제빌딩 6층
전화(03)3595-2984
http://www.ipss.go.jp

기입시 주의 사항

○ **이 가구에 거주하는 모든 가구원**을 빠짐없이 기입해 주십시오.

출장이나 여행, 병으로 인한 <u>일시적인 부재(3개월 미만)</u>의 경우는 조사 대상에 포함됩니다.

○ **가구별로** 기입해 주십시오.

2가구 거주용의 주택에 부모 부부, 자녀 부부가 함께 거주하는 경우에는 ①주거가 확실하게 분리되어있거나 혹은 ②생계비가 별도인 경우 다른 가구로 취급합니다.

가구주가 입원 등의 이유로 기입할 수 없을 경우에는 다른 분께서 대신 기입해 주십시오.

○ 원칙적으로 **가구주**께서 기입하여 주십시오.

가구주가 <u>따로 살고 있는 경우</u>에는 가구의 대표자를 가구주로 하여 응답해 주십시오.

- 응답하는 방법은 해당하는 번호를 골라 O를 쳐주시는 것과 괄호에 필요한 내용을 기재하는 것이 있습니다.
- 특별한 이유가 없는 한, 올해 7월 1일 현재의 구시정촌(区市町村)의 경계에 따라 응답해 주십시오.
- 가구원 수가 6명 이상인 경우에는 조사표를 한부 더 배부하겠사오니 여섯 번째 이후의 분께서는 두 번째 조사표의 첫 번째 가구원 란에 기입하여 주십시오. 단, 4번 문항의 가족관계의 가구주의 O를 지운 뒤 해당하는 항목에 O를 쳐주십시오.
- 이하의 질문에서 「거주지」라는 단어가 등장합니다만, 주민표의 주소와 동일하지 않아도 상관없습니다.
- 응답하는 방법에 대해 의문점이 있으실 경우에는 조사원에게 질문하여 주십시오.

문항 1 당신을 포함하여 이 가구에 살고 있는 사람은 모두 몇 명 입니까?

당신을 포함하여(**3**)명 그중 남 (**1**)명 여 (**2**)명

문항 2 당신이 살고 있는 주택의 종류는 다음 중

① 자기 집(단독주택)
2 자기 집(공동주택)
3 공단·공영의 임대주택
4 민영의 임차·아파트
5 사택 등의 급여 주택
6 기타

다음의 **문항 3**부터 **문항 24**까지는 <u>**가구에 거주하는 가구원**</u>에 대해 답해주십시오. 또한 기입에 있어서는 각 가구원의 입장에서 응답해 주십시오.

질문	첫 번째 (가구주)
질문3 성별	1 남　　　　(2) 녀
질문4 가구주와의 관계 가구주가 따로 살고 있는 경우에는 가구의 대표자를 가구주로 하여 응답해 주십시오.	(1) 가구주 2 가구주의 배우자　　6 가구주의 배우자의 부모 3 가구주의 자녀　　　7 가구주의 손자·손녀 4 가구주의 자녀의 배우자　8 그 외 친척 5 가구주의 부모　　　9 기타
질문5 생년월일 서력 혹은 연호에 ○를 친 후 연월을 기입하여 주십시오.	1 서력　┊　2 헤이세이 (3) 쇼와　　4 다이쇼 　　　　┊　5 메이지 （　34　）년（　5　）월 생
질문6 국적	(1) 일본　　　2 외국 (국가명:　　　　　）
질문7 건강상태	1 좋음　　　(3) 보통　　　5 좋지 않음 2 좋은편　　　4 별로 좋지 않다
질문8 생존 중인 〔형제자매〕수	형　（　　0　　）인 누나（　　0　　）인　　없는 경우는 0 남동생（　　1　　）인　　을 기입 여동생（　　1　　）인 〔합계（　　2　　）인〕
질문9 현재 배우자의 유무 <u>혼인신고의 유무에 관계없이 응답하여 주십시오.</u>	1 미혼 (2) 배우지 있음(배우자와 동거) 3 배우자 있음(배우자와 별거) 4 이혼　　　　　　(1) 초혼 5 사별　　　　　　 2 재혼
질문10 교육 현재 재학여부에 대해 기입하여 주십시오. 다음으로 학교를 선택해 주십시오. 중도 퇴학한 경우에는 그 이전에 졸업한 학교에 ○를 쳐주십시오.	〔재학 혹은 졸업〕 1 재학 중　　3 미취학, 아동 등 　　　　　　(2) 졸업 〔새학 막으로 손업한 마지 학교〕 1 초등학교 2 중학교 (3) 고등학교 4 전수학교 (고졸 후) 등 5 단기대학, 전문대학 등 6 대학, 대학원 등
질문11 (15세 이상의 가구원에 대하여) 최종 학교 졸업 직후와 지금의 직업 직업이 2개 이상인 경우에는 주된 직업에 대하여 기입하여 주십시오 휴직 중인 경우에는 휴직 중인 직업에 대하여 기입하여 주십시오. 최종 학교 졸업 직후의 종사상의 지위·일의 내용과 현재의 일의 내용은 해당하는 경우에만 작성해 주시기 바랍니다. 가사·통학 등 다른 활동을 하면서 틈틈이 일한 경우에는 종사상의 지위 1~5를 고르시고 일의 내용을 선택하여 주십시오.	<table><tr><td></td><td>최종 학교졸업 직후</td><td>현재</td></tr><tr><td>종사상의 지위</td><td>(1) 정규직원 2 아르바이트 3 파견·촉탁·계약사원 4 자영업·가족종사자·부업 5 회사 등의 임원 6 무직</td><td>1 정규직원 2 아르바이트 (3) 파견·촉탁·계약사원 4 자영업·가족종사자·부업 5 회사 등의 임원 6 무직</td></tr><tr><td>일의 내용</td><td>1 관리직 2 전문·기술 (3) 사무 4 판매 5 서비스 6 보안 7 농림어업 8 생산공정 9 수송·기계운전 10 건설·채굴 11 운수·청소·포장등</td><td>1 관리직 (2) 전문·기술 3 사무 4 판매 5 서비스 6 보안 7 농림어업 8 생산공정 9 수송·기계운전 10 건설·채굴 11 운수·청소·포장등</td></tr></table>

여섯 번째 가구원의 경우 「첫 번째」을 지우고 「여섯 번째」로 바꾸어 주십시오.

여섯 번째 가구원의 경우 가구주의 ○를 지우고, 해당하는 항목에 ○를 쳐주십시오.

처가, 시가의 가족 (처남 동서 매형 등)은 제외합니다.

본인을 제외한 수를 기입해 주십시오.

처가, 시가의 가족 (처남 동서 매형 등)은 제외합니다.

각 시점에서의 종사상의 지위와 일의 내용에 ○을 쳐주십시오.

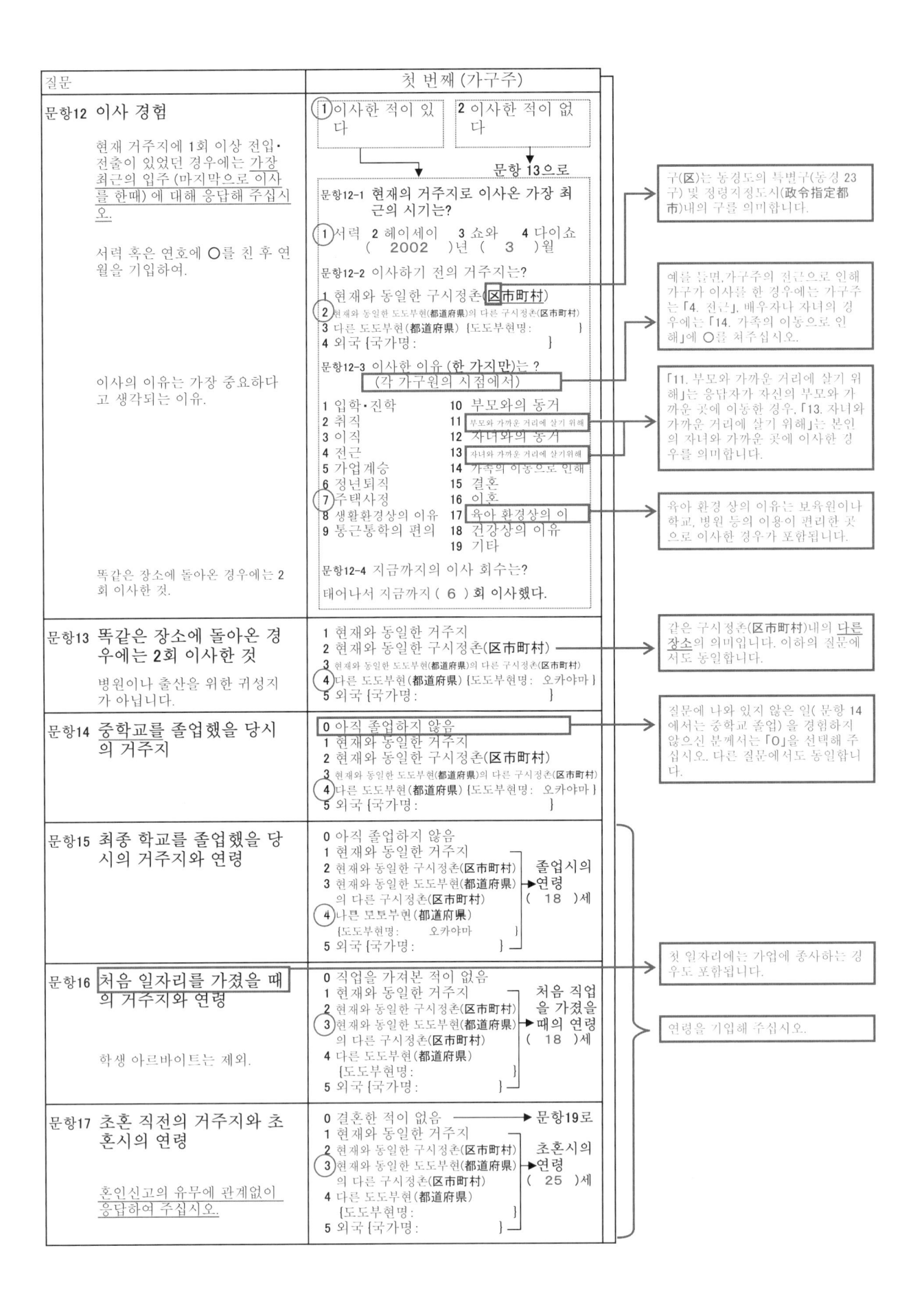

질문	첫 번째 (가구주)
문항12 이사 경험 현재 거주지에 1회 이상 전입·전출이 있었던 경우에는 가장 최근의 입주 (마지막으로 이사를 한때) 에 대해 응답해 주십시오. 서력 혹은 연호에 ○를 친 후 연월을 기입하여. 이사의 이유는 가장 중요하다고 생각되는 이유. 똑같은 장소에 돌아온 경우에는 2회 이사한 것.	①이사한 적이 있다 　　 2 이사한 적이 없다 　　　　　　　　　　　문항 **13**으로 **문항12-1** 현재의 거주지로 이사온 가장 최근의 시기는? ①서력　2 헤이세이　3 쇼와　4 다이쇼 （　2002　）년 （　3　）월 **문항12-2** 이사하기 전의 거주지는? 1 현재와 동일한 구시정촌(区市町村) ②현재와 동일한 도도부현(都道府県)의 다른 구시정촌(区市町村) 3 다른 도도부현(都道府県) {도도부현명：　　　} 4 외국 {국가명：　　　} **문항12-3** 이사한 이유 (한 가지만)는 ? （각 가구원의 시점에서） 1 입학·진학　　　　　10 부모와의 동거 2 취직　　　　　　　11 부모와 가까운 거리에 살기 위해 3 이직　　　　　　　12 자녀와의 동거 4 전근　　　　　　　13 자녀와 가까운 거리에 살기위해 5 가업계승　　　　　14 가족의 이동으로 인해 6 정년퇴직　　　　　15 결혼 ⑦주택사정　　　　　16 이혼 8 생활환경상의 이유　17 육아 환경상의 이 9 통근통학의 편의　　18 건강상의 이유 　　　　　　　　　　19 기타 **문항12-4** 지금까지의 이사 회수는? 태어나서 지금까지 (6) 회 이사했다.
문항13 똑같은 장소에 돌아온 경우에는 2회 이사한 것 병원이나 출산을 위한 귀성지가 아닙니다.	1 현재와 동일한 거주지 2 현재와 동일한 구시정촌(区市町村) 3 현재와 동일한 도도부현(都道府県)의 다른 구시정촌(区市町村) ④다른 도도부현(都道府県) {도도부현명：오카야마 } 5 외국 {국가명：　　　}
문항14 중학교를 졸업했을 당시의 거주지	0 아직 졸업하지 않음 1 현재와 동일한 거주지 2 현재와 동일한 구시정촌(区市町村) 3 현재와 동일한 도도부현(都道府県)의 다른 구시정촌(区市町村) ④다른 도도부현(都道府県) {도도부현명：오카야마 } 5 외국 {국가명：　　　}
문항15 최종 학교를 졸업했을 당시의 거주지와 연령	0 아직 졸업하지 않음 1 현재와 동일한 거주지 2 현재와 동일한 구시정촌(区市町村)　졸업시의 3 현재와 동일한 도도부현(都道府県)　연령 　의 다른 구시정촌(区市町村)　（ 18 ）세 ④다른 도도부현(都道府県) {도도부현명：　오카야마 } 5 외국 {국가명：　　　}
문항16 처음 일자리를 가졌을 때의 거주지와 연령 학생 아르바이트는 제외.	0 직업을 가져본 적이 없음 1 현재와 동일한 거주지 2 현재와 동일한 구시정촌(区市町村)　처음 직업 ③현재와 동일한 도도부현(都道府県)　을 가졌을 　의 다른 구시정촌(区市町村)　때의 연령 4 다른 도도부현(都道府県)　（ 18 ）세 {도도부현명：　　　} 5 외국 {국가명：　　　}
문항17 초혼 직전의 거주지와 초혼시의 연령 혼인신고의 유무에 관계없이 응답하여 주십시오.	0 결혼한 적이 없음　→ 문항19로 1 현재와 동일한 거주지 2 현재와 동일한 구시정촌(区市町村)　초혼시의 ③현재와 동일한 도도부현(都道府県)　연령 　의 다른 구시정촌(区市町村)　（ 25 ）세 4 다른 도도부현(都道府県) {도도부현명：　　　} 5 외국 {국가명：　　　}

설명 상자들:

구(区)는 동경도의 특별구(동경 23구) 및 정령지정도시(政令指定都市)내의 구를 의미합니다.

예를 들면, 가구주의 전근으로 인해 가구가 이사를 한 경우에는 가구주는 「4. 전근」, 배우자나 자녀의 경우에는 「14. 가족의 이동으로 인해」에 ○를 쳐주십시오.

「11. 부모와 가까운 거리에 살기 위해」는 응답자가 자신의 부모와 가까운 곳에 이동한 경우, 「13. 자녀와 가까운 거리에 살기 위해」는 본인의 자녀와 가까운 곳에 이사한 경우를 의미합니다.

육아 환경 상의 이유는 보육원이나 학교, 병원 등의 이용이 편리한 곳으로 이사한 경우가 포함됩니다.

같은 구시정촌(区市町村)내의 다른 장소의 의미입니다. 이하의 질문에서도 동일합니다.

질문에 나와 있지 않은 일 (문항 14에서는 중학교 졸업) 을 경험하지 않으신 분께서는 「0」을 선택해 주십시오. 다른 질문에서도 동일합니다.

첫 일자리에는 가업에 종사하는 경우도 포함됩니다.

연령을 기입해 주십시오.

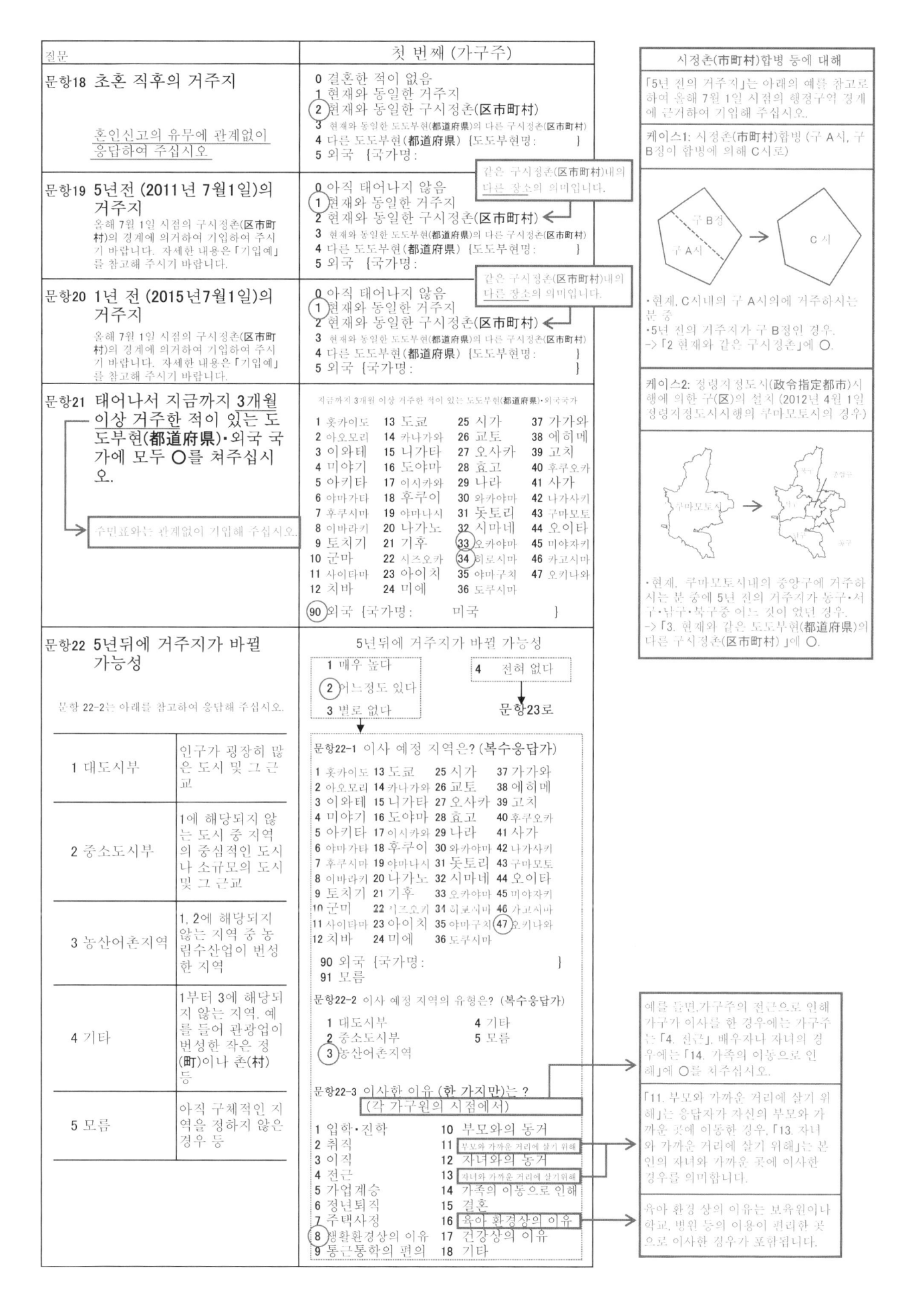

질문	첫 번째 (가구주)
문항18 초혼 직후의 거주지 혼인신고의 유무에 관계없이 응답하여 주십시오	0 결혼한 적이 없음 1 현재와 동일한 거주지 (2) 현재와 동일한 구시정촌(区市町村) 3 현재와 동일한 도도부현(都道府県)의 다른 구시정촌(区市町村) 4 다른 도도부현(都道府県) [도도부현명:] 5 외국 [국가명:
문항19 5년전 (2011년 7월1일)의 거주지 올해 7월 1일 시점의 구시정촌(区市町村)의 경계에 의거하여 기입하여 주시기 바랍니다. 자세한 내용은「기입예」를 참고해 주시기 바랍니다.	0 아직 태어나지 않음 (1) 현재와 동일한 거주지 2 현재와 동일한 구시정촌(区市町村) ← 〔같은 구시정촌(区市町村)내의 다른 장소의 의미입니다.〕 3 현재와 동일한 도도부현(都道府県)의 다른 구시정촌(区市町村) 4 다른 도도부현(都道府県) [도도부현명:] 5 외국 [국가명:
문항20 1년 전 (2015년7월1일)의 거주지 올해 7월 1일 시점의 구시정촌(区市町村)의 경계에 의거하여 기입하여 주시기 바랍니다. 자세한 내용은「기입예」를 참고해 주시기 바랍니다.	0 아직 태어나지 않음 (1) 현재와 동일한 거주지 2 현재와 동일한 구시정촌(区市町村) ← 〔같은 구시정촌(区市町村)내의 다른 장소의 의미입니다.〕 3 현재와 동일한 도도부현(都道府県)의 다른 구시정촌(区市町村) 4 다른 도도부현(都道府県) [도도부현명:] 5 외국 [국가명:

문항21 태어나서 지금까지 3개월 이상 거주한 적이 있는 도도부현(都道府県)・외국 국가에 모두 ○를 쳐주십시오.

→ 〔주민표와는 관계없이 기입해 주십시오.〕

지금까지 3개월 이상 거주한 적이 있는 도도부현(都道府県)・외국국가

1 홋카이도	13 도쿄	25 시가	37 가가와
2 아오모리	14 카나가와	26 교토	38 에히메
3 이와테	15 니가타	27 오사카	39 고치
4 미야기	16 도야마	28 효고	40 후쿠오카
5 아키타	17 이시카와	29 나라	41 사가
6 야마가타	18 후쿠이	30 와카야마	42 나가사키
7 후쿠시마	19 야마나시	31 돗토리	43 구마모토
8 이바라키	20 나가노	32 시마네	44 오이타
9 토치기	21 기후	(33) 오카야마	45 미야자키
10 군마	22 시즈오카	(34) 히로시마	46 카고시마
11 사이타마	23 아이치	35 야마구치	47 오키나와
12 치바	24 미에	36 도쿠시마	

(90) 외국 [국가명: 미국]

질문	
문항22 5년뒤에 거주지가 바뀔 가능성 문항 22-2는 아래를 참고하여 응답해 주십시오.	5년뒤에 거주지가 바뀔 가능성 1 매우 높다 　　4 전혀 없다 (2) 어느정도 있다 3 별로 없다 　　→ **문항23로**

1 대도시부	인구가 굉장히 많은 도시 및 그 근교
2 중소도시부	1에 해당되지 않는 도시 중 지역의 중심적인 도시나 소규모의 도시 및 그 근교
3 농산어촌지역	1, 2에 해당되지 않는 지역 중 농림수산업이 번성한 지역
4 기타	1부터 3에 해당되지 않는 지역. 예를 들어 관광업이 번성한 작은 정(町)이나 촌(村) 등
5 모름	아직 구체적인 지역을 정하지 않은 경우 등

문항22-1 이사 예정 지역은? (복수응답가)

1 홋카이도	13 도쿄	25 시가	37 가가와
2 아오모리	14 카나가와	26 교토	38 에히메
3 이와테	15 니가타	27 오사카	39 고치
4 미야기	16 도야마	28 효고	40 후쿠오카
5 아키타	17 이시카와	29 나라	41 사가
6 야마가타	18 후쿠이	30 와카야마	42 나가사키
7 후쿠시마	19 야마나시	31 돗토리	43 구마모토
8 이바라키	20 나가노	32 시마네	44 오이타
9 토치기	21 기후	33 오카야마	45 미야자키
10 군마	22 시즈오카	34 히로시마	46 카고시마
11 사이타마	23 아이치	35 야마구치	(47) 오키나와
12 치바	24 미에	36 도쿠시마	

90 외국 [국가명:]
91 모름

문항22-2 이사 예정 지역의 유형은? (복수응답가)

1 대도시부 　　4 기타
2 중소도시부 　　5 모름
(3) 농산어촌지역

문항22-3 이사한 이유 (한 가지만)는 ?
(각 가구원의 시점에서)

1 입학・진학	10 부모와의 동거
2 취직	11 부모와 가까운 거리에 살기 위해
3 이직	12 자녀와의 동거
4 전근	13 자녀와 가까운 거리에 살기위해
5 가업 계승	14 가족의 이동으로 인해
6 정년퇴직	15 결혼
7 주택사정	16 육아 환경상의 이유
(8) 생활환경상의 이유	17 건강상의 이유
9 통근통학의 편의	18 기타

시정촌(市町村)합병 등에 대해

「5년 전의 거주지」는 아래의 예를 참고로 하여 올해 7월 1일 시점의 행정구역 경계에 근거하여 기입해 주십시오..

케이스1: 시정촌(市町村)합병 (구 A시, 구 B정이 합병에 의해 C시로)

・현재, C시내의 구 A시에 거주하시는 분 중.
・5년 전의 거주지가 구 B정인 경우.
-> 「2 현재와 같은 구시정촌」에 ○.

케이스2: 정령지정도시(政令指定都市)시행에 의한 구(区)의 설치 (2012년 4월 1일 정령지정도시시행의 쿠마모토시의 경우)

・현재, 쿠마모토시내의 중앙구에 거주하시는 분 중에 5년 전의 거주지가 동구・서구・남구・북구중 어느 것이었던 경우.
-> 「3. 현재와 같은 도도부현(都道府県)의 다른 구시정촌(区市町村)」에 ○.

예를 들면,가구주의 전근으로 인해 가구가 이사를 한 경우에는 가구주는「4. 전근」, 배우자나 자녀의 경우는「14. 가족의 이동으로 인해」에 ○를 쳐주십시오.

「11. 부모와 가까운 거리에 살기 위해」는 응답자가 자신의 부모와 가까운 곳에 이동한 경우,「13. 자녀와 가까운 거리에 살기 위해」는 본인의 자녀와 가까운 곳에 이사한 경우를 의미합니다.

유아 환경 상의 이유는 보육원이나 학교, 병원 등의 이용이 편리한 곳으로 이사한 경우가 포함됩니다.

문항23~25는 <u>가구주와 가구주</u> 배우자에 관한질문입니다.(가구주가 따로 살고 있는 경우에는 가구의 대표자를 가구주로 하여 응답해 주십시오.)
또한, 배우자가 없는 경우 혹은 같은 가구에 살지 않는 경우에는 가구주에 대한 질문에만 응답하여 주십시오.

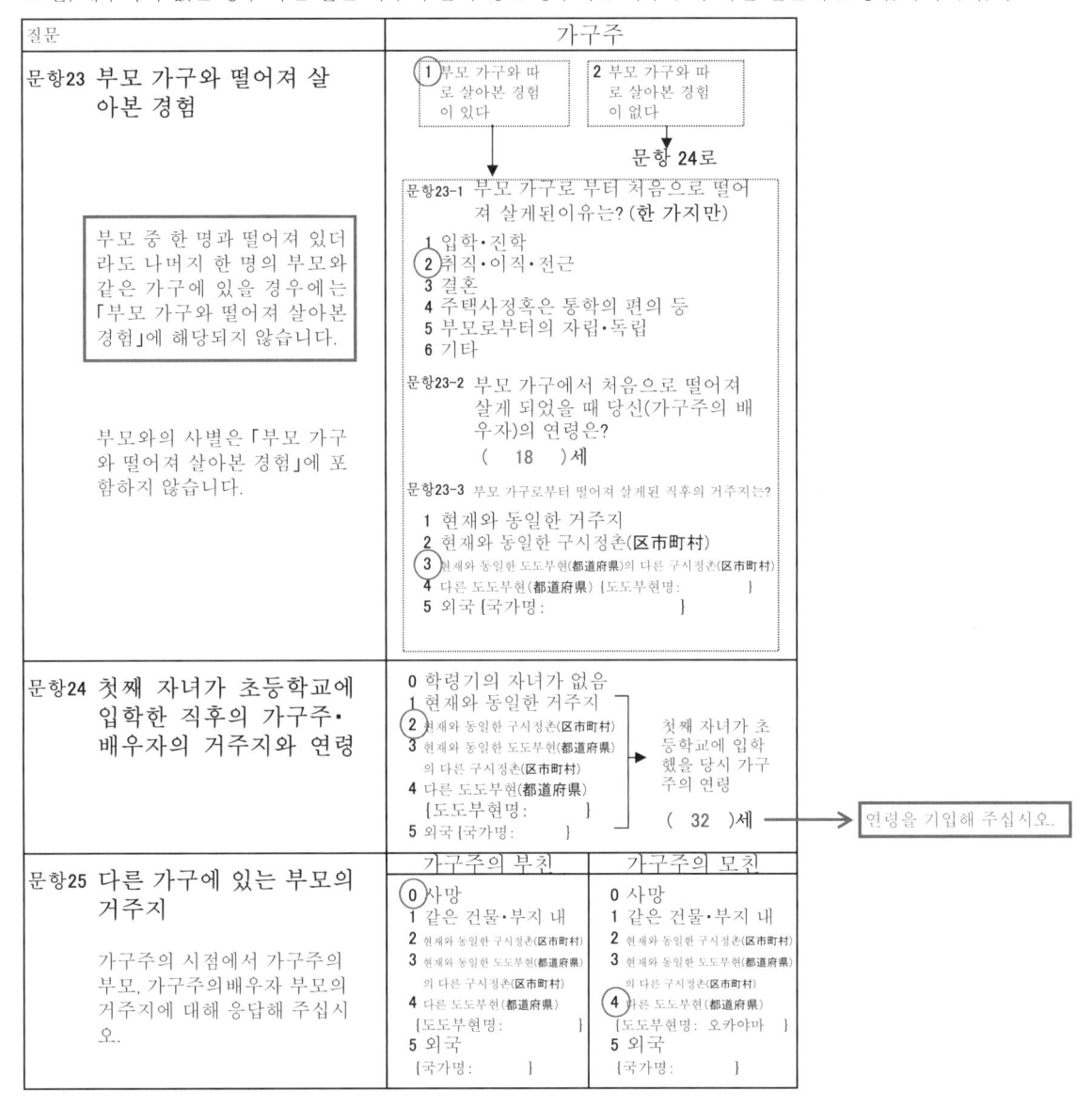

이하는 가구주에 대한 질문입니다. (가구주가 따로 살고 있는 경우에는 가구의 대표자를 가구주로 하여 응답해 주십시오.)

문항26 지금까지 몇 명의 자녀를 출산하셨습니까? (다른 가구의 자녀와 사망한 자녀도 포함합니다.)

① 지금까지 자녀를 출산한 적이 있다 → (3)명   2 지금까지 자녀를 출산한 적이 없다
→ 다른 가구에 있는 자녀에 대해서만 기입해 주십시오.

문항26-1 다른 가구에 자녀가 있는 경우에는 그 자녀분에 대해 1인 이후의 란에 기입해 주십시오.

	성별	생년월일	태어난 장소	현주소 (가구주의 시점에서)	
다른 가구의 자녀 첫번째	1 남 2 녀	1 서력 2 헤이세이 3 쇼와	당시 부모가 거주하였던 도도부현(都道府県) 명 또는 외국 국가명	1 같은 건물·부지 내 4 다른 도도부현(都道府県) 2 현재와 동일한 구시정촌(区市町村) 5 외국 3 현재와 동일한 도도부현(都道府県)의 다른 구시정촌(区市町村)	
첫 번째	1 ②	1 2 ③ (51)년 (12)월	{ 히로시마 }	1 2 3 ④ {도도부현명: 동경 } 5 {국가명: }	
두 번째	① 2	1 2 ③ (53)년 (8)월	{ 히로시마 }	1 ② 3 4 {도도부현명: } 5 {국가명: }	
세 번째	1 2	1 2 3 ( )년 ( )월	{ }	1 2 3 4 {도도부현명: } 5 {국가명: }	
네 번째	1 2	1 2 3 ( )년 ( )월	{ }	1 2 3 4 {도도부현명: } 5 {국가명: }	
다섯 번째	1 2	1 2 3 ( )년 ( )월	{ }	1 2 3 4 {도도부현명: } 5 {국가명: }	

협조해주셔서 감사합니다.

Confidencial

Este questionário
somente será usado
para fins estatís-
ticos. Por favor
preencha-o com
base nos fatos.

Por favor, não preencha neste papel.
Use este guia de orientações apenas como referência,
para preencher o questionário em japonês.

2016 Questionário Básico Anual sobre População e Seguro Social

8° Questionário Nacional sobre Migrações Populacionais

1° de Julho de 2016

«Orientações»

Ministério da Saúde, Trabalho e Bem-Estar Social
Instituto Nacional de Pesquisa sobre População e Seguro Social
2-2-3 Uchisaiwaicho, Chiyoka-ku, Tokyo 100-0011
Hibiya Kokusai Building 6° andar
Tel.(03)3595-2984
http://www.ipss.go.jp

Pedidos em relação ao preenchimento

○ Por favor responda sobre todas as pessoas **que moram constantemente no local.**

Se a pessoa estiver ausente temporariamente (menos de 3 meses) devido a viagem de trabalho ou lazer, doença, etc, **inclua junto com as pessoas que moram constantemente.**

○ Responda **por cada domicílio.**

No caso de residência com dois domicílios, onde o casal de pais e o casal de filhos moram juntos, o domicílio é considerado separado quando: **1) a residência está claramente separada, ou 2) o orçamento familiar está separado.**

Caso o chefe de família esteja doente, ou por outro motivo não possa responder, por favor preencha em seu lugar.

○ Em princípio o questionário deve ser respondido pelo **chefe de família.**

Caso o chefe de família **não more junto (não mora constantemente), um representante da família** pode responder em seu lugar.

- Quanto ao preenchimento das respostas, há questões para se escolher o número adequado e circulá-lo, e outras para escrever a informação necessária dentro dos (   ).
- Responda de acordo com a divisão administrativa da cidade na data de 1 ° de julho de 2016.
- Se houver mais de 6 pessoas na família, entregaremos um questionário adicional para ser preenchido pela sexta pessoa em diante.
- Neste caso, na questão 4 deve-se apagar o círculo do chefe de família e circular o item correspondente.
- O local de residência atual não precisa ser igual ao endereço registrado no atestado de residência.
- Se tiver dúvidas sobre o preenchimento, pergunte ao recenseador.

Q1 No total, quantas pessoas da sua família, incluindo você, moram constantemente neste local?

Incluindo você (3) pessoas   das quais   (1) são HOMENS   (2) são MULHERES

Q2 Qual é o tipo de residência onde você mora?

- (1) Casa própria
- 2 apartamento próprio
- 3 residência alugada do governo local ou órgão público
- 4 residência alugada do setor privado
- 5 residência da empresa para os funcionários
- 6 outro

Nas questões de **3** a **24** responda sobre as pessoas que **moram constantemente no local**. Coloque-se no papel de cada membro da família na hora de responder.

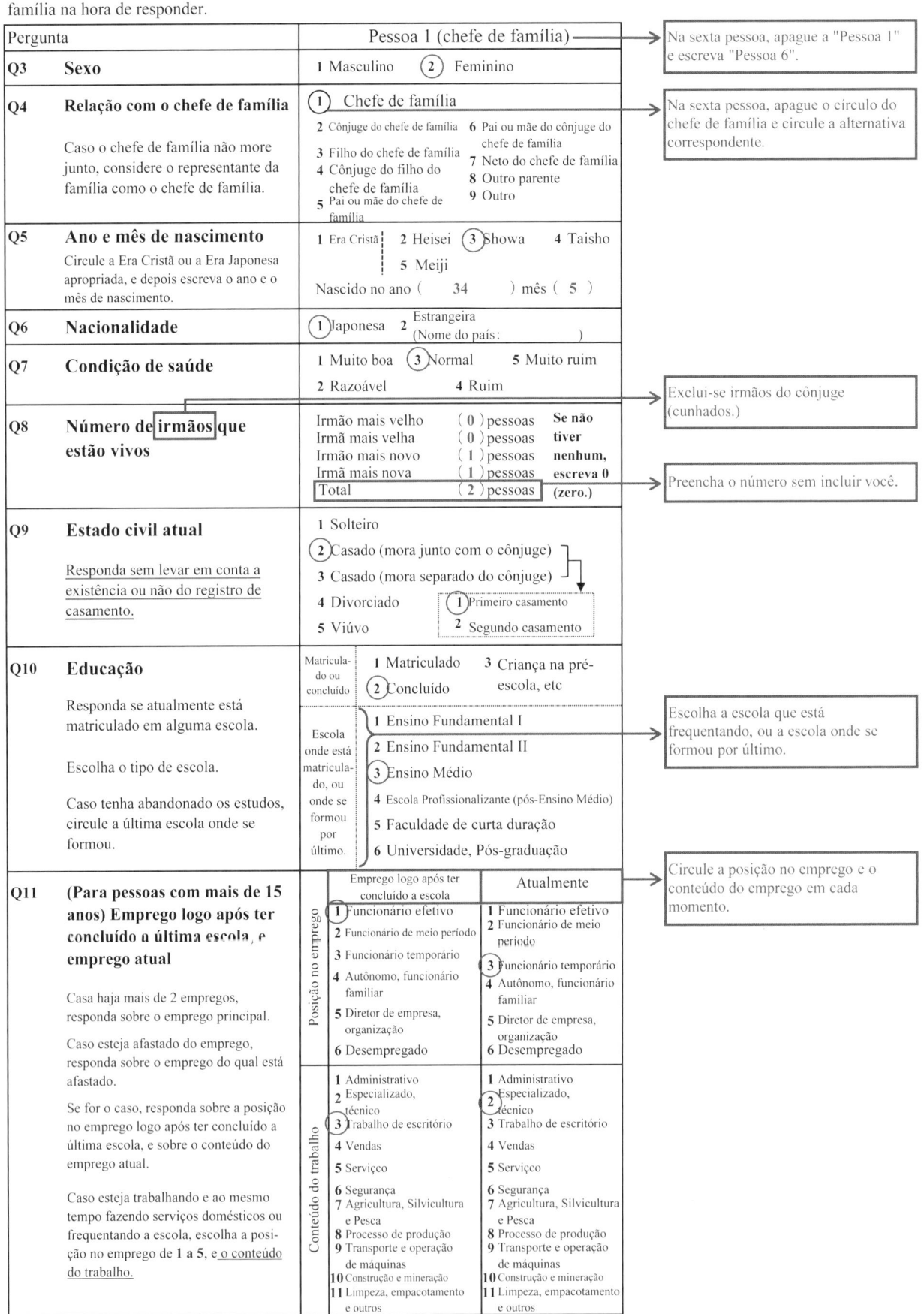

Pergunta		Pessoa 1 (chefe de família)	
Q3	**Sexo**	1 Masculino ② Feminino	

Na sexta pessoa, apague a "Pessoa 1" e escreva "Pessoa 6".

Q4	**Relação com o chefe de família** Caso o chefe de família não more junto, considere o representante da família como o chefe de família.	① Chefe de família 2 Cônjuge do chefe de família 6 Pai ou mãe do cônjuge do chefe de família 3 Filho do chefe de família 7 Neto do chefe de família 4 Cônjuge do filho do chefe de família 8 Outro parente 5 Pai ou mãe do chefe de família 9 Outro

Na sexta pessoa, apague o círculo do chefe de família e circule a alternativa correspondente.

Q5	**Ano e mês de nascimento** Circule a Era Cristã ou a Era Japonesa apropriada, e depois escreva o ano e o mês de nascimento.	1 Era Cristã 2 Heisei ③ Showa 4 Taisho 5 Meiji Nascido no ano (34) mês (5)
Q6	**Nacionalidade**	① Japonesa 2 Estrangeira (Nome do país:)
Q7	**Condição de saúde**	1 Muito boa ③ Normal 5 Muito ruim 2 Razoável 4 Ruim

Exclui-se irmãos do cônjuge (cunhados.)

Q8	**Número de │irmãos│ que estão vivos**	Irmão mais velho (0) pessoas **Se não** Irmã mais velha (0) pessoas **tiver** Irmão mais novo (1) pessoas **nenhum,** Irmã mais nova (1) pessoas **escreva 0** Total (2) pessoas **(zero.)**

Preencha o número sem incluir você.

Q9	**Estado civil atual** Responda sem levar em conta a existência ou não do registro de casamento.	1 Solteiro ② Casado (mora junto com o cônjuge) 3 Casado (mora separado do cônjuge) 4 Divorciado ① Primeiro casamento 5 Viúvo 2 Segundo casamento
Q10	**Educação** Responda se atualmente está matriculado em alguma escola. Escolha o tipo de escola. Caso tenha abandonado os estudos, circule a última escola onde se formou.	Matriculado ou concluído 1 Matriculado 3 Criança na pré-escola, etc ② Concluído Escola onde está matriculado, ou onde se formou por último. 1 Ensino Fundamental I 2 Ensino Fundamental II ③ Ensino Médio 4 Escola Profissionalizante (pós-Ensino Médio) 5 Faculdade de curta duração 6 Universidade, Pós-graduação

Escolha a escola que está frequentando, ou a escola onde se formou por último.

Circule a posição no emprego e o conteúdo do emprego em cada momento.

Q11	(Para pessoas com mais de 15 anos) Emprego logo após ter concluído a última escola, e emprego atual		Emprego logo após ter concluído a escola	Atualmente
	Casa haja mais de 2 empregos, responda sobre o emprego principal. Caso esteja afastado do emprego, responda sobre o emprego do qual está afastado. Se for o caso, responda sobre a posição no emprego logo após ter concluído a última escola, e sobre o conteúdo do emprego atual. Caso esteja trabalhando e ao mesmo tempo fazendo serviços domésticos ou frequentando a escola, escolha a posição no emprego de **1** a **5**, e o conteúdo do trabalho.	Posição no emprego	① Funcionário efetivo 2 Funcionário de meio período 3 Funcionário temporário 4 Autônomo, funcionário familiar 5 Diretor de empresa, organização 6 Desempregado	1 Funcionário efetivo 2 Funcionário de meio período ③ Funcionário temporário 4 Autônomo, funcionário familiar 5 Diretor de empresa, organização 6 Desempregado
		Conteúdo do trabalho	1 Administrativo 2 Especializado, técnico ③ Trabalho de escritório 4 Vendas 5 Serviço 6 Segurança 7 Agricultura, Silvicultura e Pesca 8 Processo de produção 9 Transporte e operação de máquinas 10 Construção e mineração 11 Limpeza, empacotamento e outros	1 Administrativo ② Especializado, técnico 3 Trabalho de escritório 4 Vendas 5 Serviço 6 Segurança 7 Agricultura, Silvicultura e Pesca 8 Processo de produção 9 Transporte e operação de máquinas 10 Construção e mineração 11 Limpeza, empacotamento e outros

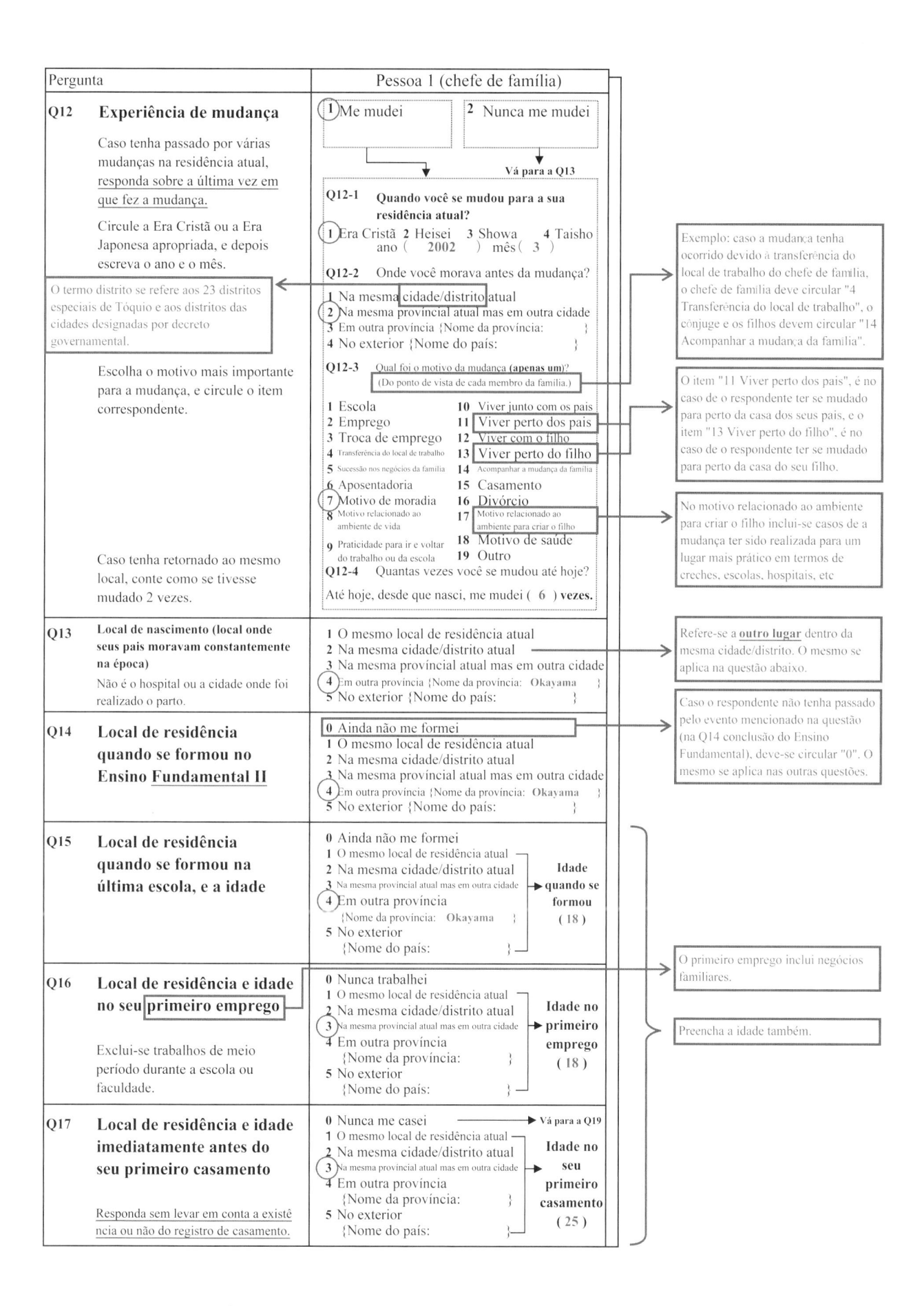

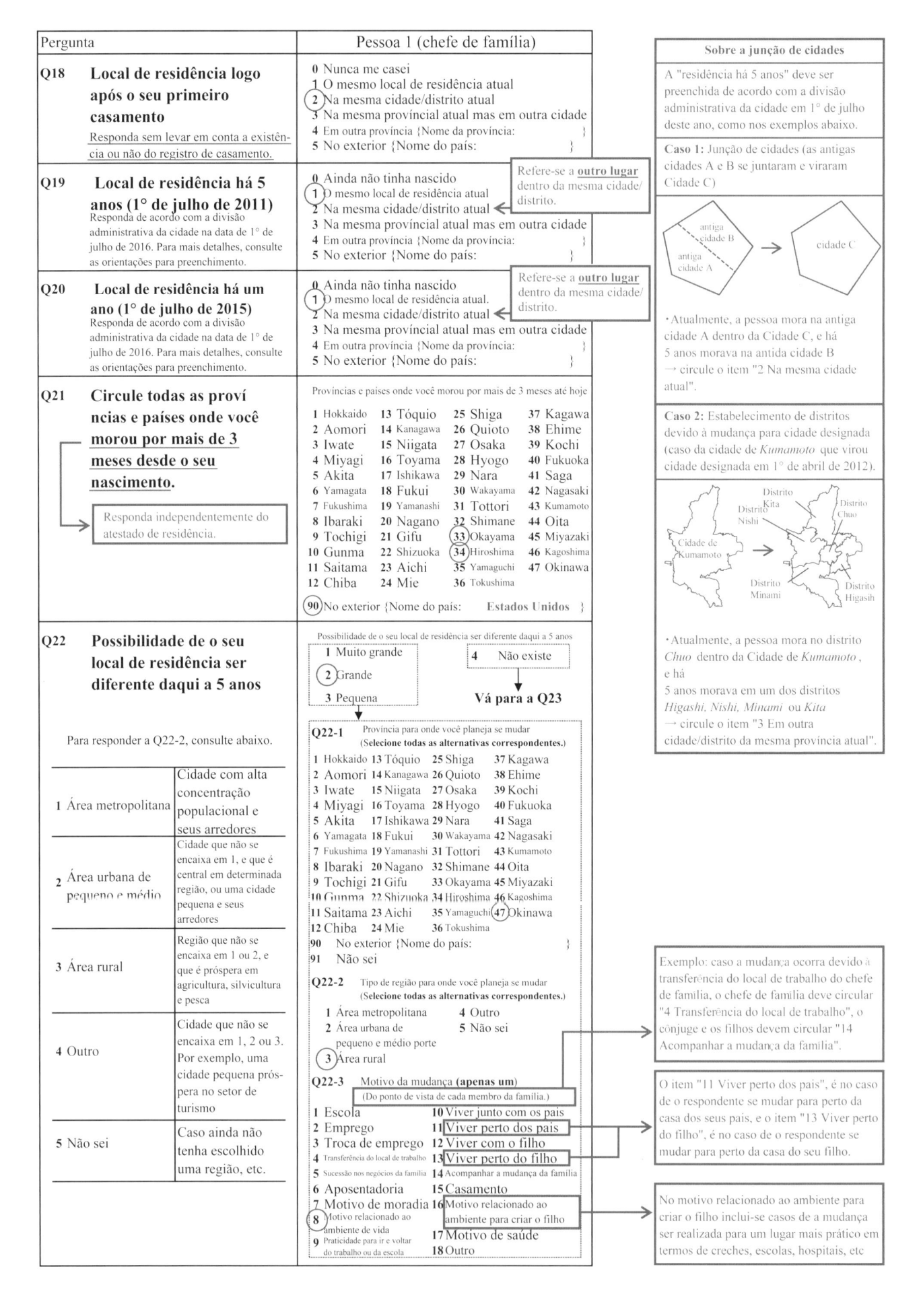

As questões de **23 a 25** são voltadas ao chefe de família e ao cônjuge do chefe de família.
Caso o chefe de família não more junto, considere o representante da família como o chefe de família.

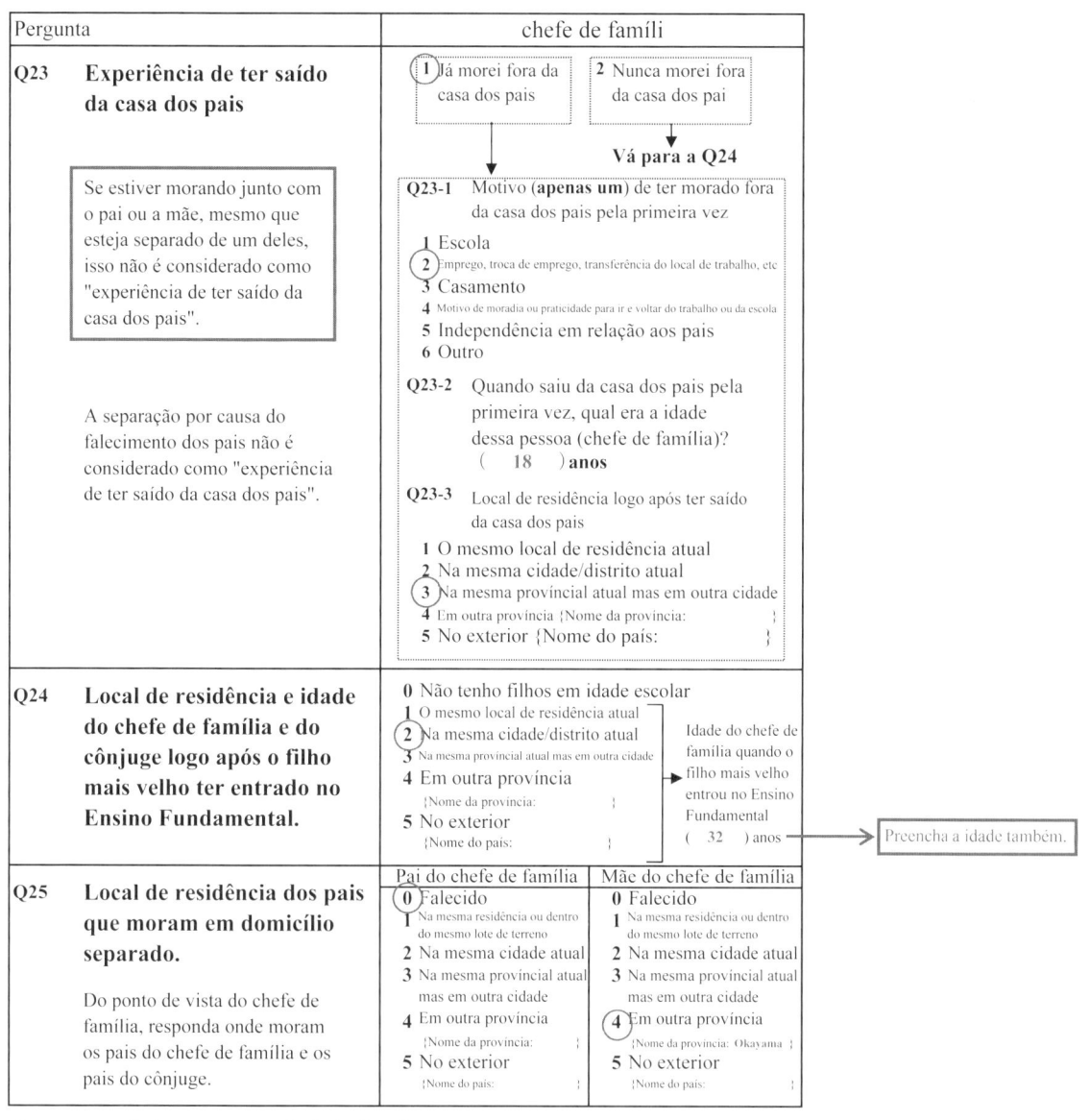

Pergunta	chefe de famíli
Q23 **Experiência de ter saído da casa dos pais**	(1) Já morei fora da casa dos pais ⬜ 2 Nunca morei fora da casa dos pai
	Vá para a Q24
Se estiver morando junto com o pai ou a mãe, mesmo que esteja separado de um deles, isso não é considerado como "experiência de ter saído da casa dos pais".	**Q23-1** Motivo (**apenas um**) de ter morado fora da casa dos pais pela primeira vez 1 Escola (2) Emprego, troca de emprego, transferência do local de trabalho, etc 3 Casamento 4 Motivo de moradia ou praticidade para ir e voltar do trabalho ou da escola 5 Independência em relação aos pais 6 Outro
A separação por causa do falecimento dos pais não é considerado como "experiência de ter saído da casa dos pais".	**Q23-2** Quando saiu da casa dos pais pela primeira vez, qual era a idade dessa pessoa (chefe de família)? (18) **anos** **Q23-3** Local de residência logo após ter saído da casa dos pais 1 O mesmo local de residência atual 2 Na mesma cidade/distrito atual (3) Na mesma províncial atual mas em outra cidade 4 Em outra província ¦Nome da província: ¦ 5 No exterior ¦Nome do país: ¦
Q24 **Local de residência e idade do chefe de família e do cônjuge logo após o filho mais velho ter entrado no Ensino Fundamental.**	0 Não tenho filhos em idade escolar 1 O mesmo local de residência atual (2) Na mesma cidade/distrito atual 3 Na mesma províncial atual mas em outra cidade 4 Em outra província ¦Nome da província: ¦ 5 No exterior ¦Nome do país: ¦ Idade do chefe de família quando o filho mais velho entrou no Ensino Fundamental (32) anos → Preencha a idade também.
Q25 **Local de residência dos pais que moram em domicílio separado.** Do ponto de vista do chefe de família, responda onde moram os pais do chefe de família e os pais do cônjuge.	Pai do chefe de família Mãe do chefe de família (0) Falecido 0 Falecido 1 Na mesma residência ou dentro do mesmo lote de terreno 1 Na mesma residência ou dentro do mesmo lote de terreno 2 Na mesma cidade atual 2 Na mesma cidade atual 3 Na mesma provincial atual mas em outra cidade 3 Na mesma provincial atual mas em outra cidade 4 Em outra província ¦Nome da província: ¦ (4) Em outra província ¦Nome da província: Okayama ¦ 5 No exterior ¦Nome do país: ¦ 5 No exterior ¦Nome do país: ¦

As questões abaixo são para o chefe de família

(Caso o chefe de família não more junto, considere o representante da família como o chefe de família.)

Q26 Quantos filhos você teve até hoje? (inclui filhos que moram em domicílio separado ou que já faleceram)

(1) Já tive (3) filhos   2 Nunca tive filhos → Preencha apenas sobre os filhos que moram em domicílio separado.

Q26-1 Caso tenha **filhos que foram em domicílio separado,** preencha sobre esses filhos no espaço do 1° Filho em diante

Filhos que moram em domicílio separado	Sexo 1 Masculino 2 Feminino	Ano e mês de nascimento 1 Era Cristã 2 Heisei 3 Showa	Local de nascimento Nome da província ou país onde os pais residiam na época.	Residência atual (do ponto de vista do chefe de família) 1 Na mesma residência ou dentro do mesmo lote de terreno 4 Em outra província 2 Na mesma cidade atual 5 No exterior 3 Na mesma provincial atual mas em outra cidade
1° Filho	1 (2)	1 2 (3) ano (51) mês (12)	(Hiroshima)	1 2 3 (4) Nome da província: Tóquio ¦5 ¦Nome do país: ¦
2° Filho	(1) 2	1 2 (3) ano (53) mês (8)	(Hiroshima)	1 (2) 3 4 ¦Nome da província: ¦5 ¦Nome do país: ¦
3° Filho	1 2	1 2 3 ano ( ) mês ( )	( )	1 2 3 4 ¦Nome da província: ¦5 ¦Nome do país: ¦
4° Filho	1 2	1 2 3 ano ( ) mês ( )	( )	1 2 3 4 ¦Nome da província: ¦5 ¦Nome do país: ¦
5° Filho	1 2	1 2 3 ano ( ) mês ( )	( )	1 2 3 4 ¦Nome da província: ¦5 ¦Nome do país: ¦

Muito obrigado pela sua colaboração.

政府統計

2016 年社会保障・人口問題基本調査
『第 8 回人口移動調査』
の実施について

マンション・アパート等の管理人、管理会社、管理組合の皆さまへ

　このたび、皆さまが管理されている建物にお住まいの世帯に、「国民生活基礎調査」の後続調査として、「2016年社会保障・人口問題基本調査　第 8 回人口移動調査」を実施することになりました。

　つきましては、調査を円滑に行うため、調査員の建物内への立入り等について皆さまにご協力をお願いします。

　この調査は統計法に基づいて、総務大臣の承認を得て行う、政府の一般統計調査であり、わが国の人口移動に関する重要な調査のひとつです。厚生労働省の研究機関である、国立社会保障・人口問題研究所が、都道府県・政令指定都市・中核市・保健所を設置する市・保健所の協力を得て、昭和 51（1976）年からほぼ 5 年毎に実施しており、今年は全国で約 7 万世帯が調査の対象となっています。

　6 月の下旬頃から、調査員が建物を管理されている皆さまにご挨拶にお伺いし、お住まいの各世帯を訪問させていただきますので、建物内への立ち入り等にご配慮くださいますようよろしくお願いします。

　この調査員は、都道府県知事または政令指定都市・中核市長等から任命された地方公務員であり、任命者が発行した調査員証を携帯しています。そのため、調査活動は正当な公務です。何卒ご協力の程、よろしくお願いいたします。

調査についての問い合わせ先

保健所

（電話番号　　　　　　　　　　　　　）

なお、この調査についての説明は裏面にもございます。

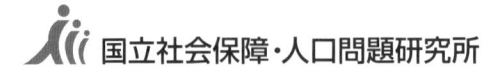

国立社会保障・人口問題研究所

この調査について、よくある質問や調査の日程は次の通りです。

◆どのような調査ですか？

「人口移動調査」は、近年の人口移動について明らかにするとともに、将来の人口移動の傾向を見通すための基礎的なデータを得ることを目的とした調査です。具体的には、人々の引っ越しの経験、生まれたときや学校を卒業したとき、などの居住地、5年後に居住地が変わるかの見通しなどを調査いたします。この調査は昭和51（1976）年からほぼ5年毎に実施され、今回は8回目に当たります。特に今回はインターネットでの回答もできるようになりました。

◆どうして「国民生活基礎調査」に引き続いて調査対象になったのでしょうか？

調査を公平にお願いするには、「国民生活基礎調査」の対象にならなかった方を選ぶことが望ましいのは確かです。しかしそのためには、調査地区の抽出、対象となる地域の自治体、保健所の関係者への説明、調査員の任命や説明会の実施など、「国民生活基礎調査」で行ったことと同じことを繰り返すために予算を使うことになります。こうした調査事務の重複を避けるために、この調査は、厚生労働省が実施する「平成28年国民生活基礎調査」の後続調査として行われます。

この調査の対象となった方には、「国民生活基礎調査」とあわせて調査にご協力頂くことになりますが、どうぞご理解の上、ご協力をお願いいたします。

◆調査員はどのような人なのですか？

お伺いした調査員は、この調査の期間中、都道府県知事または政令指定都市・中核市長等から任命された地方公務員として調査に当たっています。調査の内容を他に漏らすことは統計法により厳しく禁じられています。

◆管理人はどのような協力をすればいいのですか？

厳重なセキュリティなどのため、調査員が建物内に入ること自体が困難なことがあり、調査が円滑に行われない揚合も想定されます。調査員が建物にお住まいの世帯にお伺いできるよう、ご協力ください。

◆調査を行う「国立社会保障・人口問題研究所」とはどのような組織ですか？

「国立社会保障・人口問題研究所」は、厚生労働省に属する国の研究所です。人口や社会保障に関する基礎的、政策提言につながる研究を行っています。

○この調査の日程（調査員が直接世帯を訪問いたします）
① 6月下旬頃
調査員が訪問し、「調査のお願い」、「調査票」などをお配りいたします。回答は「紙の調査票」、「インターネット」のどちらかでできます。
②7月1日から1〜2週間程度の間
・調査員が回答済みの「調査票」の入った密封式の調査専用封筒を受け取りに参ります。
・インターネットで回答した世帯の方には、調査員による回収は行わない予定です。
③7月中旬頃
・調査員が「回答がまだの世帯」を訪問するためにお伺いする場合があります。

厚生労働省
国立社会保障・人口問題研究所

第8回人口移動調査

インターネット回答の利用者情報

あなたの世帯の利用者情報は、次のとおりです。

世　帯　Ｉ　Ｄ

初期パスワード

インターネット回答は、同封の「調査のお知らせ（インターネットでご回答ください、3 ページ）」を参考にしてください。

※この利用者情報は、配布された世帯でのみご使用ください。また、第三者に
　渡らないように取扱いなどには十分ご注意ください。
※本紙は、セキュリティー確保のため、原則、再交付いたしません。

人口移動調査インターネット回答窓口ＵＲＬ

http://www.ipss.go.jp/ido8/online

利用環境
　　パソコン：Windows(Vista 以上)，Internet Explore9 以上
　　スマートフォンなど：Android (4.1 以上)，iPhone(iOS 8 以上)

不明点はこちらまで

http://www.ipss.go.jp/ido8

東京都千代田区内幸町2-2-3 日比谷国際ビル6階　電話03-3595-2984

第8回人口移動調査

自治体用インターネット回答状況確認サイト

利用者情報

　この自治体用利用者情報は、第8回人口移動調査の「インターネット回答状況確認サイト」にログインし、対象世帯のインターネット回答状況を照会するために使用するものです。

　このサイトで照会した回答状況を調査員へ伝達してください。

※ログインの際には下記のID・パスワードを使用します。
※この利用者情報は、配布された自治体でのみご使用ください。また、第三者に渡らないように取扱いなどには十分ご注意ください。
※本紙は、セキュリティー確保のため、原則、再交付いたしません。

自治体用インターネット回答状況確認サイト

　　　http://www.ipss.go.jp/ido8/survey

不明点はこちらまで
　　　東京都千代田区内幸町2-2-3　日比谷国際ビル6階　　電話03-3595-2984

 国立社会保障・人口問題研究所

あなたの自治体の利用者情報は、次のとおりです。

自治体ID	
パスワード	

政府統計

2016年社会保障・人口問題基本調査
『第8回人口移動調査』
のお知らせ

「平成28年国民生活基礎調査」の後続調査を実施します

〇皆さまがお住まいの地域で、**国立社会保障・人口問題研究所**の調査を実施することになりました。

〇調査では、平成28（2016）年7月1日（金）現在のことを質問いたします。

〇回答は「紙の調査票」または「インターネット」でできます。「紙の調査票」は『**密封式の専用封筒**』で回収され、インターネットでの回答はセキュリティが守られた専用サイトで行います。

〇また、調査票に回答された事柄は厳しく秘密が守られ、また、統計を作成するためだけに用いられるもので、その他の目的に用いることは決してありません。

〇この「調査のお願い」に掲載いたしました調査の趣旨をご理解いただき、調査へのご協力をお願いします。

6月下旬から7月中旬までの間に
調査員がお伺いいたします。

　お伺いした調査員は、この調査の期間中、都道府県知事または指定都市・中核市長等から任命された地方公務員として調査活動に当たっています。　記入方法など、ご不明な点がございましたら、調査員にお尋ねください。

調査の結果は、国立社会保障・人口問題研究所が行う地域人口推計の基礎資料だけでなく、厚生労働省をはじめとする政府機関などの各種施策の基礎資料として、幅広く活用されています。詳しくは、下の国立社会保障・人口問題研究所ホームページをご覧ください
　　　　http://www.ipss.go.jp/site-ad/index_Japanese/ps-idou-index.asp

---

調査についての問い合わせ先

　　　　　　　　　　　　　　　　　　　　　　　　　　　　　　保健所

（電話番号　　　　　　　　　　　　　　）

**国立社会保障・
人口問題研究所**

月　　　日（　　）
午前・午後　　　時　　　分頃
調査票をお配りするために、お伺いいたします。

調査結果の活用例

　国立社会保障・人口問題研究所は厚生労働省の研究所であり、この調査を含む調査研究事業は、研究所の事業だけでなく、厚生労働省をはじめとする政府機関・地方自治体の施策立案の基礎資料となっています。

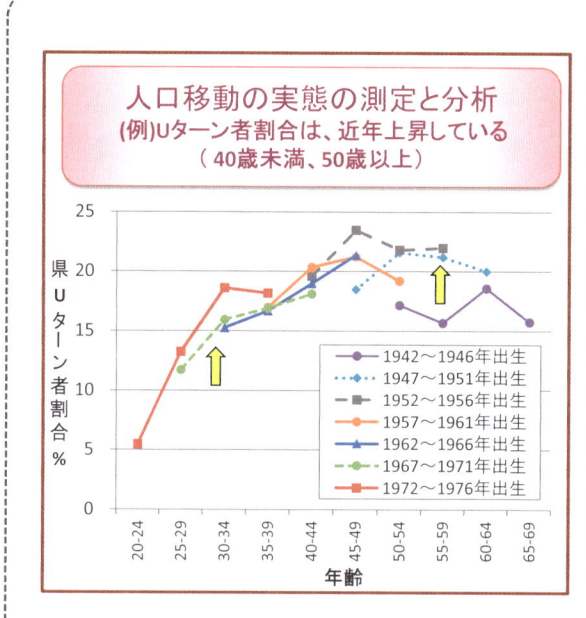

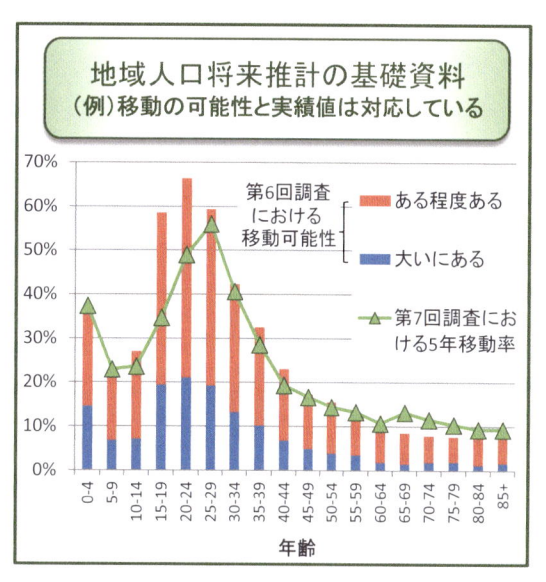

よくある質問

Q. どうして私の世帯が何度も調査対象になるのですか？

A.　この調査は、厚生労働省が実施する「平成 28 年国民生活基礎調査」の後続調査として行われます。後続調査とするのは、調査地区の抽出、対象となる地域の行政の関係者への説明、調査員の任命や説明会の実施など、調査事務の重複（予算のムダ）を避けるためです。この調査の対象となった方には、「国民生活基礎調査」とあわせてご協力頂くことになりますが、どうぞご理解の上、ご協力をお願いいたします。

Q. この調査でないと分からないことは何ですか？

A.「人口移動調査」でないと分からないこととして、「（出身地に）Ｕターンした人の割合」、「今後 5 年間の転居の見通し」、「引っ越しの理由」などがあります。これらは他の政府の統計調査では明らかにできないことです。

Q. インターネットで回答した場合、データはどのように管理されるのですか？

A. インターネットでの回答のために、専用のホームページを用意しています。このホームページは不正アクセス対策などを十分に行っておりますので、回答いただいたデータは厳重に守られます。

インターネットでご回答ください

1. 人口移動調査インターネット回答窓口
こちらよりアクセスしてください

http://www.ipss.go.jp/ido8/online

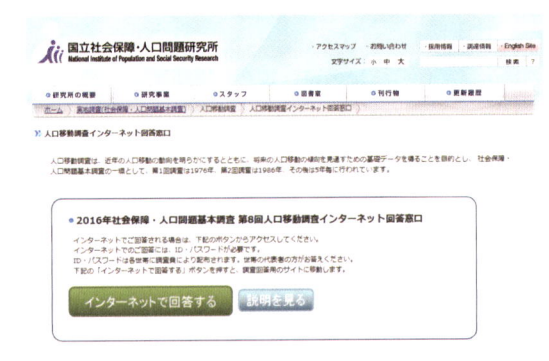

2. 「回答する」を選択してください

※「説明を見る」を選択すると、回答の仕方や、調査に関する説明がご覧いただけます。

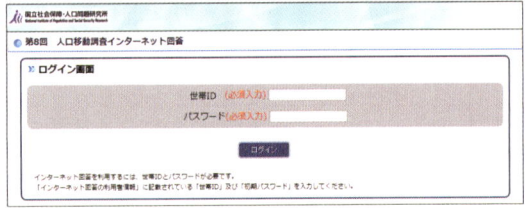

3. ID・パスワードを入力してください

※ID・パスワードは各世帯に調査員より配布される『インターネット回答の利用者情報』に記載されていますので、参照してご入力ください。

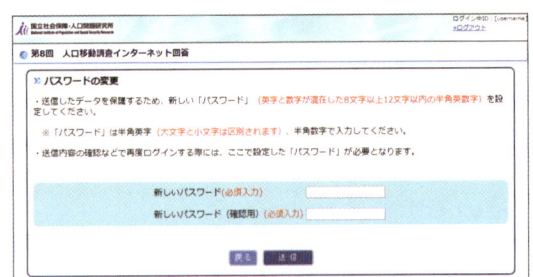

4. セキュリティをより確かにするため、パスワードを変更してください。

その後は、画面にしたがってご回答ください

利用環境：

 パソコン：Windows(Vista 以上), Internet Explore9 以上
 スマートフォンなど： Android (4.1 以上), iPhone(iOS 8 以上)

回答期限：

  7月10日（日）までにご回答ください

お問い合わせは

  http://www.ipss.go.jp/ido8 をご覧ください

回答する際には、インターネットアドレス欄を必ずご確認ください

調査スケジュール

6月下旬頃

みなさまのところへお伺いし、「調査のお願い」、「調査票」などをお配りし、調査へのご協力をお願いいたします。

7月1日から1～2週間程度

【「紙の調査票」で回答する方】
・調査票への記入をお願いいたします。
・記入済みの調査票は専用の「回収用封筒」に入れ、「密封」してください。
・後日、調査員が回収に参ります。

【インターネットで回答する方】
・調査専用の web サイトにアクセスし、ガイドにしたがって回答してください。
・回答後のデータはこの調査の専用サーバーで保存されます。
・調査員が回答の確認でお伺いする場合があります。

7月中旬頃

【回答がまだお済みでない方】 回答のお願いに調査員がお伺いいたします。

外国人の方も調査の対象となります
（がいこくじん　かた　ちょうさ　たいしょう）

The 8th National Survey on Migration is conducted by the National Institute of Population and Social Security Research, Ministry of Health, Labour, and Welfare. The purpose of the survey is to understand trends in and reasons for people's migration history and future prospects. The results of the survey are used as basic information for relevant policy formation and development concerning people's life and work.

The survey is aimed at sampling people currently living in the country, regardless of their nationality. Any information provided in the survey is used for statistics purposes ONLY. Although the questionnaire sheet is written in Japanese, the guideline for filling the form is prepared in English, as well. If you need the English version of the guideline, please ask your enumerator.

Thank you for your understanding and cooperation.

第8次人口移动调查 是厚生劳动省国立社会保障・人口问题研究所实施的一项国家调查。此项调查，是为了把握生命周期中人口移动的路径、理由及趋势，将成为相关政策立案的基础资料。

调查不限国籍，面向住在日本的所有人。您的回答只用于进行汇总后的统计分析，不会用于其他目的。调查表用日语做成，我们也准备了汉语版，如有需要请联系调查员。请您仔细阅读并理解调查目的后填写，谢谢您的配合。

O 8° Questionário Nacional sobre Migrações Populacionais é uma pesquisa do governo realizada pelo Ministério da Saúde, Trabalho e Bem-Estar Social - Instituto Nacional de Pesquisa sobre População e Seguro Social. Esta pesquisa é realizada com o objetivo de compreender as tendências e os motivos para as migrações populacionais. Os resultados serão usados como referência para a elaboração de projetos governamentais relacionados à vida cotidiana e ao trabalho das pessoas.

O público-alvo da pesquisa são pessoas que moram no Japão, independentemente da nacionalidade. As respostas somente serão usadas para fins estatísticos. O questionário está em Japonês, mas temos um exemplo de preenchimento em Português. Caso precise, solicite ao recenseador.

Pedimos sua compreensão em relação ao objetivo da pesquisa, e contamos com a sua colaboração.

제8회 인구이동조사 는 후생노동성 립사회보장・인구문제연구소가 실시하는 국가차원의 조사입니다. 이 조사는 생애의 인구이동의 동향이나 이유, 전망을 파악하기 위한 것이며, 그 결과는 여러분의 생활이나 일에 관련된 정책 입안의 기초자료로써 사용됩니다.

국적에 관계없이 일본에 거주하시는 분을 대상으로 합니다. 여러분의 응답은 통계 이외의 목적에는 사용되지 않습니다. 조사표는 일본어로 작성되어있습니다만 한국어의 기입예가 있으므로 필요한 경우에는 조사원에게 요청해 주십시오.

조사의 취지를 이해해주시고 협조를 부탁드립니다.

政府統計

2016年 社会保障・人口問題基本調査

第8回 人口移動調査

6月下旬ごろから調査員が伺います。

インターネットでも回答できます。

これからの「まち・ひと・しごと」そして地域活性化のために、人の移動を調べます。調査にご協力ください。

●調査についてのお問い合わせ先

国立社会保障・人口問題研究所

「人口移動調査」は、厚生労働省が実施する「国民生活基礎調査」の後続調査です。

付図

付図 1　過去5年間における現住都道府県別、移動理由（各都道府県の総人口に対する%）

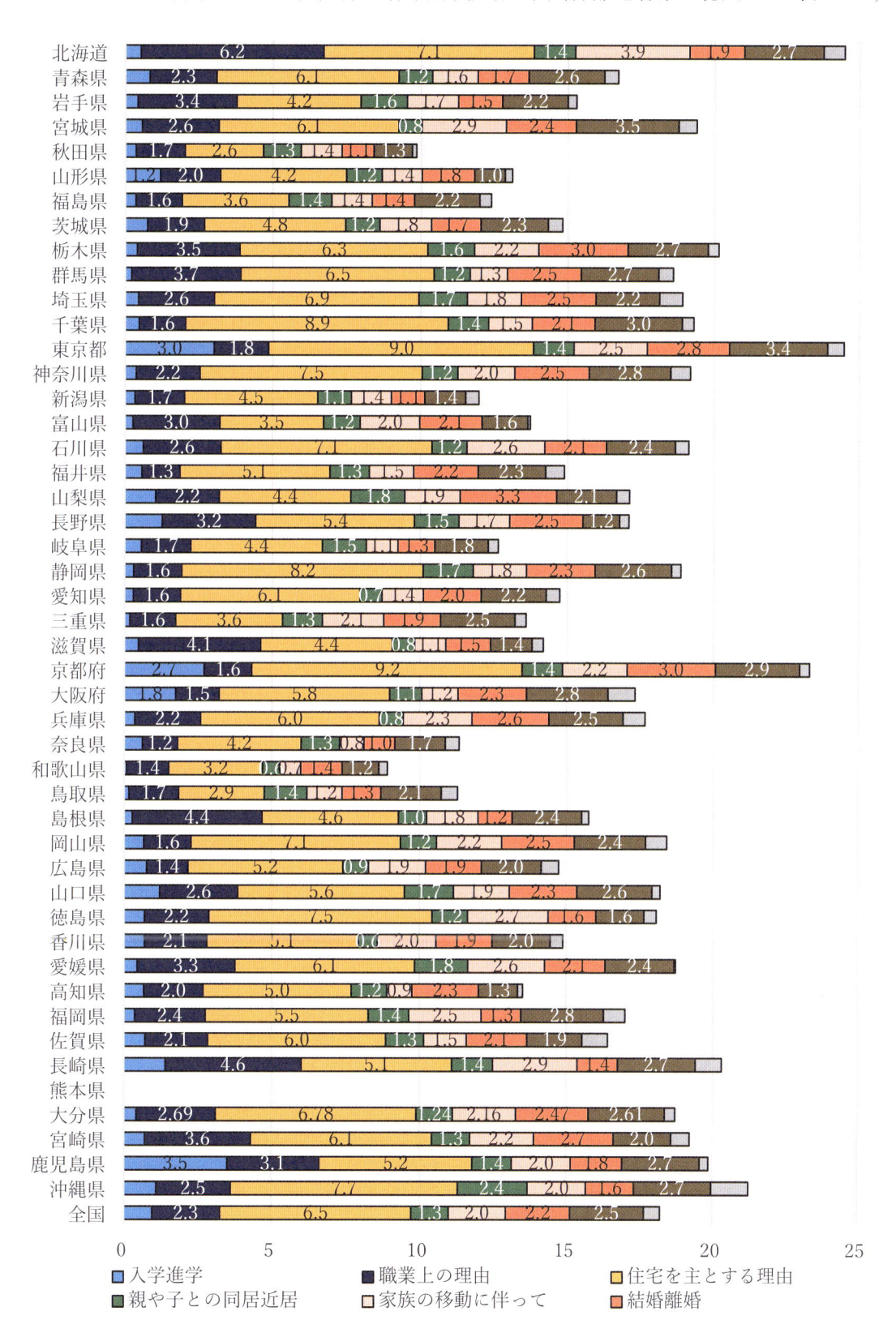

付図2　出生都道府県別県外移動歴：男女

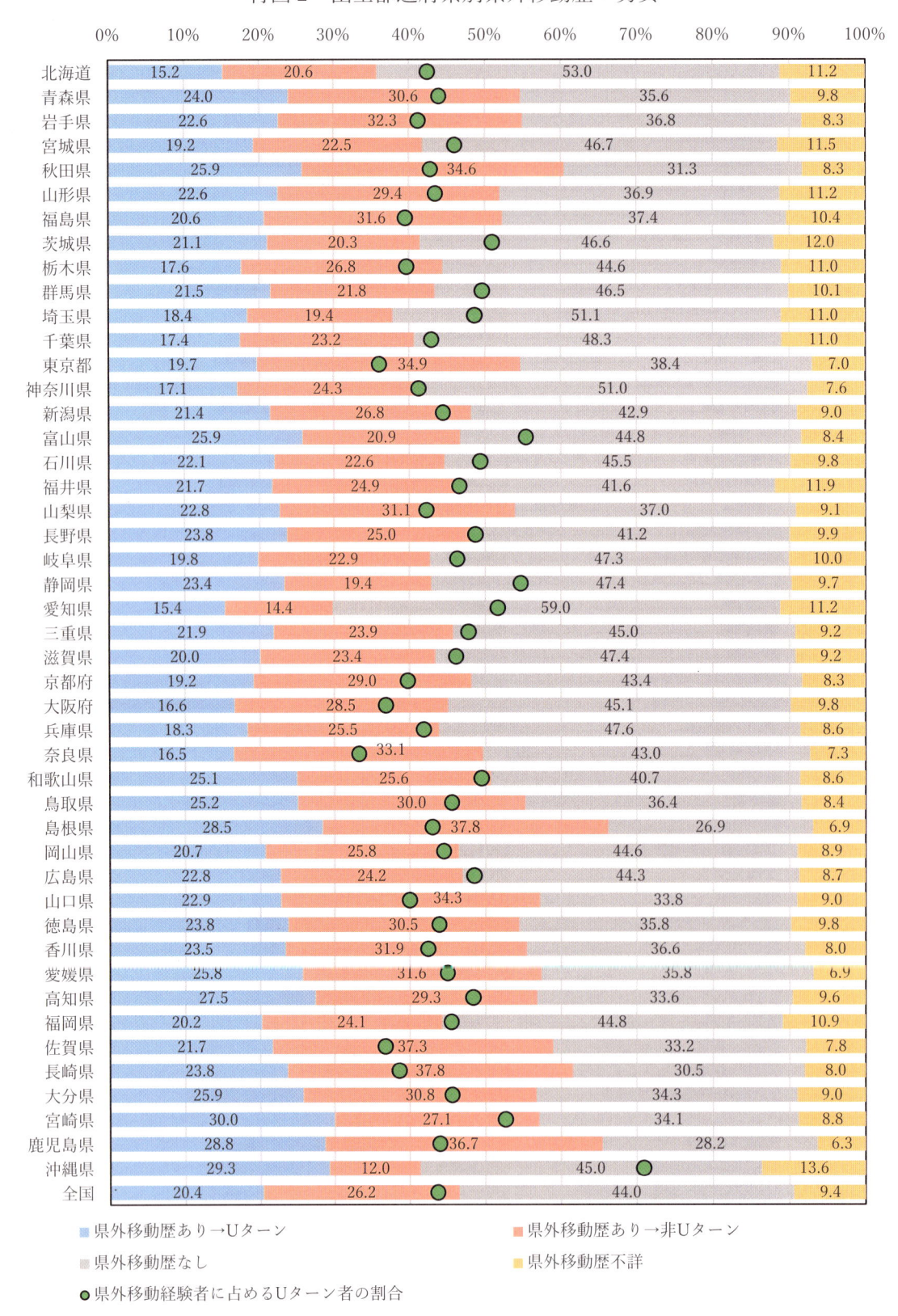

	県外移動歴あり→Uターン	県外移動歴あり→非Uターン	県外移動歴なし	県外移動歴不詳
北海道	15.2	20.6	53.0	11.2
青森県	24.0	30.6	35.6	9.8
岩手県	22.6	32.3	36.8	8.3
宮城県	19.2	22.5	46.7	11.5
秋田県	25.9	34.6	31.3	8.3
山形県	22.6	29.4	36.9	11.2
福島県	20.6	31.6	37.4	10.4
茨城県	21.1	20.3	46.6	12.0
栃木県	17.6	26.8	44.6	11.0
群馬県	21.5	21.8	46.5	10.1
埼玉県	18.4	19.4	51.1	11.0
千葉県	17.4	23.2	48.3	11.0
東京都	19.7	34.9	38.4	7.0
神奈川県	17.1	24.3	51.0	7.6
新潟県	21.4	26.8	42.9	9.0
富山県	25.9	20.9	44.8	8.4
石川県	22.1	22.6	45.5	9.8
福井県	21.7	24.9	41.6	11.9
山梨県	22.8	31.1	37.0	9.1
長野県	23.8	25.0	41.2	9.9
岐阜県	19.8	22.9	47.3	10.0
静岡県	23.4	19.4	47.4	9.7
愛知県	15.4	14.4	59.0	11.2
三重県	21.9	23.9	45.0	9.2
滋賀県	20.0	23.4	47.4	9.2
京都府	19.2	29.0	43.4	8.3
大阪府	16.6	28.5	45.1	9.8
兵庫県	18.3	25.5	47.6	8.6
奈良県	16.5	33.1	43.0	7.3
和歌山県	25.1	25.6	40.7	8.6
鳥取県	25.2	30.0	36.4	8.4
島根県	28.5	37.8	26.9	6.9
岡山県	20.7	25.8	44.6	8.9
広島県	22.8	24.2	44.3	8.7
山口県	22.9	34.3	33.8	9.0
徳島県	23.8	30.5	35.8	9.8
香川県	23.5	31.9	36.6	8.0
愛媛県	25.8	31.6	35.8	6.9
高知県	27.5	29.3	33.6	9.6
福岡県	20.2	24.1	44.8	10.9
佐賀県	21.7	37.3	33.2	7.8
長崎県	23.8	37.8	30.5	8.0
大分県	25.9	30.8	34.3	9.0
宮崎県	30.0	27.1	34.1	8.8
鹿児島県	28.8	36.7	28.2	6.3
沖縄県	29.3	12.0	45.0	13.6
全国	20.4	26.2	44.0	9.4

● 県外移動経験者に占めるUターン者の割合

* 国外出生者および出生都道府県不詳を除く。熊本県出生者は集計の対象外。都道府県別に設定したウエイト付きの集計結果で熊本県、大分県由布市を除く。

付図3　男女・出生都道府県別県外移動歴

	【男】				【女】			
	県外移動歴あり→Uターン	県外移動歴あり→非Uターン	県外移動歴なし	県外移動歴不詳	県外移動歴あり→Uターン	県外移動歴あり→非Uターン	県外移動歴なし	県外移動歴不詳
北海道	18.5	22.5	49.6	9.4	11.4	19.0	56.7	12.9
青森県	28.4	31.0	33.0	7.7	20.5	30.8	37.3	11.4
岩手県	26.1	31.9	34.6	7.4	18.9	32.7	39.3	9.1
宮城県	24.1	21.1	45.4	9.4	14.7	23.9	48.1	13.3
秋田県	30.8	34.0	29.2	6.0	21.4	35.3	33.4	10.0
山形県	26.3	30.2	34.4	9.1	19.0	28.8	39.5	12.7
福島県	25.6	26.4	39.1	8.9	16.8	34.4	37.3	11.5
茨城県	23.9	18.7	47.0	10.4	18.3	22.0	46.7	13.0
栃木県	21.6	23.4	44.5	10.5	14.0	29.5	45.0	11.5
群馬県	25.9	22.1	42.8	9.2	17.5	21.4	50.6	10.5
埼玉県	19.4	19.6	50.0	11.0	17.5	18.8	52.9	10.8
千葉県	19.3	20.3	49.0	11.5	15.2	26.1	48.1	10.7
東京都	18.2	34.4	41.2	6.2	20.9	35.8	36.2	7.1
神奈川県	18.3	25.1	50.3	6.3	15.8	23.9	52.0	8.3
新潟県	26.0	24.8	41.8	7.5	17.6	28.3	44.1	10.0
富山県	31.3	20.7	41.4	6.6	20.9	21.4	48.2	9.5
石川県	26.6	21.5	43.5	8.4	18.0	23.9	47.0	11.1
福井県	26.2	21.7	41.4	10.7	18.1	27.0	42.2	12.6
山梨県	29.4	29.3	33.3	8.0	16.8	32.6	40.7	9.9
長野県	27.9	22.4	40.9	8.8	19.9	27.5	42.1	10.5
岐阜県	24.0	22.4	44.9	8.7	16.0	23.8	49.3	10.8
静岡県	26.5	20.3	45.5	7.7	20.3	19.0	49.6	11.2
愛知県	18.8	14.7	56.6	10.0	12.3	14.5	62.2	11.0
三重県	26.7	22.1	43.3	7.8	17.8	25.2	47.0	10.0
滋賀県	23.5	23.9	43.9	8.7	17.0	22.5	51.1	9.4
京都府	22.5	27.5	42.8	7.1	16.5	30.4	44.1	9.0
大阪府	18.1	28.2	44.9	8.7	14.7	29.2	45.8	10.3
兵庫県	21.3	24.9	45.9	8.0	15.7	26.1	49.8	8.5
奈良県	17.6	30.2	46.1	6.1	15.3	34.7	41.3	8.7
和歌山県	27.8	25.9	38.5	7.8	22.5	25.2	43.0	9.4
鳥取県	30.5	28.4	34.9	6.1	20.4	31.3	38.4	9.9
島根県	29.1	38.4	26.0	6.5	28.1	37.8	27.1	7.0
岡山県	24.8	24.7	42.9	7.6	17.2	26.7	46.4	9.8
広島県	27.4	24.2	41.2	7.1	18.6	23.9	48.1	9.4
山口県	26.1	32.4	33.0	8.6	20.5	35.2	35.1	9.2
徳島県	28.7	29.9	32.8	8.6	19.5	30.0	39.8	10.6
香川県	26.7	34.0	33.2	6.1	20.4	29.5	40.5	9.5
愛媛県	30.5	32.0	32.3	5.3	21.6	30.8	39.4	8.3
高知県	30.5	27.2	34.0	8.3	24.3	31.7	33.5	10.6
福岡県	23.1	25.8	42.7	8.5	17.4	22.9	47.2	12.5
佐賀県	23.3	38.2	32.5	6.0	19.7	36.2	34.9	9.2
長崎県	26.6	36.9	29.3	7.2	21.6	38.6	31.5	8.3
大分県	30.1	29.9	32.3	7.6	21.9	32.2	36.3	9.5
宮崎県	35.1	24.5	31.6	8.8	25.8	30.3	35.3	8.6
鹿児島県	29.4	37.3	27.0	6.3	27.5	36.2	29.8	6.5
沖縄県	31.3	13.0	43.1	12.6	26.8	11.5	47.2	14.5
全国	23.0	25.7	43.1	8.3	17.8	26.8	45.3	10.1

凡例：
- ■ 県外移動歴あり→Uターン
- ■ 県外移動歴あり→非Uターン
- ■ 県外移動歴なし
- ■ 県外移動歴不詳
- ● 県外移動経験者に占めるUターン者の割合

* 国外出生者および出生都道府県不詳を除く。熊本県出生者は集計の対象外。都道府県別に設定したウエイト付きの集計結果で熊本県、大分県由布市を除く。

付図4　現住都道府県別県外移動歴：男女

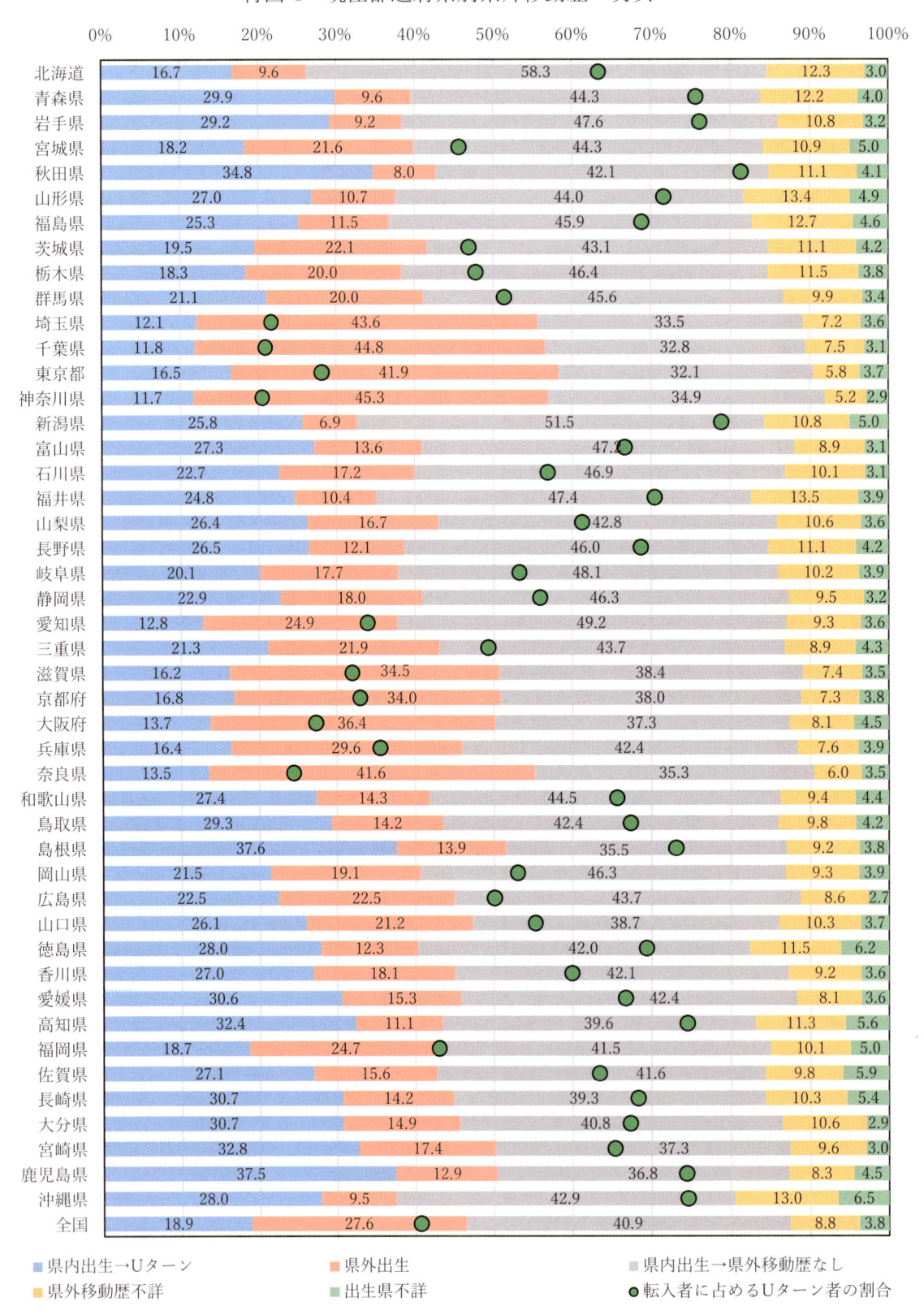

都道府県	県内出生→Uターン	県外出生	県内出生→県外移動歴なし	県外移動歴不詳	出生県不詳
北海道	16.7	9.6	58.3	12.3	3.0
青森県	29.9	9.6	44.3	12.2	4.0
岩手県	29.2	9.2	47.6	10.8	3.2
宮城県	18.2	21.6	44.3	10.9	5.0
秋田県	34.8	8.0	42.1	11.1	4.1
山形県	27.0	10.7	44.0	13.4	4.9
福島県	25.3	11.5	45.9	12.7	4.6
茨城県	19.5	22.1	43.1	11.1	4.2
栃木県	18.3	20.0	46.4	11.5	3.8
群馬県	21.1	20.0	45.6	9.9	3.4
埼玉県	12.1	43.6	33.5	7.2	3.6
千葉県	11.8	44.8	32.8	7.5	3.1
東京都	16.5	41.9	32.1	5.8	3.7
神奈川県	11.7	45.3	34.9	5.2	2.9
新潟県	25.8	6.9	51.5	10.8	5.0
富山県	27.3	13.6	47.1	8.9	3.1
石川県	22.7	17.2	46.9	10.1	3.1
福井県	24.8	10.4	47.4	13.5	3.9
山梨県	26.4	16.7	42.8	10.6	3.6
長野県	26.5	12.1	46.0	11.1	4.2
岐阜県	20.1	17.7	48.1	10.2	3.9
静岡県	22.9	18.0	46.3	9.5	3.2
愛知県	12.8	24.9	49.2	9.3	3.6
三重県	21.3	21.9	43.7	8.9	4.3
滋賀県	16.2	34.5	38.4	7.4	3.5
京都府	16.8	34.0	38.0	7.3	3.8
大阪府	13.7	36.4	37.3	8.1	4.5
兵庫県	16.4	29.6	42.4	7.6	3.9
奈良県	13.5	41.6	35.3	6.0	3.5
和歌山県	27.4	14.3	44.5	9.4	4.4
鳥取県	29.3	14.2	42.4	9.8	4.2
島根県	37.6	13.9	35.5	9.2	3.8
岡山県	21.5	19.1	46.3	9.3	3.9
広島県	22.5	22.5	43.7	8.6	2.7
山口県	26.1	21.2	38.7	10.3	3.7
徳島県	28.0	12.3	42.0	11.5	6.2
香川県	27.0	18.1	42.1	9.2	3.6
愛媛県	30.6	15.3	42.4	8.1	3.6
高知県	32.4	11.1	39.6	11.3	5.6
福岡県	18.7	24.7	41.5	10.1	5.0
佐賀県	27.1	15.6	41.6	9.8	5.9
長崎県	30.7	14.2	39.3	10.3	5.4
大分県	30.7	14.9	40.8	10.6	2.9
宮崎県	32.8	17.4	37.3	9.6	3.0
鹿児島県	37.5	12.9	36.8	8.3	4.5
沖縄県	28.0	9.5	42.9	13.0	6.5
全国	18.9	27.6	40.9	8.8	3.8

凡例：
- 県内出生→Uターン
- 県外出生
- 県内出生→県外移動歴なし
- 県外移動歴不詳
- 出生県不詳
- 転入者に占めるUターン者の割合

*　「県外出生」には国外出生者を含む。「転入者に占めるUターン者の割合」は、「県内出生→Uターン」／（「県内出生→Uターン」＋「県外出生」）によって算出した。全国値は都道府県別に設定したウエイト付きの集計結果で熊本県、大分県由布市を除く。

付図 5　男女・現住都道府県別県外移動歴

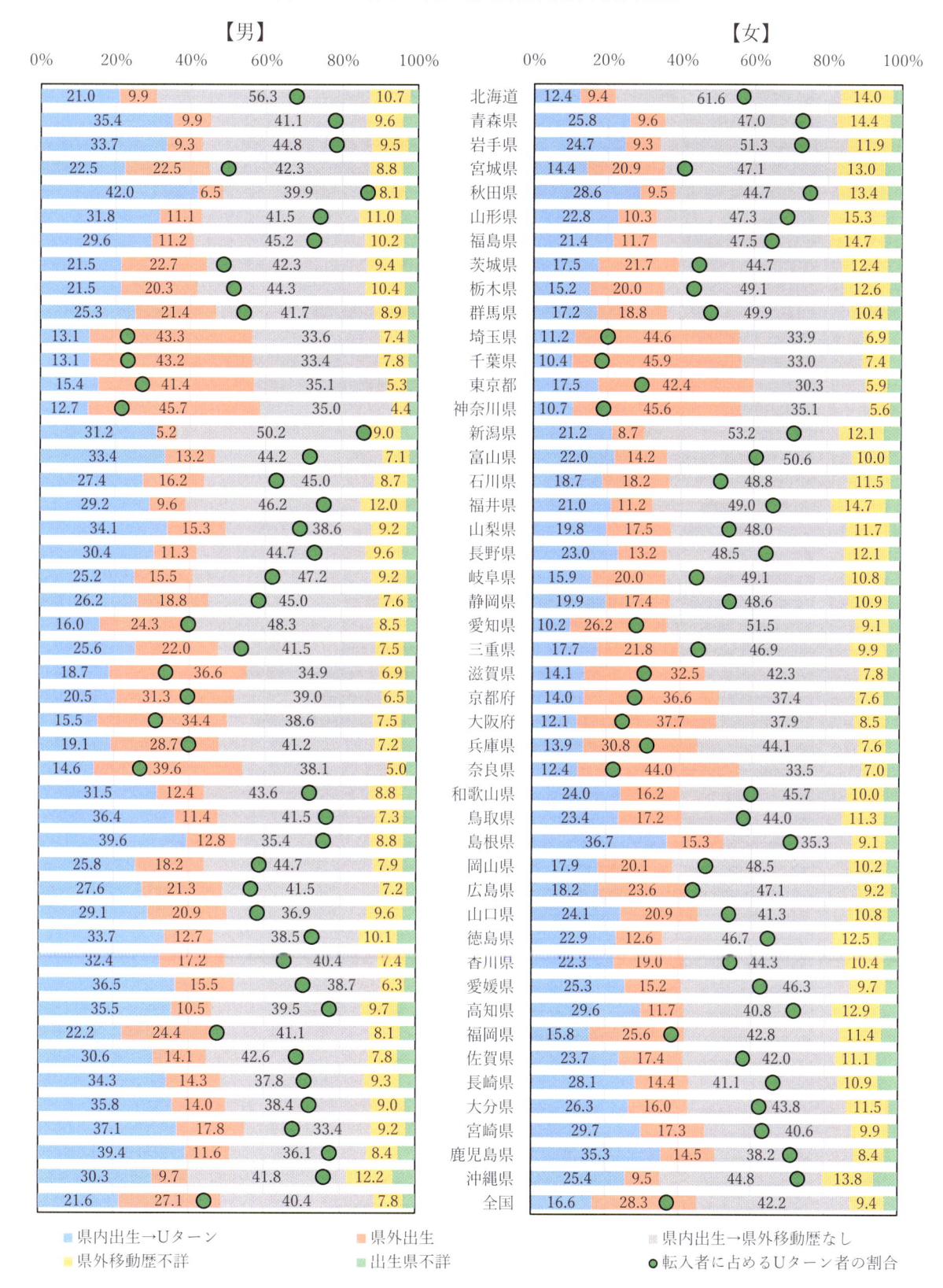

【男】　　　　　　　　　　　　　　　　　　　　　　**【女】**

凡例：
- ■ 県内出生→Uターン
- ■ 県外出生
- ■ 県内出生→県外移動歴なし
- ■ 県外移動歴不詳
- ■ 出生県不詳
- ● 転入者に占めるUターン者の割合

* 「県外出生」には国外出生者を含む。「転入者に占める U ターン者の割合」は、「県内出生→U ターン」／（「県内出生
→U ターン」＋「県外出生」）によって算出した。「出生県不詳」の割合は、付表を参照。全国値は都道府県別に設定した
ウエイト付きの集計結果で熊本県、大分県由布市を除く。

付図 6　現住都道府県別、5 年後の移動理由（各都道府県の総人口に対する％）

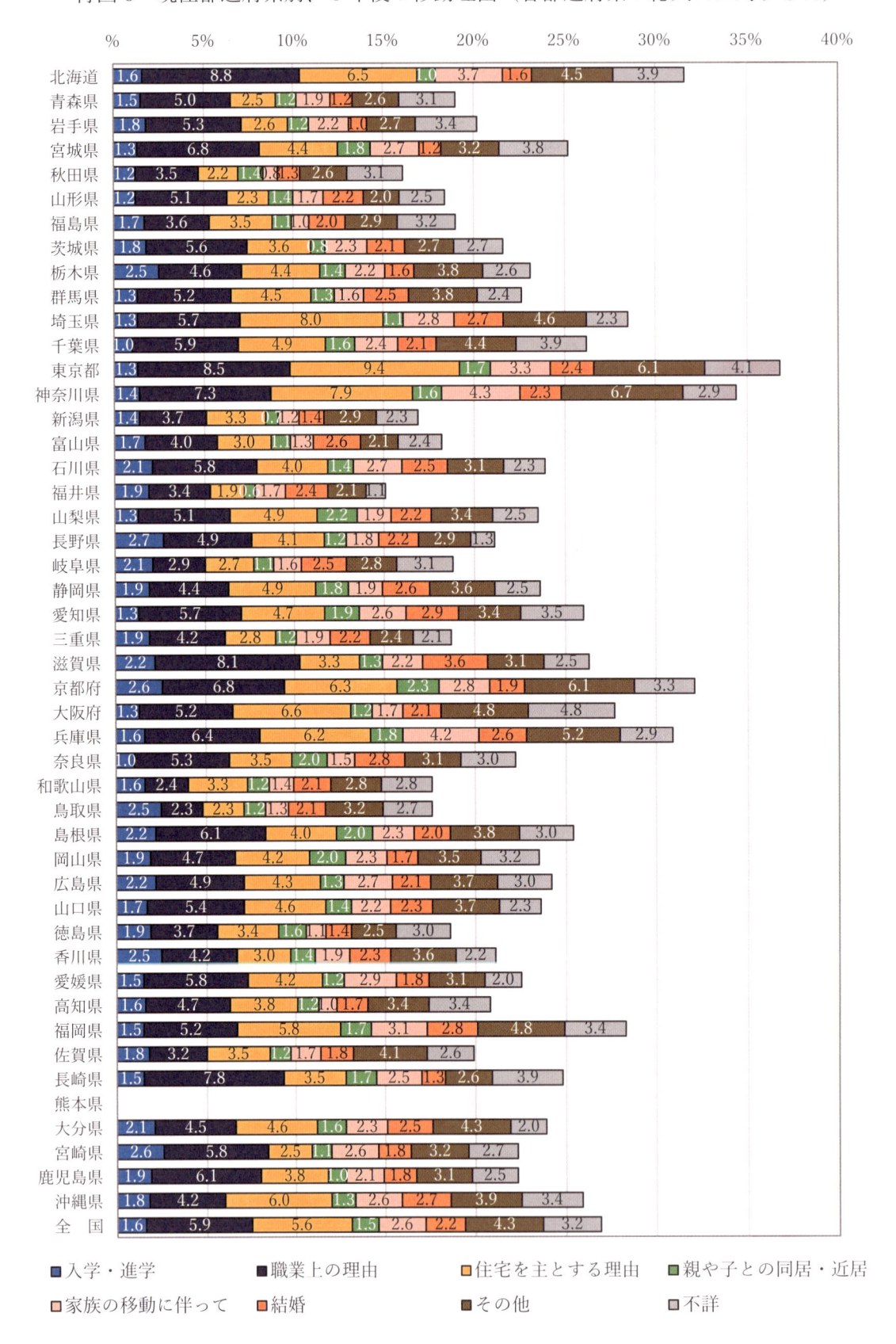

付図7 出生県別にみた県外移動歴：「県外移動歴あり→Uターン」の割合

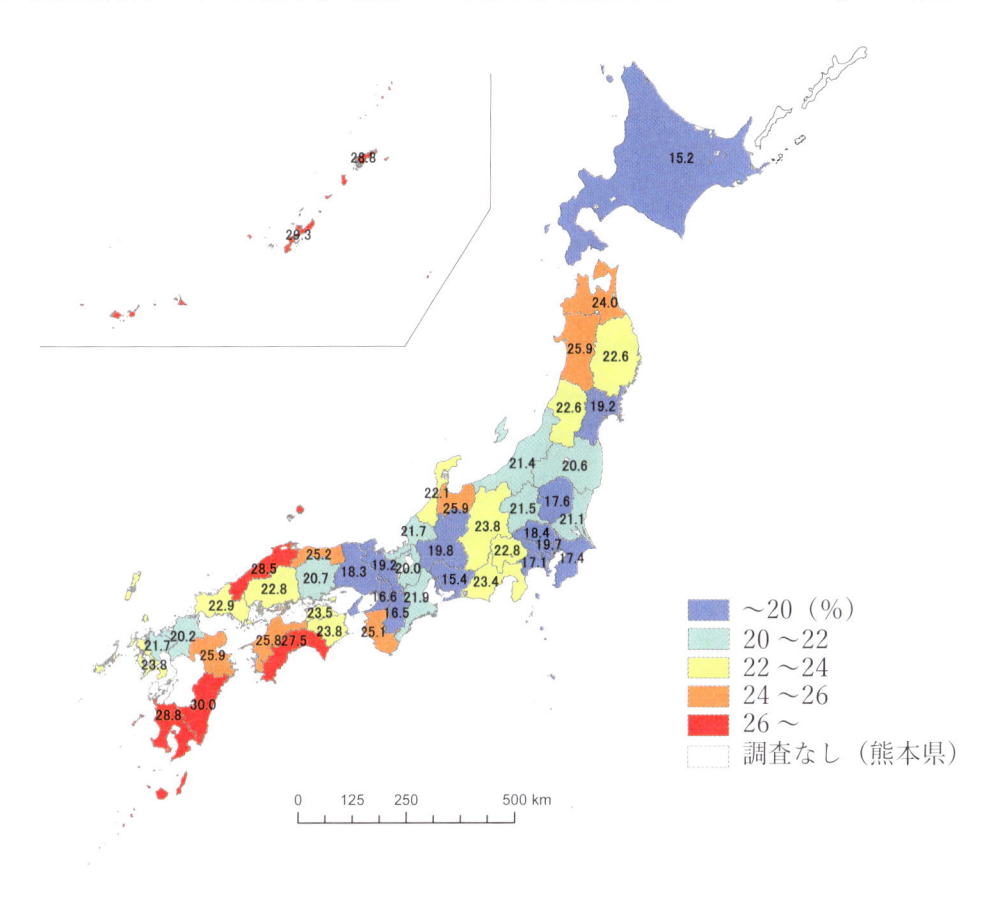

付図8　5年後の移動可能性が「少しでもある」中高年の割合

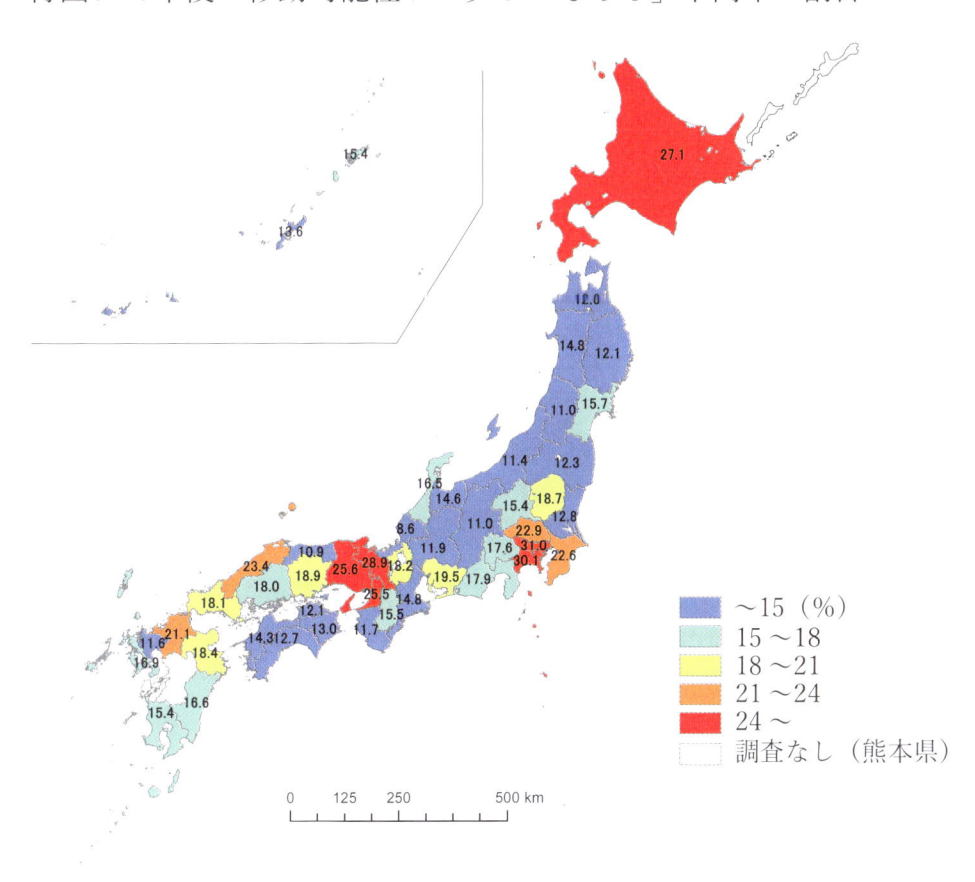

付図9　出生県から現住県への移動の流れ

注：県間移動した人について。円弧の左側にはその県で出生し他県に移動した人口、右側には他県で出生しその県に
移動した人口が、出生県の色別に示されている。

* Nikola Sander、 Guy J.Abel & Ramon Bauer による global-migration.info を元に作図。

平成30年5月10日　　発行　　　定価は表紙に標示してあります

2016年社会保障・人口問題基本調査

第8回人口移動調査　報告書

編　集　国立社会保障・人口問題研究所
　　　　〒100-0011　東京都千代田区内幸町2－2－3
　　　　　　　　　　　　日比谷国際ビル6階
　　　　☎ 03(3595)2984

発　行　一般財団法人　厚生労働統計協会
　　　　〒103-0001　東京都中央区日本橋小伝馬町4－9
　　　　　　　　　　　小伝馬町新日本橋ビルディング3階
　　　　☎ 03(5623)4123　http://www.hws-kyokai.or.jp/

印　刷　大和綜合印刷株式会社